经华管信 创优系列

本书含
Excel源文件

本书含
操作视频

本书含
精美PPT

物流工程

LOGISTICS ENGINEERING

汤 齐 编 著

電子工業出版社
Publishing House of Electronics Industry
北京·BEIJING

内 容 简 介

本书主要从狭义的角度介绍物流工程的相关知识，突出介绍了用Excel软件求解物流工程中相关问题的方法。主要内容包括：物流需求预测、物流网络规划与设施场址选择、物料搬运系统、物流运输系统、仓储设施与库存管理、物流配送、包装与集装单元化、物流设施布置、导航定位技术与地理信息系统、条形码与RFID技术。各章开头都有引导案例，结尾有习题及案例分析供读者学习和研究。

本书适合高等院校物流工程、物流管理等专业的本科生或物流工程、工业工程专业的硕士研究生作为教材使用，也适合其他物流从业人员作为培训教材使用。

图书在版编目（CIP）数据

物流工程 / 汤齐编著. — 北京：电子工业出版社，2016.11
（华信经管创优系列）
ISBN 978-7-121-30428-6

I. ①物… II. ①汤… III. ①物流－物资管理－教材 IV. ①F252

中国版本图书馆 CIP 数据核字（2016）第 284623 号

策划编辑：王二华
责任编辑：王二华　　特约编辑：侯学明　赵翠芝
印　　刷：北京虎彩文化传播有限公司
装　　订：北京虎彩文化传播有限公司
出版发行：电子工业出版社
　　　　　北京市海淀区万寿路 173 信箱　　邮编：100036
开　　本：787×1092　1/16　　印张：20.5　字数：525 千字
版　　次：2016 年 11 月第 1 版
印　　次：2021 年 7 月第 2 次印刷
定　　价：45.00 元

凡所购买电子工业出版社图书有缺损问题，请向购买书店调换。若书店售缺，请与本社发行部联系，联系及邮购电话：(010)88254888，88258888。

质量投诉请发邮件至 zlts@phei.com.cn，盗版侵权举报请发邮件至 dbqq@phei.com.cn。

本书咨询联系方式：(010)88254532。

Preface

前　言

随着经济全球化进程的快速推进和现代科学技术的飞速发展，物流作为“第三利润的源泉”，受到各国政府及企业的广泛关注，物流业已成为 21 世纪极具市场前景的新兴产业。我国物流业起步较晚，与发达国家相比差距较大。随着中国加入 WTO，我国的物流市场年增长速度在 30%以上。面对这个巨大的市场，国际物流巨头企业纷纷抢滩布点，抢占市场，国内物流企业面临着与国际巨头的激烈竞争。如何借鉴国外先进的物流技术及管理经验，促进我国物流业的发展，成为物流业及政府关注的焦点。“物流工程”既是一个学科专业，又是一项与物流实践紧密结合的实践工程，对促进物流业的发展具有很强的指导意义。

物流工程具有自然科学和社会科学相互交叉的边缘科学的许多特征，从狭义和广义不同的视角看其内涵不同。本书主要是从狭义的角度介绍物流工程的相关知识，即基于集成理论和工程技术方法，介绍各类物流系统规划和设计的相关知识，使读者了解支持物流系统高效益、高效率、低成本运行方案的实现过程。全书以基础物流知识为主线，深入浅出地介绍了物流工程的相关知识，并辅以具有代表性的案例供读者借鉴。对于物流工程中的预测、选址、运输等问题的求解，使用大家常见的 Excel 中的公式、函数、规划求解等功能，代替昂贵的专业物流管理软件，可以使读者掌握利用简单的工具解决复杂的物流问题的方法。

本书是在广泛参考国内外相关物流著作和论文的基础上，结合作者多年的教学经验及科研成果编写而成的。由于参考的文献篇幅较多，不能逐一介绍，在此向所引用书籍和论文的作者表示衷心的感谢。

本书适合高等院校物流工程、物流管理等专业的本科生或物流工程、工业工程专业的研究生作为教材使用，也适合物流技术人员作为培训教材，对商业、物资、运输等物流部门管理人员和工程技术人员的实际工作具有现实指导作用，对自学者亦有重要的参考价值。

由于作者水平有限，书中不当之处在所难免，作者真心希望广大读者、专家学者给予批评指正。

本书提供教学课件、例题的 Excel 源文件及例题求解过程的视频。教学课件、例题的 Excel 源文件请登录华信教育资源网（www.hxedu.com.cn）下载，观看操作视频请扫书中二维码。

汤　齐

2016 年 11 月于天津

前 言

Contents

目　录

Chapter 1

第 1 章　导论

引导案例　苏果超市成功的关键——物流管理

苏果超市有限公司是一家集批发、加工、配送、零售于一体的大型连锁企业。它以物流工程理论为基础，着眼于整个公司的运作效率和效益，建立了技术密集型的大型物流配送中心，其物流软硬件方面的条件在全国连锁业遥遥领先。苏果物流配送中心的建立，使得各个门店尽可能地降低了库存量，甚至实现了真正的“零库存”，这提高了苏果超市的议价能力，成为苏果超市近几年快速扩张的重要保证。与此同时，苏果积极推进物流配送服务的社会化，不仅增加了销量、提高了市场占有率，还通过自己的配送网络，将诚信为本、服务社会的苏果理念广为传播，为规范市场竞争秩序、维护消费者利益做出了贡献。

第一节　物流管理概述

一、物流概念的产生及发展

物流概念的产生及发展大致经历了 3 个阶段。

1．第一阶段：物流概念的孕育阶段（20 世纪初至 50 年代中期）

这一时期 Physical Distribution 和 Logistics 并存。

（1）营销学派的 Physical Distribution 概念

一般认为，是约翰 · F · 克罗威尔（John F. Crowell）首先研究了物流问题。1901 年他在美国政府报告《农产品流通产业委员会报告》中，论述了对农产品流通产生影响的各种因素，揭开了人们对物流活动认识的序幕。此后，很多学者在研究中论述了物流在流通战略中的作用。学术界较为认同美国营销学者阿奇 · W · 萧（Arch W. Shaw）是第一个正式提出物流概念的人，他在 1915 年哈佛大学出版社出版的《市场流通中的若干问题》(Some Problems In Market Distribution) 一书中提出了“Physical Distribution”（实物分销）的概念，这也是早期“物流”被表述为 PD 的原因。

（2）军事后勤学派的 Logistics 概念

美国少校琼西·B·贝克（Chauncey B. Baker）于 1905 年在其所著《军队和军需品运输》一书中从军事后勤的角度提出了物流的概念，叫做 Logistics（后勤学），称 Logistics 是“与军备的移动和供应有关的战争的艺术的分支”。

在第二次世界大战中，美国军方邀请著名的管理学家、运筹学家、军事专家共同组成课题组，研究军事物资采购、运输、储存、分配、保养以及废弃后处理的一体化方案，并把此方案称为 Logistics。

这一时期可以说是美国物流的萌芽和初始阶段。总的来看，在这一时期，尽管物流已经开始受到人们的普遍重视，但是在地位上，物流仍然被作为流通的附属机能看待，也就是说，物流是流通机能的一部分。概括起来，这一阶段有 3 个特点：①局部范围，主要是在美国；②少数人，是几个人提出来的；③意见不统一，有两种意见、两个提法。

2．第二阶段：分销物流概念阶段（20 世纪 50 年代中期至 80 年代中期）

Physical Distribution 概念继续在美国得到发展和完善，基本形成了比较完整的物流管理学，在分销领域各专业物流理论竞相发展的同时，企业内部物流理论异军突起。1963 年美国成立了物流管理协会（Council of Physical Distribution Management），为物流概念的推广做了大量的工作。Physical Distribution 概念从美国走向世界，成为世界公认的物流概念，在世界范围内形成了物流管理学的理论体系。1956 年，日本派了一个 12 个人的“流通技术专业考察团”在美国各地进行实地考察，首次接触到了物流这个新事物后，于 1958 年撰写了《劳动生产率报告 33 号》，刊登在《流通技术》杂志上，第一次提到了 Physical Distribution。日本政府在 1965 年的《中期 5 年经济计划》中，强调了要实现物流的近代化，作为一项具体措施日本政府开始在全国范围内进行高速道路网、港口设施、流通聚集地等基础设施的建设。

这一阶段的特点是：①分销物流学（Physical Distribution）的概念继续在美国得到发展而且占据了统治地位；②物流从美国走向全世界，得到世界各国一致公认，形成了一个比较普遍统一的物流概念，形成和发展了物流管理学，因而也形成了物流学派、物流产业和物流领域；③随着物流概念的认识深化，非分销领域（供应物流、生产物流）的物流概念逐渐强化起来。

3．第三阶段：现代物流概念阶段（20 世纪 80 年代中期至现在）

20 世纪 80 年代以后，随着经济社会的高速发展，物流所面临的经济环境有了很大变化，主要表现为以下几点。

① 经济规制的缓和使经济自由的空间越来越大，真正意义上的物流竞争开始广泛展开，从而为物流的进一步发展提供了新的更大的机会。

② 信息技术的飞速发展和革新，不仅使业务的效率和作为决策支持的信息系统的构筑成为可能，同时也使部门间、企业间的一体化成为可能。

③ 企业合并和市场集中化的发展使原来的经济结构发生了变化，这种变化要求物流必须具备以最低的成本提供较高的顾客服务水平。

④ 经济全球化的发展，促进了商品市场的国际化。基于此，在要求物流能对生产和销售给予有效支持的同时，应具备跨越国境的能力，在不同的国家间充分发挥其业务优势的能力。

在此背景下，原来狭义的物流概念受到了前所未有的挑战和批判：①传统的狭义物流观念只重视商品的供应过程，而忽视了与生产有关的原材料和零部件的调达物流，而后者在增强企业竞争力方面处于很重要的地位，因为原材料以及零部件的调达直接关系到生产的效率、成本和创新，例如日本丰田公司的生产管理就首先从原材料和零部件生产、调达上入手；②传统的物流是一种单向的物质流通过程，即商品从生产者手中转移到消费者手中，而没有考虑商品消费之后包装物或包装材料等废弃物品的回收以及退货所产生的物流活动；③传统物流只是生产销售活动的附属行为，并着重于物质商品的传递，而忽视了物流对生产和销售在战略上的能动作用。

与上述环境的变化和对传统物流的批判相对应，1984 年美国物流管理协会正式将物流这个概念从 Physical Distribution 改为 Logistics，并将现代物流定义为“以满足客户需求为目的，对原材料、在制品、产成品以及相关信息从供应地到消费地的高效率、低成本流动和储存而进行的计划、实施和控制过程”。这个定义的特征是强调顾客满意度、物流活动的效率，以及将物流从原来的销售物流扩展到了调达、企业间的物流。此后物流的概念又不断得到进一步的发展，1991 年 11 月荷兰乌德勒支市举办了第九届物流国际会议。在这次会议上，人们对物流的内涵进行了更多的拓展，不仅接受了欧美的现代物流概念（Logistics），认为物流应包括生产前和生产过程中的物质、信息流通过程，而且还向生产之后的市场营销活动、售后服务、市场组织等领域发展。2001 年美国物流管理协会又扩展了原有的物流概念，将之修正为“物流是供应链活动运作中，以满足客户要求为目的，对商品、服务及相关信息从产地到消费地之间实现高效率和低成本的正向和反向的流动和储存而进行的规划、实施、控制过程”。这一概念强调了物流的应用领域，强调对物流过程的控制，并包含了反馈物流概念。综上所述，现代物流的目的是提高企业的收益（销售额的提高和利益的扩大），亦即通过经营重要资源的时间（快速送达）、物流质量（优良的无差错运送）、备货（所需要的商品和数量）、信息（在库信息、断货信息、运送信息、送达信息）等物流服务品质的提高，从原材料的调达开始到商品的生产以及到达最终顾客的整个过程的物流成本的降低，来实现企业的高收益。

二、供应链物流管理

一般物流管理的主要对象是采购/销售物流和生产物流，追求局部利益最大化。而供应链物流管理的范围不仅包括采购/销售物流和生产物流，还包括回收物流、退货物流、废弃物物流等逆向物流。并且，采购/销售物流不仅是单个阶段的物流（如供应商到制造商、制造商到批发商、批发商到零售商、零售商到消费者的相对独立的采购/销售物流活动），而且包括供应链渠道内成员从原材料获取到最终客户的产品分销整个过程的采购/销售物流活动。

1．供应链物流管理的概念

供应链物流管理指的是用供应链管理思想实施对供应链物流活动的组织、计划、协调与控制。作为一种共生型物流管理模式，供应链物流管理强调供应链成员组织不再孤立地优化自身的物流活动，而是通过协作（Cooperation）、协调（Coordination）与协同（Collaboration），提高供应链物流的整体效率。

供应链物流管理由三部分组成。

① 正向物流与逆向物流。包括运输、仓储、包装、装卸搬运、配送等。

② 前馈与反馈的信息流。涉及订单、交付、运输等活动的信息交换，既包括供应信息、需求信息，也包括共享信息，这是与传统物流管理不同点之一。

③ 管理和控制。包括采购、营销、预测、库存管理、计划、销售和售后服务。

2．供应链物流管理的特点

供应链物流管理注重总的物流成本与客户服务水平之间的关系，利用系统理论和集成思想，把供应链成员内各职能部门以及成员间相关职能部门有机地结合在一起，从而最大限度地发挥出供应链整体优势，增强供应链整体的竞争力，最终达到供应链成员整体获益的目的。与一般物流管理相比，供应链物流管理具有以下特点。

① 分析问题的角度不同。供应链物流管理是从整个供应链的角度出发，寻求供应链物流成本与客户服务之间的均衡。

② 管理的内容不同。供应链物流管理涉及整个供应链所有成员组织，管理内容包括从初始供应物流到终端的分销物流以及逆向物流。

③ 侧重点不同。供应链物流管理更侧重于供应链成员企业间接口物流活动的管理优化，这也是供应链物流管理的利润空间所在。

④ 管理难度更高、管理思想和方法更丰富。供应链物流管理涉及众多成员企业的协调与合作，无论是从纵向（长度）还是横向（宽度）考虑，供应链物流管理更复杂，难度更高。因此，供应链物流管理需要应用更多的管理思想和方法，如系统理论与集成思想、准时制（JIT）、快速反应（QR）、有效客户反应（ECR）等。

3．供应链物流战略

供应链物流组织成员企业多、跨越幅度大，所处的市场竞争环境复杂多变，因而供应链物流战略在供应链管理战略中有着举足轻重的意义和作用。供应链管理的战略思想就是要通过成员间的有效合作，建立低成本、高效率、响应性好、敏捷度高的经营机制，从而获得竞争优势。这种战略思想的实现需要供应链物流系统从供应链战略的高度去规划与运筹，并通过物流战略的贯彻实施来实现。

在制定物流战略时，要充分认识各成员企业在供应链中所起的作用，认清各成员企业的劣势和核心优势，确定整个供应链所处的竞争环境，并制定多个可供选择的战略方案，最后综合比较选择其中的最优战略。供应链物流战略决策对供应链物流组织成员企业具有长远影响，它决定了整个供应链的竞争力，并进而影响各成员企业的经营绩效。在制定供应链物流战略过程中，需要注意以下问题。

① 目标性。80/20 法则说明整个供应链超过 80%的销售额来源于不到 20%的产品和客户。因此，在制定供应链物流战略时，要对客户细分，对不同类型的客户确定相应的客户服务水平，如订货周期、运输方式、库存水平等；同时，根据销售情况，对产品分组或分类，针对每一类别的产品，可以采取不同的策略。

② 简化业务流程。订单录入、订单执行及交货作业处理在物流活动中占很大比例，因而需要通过技术和管理手段使整个供应链的物流流程更有效率和效益，特别是成员企业间的接口部位，通过集成能减少甚至剔除多余的工作流，提高物流效益和效率。

③ 减少不确定性因素。供应链物流组织包括多个成员，各成员内部及组织外部环境的波

动和变化都会增加整个供应链的不确定性，“牛鞭效应”又会进一步放大这种波动。因此，各个成员企业通过改善合作关系、使用现代管理手段和技术来实现准确预测、信息共享，从而减少不确定性因素带来的负面影响。

第二节 物流工程概述

一、物流工程的产生及发展

1. 工程的概念

18 世纪，欧洲创造了“工程”一词，其本来含义是有关兵器制造、具有军事目的的各项劳作，后扩展到许多领域，如建筑楼宇、制造机器、架桥修路等。随着人类文明的发展，人们可以建造出比单一产品更大、更复杂的产品，这些产品不再是结构或功能单一的东西，而是各种各样的所谓“人造系统”（比如建筑物、轮船、港口、飞机等），于是工程的概念就产生了，并且逐渐发展为一门独立的学科和技艺。

在现代社会中，“工程”一词有广义和狭义之分。狭义的工程被定义为“以某个设想的目标为依据，应用有关的科学知识和技术手段，通过有组织的一群人将某个（或某些）现有实体（自然的或人造的）转化为具有预期使用价值的人造产品的过程”。广义的工程则被定义为“由一群（个）人为达到某种目的，在一个较长时间周期内进行协作（单独）活动的过程”。在人们的意识中，对于一些具有多结构、多层次、多环节的事务往往冠以“工程”或“系统工程”的称谓。在中国大百科全书对“工程”的注释中，将其分为以下 3 部分。

① 将自然科学的原理和生产实践中所积累的经验应用到工业生产部门而形成的各学科的统称，如冶金工程、土木工程、道路工程等。

② 指具体的基本建设项目，如长江三峡工程。

③ 泛指某项需要投入巨大人力、财力的工作，如希望工程、菜篮子工程。

因此，工程是一个宽泛而又具有实质内容的概念。

2. 物流工程的产生及发展

物流工程起源于早期的制造业的工厂设计。1776 年，苏格兰经济学者亚当·斯密在其著作《国富论》中，提出“劳动分工”能提高生产率的理论，提出可以设计一个生产过程，使劳动力得以有效地利用。

18 世纪末，美国发明家惠特雷将生产过程划分成几个工序，使每个工序形成简单操作的成批生产过程，并提出“零件的互换性”的概念。他用了 10 年时间来发明、设计、制造他提议的机器，并布置他的工厂。

20 世纪初，工业工程和科学管理的创始人之一吉尔布雷斯（Gilbreth）在建筑作业中提出的动作分析和后来的流程分析就带着物流分析的含义。可以说自从有了工业生产，就产生了工厂设计和企业物流的问题，因此也就有了物流工程。

19 世纪末到 20 世纪 30 年代，以泰勒为首的工程师，对工厂、车间、作坊进行了一系列调查和试验，细致地分析、研究了工厂内部生产组织方面的问题，倡导“科学管理”。当时工厂设计的活动主要有三项，即操作法工程（Methods Engineering）、工厂布置（Plant Layout）

和物料搬运（Material Handling）。其中操作法工程研究的重点是工作测定、动作研究等工人的活动；工厂布置则研究机器设备、运输通道和场地的合理配置；物料搬运就是对原材料到产成品的物流控制。在此期间，主要凭经验和定性方法开展工厂设计。

第二次世界大战后，被战争破坏的国家需要重建工厂。工厂的规模和复杂程度明显增大，工厂设计也由传统的较小的系统设计发展到大而复杂的系统设计。运筹学、统计数学、概率论广泛应用到生产建设中，同时系统工程理论、电子计算机技术也得到普遍应用。系统工程的概念和系统分析的方法逐渐被应用到工厂设计和物流分析中，并扩大到非工业设施的规划设计中，包括各类服务设施，如机场、医院、超级市场等。"工厂设计"一词也逐渐被"设施规划"、"设施设计"所涵盖。

从 20 世纪 50 年代起，管理科学、工程数学、系统分析的应用，为工厂设计由定性分析转向定量分析创造了条件。一些学者陆续发表了有关工厂设计的著作，如爱伯尔的《工厂布置与物料搬运》、穆尔的《工厂与设计》、缪瑟的《系统布置设计》和《物料搬运系统分析》等。

20 世纪 70 年代以来，推出了一些计算机辅助工厂布置程序，较著名的有位置配置法（CRAFT）、相互关系法（CORELAP）、自动设计法（ALDEP）、分析评价法（PLANET）等。这些程序以搬运费用最少、相互密切度最大为目的，以产生一个最好的工厂布置方案。缪瑟提出的物料搬运分析，提供了一套完整的、易于实行的阶段划分、程序模式和习惯表示法。这种逻辑性的、条理化的分析方法，被各国广泛采用。成组技术的发展，为小批量、多品种加工工厂的设计，提供了工艺过程选择和规划乃至整个生产管理合理化的科学方法。计算机辅助设计（Computer Aided Design，CAD）逐渐进入实用阶段，可进行布置设计、场地设计、建筑设计、物料搬运系统和工艺流程的布置及动态仿真。CAD 广泛应用于规划设计的各个阶段。

20 世纪 80 年代，在物流系统分析中，利用计算机仿真技术进行方案比较和优选及复杂系统的仿真研究成为主流。包括从原料接收到仓库、制造、后勤支持系统的仿真，仓储系统分析、评价的仿真等；设施设计的动态、柔性问题的研究；利用图论、专家系统、模糊集理论进行多目标优化问题的探讨。

20 世纪 90 年代，出现了大量的结合现代制造技术、柔性制造系统（Flexible Manufacture System，FMS）、计算机集成制造系统（Computer Integrated Manufacturing System，CIMS）和现代管理技术准时生产方式（Just in Time，JIT）等进行物料搬运和平面布置的研究，物流系统的研究也扩大到从产品订货开始直到销售的整个过程。充满生机和活力的物流业在全球范围内蓬勃发展起来。

3. 物流工程在我国的发展

新中国建立初期的工厂设计一直沿用苏联的设计方法，即注重设备选择的定量运算，对设备的布置以及整个车间和厂区的布置则以定性为主，这种方法在当时起到了积极的作用。但是，随着科技的发展，人类生存空间的缩小，新建或改建一个工厂仍完全按此粗放型布局已越来越不适应我国经济发展的需要。

1982 年，美国的物流专家理查德·缪瑟来华讲授系统布置设计（Systematic Layout Planning，SLP）、物料搬运系统分析（System Handling Analysis，SHA）、系统化工业设施规划（Systematic Planning for Infrastructure Facilities，SPIF），国内将其 3 本著作翻译出版，产生了极大的影响。

日本物流专家在北京、沈阳、西安等地举办国际物流技术培训班，系统介绍了物流的合理化技术和企业物流诊断技术。

在这些理论的影响下，我国的物流工程与设施规划业迅速发展起来。1987 年国内出版了第一本物流学方面的专著——《物流学及其应用》，各地纷纷建立物流研究机构。但是由于物流基础的落后，这些研究机构并没有起到应有的作用，甚至有的研究机构很快就消失了。直到最近几年，物流工程才在我国逐渐发展起来。这主要源于物流系统装备和管理软件的发展，特别是欧洲和日本的技术和装备的引进及 CIMS 工程在一些企业的应用。已有一些大型企业进行了物流系统的建设和重组，如青岛的海尔集团、东风汽车公司、广州的宝洁公司等，烟草行业也已成为物流系统实施的重要领域。

总体来说，美国、日本专家的论著和讲学对中国的物流及物流工程的影响很大。目前，物流工程的重要性在我国逐步被社会所认识，相关的物流技术也从无到有，逐渐形成自己的研究、开发、制造体系，已经具备了建设中型物流工程的能力，但与国外相比尚存在不小的差距。

二、物流工程的内涵及特点

1. 物流工程的内涵

物流工程具有自然科学和社会科学相互交叉的边缘科学的许多特征。①物流工程作为一门交叉学科，它与其他学科有着密切的联系，如机械工程学、机械电子学、生产工艺学、计算机科学等。②物流工程是以许多学科综合为其理论基础的，物流工作人员和研究人员需要有多方面的知识，除了要掌握生产、运输等技术知识外，还要掌握经济学、统计学等经济管理知识。③物流工程的研究对象一般是多目标决策的、复杂的动态系统。在系统分析时，既要考虑其经济性指标，又要考虑技术上的先进性、科学性。因此，其研究方法不仅要运用自然科学中常用的科学逻辑推理与逻辑计算，同时，也要采用对系统进行模型化、仿真与分析的方法。研究中，常采用定量计算与定性分析相结合的综合性研究方法。

对物流工程的认识应基于物流系统形成和完善的工程技术活动内涵，从广义和狭义两个角度去理解和掌握。

广义的物流工程活动是从物流系统整体出发，把物流作业、流程、设施、设备和信息流看作一个系统，把采购、生产、流通和消费等供应链过程看做是一个整体，运用集成理论、系统工程技术方法进行物流系统的规划、设计、管理和控制，从而能以最有效的物流总费用实现所需的物流服务水平，实现物流系统的综合性设计与组织管理活动过程。因此，广义的物流工程不仅涉及规划设计等偏“硬”的内容，也涉及更多物流组织和控制管理等偏“软”的内容，如物流管理工程方面的内容。

狭义的物流工程活动主要是指基于集成理论和工程技术方法，研究各类物流系统的规划和设计，以支持物流系统高效益、高效率、低成本的运行方案的实现过程。因此，狭义的物流工程将运行组织和控制管理内容放到物流管理、供应链管理等相关课程中阐述。与广义的物流工程含义相比，狭义的物流工程需要了解并掌握物流系统规划设计的一般理论方法，物流系统规划程序和方法，物流子系统的构成，物流设施、设备、工具等的性能、作用和选用，以及经济性分析，涉及更多的对物流系统规划设计相关的“硬”件要素的了解，从而能够更侧重从工程技术方面提升各类物流系统的效率和效益。

2．物流工程的特点

一般认为物流工程是在物流管理中，从物流系统整体出发，把物流、信息流融为一体，把生产、流通和消费全过程看做一个整体，运用系统工程的理论和方法进行物流系统的规划、管理、控制，选择最优方案，以低的物流费用、高的物流效率、好的顾客服务，达到提高社会经济效益和企业经济效益的综合性组织管理活动过程。因此，物流工程具有以下特点。

（1）系统性

物流系统是由很多部分组成的，同时，系统的目的性或特定功能往往也由若干目标或指标形成，所以不能单从一个部分或某一个指标来思考和解决问题，而是要从系统的整体出发，将各组成部分按预期目标有机地组合，并互相配合，探索出一个最佳的整体方案。

（2）关联性

系统各组成部分本身及它们相互之间都有着关联和制约的关系，如系统的输出与输入的关系；系统所有组成部分中的参数变量与系统特定功能之间的关系，都表示着系统各组成部分的相互作用和相互依赖。在研究物流系统时，必须设法描述这种相互关系，而且要用明确的方式（如定量、图、表等方式）来表示。

（3）最优性

规划、设计和使用物流系统的最终目的是要它完成特定的功能，并且希望效果最好。也就是说，要以最少的人力、物力和财力消耗，在最短的时间里，获得最大效益。为这种统筹安排选择最优的过程，就是物流工程的最优化的思想。

（4）综合性

物流系统涉及面广，不但有技术因素，还有经济因素、社会因素，所以只靠一两门学科知识是不够的，需要诸如数学、运筹学、经济学、机械设计、计算机技术、控制论及心理学等各方面的学科知识，把这些学科横向交叉、综合在一起来规划、设计和研究物流工程。

（5）实践性

物流工程是非常注重实用的，如果离开具体的项目和工程，也就谈不上物流工程。

三、物流工程的作用及研究内容

1．物流工程在物流实践中的作用

国内外的生产实践充分说明了物流工程对企业提高经济效益的重要作用，主要体现在如下几个方面。

（1）减少工作量，减轻劳动强度

在大量生产的机械制造企业，加工 1 吨产品平均搬运量为 60 吨次以上，一般工厂从事搬运储存的工作人员占全部工人的 15%～20%。所以合理布置、设计物流系统，对企业关系重大。

（2）缩短生产周期，加速资金周转

过去，设计人员在进行生产系统设计时，往往只关注先进的制造工艺，而对提高生产率、降低成本不够重视，缺乏对整个物流系统的分析。统计和分析表明，在工厂的生产活动中，从原材料进厂到成品出厂，物料真正处于加工等纯工艺的时间只占生产周期的 5%～10%，而 90%～95%的时间都处于停滞和搬运状态。所以减少物流时间，可缩短生产周期和交货期，提高资金周转率，增强企业竞争能力。

（3）降低生产成本，增加企业利润

国外统计资料说明，在制造企业中，总营业费用的 20%～30%是搬运费用，而优良的物流系统设计，可使这一费用减少 10%～30%。在工业发达国家，除了加强营销、降低原材料和能源消耗外，已把改造物流搬运、改善工厂中的物料组织，看做是"第三利润的源泉"。

（4）提高产品质量，减少货物损失

产品在搬运、储存过程中，因搬运手段不完善，造成磕碰伤害，从而影响产品质量的现象非常普遍，而企业的管理者往往忽视这个问题。良好的搬运系统规划及先进搬运设备的应用可有效地避免搬运对产品造成的伤害。

（5）促进技术改造，加快企业发展

客户服务水平的提高需要企业提供更快捷的物流服务。而要缩短物流时间，则必须采用新技术、新工艺和新设备。

（6）文明生产，安全生产

统计表明，在制造企业中，直接与搬运有关的工伤事故占总工伤事故的 30%以上。物流系统合理化，有利于改善环境和生产组织管理，提高安全生产水平。

综上所述，物流工程的应用可以提高企业管理水平，促进生产系统发挥全部生产能力，增加企业经济效益，提高企业在国际市场上的竞争力。

2．物流工程的研究内容

广义的物流工程主要解决物流系统中的两类问题：一是系统规划与设计，这需要使用设施设计的理论与方法；二是物流系统的管理与控制，以达到低成本、高效率运行的目的。狭义的物流工程主要解决前者问题。本书主要是从狭义的角度介绍物流工程中的相关知识。

（1）物流系统的规划与设计

按照物流系统的作用不同，物流系统可分为：社会物流系统、专项物流系统和企业物流系统。不同层次的物流系统规划设计的内容不同。社会物流系统规划设计是指在一定区域范围内（国际或国内）物资流通网络的设施布点问题，例如，长三角经济圈、环渤海经济圈和珠三角经济圈集装箱运输枢纽规划；专项物流系统规划设计是指针对特定运作对象进行跨区域的物流系统规划设计，例如，石油输送的中间油库、炼油厂、管线布点等的最优方案；企业物流系统规划设计的核心内容是工厂、车间内部的设计与平面布置、设备的布局，以求物流路线系统的合理化。它通过改变和调整平面布置来调整物流，以达到提高整个生产系统经济效益的目的。

（2）物流设施规划与设计

物流设施规划与设计是物流工程的重要内容之一，属于设施规划设计范畴，近些年来发展很快，已经形成了一个重要的独立学科研究方向和技术体系。

设施规划设计起源于工厂设计，主要用于工厂等工业部门，故也称为工业设施规划设计（该方法现已拓展到服务部门规划设计）。它是生产系统设计的重要组成部分，是根据其系统（如工厂、商店等）应完成的功能（提供产品或服务），对其各项设施（如设备、土地、建筑物、公用工程）以及人员、投资等进行系统的规划设计，主要包括布置设计、物料搬运系统设计、建筑设计、公用工程设计和信息系统设计。不同层次的物流系统设计往往也涉及这些内容，因此，结合物流需要进行物流设施设计，也是物流工程研究的主要内容。

（3）运输（或搬运）与仓储的控制和管理

根据物流运输、搬运和储存的要求（往往是工艺要求），使用管理手段来控制物流，使生产系统以最低的成本、最快捷的速度、完好无缺的流动过程，达到规划设计中提出的效益目标，一般包括以下几方面的研究内容：物流节点选址、场站布局规划、生产批量最优化、工位储备与仓库储存和在制品管理、搬运车辆的计划与组织方法、仓库设计、仓库布局设计、信息流的组织方法等。

（4）包装容器（方法）选择与集装管理

通过选择适当的物流包装容器、包装保护技术来保护产品在运输、仓储和搬运等环节中不受损坏并促进营销；通过按一定单元将杂散物品组合包装，形成集装单元，便于机械装卸搬运。

（5）货物标识与导航定位技术

物流信息是物流系统中各环节相互配合、衔接的媒介，货物标识是物流信息的起点。货物标识技术包括条形码技术（一维条形码、二维条形码）和 RFID 技术；导航定位技术是物流系统规划、物流运输管理等最优化的有力保障。这方面包括如下研究内容：导航定位方法、空间数据结构及编码等。

在这五方面内容中，本书着重介绍设施设备功能、性能与应用途径，物流流程合理化设计，物流设备与物流流程的优化配置，物流系统规划设计方法等。

第三节　Excel 在物流工程问题求解中的应用

Excel 是 Microsoft Office 软件包中一个常用的软件，多用于处理有大量数据的电子表格，一般大家对其基本制表和普通数据处理功能非常熟悉，但对其深层次功能了解得不多。实际上 Excel 具有强大的计算和分析能力，能够解决物流工程中绝大多数的运算、规划和决策问题。本书将解决物流工程问题的数学模型与 Excel 建模求解相结合，利用 Excel 中的公式、函数、规划求解、数据分析等，解决物流工程中常见的普通数学、数学分析、概率和运筹学等计算难题。

在安装 Excel 时，有些功能在缺省条件下是不能安装的，需单独安装。

1. Excel 2003

缺省安装 Excel 2003 后，选择菜单“工具/加载宏”，在弹出的加载宏对话框中，选择“规划求解”（根据需要也可再选其他选项），然后按“确定”按键，如图 1-1 所示。

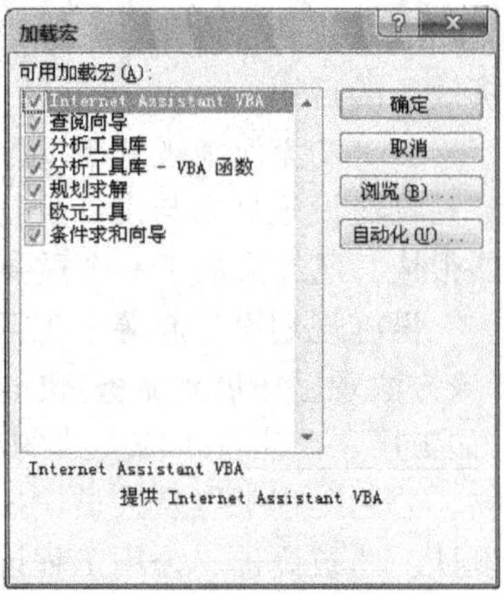

图 1-1　加载宏对话框

2. Excel 2007

缺省安装 Excel 2007 后，点击“Office 按钮”（Excel 左上角的大圆圈）、单击“Excel 选项(I)”，在弹出的对话框中单击“加载项”，选择下面管理“Excel 加载项”，单击“转到”，弹出如图 1-1 所示的加载对话框中，选择“规划求解”（根据需要也可再选其他选项），然后按“确定”按键。

3．关于 VBA

VBA（Visual Basic for Applications）是 Visual Basic 的一种宏语言，是微软开发出来在其桌面应用程序中执行通用的自动化（OLE）任务的编程语言。Excel 的 VBA 可以理解为 Excel 环境下的 VB（Visual Basic）。利用 VBA 几乎可以解决物流工程中的所有问题，如第 3 章中的多设施选址问题，用“规划求解”方法需经多次尝试才能得到最优解，若用 VBA 编写出小程序则可较容易得到最优解。

使用 VBA 需要有编程基础，考虑到本教材是面向物流工程、物流管理专业的学生，可能不具备相关的编程知识，故没有介绍相应的编程方法。本书力求用最简单的方法解决物流工程中的多数问题，故只涉及 Excel 中的公式、函数、规划求解等功能。

思考与练习

1．简述物流工程的内涵。
2．物流工程的研究内容是什么？
3．物流工程的主要特点是什么？

案例分析

UPS——由包裹运送公司到整体化物流企业的成功转变

迅速、准确、周到、优质、高效，且具有个性化的快递服务正影响着现代物流的发展趋势，使现代物流在全球经济发展中发挥更为重要的作用。世界最大的快递运输企业之一的美国联合包裹运送服务公司——UPS，就是借助自身在快递领域的领先优势，成功地为客户提供物流管理服务。

世界著名的快递公司可以利用本身服务已具有的、在国际物流业务中必需的一些功能，积极调整自己，成为第三方物流提供商。在这方面，UPS 通过收购、兼并，不断发展新业务，在保持传统快递业务的同时，已成功地转变为一家综合性的第三方物流提供商。

世界上的每一笔实物交易都涉及三种流动：①从卖方到买方的货物运输；②与货物相关信息的交换——无论是纸张还是电子形式的发运文件、库存清单、签名及清关文件等；③资金的往来、货款的支付等。这三种流动的任何一种不能顺畅进行都可能使公司在国际市场上陷入困境。而 UPS 充分发挥自身优势，实现了这三种流动的同步化。

1．遍布世界的服务网点，满足了全球化物流对运输网络的要求

在全球范围拥有多点分销网络是从事国际物流业务的关键。因为每个国家都有数千页海关规定和关税规则，还有无数的违规处罚，对于要从事国际贸易的公司来说，所有这些都可能阻碍其供应链的准时性。此外还有一个很实际的物流难题，即如何使产品在不增加太多成本的前提下，迅速交付到远在异国的客户手中。要解决这一连串难题，就需要拥有靠近客户且具有重要战略地理位置的仓库和分销中心，同时充分利用当地清关代理的特长，以加速国际间的清关。

Boardzone.com 是一家位于加拿大多伦多的网上雪橇定做公司，它希望将其业务扩大到美国，但它却花费了很多时间和金钱在加拿大准备订单、处理海关事务和支付雪橇的国际运费。最终，该公司决定利用 UPS 网络，让 UPS 来管理海关清关，并将库存产品存放在 UPS

在美国的仓库中。这样一旦 UPS 收到订单，就按照 UPS 在美国国内的运费标准将雪橇运到 Boardzone.com 的美国客户手中。这样一来，Boardzone.com 公司削减了整个运输过程的成本和海关清关费用。

2．发挥自身信息优势，提升价值链

信息是自由流动、充分整合的供应链的润滑剂。作为信息载体，没有比互联网更好的了。通过网络传递合作信息，供应商可以知道制造商什么时候会短缺原材料；制造商可以在缺货以前补充零售商的库存；顾客可以在线查看订单的状态。简而言之，在线信息交换能加速交货、改善服务和提高客户满意度。

在过去的十几年间，UPS 在信息技术领域的投资已达 110 亿美元，并拥有世界上最大的私人数据库。这些投资的初衷并非是为了满足今天物流对信息网络的需求，而完全是为了满足其自身对大量货件信息处理的要求。正是这样一套自成体系、完全配合运输业务而生成的信息系统，使 UPS 在今天的物流业务的运作中得心应手。

德国电子合作伙伴公司（Electronic Partner）是一家专门从事电子部件贸易的零售商。电子合作伙伴公司有 3000 多家店铺，原来，它曾经自己处理退货和修理服务。但是，业务的扩大使电子合作伙伴公司有大量的摄像机和其他电子产品需要修理。因此，这家德国零售商转向了 EZI，EZI 是一个维修和物流服务提供商，它在德国有 15 个修理中心。尽管 EZI 有配套设施，但它仍需要在线解决方案，帮助它创建从原始客户到电子合作伙伴公司，然后到 EZI，最后回到客户的一个完整的供应链。

通过配备包括在线发运、取件通知、包裹跟踪、交货证明和自动发运标签生成等功能的 UPS 在线工具，电子合作伙伴公司和 EZI 公司可以迅速完成修理任务，及时发运货物，并且包括零售商、修理公司和消费者在内的每一环节，都能在线查看每一件被维修的机器的进度。重要的是，当信息自由流动时，它能在供应链的各阶段产生价值。

3．提供信贷支持，确保顺畅的资金周转

在国际贸易交往中，货物发运后平均需要 145 天才能获得货款。而只有确保现金和流动资本的周转顺畅，才能继续向海外扩张。作为门到门快递服务的提供商，UPS 有充足的现金收入。通过收购美国一家银行，UPS 成立了专门经营金融服务的资本公司（UPS Capital Corporation）。它能在短期内对客户的应收款进行融资，并帮助客户获得政府支持的出口贷款。

Eurofrut 是一家英国公司，它从南非进口水果，然后分销到英国的超级市场。Eurofrut 通过 UPS 公司运输货物并对其应收款融资。UPS 资本公司可以在一个工作日内向 Eurofrut 预付超级市场发票价值的 85%以上的货款。这样，Eurofrut 就能迅速向南非的农场主付款，并争取到更好的水果价格。并且通过 UPS 的空运、提货、包装以及海关清关等的快递服务，最大限度地减少国际运输过程中的货物腐烂。

4．与实际操作完全吻合的系统集成

在物流管理中，只有与客户的业务全面结合的解决方案，才能得到客户的认同，推动客户的业务发展。要与客户的业务全面结合，首先要能完全与自身的操作系统相吻合。

Lik Sang 是一家位于香港的向全球客户销售流行视频游戏和硬件的在线零售商。通过互联网，Lik Sang 拥有来自 60 个不同国家的 10 多万客户。每天，Lik Sang 都要处理很多从香

港到世界各地的交货请求。像 Lik Sang 这样的在线商家面临的最大挑战是及时交货。由于产品周期短且需求大，所以需要一个高效的供应链来确保游戏的新版本能够尽可能快地到达客户手中。Lik Sang 最优先的任务是高效处理在线购买。为实现这一目标，Lik Sang 需要简化其后端储运过程，最大程度地减少订单积压的情况，进而提高客户的满意度。

针对 Lik Sang 所面临的问题，UPS 提出了如下的解决方案。

（1）简化订单的处理和执行

该解决方案与 Lik Sang 的在线购买系统完全地集成在一起，并对工作流程的不连贯进行了检查，利用可用的物流资源、信息和 UPS 在线工具对订单处理过程进行监视，提高客户满意度。利用“UPS 在线工具”，Lik Sang 的销售订单处理过程与其后端仓储和运输过程连接在一起。每天收到的订单与运输清单之间将进行比较，及时发现不一致的地方。这使 Lik Sang 能够发现未被执行的订单，从而避免可能发生的客户未能得到有效服务的情况。

Lik Sang 另一个主要问题是没有一个能够与其在线订购系统无缝集成在一起的“自动化”的运输解决方案。利用 UPS 的网络技术和在线功能，Lik Sang 能够以更低的成本和更快的速度处理电子订单。为实现进一步的改进，UPS 将 Lik Sang 的销售管理功能和邮寄功能合并在一起，并使用 LikSang.com 和 UPS.com 之间的直接连接简化了数据处理功能，极大地提高了订单处理能力。

（2）了解订单状态

在 Lik Sang 与 UPS 合作之前，Lik Sang 的客户与公司没有直接联系，缺乏可以证实自己订购的东西已经被安全发运的证据。利用 UPS，Lik Sang 客户只需在 Lik Sang 和 UPS 的网站上点击一下鼠标就可以对自己购买的东西进行跟踪。这种增强的订单处理和执行过程还使 Lik Sang 能够跟踪商品发送的状态，并就可能出现的延迟尽可能早地与客户进行沟通。此外，只要客户的订单已派出，客户就会收到一个发货通知。

（3）留住客户的增值服务

利用 UPS 在线工具，客户可以通过 Lik Sang 网站跟踪自己包裹的移动——从包裹的发出，到中间的运输过程，再到包裹到达自己的家门口，而不需要任何人的帮助。UPS 的电子交易解决方案可使 Lik Sang 设定支持业务处理过程的信息流，客户可以随时查看订单的运输状态。这对 Lik Sang 是很有帮助的，因为在客户收到自己的物品的同时，公司也会立刻得到通知。

雪橇、摄像机、水果和电子游戏，它们是不同的产品，来自不同的国家并属于不同的业务模式。通过这四个例子，我们看到了整合后的快递公司在提供全方位物流管理上的强势，及它对现代物流管理的影响。

案例思考题

1．UPS 遍布全球的服务网点对其为顾客提供综合的第三方物流服务发挥了什么作用？

2．UPS 的信息网络有什么优势？该公司如何利用这些优势为德国电子合作伙伴公司提供服务？

3．Lik Sang 对物流服务的要求是怎样的？UPS 根据其要求为其提供了怎样的解决方案？

4．分析总结 UPS 从一家包裹速递公司转型为综合的第三方物流服务公司具备的优势。

Chapter 2

第2章　物流需求预测

引导案例　一辆自行车引发的需求预测

松下自行车公司（National Bicycle）发现由于每年一变的明快、诱人的颜色，他们所销售的运动自行车——十速赛车和山地车已经成为时尚产品。由于公司无法预测每年哪种颜色会流行，导致他们会过多生产某种颜色的自行车，而对另一种颜色的自行车生产不足，并因此造成巨大损失。为解决预测问题，该公司创立了用户—订购系统，利用该系统，企业可以根据消费者理想中的自行车构架对消费者分类，邀请消费者从众多颜色中选择最喜欢的颜色。随后在岸和田著名的灵活工厂生产消费者理想中的自行车，两个星期后送到消费者手中。

第一节　物流需求预测概述

一、物流需求预测的内涵

物流需求预测对企业物流系统的平稳高效运营起着重要的作用，大到物流系统的设计与规划，小到日常的订货批量和订货时间的确定，所有的物流决策都要以需求预测为依据。特别是随着计算机技术的快速发展，物流需求预测的技术和能力与以往相比有了长足的进步。能否有效地利用先进的物流需求预测技术和方法对企业物流系统的运行效率，乃至企业的竞争能力都有着显著的影响。

1．物流需求预测的概念

物流需求预测是根据物流市场过去和现在的需求状况以及影响物流市场需求变化的因素之间的关系，利用一定的经验、技术和科学方法对市场需求指标的变化以及发展的趋势进行预测。

精确的需求预测可以促进物流信息系统和生产设施有计划的协调运行。为明确责任，衡量需求预测的效果，开展物流需求预测需要建立一套包括组织、程序、动机以及人事等方面完善的预测行政管理体制，以支持预测活动的顺利开展。在此基础上选择预测技术，实施预测过程并进行有效的监控。物流需求预测内容包括对市场总潜力、企业经营地区的市场潜力、企业经营地区内社会购买力的发展趋势、企业所生产和经营产品的需求趋势、产品生命周期及新产品投入市场的成功率和产品市场占有情况进行预测。物流需求预测的目的在于通过对生产、装运或销售等方面有可能产生的流量或单位数的预测和估计，准确掌握物流需求的变动情况，推动信息系统的计划和协调，指导原料采购、库存控制、商品配送等物流工作，以实现资源的优化配置，从而降低物流成本，提高物流效率，保障物流供给，促进物流供需平衡。

2. 物流需求预测的特征

物流需求预测不仅是物流部门也是企业所有部门（包括物流、营销、生产和财务部门）进行规划和控制的基础，所以，物流需求预测水平对企业的整个供应链乃至整个企业都是至关重要的，它直接或间接地影响了企业的生产能力、资金需求和经营的总体框架。物流需求预测涉及需求的空间和时间特征，需求的规律性和不规律性，相关需求和独立需求。

（1）需求的空间和时间特征

物流需求有空间性和时间性两个维度，这就要求物流管理者必须知道需求量在何处发生、何时发生。只有确认比较确切的需求空间位置，才能很好地设定物流网络中的库存水平和按地理位置合理地安排运输资源。也只有掌握比较准确的时间，才能合理安排运输计划和各项物流活动。所以，所选择的预测方法和技术必须反映需求的地理性差异，并且能够处理需求的时间变化。

（2）需求的规律性和不规律性

在进行预测前，预测人员首先要将企业的产品分组，以确定不同的服务水平、服务要求，或者对它们进行分别管理。随着时间的推移，这些不同的产品组和不同类型的产品的需求模式会发生改变。如果需求模式是有规律的，一般可以分解为趋势变化因素、季节变化因素、周期性因素和不确定性因素。如果随机性因素对最终的预测结果影响不大，那么利用通常的预测技术就可以得到比较好的预测结果。

如果某种产品的总体需求量不大，需求时间和需求量又非常不确定，需求模式是间歇式的，那么这种需求就是不规律性的。刚刚进入企业产品线的新产品或马上要退出产品线的老产品常常出现这种模式的需求。因为只有少数客户对这些产品有需求，而且分散在不同的地区，所以物流配送所面对的需求比较小。对这类需求若采用通常的预测方法和技术进行预测，效果不佳。这是物流需求预测的特殊难题，通常需要企业物流的灵活性和快速反应来解决这一问题。

（3）相关需求和独立需求

在实际生活中，需求可以分为相关需求和独立需求两种。

① 相关需求是指某种物资的需求量与其他物资有直接的配套关系，是按特定的生产计划要求派生出来的。当其他某种物资的需求量确定后，就可以直接推算出它的需求量。一般企业内的各种在制品、零部件等都属于相关需求。例如，从某供应商处购买新轮胎的数量就是汽车厂要生产的新汽车数量的一定倍数。

进一步划分，相关需求可以分为垂直相关需求和水平相关需求两种。垂直相关需求就是将需求分为若干层次，如供应链可以分为原材料供应商、零部件制造商、生产商、配送商和零售商等；而水平相关需求则是指物资中包括的附属物、赠品、促销品等。

在相关需求中，通过使用预测、存货状况和需求计划可以确定基本物资的需求量。当采购和制造计划被确定后，对在制品和零部件的需求便可以直接计算得出。一般情况下，只要这种相关需求的关系不改变，对这种相关需求就可以通过基本物资来确定，没有必要对其他物资进行单独的预测，只有在基本物资的需求发生了实质性的变化时，才有必要调整零部件的需求。因此，对相关需求的预测来源于对基本物资的需求预测。

② 独立需求是指某种物资的需求量是由外部市场的需求决定的，与其他物资不存在直接的相关关系。独立需求物资包括大多数产成品形式的消费品和工业物资。通常，在这种情况下，客户数量很多，而且他们绝大多数是独立采购，其采购量只构成企业产品总量的很少的一部分。例如，在预测中，不能根据一个时期的牛奶需求量来推算出对冰箱的需求量。

一般而言，如果是独立需求，利用预测技术得到的预测结果是比较准确的。如果是相关需求，预测人员就应该充分利用这种需求的特性，仅对基本物资的需求进行预测，从而得到其他相关需求项目的需求量。

二、物流需求预测的内容

1．物流流量预测

物流流量预测是对物流过程的各个环节中的流通量做出预测，是物流预测中的关键环节。从预测主体的角度来看，既包括微观企业（生产企业或物流企业）为安排企业生产经营活动而对物流流量做出的预测，也包括中央或地方的物流主管机构出于宏观物流规划和管理而做出的宏观物流流量预测。

（1）微观物流流量的预测

对于企业或第三方物流公司来说，开展物流流量预测具有十分重要的意义。因为物流流量的预测是制订各项计划的基础、是决策的依据，对于指导公司的经营管理具有十分重要的意义。

（2）宏观物流流量的预测

宏观物流流量预测与微观物流流量预测相比，工作量大、复杂程度高，而且开展起来的难度大、涉及面广，是一项庞大的系统工程，需要国家、地方、单位、企业、个人的配合，而且得出的预测结果也较微观的误差大。由于宏观物流流量的预测是政府部门制订宏观经济计划、区域发展计划、基建计划等决策的重要依据，所以是必须要做好的工作。

2．物流流向预测

物流流向主要指物流的运输方向。

从宏观来说，物流有两种流向：一种是正向物流，指物流通过“生产—流通—消费”途径，满足消费者的需求，它是物流流向的主渠道；另一种是逆向物流，其流动的方向与前者相反，是实现可持续发展的重要手段。如回收、净化、提纯、维修退回、包装再加工、再利用和废弃物处理等物流过程。

从微观来说，物流流向主要遵循上游流向下游或“有利于”的原则，即“有利于国民经济及社会发展或者有利于资源优化配置”。

对物流流向进行合理预测不仅有利于物流企业调度运力、安排运输和提供物流服务，更对政府从宏观上指导物流流向、安排物流布局起到辅助决策作用。

3．物流成本预测

物流活动会占用企业的流动资金并发生物流成本，这对于某些中小企业来说可能会遇到资金流动性问题，因此对物流资金周转占用的时间和金额进行分析预测，结合企业的财务管理工作，合理安排调度资金对于中小企业来说很有必要。

4．物流需求预测

所谓物流需求，是指各类企、事业单位和个体消费者在社会经济活动过程中，所伴随产生的运输、仓储、装卸搬运、配送等物流活动的需求。影响物流需求变化的主要因素有产业结构的变化，消费者需求的多样化、个性化，流通结构的变化等。

物流需求预测就是利用历史的资料和市场信息，对未来的物流需求状况进行科学的分析、估算和推断。物流需求预测的意义在于指导和调节人们对物流活动的管理，以便采取适当的策略和措施，使利益最大化。

三、物流需求预测的程序

1．确定预测目标

明确预测的目标是进行有效预测的前提。有了明确具体的预测目标，才能有的放矢地收集资料，否则就无法确定调查什么、向谁调查，更谈不上怎样进行预测。并且预测目标的确定应尽量细化、量化，以利于预测工作的顺利开展。

2．确定预测内容

预测内容即预测影响物流需求的因素，一般包括：某时期的基本需求水平、季节因素、趋势值、周期因素、促销因素以及不规则因素六个方面。管理者必须认识到不同因素对物流需求所具有的潜在影响，并能适当地予以处理，对于特定项目具有重大意义的成分必须予以识别、分析并与适当的预测技术相结合。

某时期的基本需求水平是以整个展延时间内的平均值表示的，是对没有季节因素、周期因素和促销因素等成分的项目的适当预测。

季节因素通常建立在年度基础上，对消费零售层而言，在某几个季度，某物品的需求量较大，而在另几个季度，需求量较小的规律运动。而对批发层而言，这种季节因素先于消费需求大约一个季度。

趋势值是指在一个展延的时期内，销售量变化的趋势。它可以为正、为负或不确定方向，人口或消费类型的变化决定趋势值的增减，销售量随时间而增加是正的趋势值，反之，则为负的趋势值。而通常情况下，由于人们消费习惯的变化，趋势方向会发生多次变化。

周期因素如商业周期，一般来说，每隔 3～5 年就有一次经济从衰退到扩张的波动，许多大宗商品需求就与商业周期联系紧密。

促销因素指某些企业、厂商的市场营销活动会引发需求波动，对销售量具有很大影响。促销期间销售量增加，此后随着促销活动结束，销售量趋于平稳。从预测的角度，有规则的促销因素类似季节因素，而不规则的促销因素则必须对它进行跟踪并结合促销时期进行分析。

不规则因素是随机的或无法预测的因素。在预测的过程中，要通过跟踪和预计其他因素，使随机因素降低到最小程度。

3．选择预测方法

预测方法的选择也可以说是一门艺术。在同样的条件下，预测方法不同会导致不同的效果。恰当地选择预测方法就为准确的预测打下了良好的基础。不同的问题有不同的特点，在预测方法选择中，必须是从预测的对象、预测所需要的时间、预测所需要的资料、预测的精确度和所需要的费用以及预测人员的水平等几方面来考虑方法的选择。

4．计算并做出预测

以预测目标为导向，根据选定的预测方法，利用掌握的资料，就可以对预测内容进行定性或定量分析，预测物流需求。

5．分析预测误差

根据现实的资料对未来进行预测，产生误差是难免的。误差的大小反映预测的准确程度。如果预测误差过大，其预测结果就会偏离实际太远，从而失去参考价值。因此对预测可能出现的误差进行分析是十分必要的，一方面要分析误差产生的原因，另一方面要检查预测方法的合理性。

第二节　物流需求预测方法

一、物流需求定性预测方法

定性预测方法也称为直观判断法，是物流预测中经常使用的方法。直观判断主要依靠人的主观经验和综合分析能力，对事务未来的发展远景做出判断。这类预测方法简单易行，特别适用于那些缺乏客观资料和历史数据并难以获取全面资料进行统计分析的问题。这类模型主要是建立在专家的主观判断和分析的基础上，包括经验预测法、专家会议法、德尔菲法等。对于物流的流向、资金周转等方面的预测常常采用定性预测方法。

1．经验预测法

经验预测法就是利用现有的信息和资料，根据有关人员的经验，结合预测对象的特点，对物流加以预测。这种根据以往的经验进行预测的方法，简便易行，适用于数据缺乏，或难以量化的物流问题的预测。

2．专家会议法

专家会议法是指根据规定的原则选定一定数量的专家，按照一定的方式组织专家会议，发挥集体智慧，对预测对象未来的发展趋势及状况，做出判断的方法。

专家会议有助于专家们交换意见，通过互相启发，可以弥补个人意见的不足；通过内外信息的交流与反馈，产生“思维共振”，进而将产生的创造性思维活动集中于预测对象，在较短时间内得到富有成效的创造性成果，为决策提供预测依据。但是，专家会议的不足之处在于：有时受心理因素影响较大、易屈从于权威或大多数人意见、易受劝说性意见的影响、不愿意轻易改变自己已经发表过的意见等。

3. 德尔菲法

德尔菲法是根据有专门知识的人的直接经验，对研究的问题进行判断、预测的一种方法，是专家调查法的一种。1964 年美国兰德公司首先将其用于预测领域。

德尔菲法具有反馈性、匿名性和统计性特点，选择合适的专家是做好德尔菲预测的关键环节。德尔菲法的基本程序如图 2-1 所示。

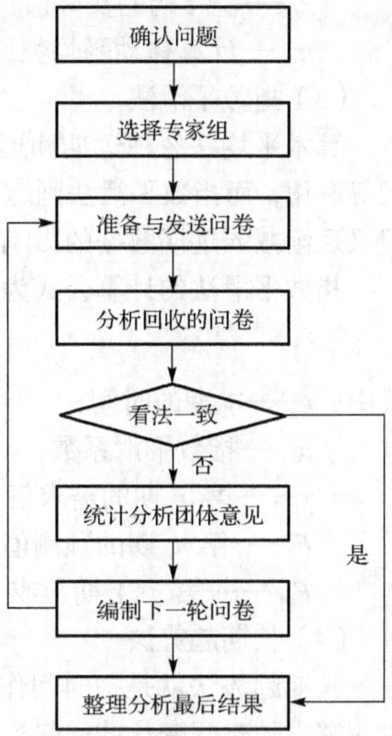

图 2-1 德尔菲法流程图

二、物流需求定量预测方法

1. 时间序列预测法

时间序列，也叫时间数列、历史复数或动态数列。它是将某种统计指标的数值，按时间先后顺序排列所形成的数列。时间序列预测法就是通过编制和分析时间序列，根据时间序列所反映出来的发展过程、方向和趋势，进行类推或延伸，借以预测下一段时间或以后若干年内可能达到的水平。其内容包括：收集与整理某种社会现象的历史资料；对这些资料进行检查鉴别，排成数列；分析时间数列，从中寻找该社会现象随时间变化而变化的规律，得出一定的模式；以此模式去预测该社会现象将来的情况。按照对时间序列数据处理方式的不同，时间序列预测法又可以进一步分为算术平均法、移动平均法、指数平滑法、长期趋势法、季节变动预测法和灰色模型预测法等。

（1）算术平均法

算术平均法是用过去一段时期内的实际物流需求数据的算术平均数作为下期预测值的一种简单的时序预测法。由于该方法没有考虑近期和远期数据在预测上的差异，因此只适用于物流需求变化不大的趋势预测。

算术平均法的计算公式为：

$$F_{t+1} = \frac{x_1 + x_2 + \cdots + x_t}{t} = \frac{1}{t}\sum_{i=1}^{t} x_i \qquad (2\text{-}1)$$

式中，F_{t+1}——第 $t+1$ 期的预测值；

x_i——第 i 期的实际值。

（2）移动平均法

移动平均法与算术平均法的差异在于移动平均法只是用距离预测最近的几期的实际物流需求数值的平均值作为预测值。使用移动平均法进行预测能平滑掉物流需求的随机波动对预测结果的影响，但无法对物流需求中的季节性因素、快速增长和快速下降等非随机性变动进行预测。

移动平均法的计算公式为：

$$F_{t+1} = \frac{x_t + x_{t-1} + \cdots + x_{t-n+1}}{t} \qquad (2\text{-}2)$$

式中，F_{t+1}——第 $t+1$ 期的预测值；

x_t——第 t 期的实际值；

n——计算移动平均数所选定的数据个数。

（3）指数平滑法

算术平均法忽视远期和近期数据在预测上的差异，对时间序列中的过去的数据全部加以同等利用，而指数平滑法则综合了算术平均法和移动平均法两者的优点，不舍弃远期的数据，但又逐渐减弱远期数据的影响程度，随着时间期的远离，数据的权重逐渐收敛为零。

指数平滑法的计算公式为：

$$F_{t+1} = \alpha x_t + (1-\alpha)F_t \tag{2-3}$$

式中，t——本期的时间；

α——指数平滑系数；

x_t——第 t 期的需求值；

F_t——第 t 期的预测值；

F_{t+1}——第 $t+1$ 期，或下期的预测值。

（4）长期趋势法

长期趋势法就是把时间作为自变量，把相应的物流需求时间序列数据作为因变量，建立物流需求随时间变化的回归模型的方法。

长期趋势法的计算公式为：

$$F_{t+1} = \alpha + \beta(t+1) \tag{2-4}$$

$$\alpha = \frac{\sum_{i=1}^{n} x_i - \beta\sum_{i=1}^{n} t_i}{n} \tag{2-5}$$

$$\beta = \frac{n\sum_{i=1}^{n} t_i x_i - \sum_{i=1}^{n} t_i \sum_{i=1}^{n} x_i}{n\sum_{i=1}^{n} t^2 - \left(\sum_{i=1}^{n} t\right)^2} \tag{2-6}$$

式中，F_{t+1}——第 $t+1$ 期物流需求的预测值；

α——第 0 期的物流需求的预测值；

β——直线的斜率；

n——实际物流需求数据时期数；

x_i——实际物流需求数据。

举例说明，见例 2.1。

例 2–1

表 2-1 为某物资企业在 2016 年 1—6 月的钢材需求量，请分别用算术平均法、移动平均法、指数平滑法和长期趋势法预测 7 月份钢材的需求量。

表 2-1　1—6 月的钢材需求量　　单位：吨

月份	1	2	3	4	5	6
需求量	22400	21900	22600	21400	23100	23100

解：

步骤 1：

建立基础数据表。根据最近 6 个月的需求数据，将已知数据输入到 B2:B7 单元格区域中，如图 2-2 所示。

步骤 2：

用算术平均法预测。在单元格 C1 输入“算术平均法”，C8 输入“=AVERAGE(B2:B7)”后，按“回车”键，得到用算术平均法预测的 7 月份钢材的需求量。如图 2-3 所示。

	A	B
1	月份	需求量
2	1	22400
3	2	21900
4	3	22600
5	4	21400
6	5	23100
7	6	23100
8	7	?

图 2-2 1—6 月需求数据

C8 ▾ fx =AVERAGE(B2:B7)

	A	B	C
1	月份	需求量	算术平均法
2	1	22400	
3	2	21900	
4	3	22600	
5	4	21400	
6	5	23100	
7	6	23100	
8	7	?	22417

图 2-3 算术平均法预测结果

操作视频

步骤 3：

用移动平均法预测。取 n=3，在单元格 D1 输入“移动平均法（n=3）”，在 D5 单元格输入“=AVERAGE(B2:B4)”后，按“回车”键，得到用移动平均法预测的 4 月份钢材的需求量，左键按住 D5 单元格右下方的填充柄，向下拖至 D8 单元格（为简化，后面章节将填充表述为“按住填充柄”，指的是所操作单元格的填充柄，如此处的 D5 单元格），即可得到 5—7 月的需求预测值，如图 2-4 所示。

步骤 4：

用指数平滑法预测。取 α=0.3，在 E1 单元格输入“指数平滑法（α=0.3）”，在 E5 输入“以前 5 个月的平均需求量作为 5 月的预测值”，在 E6 输入“=AVERAGE(B2:B6)”，在 E7 输入“=0.3*B6+(1-0.3)*E6”，按住填充柄向下拖至 E8 单元格，即可得到 6—7 月的需求预测值，如图 2-5 所示。

D5 ▾ fx =AVERAGE(B2:B4)

	A	B	D
1	月份	需求量	移动平均法(n=3)
2	1	22400	
3	2	21900	
4	3	22600	
5	4	21400	22300
6	5	23100	21967
7	6	23100	22367
8	7	?	22533

图 2-4 移动平均法预测结果

E8 ▾ fx =0.3*B7+(1-0.3)*E7

	A	B	E
1	月份	需求量	指数平滑法（α=0.3）
2	1	22400	
3	2	21900	
4	3	22600	
5	4	21400	以前5个月的平均需求量做为5月的预测值
6	5	23100	22280
7	6	23100	22526
8	7	?	22698

图 2-5 指数平滑法预测结果

步骤 5：

设置回归参数。选择“工具”下拉菜单，在展开的下拉菜单中点击“数据分析”，打开“数据分析”对话框，如图 2-6 所示。选中“回归”后点击“确定”按键，打开“回归”对话框，在“Y 值输入区域（Y）”输入“$B$2:$B$7”，在“X 值输入区域（X）”输入“$A$2:$A$7”，单击“输出区域”，在右侧的参数框中输入“$G$10”，如图 2-7 所示。

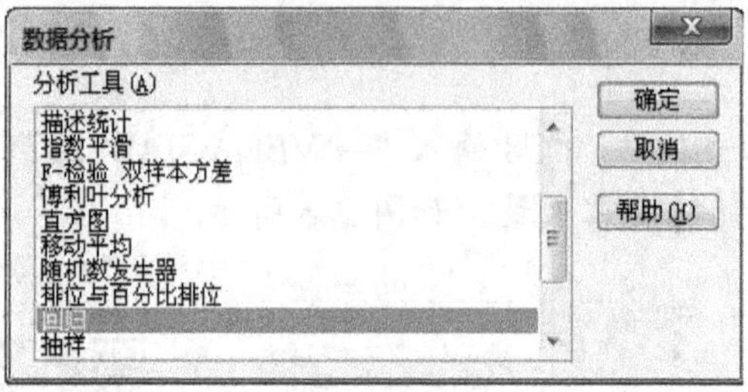

图 2-6 “数据分析”对话框

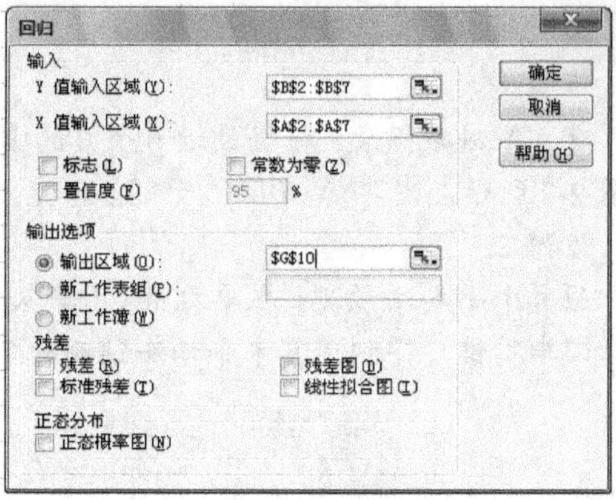

图 2-7 回归对话框

步骤 6:

用长期趋势法预测。在图 2-7 中单击“确定”按键，可以看到回归分析的结果，如图 2-8 所示。其中，21826.7 和 168.571 分别是 α 和 β 的值。在单元格 F1 输入“长期趋势法”，在 F2 输入“=$H$26+$H$27*A2”，按“回车”键即得 1 月的需求预测值，按住填充柄向下拖至 F8，即可得 2—7 月的需求预测值，如图 2-9 所示。

	G	H	I	J	K	L	M	N	O	P
10	SUMMARY OUTPUT									
11										
12	回归统计									
13	Multiple	0.46822								
14	R Square	0.21923								
15	Adjusted	0.02404								
16	标准误差	665.404								
17	观测值	6								
18										
19	方差分析									
20		df	SS	MS	F	gnificance F				
21	回归分析	1	497286	497286	1.12314	0.348994				
22	残差	4	1771048	442762						
23	总计	5	2268333							
24										
25		Coefficien	标准误差	t Stat	P-value	Lower 95%	Upper 95%	下限 95.0%	上限 95.0%	上限 95.0%
26	Intercep	21826.7	619.457	35.2352	3.9E-06	20106.78	23546.56	20106.778	23546.555	24468.049
27	X Variab	168.571	159.062	1.05979	0.34899	-273.055	610.198	-273.0551	610.19799	831.12973

图 2-8 回归分析结果

（5）季节变动预测法

由于自然条件、社会文化和生活习惯等因素的影响，物流需求预测经常会呈现出季节性的波动。这种波动通常以 1 年为一个周期，每年重复出现。季节性波动的存在会导致前面提到的那些预测方法的预测精度显著下降。准确预测包含季节性波动的物流需求的前提是要研究时间序列的变化规律。

	A	B	F
1	月份	需求量	长期趋势法
2	1	22400	21995
3	2	21900	22164
4	3	22600	22332
5	4	21400	22501
6	5	23100	22670
7	6	23100	22838
8	7	?	23007

图 2-9 长期趋势法预测结果

常用的季节变动预测法包括加法模型和乘法模型两种。在加法模型中，季节变动表现为一个数量值。为了拟合季节变动，预测平均值需要减去或加上这一数值。在乘法模型中，季节变动表现为一个百分数。为了拟合季节变动，预测平均值需要乘以这一百分数。下面以直接平均季节指数法为例说明季节变动预测法的操作步骤。

直接平均季节指数法的操作步骤。

① 计算出每一年同月或同季的物流需求数据的平均值（用 A 表示）。

② 计算出所有月份或季度的物流需求数据的平均值（用 B 表示）。

③ 计算各月或各季度的季节指数，即 $S=A/B$。

④ 根据全年趋势预测值，求出各月或各季度的平均预测值，再乘以相应的季节指数。

（6）灰色模型预测法

对于一个将来要出现的、现在没有诞生的未来系统，必然是既有已知信息，又有未知或不完全确知的信息，并且这些信息处于连续变化的动态之中，所以说“预测未来”从本质上说是灰色问题。基于灰色动态 GM(n,h) 模型的预测称为灰色预测。灰色系统建立的 GM(n,h) 模型是微分方程的时间连续函数模型，n 表示微分方程的阶数，h 表示变量的个数。灰色预测具有以下特点：①需要的数据量较少；②方法计算简单，计算步骤不烦琐，多数可用手工完成，借助软件计算则更为迅速；③不需要太多的关联因素，因而资料比较容易取得；④既可用于近期、短期，也可用于中长期预测。

单序列的一阶线性动态模型 GM(1,1) 模型是一种常用的灰色数列预测模型，适用于处理数据情况复杂并暗含指数规律情况下的物流需求预测。其预测求解的基本步骤如下。

① 检查进行 GM(1,1) 建模的可行性。判断标准为原始数列的级比，即前一数据除以相邻的后一数据，满足下式：

$$e^{\frac{-2}{n+1}} < \frac{x_i}{x_{i+1}} < e^{\frac{2}{n+1}} \tag{2-7}$$

式中，n——原始物流需求的时期个数；

x_i——第 i 期原始物流需求（i=1，2，3，…，n）。

② 对原始数列进行累加以得到新数列：

$$x' = x_{i-1} + x_i \tag{2-8}$$

式中，x'——第 i 期原始物流需求的累加值。

③ 建立矩阵：

$$B = \begin{bmatrix} -0.5\times(x_1'+x_2') & 1 \\ -0.5\times(x_2'+x_3') & 1 \\ \vdots & \vdots \\ -0.5\times(x_{i-1}'+x_i') & 1 \end{bmatrix} \tag{2-9}$$

④ 建立向量：

$$Y = (x_2, x_3, \cdots, x_i) \tag{2-10}$$

⑤ 建立 GM（1，1）模型：

$$\frac{dx'}{dt} + ax' = b \tag{2-11}$$

⑥ 求解预测模型：

$$\hat{x}_{i+1}' = \left(x_1 - \frac{b}{a}\right)e^{-ai} + \frac{b}{a} \tag{2-12}$$

$$\hat{x}_{i+1} = \hat{x}_{i+1}' - \hat{x}_i' \tag{2-13}$$

式中，a——发展系数；

b——灰色作用量；

$\hat{x}'_{i+1}$——第 $i+1$ 期拟合数列值；

$\hat{x}_{i+1}$——第 $i+1$ 期预测物流需求值。

$\begin{pmatrix} \mathrm{a} \\ b \end{pmatrix}$——待估参数向量，可由最小二乘法求解，得 $\begin{pmatrix} \mathrm{a} \\ b \end{pmatrix} = (B^{\mathrm{T}}B)^{-1}(B^{\mathrm{T}}Y)$。

举例说明，见例 2-2。

例 2-2

已知一仓库 2009—2016 年需要某种货物数量分别为 139、142、141、148、158、162、164 和 166 件，试用灰色模型法预测 2017 年的需求量。

操作视频

解：

步骤 1:

建立基础数据表，如图 2-10 所示。

步骤 2:

计算原始数据级比。在单元格 I5 输入"检验数"，J5 输入"=D3/D4"，按住填充柄向下拖至 J11，即可得到 2010—2016 年度需求原始序列的级比，如图 2-11 所示。

步骤 3:

计算上/下限。在单元格 I2 输入"上限"，I3 输入"下限"，在 J3 输入"=EXP(-2/9)"，在 J2 输入"=1/J3"。如图 2-11 所示。

	A	B	C	D
1		灰色模型预测法		
2		序号	年份	需求量
3		1	2009	139
4		2	2010	142
5		3	2011	141
6		4	2012	148
7		5	2013	158
8		6	2014	162
9		7	2015	164
10		8	2016	166
11		9	2017	

图 2-10 基础数据表

J3 fx =EXP(-2/9)

	B	C	D	E	I	J
1	灰色模型预测法					
2	序号	年份	需求量	累加序列	上限	1.248849
3	1	2009	139	139	下限	0.800737
4	2	2010	142	281		
5	3	2011	141	422	检验数	0.978873
6	4	2012	148	570		1.007092
7	5	2013	158	728		0.952703
8	6	2014	162	890		0.936709
9	7	2015	164	1054		0.975309
10	8	2016	166	1220		0.987805
11	9	2017				0.987952

图 2-11 级比和上下限的计算

步骤 4:

判断可行性。在单元格 I12 输入"=IF(AND(MAX(J5:J11)<J2，MIN(J5:J11)>J3)，"检验通过，可以使用灰色模型"，"检验失败，不能使用灰色模型")"。如图 2-12 所示。

I12 fx =IF(AND(MAX(J5:J11)<J2,MIN(J5:J11)>J3),"检验通过，可以使用灰色模型","检验失败，不能使用灰色模型")

	D	I	J	K	L	M	N	O	P	Q	R	S	T
1	色模型预测												
2	需求量	上限	1.248849										
3	139	下限	0.800737										
4	142												
5	141	检验数	0.978873										
6	148		1.007092										
7	158		0.952703										
8	162		0.936709										
9	164		0.975309										
10	166		0.987805										
11			0.987952										
12		检验通过，可以使用灰色模型											

图 2-12 判断是否能使用灰色模型

步骤 5:

计算数据累加。在单元格 E2 输入“累加序列”，E3 输入“=D3”，E4 输入“=D4+E3”、按住填充柄向下拖至 E10，如图 2-13 所示。

步骤 6:

建立矩阵 B。在单元格 B13 输入“矩阵 B:”，在 C14 输入“=–0.5*（E3+E4）”、按住填充柄向下拖至 C20，在 D14:D20 输入“1”，如图 2-14 所示。

E10 ▾ fx =D10+E9

	B	C	D	E
1	灰色模型预测法			
2	序号	年份	需求量	累加序列
3	1	2009	139	139
4	2	2010	142	281
5	3	2011	141	422
6	4	2012	148	570
7	5	2013	158	728
8	6	2014	162	890
9	7	2015	164	1054
10	8	2016	166	1220
11	9	2017		

图 2-13 计算需求量累加值

C20 ▾ fx =-0.5*(E9+E10)

	B	C	D	E
13	矩阵B:			
14		-210	1	
15		-351.5	1	
16		-496	1	
17		-649	1	
18		-809	1	
19		-972	1	
20		-1137	1	

图 2-14 建立矩阵 B

步骤 7:

求矩阵 B 的转置矩阵 B^T。在单元格 B22 输入“矩阵 B^T:”，选中区域 C23:I24、输入“=TRANSPOSE(C14:D20)”、同时按住“Ctrl+Shift+Enter”组合键输入数组公式，如图 2-15 所示。

C23 ▾ fx {=TRANSPOSE(C14:D20)}

	B	C	D	E	F	G	H	I
22	矩阵B^T:							
23		-210	-351.5	-496	-649	-809	-972	-1137
24		1	1	1	1	1	1	1

图 2-15 求转置矩阵 B^T

步骤 8:

计算 $B^T \times B$。在单元格 B25 输入“矩阵 B^T*B:”，选中区域 C26:D27、输入“=MMULT(C23:I24,C14:D20)”，同时按住“Ctrl+Shift+Enter”组合键输入数组公式，如图 2-16 所示。

步骤 9:

计算 $B^T \times B$ 的逆矩阵$(B^T \times B)^{-1}$。在单元格 F26 输入“矩阵$(B^T*B)^{-1}$”，选中区域 G26:H27、输入“=MINVERSE(C26:D27)”，同时按住“Ctrl+Shift+Enter”组合键输入数组公式，如图 2-16 所示。

G26 ▾ fx {=MINVERSE(C26:D27)}

	B	C	D	E	F	G	H
25	矩阵B^T*B						
26		3726903	-4624.5		矩阵$(B^T*B)^{-1}$	1.48863E-06	0.000983
27		-4624.5	7			0.00098345	0.792566

图 2-16 求 $B^T \times B$ 及 $(B^T \times B)^{-1}$

步骤 10:

矩阵求解。在单元格 C28 输入“矩阵 $(B^T*B)^{-1}*B^T$:”，选中区域 C29:I30、输入

“=MMULT(G26:H27,C23:I24)”，同时按住“Ctrl+Shift+Enter”组合键输入数组公式，如图 2-17 所示。

C29 {=MMULT(G26:H27,C23:I24)}

	B	C	D	E	F	G	H	I
28		矩阵(B^T*B)^-1*B^T						
29		0.000671	0.00046	0.000245	1.73319E-05	-0.000220848	-0.00046	-0.00071
30		0.586042	0.446884	0.304775	0.154307313	-0.003044719	-0.16335	-0.32562

图 2-17　求解矩阵结果

步骤 11:

求发展系数 a、灰色作用量 b 及 b/a。在单元格 C33 输入“a”，C34 输入“b”，C35 输入“b/a”；选中区域 D33:D34、输入“=MMULT(C29:I30, D4:D10)”，同时按住“Ctrl+Shift+Enter”组合键输入数组公式，D35 输入“=D34/D33”，如图 2-18 所示。

步骤 12:

计算拟合值。在单元格 F2 输入“拟合数列”，F3 输入“=D3”，F4 输入“=($D$3-$D$35)*EXP(-$D$33*(B4-1))+$D$35”，按住填充柄向下拖至 F11，如图 2-19 所示。

D33 {=MMULT(C29:I30,D4:D10)}

	B	C	D	E	F
31					
32		矩阵(B^T*B)^-1*B^T*Y			
33		a	-0.03035		
34		b	134.3814		
35		b/a	-4428.45		

图 2-18　求解结果

F4 =($D$3-$D$35)*EXP(-$D$33*(B4-1))+$D$35

	A	B	C	D	E	F
3		1	2009	139	139	139
4		2	2010	142	281	279.7236479
5		3	2011	141	422	424.7830066
6		4	2012	148	570	574.3116596
7		5	2013	158	728	728.4473065
8		6	2014	162	890	887.3318892
9		7	2015	164	1054	1051.111723
10		8	2016	166	1220	1219.937631
11		9	2017			1393.965083

图 2-19　计算拟合数列值

步骤 13:

需求预测。在单元格 G2 输入“预测需求”，G3 输入“=D3”，G4 输入“=F4-F3”，按住填充柄向下拖至 G11，如图 2-20 所示。

G4 =F4-F3

	B	C	D	E	F	G
1	灰色模型预测法					
2	序号	年份	需求量	累加序列	拟合数列	预测需求
3	1	2009	139	139	139	139
4	2	2010	142	281	279.7236479	140.7236479
5	3	2011	141	422	424.7830066	145.0593586
6	4	2012	148	570	574.3116596	149.528653
7	5	2013	158	728	728.4473065	154.1356469
8	6	2014	162	890	887.3318892	158.8845827
9	7	2015	164	1054	1051.111723	163.7798337
10	8	2016	166	1220	1219.937631	168.825908
11	9	2017			1393.965083	174.0274523

图 2-20　2017 年需求预测值

结果分析:

由图 2-20 可以看出，2017 年的需求预测值为 175 件（174.027 取整数）。

2. 因果关系预测法

因果关系预测方法是利用变量间的因果关系来推断待预测变量的变动趋势的预测方法。由于物流需求属于派生需求，受经济发展、市场行情和收入水平等因素的影响，因此可以建立相应的因果预测模型，利用相关的各项经济指标来预测物流需求。最常用的因果关系预测方法是回归分析预测法。回归分析预测法是根据物流需求与其他一个或更多个经济因素之间的相互依赖关系，建立以物流需求为因变量，以其他经济因素为自变量的回归方程，并以回归方程作为预测模型的一种重要的物流需求预测方法。

根据回归分析中用到的自变量的数量，可以将回归分析预测法分为一元回归分析预测法和多元回归分析预测法。由于物流需求通常受多个经济因素影响，因此只用一个变量来预测物流需求的一元回归分析预测法的预测能力有限。在实际的预测分析中，多元回归分析预测法更为常见。根据因变量和自变量之间关系类型的不同，可以划分为线性回归分析预测法和非线性回归分析预测法。现有研究表明，很多经济因素与物流需求之间都是线性关系，而且非线性回归分析预测问题可以通过数学手段转化为线性回归问题处理，所以线性回归分析预测法是最基本、最常用的回归分析预测方法。

（1）一元线性回归分析预测法

一元线性回归分析预测法就是以一元线性回归统计分析方法为分析工具，利用物流需求与另一个变量之间的线性关系来预测物流需求的预测方法。在使用这一方法时，不仅要利用已有的历史数据估计出最佳的回归线，还要对回归模型的拟合优度进行检验，以判断该回归模型是否能达到预测的要求。

① 一元线性回归模型的估计。一元线性回归分析预测模型为：

$$\hat{y}_i = \alpha + \beta x_i \tag{2-14}$$

式中，x_i——自变量 x 的第 i 个观测值（$i = 1,2,3,\cdots,n$）；

$\hat{y}_i$——当 x 取值为 x_i 时，因变量物流需求的预测值；

α——截距；

β——斜率。

一元线性回归分析预测模型中的两个参数 α 和 β 是未知的，必须利用观测值 x_i 和 y_i 来估计。最常用的估计方法是最小二乘法，该方法能够使得由参数 α 和 β 所确定的回归线到各点的距离最近。

α 和 β 的计算公式如下：

$$\beta = \frac{n\sum_{i=1}^{n} x_i y_i - (\sum_{i=1}^{n} x_i)(\sum_{i=1}^{n} y_i)}{n\sum_{i=1}^{n} x_i^2 - (\sum_{i=1}^{n} x_i)^2} \tag{2-15}$$

$$\alpha = \frac{\sum_{i=1}^{n} y_i - \beta\sum_{i=1}^{n} x_i}{n} \tag{2-16}$$

式中，y_i——因变量物流需求的第 i 个观测值。

利用最小二乘法估计出参数 α 和 β 后，就可以利用这一最佳拟合直线进行预测。只要给定一个 x_i 的值，就可以利用该回归直线求得一个物流需求的估计值 y_i。

② 拟合优度检验。对于任意一组观测值，最小二乘法总是可以拟合出一条最佳的回归直线，但这一直线是否与观测值良好地拟合，即样本观测值是否紧密地聚集在样本回归直线周

围，决定了这一回归线的预测效果。只有拟合优度较好的回归线才能用于物流需求的预测。判定回归模型拟合程度优劣的最常用指标是可决系数（coefficient of determination）R^2。

$$R^2=\frac{\sum_{i=1}^{n}(\hat{y}_i-\overline{y})^2}{\sum_{i=1}^{n}(y_i-\overline{y})^2} \tag{2-17}$$

当R^2=1时，物流需求与x 完全线性相关，模型的拟合程度最优；当R^2=0时，物流需求与x 无线性相关关系，模型的拟合程度最差。通常 R^2 都是介于 0～1 之间，$R^2 \geqslant 0.9$ 时，估计模型为优；$0.8 \leqslant R^2 \leqslant 0.9$ 时，估计模型为良；$0.6 \leqslant R^2 \leqslant 0.8$ 时，估计模型一般；$R^2<0.6$ 时，估计模型为差。

举例说明，见例 2-3。

例 2–3

一家服装企业统计了 30 个城市的常住人口数和物流需求的数据，如表 2-2 所示。请根据这些数据找到物流需求与人口数的关系，以便未来进行物流需求预测。（1）如果某一城市的人口数为 300 万人，请预测该城市的物流需求量。（2）该公司又进一步统计了各城市对应的广告投入费用，如表 2-2 所示。请根据这些数据找到物流需求与人口数、广告投入的关系，以便未来进行物流需求预测。如果某一城市的人口数为 300 万人，广告投入为 20 万元，请预测该城市的物流需求量。（注：本例问题 2 暂不做答。）

表 2-2　基础数据表

编号	人口数（万人）	广告投入（万元）	物流需求（件）
1	491.3	5.8	3791
2	468.3	33.6	4015
3	184.0	47.8	2601
4	150.1	23.3	1799
5	260.8	30.5	3063
6	512.2	45.7	4504
7	518.2	27.7	4215
8	489.4	35.6	3844
9	129.8	18.4	1446
10	529.6	3.7	4066
11	145.7	1.8	1728
12	438.2	15.9	3568
13	343.5	16.6	3019
14	184.0	6.6	2236
15	384.7	35.8	3084
16	103.2	20.8	1529
17	386.3	39.7	3484
18	473.0	8.2	3066
19	260.7	13.3	2330
20	462.9	36.5	3860
21	210.7	41.5	2486
22	231.4	47.7	2482
23	264.6	41.8	3189

续表

编号	人口数（万人）	广告投入（万元）	物流需求（件）
24	305.1	2.6	2364
25	51.2	47.3	1787
26	507.2	2.1	3367
27	382.0	34.0	3096
28	200.0	18.8	2080
29	521.1	40.4	4395
30	435.7	15.5	3810

解：（问题 1）

步骤 1:

建立基础数据表，如图 2-21 所示。

	A	B	C
1	编号	人口数(万人)	物流需求(件)
2	1	491.3	3791
3	2	468.3	4015
4	3	184	2601
5	4	150.1	1799
6	5	260.8	3063
7	6	512.2	4504
8	7	518.2	4215
9	8	489.4	3844
10	9	129.8	1446
11	10	529.6	4066
12	11	145.7	1728
13	12	438.2	3568
14	13	343.5	3019
15	14	184	2236
16	15	384.7	3084
17	16	103.2	1529
18	17	386.3	3484
19	18	473	3066
20	19	260.7	2330
21	20	462.9	3860
22	21	210.7	2486
23	22	231.4	2482
24	23	264.6	3189
25	24	305.1	2364
26	25	51.2	1787
27	26	507.2	3367
28	27	382	3096
29	28	200	2080
30	29	521.1	4395
31	30	435.7	3810

图 2-21　基础数据

操作视频

步骤 2:

绘制物流需求与人口数散点图。点击“图表向导”图标、在弹出的对话框中“标准类型”中选择“XY 散点图”、点击“下一步”按键，在“图表数据源”对话框中单击“列”、单击数据区域对应的参数框右侧的折叠对话框按键、选择表格中的 B1:C31、再次单击数据区域对应的参数框右侧的折叠对话框按键、单击“下一步”按键，在“图表标题”输入“物流需求与人口”、在“数值（X）轴（A）”输入“人口数”、在“数值（Y）轴（V）”输入“物流需求”、单击“完成”，如图 2-22 所示。

步骤 3:

添加趋势线。在图 2-22 所示的散点图中，右键单击一个数据点，在弹出的“添加趋势线”对话框中选择“线性（L）”、单击“确定”按键，如图 2-23 所示。

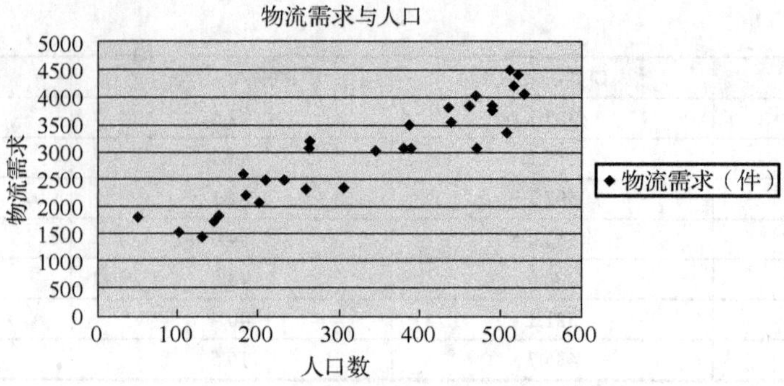

图 2-22　物流需求与人口数散点图

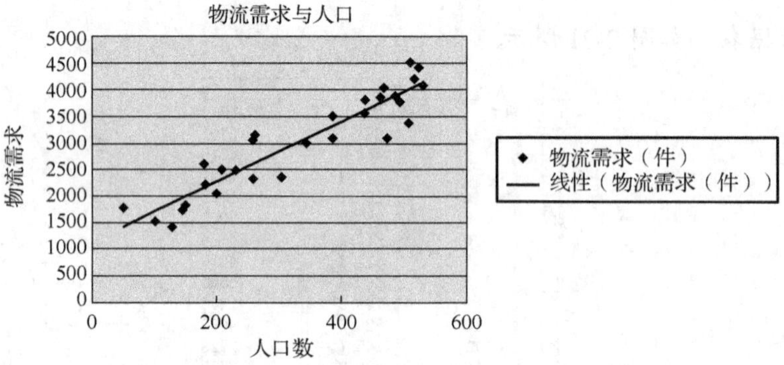

图 2-23　带趋势线的物流需求与人口数散点图

步骤 4:

设置回归参数。单击菜单栏中的“工具”，在下拉菜单中选择“数据分析”、打开“数据分析”对话框、选择“回归”，打开“回归”对话框、单击“Y 值输入区域（Y）”对应的参数框右侧的折叠对话框按键，选择区域 C2:C31；单击“X 值输入区域（X）”对应的参数框右侧的折叠对话框按键，选择区域 B2:B31；选择“输出区域”并单击其对应的参数框右侧的折叠对话框按键，选择 E3 单元格，如图 2-24 所示。

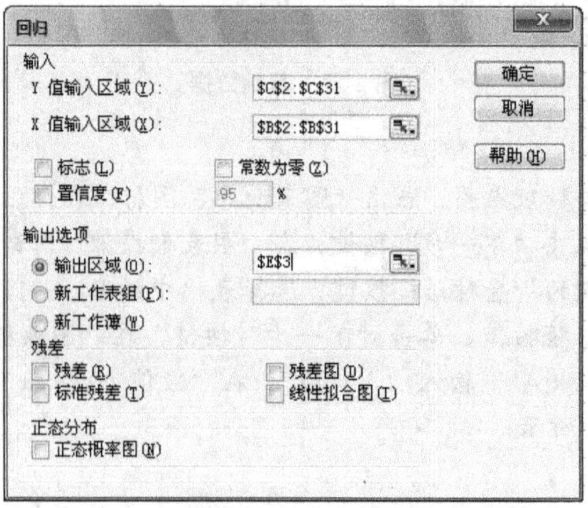

图 2-24　“回归”对话框

步骤 5:

进行回归分析。在图 2-24 中单击“确定”按键，出现回归分析结果。如图 2-25 所示。其中，1140.382665 和 5.595319659 分别是回归方程的截距 α 和斜率 β。0.86893365 即为可决系数 R^2 的值。由于 $0.8<R^2<0.9$，所以本例估计模型的拟合优度评价为良，具有较好的预测能力。

SUMMARY OUTPUT									
回归统计									
Multiple R	0.932166107								
R Square	0.86893365								
Adjusted R	0.864252709								
标准误差	331.0967995								
观测值	30								
方差分析									
	df	SS	MS	F	Significance F				
回归分析	1	20349952.93	20349952.93	185.63226	7.04221E-14				
残差	28	3069502.538	109625.0906						
总计	29	23419455.47							
	Coefficients	标准误差	t Stat	P-value	Lower 95%	Upper 95%	下限 95.0%	上限 95.0%	
Intercept	1140.382665	149.9564229	7.60476039	2.77E-08	833.2108615	1447.554469	833.2108615	1447.554469	
X Variable	5.595319659	0.41067492	13.62469289	7.042E-14	4.754090231	6.436549086	4.754090231	6.436549086	

图 2-25　回归分析结果

步骤 6:

300 万人口的物流需求预测。在单元格 A33 输入“需求预测”，B33 输入“300”，C33 输入“=$F$19+$F$20*B33”。如图 2-26 所示。

C33　fx =$F$19+$F$20*B33

	A	B	C
1	编号	人口数(万人)	物流需求(件)
32			
33	需求预测	300	2818.978563

图 2-26　300 万人口的物流需求预测

结果分析:

由图 2-26 可以看出，300 万人口的城市服装需求预测为 2819 件。

（2）多元线性回归分析预测法

多元线性回归分析预测法就是以多元线性回归统计分析方法为分析工具，利用物流需求与另外两个或更多个变量之间的线性关系来预测物流需求的预测方法。与一元线性回归分析预测法类似，在使用这一方法时，不仅要利用已有的历史数据估计出最佳的回归线，还要对回归模型的拟合优度进行检验。

① 多元线性回归模型的估计。多元线性回归分析预测模型为：

$$\hat{y}_i=\beta_0+\beta_1 x_{1i}+\beta_2 x_{2i}+\cdots+\beta_k x_{ki}\,,\quad i=1,2,3,\cdots,n \tag{2-18}$$

式中，k——自变量的数量；

β_j——回归系数（j=1，2，…，k）；

$\hat{y}_i$——当 k 个自变量的取值为 x_{1i}，x_{2i}，…，x_{ki} 时，因变量物流需求的预测值。

多元线性回归分析预测模型中的参数 β_j（j=1，2，…，k）是未知的，必须利用观测值 x_{1i}，x_{2i}，…，x_{ki} 和 y_i 来估计。最常用的估计方法也是最小二乘法。

β 的计算公式如下：

$$\beta=(X^{\mathrm{T}}X)^{-1}X^{\mathrm{T}}Y \tag{2-19}$$

式中，

$$X=\begin{bmatrix}1 & x_{11} & x_{21} & \cdots & x_{k1}\\ 1 & x_{21} & x_{22} & \cdots & x_{k2}\\ \vdots & \vdots & \vdots & & \vdots\\ 1 & x_{1n} & x_{2n} & \cdots & x_{kn}\end{bmatrix},\quad Y=\begin{bmatrix}y_1\\ y_2\\ \vdots\\ y_n\end{bmatrix}$$

y_i——因变量物流需求的第 i 个观测值。

利用最小二乘法估计出参数 α 和 β 后，就可以利用这一最佳回归模型进行预测。只要给定一组 x_{1i}，x_{2i}，…，x_{ki} 的值，就可以利用该回归模型求得一个物流需求的估计值 $\hat{y}_i$。

② 拟合优度检验。与一元线性回归模型类似，可决系数 R^2 也可用来衡量多元线性回归模型的样本回归线对样本观测值的拟合程度。不过可决系数 R^2 的值会受到自变量个数的影响，通常增加一个自变量总会导致 R^2 的增大。所以为了剔除变量个数对拟合优度的影响，在多元回归分析中一般用调整的可决系数 R^2 作为衡量指标。

调整的可决系数 R^2 的计算公式如下：

$$R^2=1-(1-R^2)\frac{n-1}{n-k-1} \tag{2-20}$$

举例说明，见例 2-3 问题 2。

例 2–3　问题 2

解：

步骤 1：

建立基础数据表，如图 2-27 所示。

	A	B	C	D
1	编号	人口数(万人)	广告投入（万元）	物流需求(件)
2	1	491.3	5.8	3791
3	2	468.3	33.6	4015
4	3	184	47.8	2601
5	4	150.1	23.3	1799
6	5	260.8	30.5	3063
7	6	512.2	45.7	4504
8	7	518.2	27.7	4215
9	8	489.4	35.6	3844
10	9	129.8	18.4	1446
11	10	529.6	3.7	4066
12	11	145.7	1.8	1728
13	12	438.2	15.9	3568
14	13	343.5	16.6	3019
15	14	184	6.6	2236
16	15	384.7	35.8	3084
17	16	103.2	20.8	1529
18	17	386.3	39.7	3484
19	18	473	8.2	3066
20	19	260.7	13.3	2330
21	20	462.9	36.5	3860
22	21	210.7	41.5	2486
23	22	231.4	47.7	2482
24	23	264.6	41.8	3189
25	24	305.1	2.6	2364
26	25	51.2	47.3	1787
27	26	507.2	2.1	3367
28	27	382	34	3096
29	28	200	18.8	2080
30	29	521.1	40.4	4395
31	30	435.7	15.5	3810

操作视频

图 2-27　基础数据表

步骤 2：

绘制物流需求与广告投入散点图。点击“图表向导”图标，在弹出的对话框中“标准类型”中选择“XY 散点图”、点击“下一步”按键，在“图表数据源”对话框中单击“列”、单击数据区域对应的参数框右侧的折叠对话框按键、选择表格中的 D2:D31，选择“系列”标签，在“名称（N）”输入“物流需求（件）”、单击“X 值（X）” 对应的参数框右侧的折叠对话框按键、选择区域 C2:C31、单击“下一步”按键，在“图表标题”输入“物流需求与广告投入”、在“数值（X）轴（A）”输入“广告投入”、在“数值（Y）轴（V）”输入“物流需求”，单击“完成”，如图 2-28 所示。

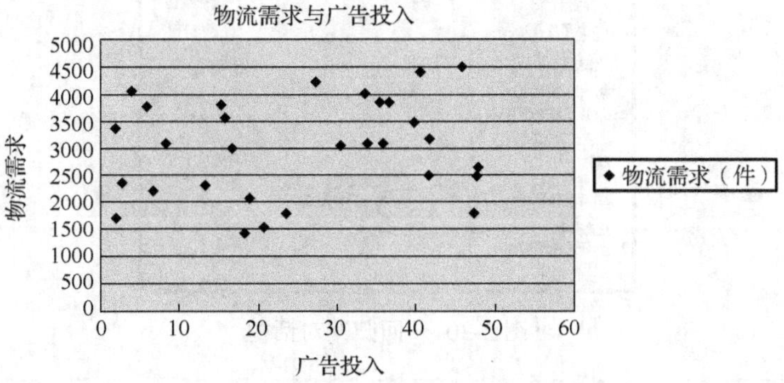

图 2-28　物流需求与广告投入散点图

步骤 3:

添加趋势线。方法同例 2-3（问题 1）步骤 3，结果如图 2-29 所示。由图可以看出，物流需求与广告投入关系只存在较弱的线性依赖关系，单纯用广告投入来预测物流需求会导致较大的预测误差。

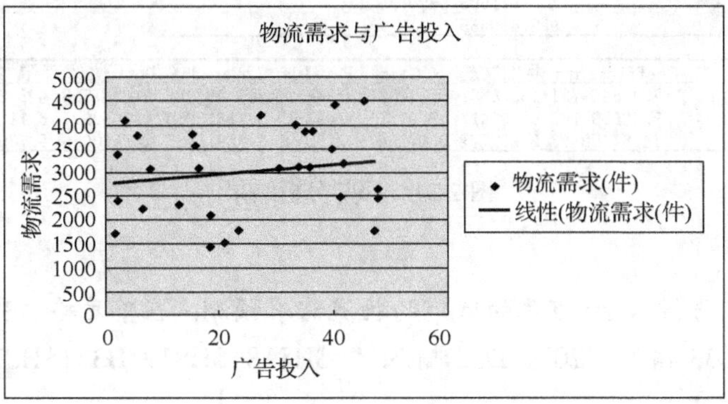

图 2-29　带趋势线的物流需求与广告投入散点图

步骤 4:

设置回归参数。单击菜单栏中的“工具”，在下拉菜单中选择“数据分析”、打开“数据分析”对话框、选择“回归”，打开“回归”对话框、单击“Y 值输入区域（Y）”对应的参数框右侧的折叠对话框按键，选择区域 D2:D31；单击“X 值输入区域（X）”对应的参数框右侧的折叠对话框按键，选择区域 B2:C31；选择“输出区域”并单击其对应的参数框右侧的折叠对话框按键，选择 G2 单元格。如图 2-30 所示。

步骤 5:

回归分析。在图 2-30 中单击“确定”按键，出现回归分析结果，如图 2-31 所示。其中，

724.2459721，5.729594102 和 14.67458883 分别是多元回归方程的回归系数 β_0、β_1 和 β_2。0.927922397 即为调整的可决系数 R^2 的值。由于 $R^2>0.9$，所以本例估计模型的拟合优度评价为优。与一元线性回归预测模型相比，本模型具有更好的预测能力。

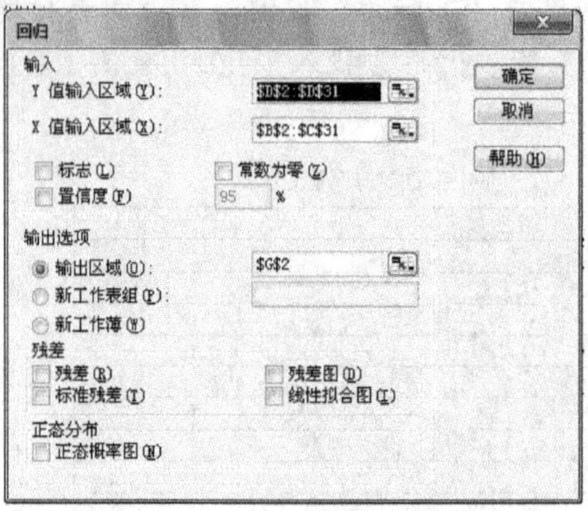

图 2-30 “回归”对话框

SUMMARY OUTPUT								
回归统计								
Multiple R	0.965864							
R Square	0.932893266							
Adjusted R Square	0.927922397							
标准误差	241.2623567							
观测值	30							
方差分析								
	df	SS	MS	F	gnificance F			
回归分析	2	21847852	10923926	187.6721	1.4499E-16			
残差	27	1571603	58207.52					
总计	29	23419455						
	Coefficients	标准误差	t Stat	P-value	Lower 95%	Upper 95%	下限 95.0%	上限 95.0%
Intercept	724.2459721	136.6351	5.300586	1.36E-05	443.893981	1004.598	443.89398	1004.598
X Variable 1	5.729594102	0.300417	19.07211	3.38E-17	5.11318854	6.3459997	5.1131885	6.3459997
X Variable 2	14.67458883	2.892772	5.072847	2.5E-05	8.73911126	20.610066	8.7391113	20.610066

图 2-31 回归分析结果

步骤 6:

300 万人口、广告投入 20 万元的城市的物流需求预测。在单元格 A33 输入“需求预测”，B33 输入“300”，C33 输入“20”，D33 输入“=$H$18+$H$19*B33+$H$20*C33”，如图 2-32 所示。

D33 fx =$H$18+$H$19*B33+$H$20*C33

	A	B	C	D
1	编号	人口数(万人)	广告投入（万元）	物流需求(件)
32				
33	需求预测	300	20	2736.615979

图 2-32 300 万人口、20 万广告投入的城市的物流需求预测

结果分析:

这里采用人口和广告投入 2 个自变量对物流需求进行预测，得出 2737 件的需求量。

3. 组合预测法

由于被预测系统的复杂性，在许多情况下，单纯地利用一种特定的预测方法进行预测往

往具有片面性。如果简单地将对中长期预测误差较大的一些方法舍弃掉，将会丢失一些有用的预测方法。将不同的预测方法以某种方式进行适当的组合，综合利用各种预测方法所提供的信息，尽可能地提高预测精度，于是就形成了组合预测方法。采用组合预测模型可以克服单一模型的局限性，尽可能提高预测的精度。组合预测法就是先利用两种或两种以上不同的单项预测法对同一预测对象进行预测，然后对各个单独的预测结果做适当的加权平均，最后取其加权平均值作为最终的预测结果的一种预测方法。

组合预测有两种基本形式：

（1）等权组合，即在汇总预测结果时，各预测方法的预测值被赋予相同的权重；

（2）不等权组合，即在汇总预测结果时，各预测方法的预测值被赋予不同的权重。

这两种形式的原理和运用方法完全相同，只是权重的选取上有所区别。

第三节　预测误差分析与预测方法选择

在预测中，使预测结果能够与实际情况相符合，是所有预测方法的根本目的。但是，一般来说，任何定量的预测都存在误差。误差是指预测值与实际结果的偏差，但只要预测值位于置信区间内，就不算真正的误差。

一、预测误差产生的原因

预测过程实际上是人们根据已掌握的客观规律，对客观事物运动、变化的认识进行不断修正和不断逼近的过程。误差可能有多种来源，主要体现在以下几个方面。

1．信息（历史资料）的质量

信息收集是预测工作的基础，如果数量不足、质量不高或错过时机，对预测准确度都有不同程度的影响。在我国，一方面对资料的搜集、整理工作重视程度不够，历史数据显得数量不足；另一方面由于历史的原因，有些数据虚假成分较严重。这一切都会影响预测工作的开展。

2．对预测问题的分析与判断

实际工作中的预测问题往往比理论研究中的“序列”要复杂得多，对物流过程的结构和逻辑关系的分析在很大程度上影响着对资料的选取和预测方法的选择，而且预测过程中的很多步骤也包含着人们对于问题的定性判断。所以，预测者对预测对象及客观条件的熟悉程度、经验知识以及预测者的智能结构（包括知识面的广度和深度、逻辑推理和分析判断能力等），也对预测结果有着巨大的影响。

3．预测理论与方法

预测研究还是一门较新的学科，指导这一研究的基础理论以及各种方法均不甚成熟，有待于进一步的提高和完善。各种预测方法本质上讲都是对客观事物发展变化的部分规律的探寻，常常删繁就简，抓住主要因素而忽略次要因素，所以不同的预测方法与模型均有其有限的适用范围。而且在预测实践中，时间、资金因素也使得预测者必须在预测的精确性和预测成本之间取得平衡。

二、预测精度

预测精度是指预测模型拟合的程度，即由预测模型所产生的模拟值与历史实际值拟合程度的优劣。预测精度是衡量预测方法是否适用于预测对象的一个重要指标，常用的测定预测精度的方法包括以下 4 种。

1. 平均误差法

n 个预测值的误差的平均值称为平均误差，记为 MD，其计算公式为：

$$\mathrm{MD}=\frac{1}{n}\sum_{i=1}^{n}e_i \tag{2-21}$$

2. 平均绝对误差法

n 个预测值的误差绝对值的平均值称为平均绝对误差，记为 MAE，其计算公式为：

$$\mathrm{MAE}=\frac{1}{n}\sum_{i=1}^{n}|e_i| \tag{2-22}$$

3. 均方差法

n 个预测值误差平方和的平均值称为均方差，记为 s^2，其计算公式为：

$$s^2=\frac{1}{n}\sum_{i=1}^{n}e_i^2 \tag{2-23}$$

4. 标准差法

n 个预测值的均方差平方根称为标准差，记为 σ，其计算公式为：

$$\sigma=\frac{1}{n}\sqrt{\sum_{i=1}^{n}e_i^2} \tag{2-24}$$

在以上几种误差计算方法中均方差法和标准差法最为常用。在统计中若数据服从正态分布，且控制限设为 ± 3 个标准差，则 99.7%的点将落在控制限之内。

三、预测方法的选择

预测方法有很多，但是，没有哪一种预测方法可适合于所有情况。当就某一给定情况选择一种预测方法时，主管人员或分析人员必须考虑多种因素。其中，成本和精度是两个重要因素。为做出某项预测，公司所做的预算是多少？因预测不准确可能导致的损失是多少？准确的预测可为公司带来多少利润？一般来说，精度越高，成本越高。所以，重要的是要审慎地对成本和精度做出权衡。最好的预测方法不见得是精度最高或成本最低的，通过比较精度和成本，从物流管理角度选择最优的预测方法才是最佳的选择。

在选择预测方法时，要考虑的主要因素包括：历史数据的获得性、有无计算机可供使用、决策者会不会使用所选的预测方法、需要收集和分析的数据、为预测要做的必要准备时间以及以前有没有使用某种预测方法的经验等。由于某些预测方法适合于长期预测，而其他方法则能更好地用于短期预测，所以预测周期也是一个要考虑的重要因素。例如，移动平均法和指数平滑法基本上是短期预测方法，可利用这些方法对下一个时期的物流需求变量做出预测。一些定性方法可以很好地用于做出长期预测。对新的产品或服务的预测，由于缺乏历史数据必须依靠主观估计。在很多情况下，在相似项目上的阅历和所积累的经验也可以很好地用于预测。表 2-3 给出了一般情况下几种不同预测方法适用的条件。

表 2-3　不同预测方法的适用条件

预测方法	需要的历史数据	数据分布	预测周期	准备时间
简单指数平滑法	5～10 个观测值	稳定	短期	短
调整长期趋势后的指数平滑法	每季度至少 5 个观测值	呈现长期趋势变动	短期到中期	短
长期趋势法	10～20 个观测值，每季度至少 5 个	呈现长期趋势变动	短期到中期	短
季节变动法	两对谷峰足够	处理循环和季节变动分布	短期到中期	短到中等
因果回归分析法	每个自变量 10 个观测值	能够处理复杂分布	短期、中期或长期	建模时间长、实施时间短

思考与练习

1. 什么是物流需求预测？物流需求预测的主要内容是什么？

2. 定性物流需求预测有哪些方法？

3. 定量物流需求预测有哪些方法？

4. 某物流公司 2015 年 1—12 月份的物流量如表 2-4 所示，试用不同的方法预测 2016 年 1 月的物流量。

表 2-4　某物流公司 2015 年 1—12 月份的物流量

月份	1	2	3	4	5	6	7	8	9	10	11	12
物流量	36	40	38	45	40	42	43	45	47	43	49	50

（1）算术平均法；

（2）移动平均法（n=3）；

（3）指数平滑法（α=0.4）。

5. 某企业对企业的 2014 年 1—11 月的运输费用进行了统计，其结果如表 2-5 所示。若 12 月的运输量是 12 吨，试用回归法预测 12 月的流通费用。

表 2-5　某企业 2014 年 1～11 月的运输量和运输费用

月份	1	2	3	4	5	6	7	8	9	10	11	12
物流量（t）	4	7	5	6	10	8	8	3	10	9	3	12
流通费用（万元）	8.3	11	9.2	10.6	12	11.3	12	7	13	12	7	

案例分析

戴尔公司的供应链物流管理

戴尔（Dell），是一家总部位于美国得克萨斯州朗德罗克的世界五百强企业。戴尔电脑都是直销的方式，戴尔本身自己没有生产基地。戴尔之所以可以在第一时间内把货物送到客户手中，主要原因是精细的供应链物流管理。无论是竞争对手还是戴尔自己都把取得成功的很大一部分原因归结为有一条令人羡慕不已的供应链。

虚拟整合，让供应链“敏捷”

要理解戴尔的供应链，首先要理解其“虚拟整合”的思想。戴尔中国客户中心总经理李元均开始并没有提到“直销模式”这个“戴尔的灵魂”，而是提到另外一个重要的经营思想：虚拟整合。专注于自己最擅长的领域，把不擅长的环节给行业中做得最好的人去做，然后通过采购把最具性价比的产品买回来，自己做最后的整合。

李元均说，戴尔也可以自己搞一个 CPU 车间，搞一个主板车间，搞一个软件车间——以戴尔今天的实力，完全可以自己来做，但戴尔的做法和这种传统思维正相反。

把供应商从提供零件的角度看就相当于戴尔的一个车间，李元均说，如果供应商提供的每一个零件的性价比都是有竞争力的，那么最后戴尔组装好的整个产品就是有竞争力的。

戴尔的目光已经越过了企业的四面围墙，把供应商看成了自己的车间。但是工厂的零件车间就在组装车间的隔壁，戴尔的供应商却分布在世界各地，如何管理？说到这里，戴尔供应链中另外一个很重要的概念就出来了——“交易引擎”。

越过四面围墙的 ERP 系统就是戴尔的“交易引擎”。在这个被称作“交易引擎”的信息平台上，戴尔和供应商双方的信息可以做到极大程度的共享。

最有特色的“直销模式”

戴尔完全是按订单生产，客户打电话来或者从网上下订单之后，戴尔才按需求生产。这种生产和销售方式使得戴尔可以按照顾客实际需求的变动不断地调整自己的物料需求，并通过信息系统和供应商共享这些信息。李元均认为，这是戴尔供应链最精妙的地方。

戴尔中国客户中心的数据中心机房里有上千台服务器 24 小时运行，客户既可以通过网站，也可以通过“800”电话下订单，这些信息直接进入到数据中心，数据中心每一个半小时把这段时间内的订单统计出一张清单，上面列着分别需要哪些配置。这张清单直接就会传到供应商的仓库——在离戴尔中国客户中心 5 公里远的地方，有一个戴尔供应商的公共仓库，由戴尔的全球伙伴第三方物流公司伯灵顿公司管理。供应商把货发过来就放在这个仓库，由伯灵顿公司管理，伯灵顿按照戴尔传来的清单也需要每一个半小时给戴尔送一次货。

伯灵顿接到戴尔的清单后在一个小时之内就能够迅速把货配好，不到 20 分钟就可以把货送达——这就是设立中转仓库的好处。戴尔的供应商不可能都在厦门，只有建立这个中转仓库，才能保证每一个半小时送一次货。

客户的订单没有下之前戴尔中国客户中心的车间里理论上是没有工料的，每个零件拉进来的时候实际上已经是有买主的，一旦整台机器组装好，马上就可以发货运走，所以戴尔的产品可以保持零库存。

特别需要注意的是：戴尔每一个半小时把清单发送给中转仓库的同时，还会发给供应商的总部，供应商会根据中转仓库里库存的波动情况确定要不要发货过来，并且根据这些信息安排生产。

生产预测

戴尔首先做出未来一年的生产预测，比如会卖出去多少万台等，供应商会根据这个预测做产能的准备；然后戴尔会给供应商未来三个月的滚动计划：要什么货，要多少，这些信息要细化到每一周。戴尔一看预测和实际情况有差距，马上会进行调整。戴尔的供应商每个星期都会收到更新的下三个月的生产预测，对于一些需求变化比较大的零部件甚至一天就要更新一次。这不仅使得戴尔即使在市场情况变化大的情况下也能够得到及时的供货，实现了“敏捷”，而且供应商也可以根据实际情况安排生产，减少自己的库存。

戴尔根据市场需求不断调整自己的生产计划并且使得供应商也不断地调整各自的生产计划，从而使得生产在不停的调整过程中逐步贴近市场的真实需要，在这个过程中戴尔和供应商信息共享的程度如此之高，以至于它们就像一个整体一样亲密无间地协调运转，从而近乎完美地实现了戴尔“虚拟整合”的管理思想。

良性循环，与供应商“共赢”

除了中国客户中心，戴尔还有另一个与供应商打交道的重要部门——戴尔全球采购中心。虽然戴尔全球采购亚洲团队的工作地点设在上海和深圳，但其任务是替戴尔全球的工厂采购。戴尔全球采购部门总共有约 850 名员工，其中约一半人都在美国以外的地方工作，在中国的采购人员有 190 名，因为戴尔有很多供应商在亚洲，为配合他们，戴尔全球采购中心在中国设立了这个团队。

戴尔全球采购的资源被分成两类：一类是生产资料采购，采购来的资料直接用于生产；另外一类是通用型采购，采购来的资料并非直接用于生产。

在管理生产资料供应商方面，全球采购中心有三个战略性任务。一是保证供应商供应的连续性。也就是戴尔在需要原料的时候，供应商能够按照戴尔的需求及时送到。二是保证供应商在生产成本方面有一定的领先性。戴尔需要持续地降低在原材料方面的成本以便给客户带来更多的价值。三是要保证供应商产品的品质。

密切配合供应商。戴尔管理供应商有一个重要原则，就是“少数及密切配合供应商”。戴尔把整体供应商的数量控制在一定范围内，这样的好处一是供应商可以从戴尔这里得到足够多的业务；二是可以保证戴尔能以有限的人力和供应商密切配合。

戴尔亚洲全球采购董事总经理钟维思用一个良性循环的闭环来阐述戴尔和供应商之间的关系。为了保证这个“良性循环”，不光全球采购中心，戴尔公司内的很多部门都要参与进来，和供应商紧密合作，在商品管理、质量和工艺管理等方面为供应商提供培训，帮助他们改善内部流程。戴尔还把品质管理和计划流程等工具分享给供应商，使得供应商自身采购的管理水平也得到提高。

每个季度戴尔都会对供应商进行考核，考核的要素包括：“成本领先”、“技术产业化的速度”、“服务”、“持续供应”、“质量”等。戴尔会根据这个结果来考虑给每家供应商下多大的单，如果有新的业务，给哪家供应商来完成。如果这家供应商的次品率比较高，下次戴尔可能就会把单下给另外一家次品率比较低的供应商。在考核供应商的时候，戴尔非常注重用数据说话。这些数据是和供应商共享的。

持续改善，使供应链“进步”

戴尔供应链的活力，来自于其对于自身的永不停止的改进和完善。最能够体现戴尔对供应链持续改进的是业务流程改善（Business Process Improvement，BPI），李元均和钟维思都不约而同地提到了它，这个由戴尔创始人迈克尔•戴尔在公司内部打造的不断自检并修复的机制虽然不是针对供应链的，但无疑对供应链的完善起到了很大的作用。

为了推进BPI，戴尔公司专门有一个BPI的部门。李元均介绍，要参加BPI首先要接受培训，学完了之后要做项目、要答辩，最后才能根据项目的具体情况获得相应的级别。

案例思考题

1．结合本案例，分析戴尔是如何进行生产预测的。

2．戴尔的供应链物流管理的突出特点是什么？

Chapter 3

第 3 章　物流网络规划与设施场址选择

引导案例　南方旅游汽车公司迁址，花落谁家？

1994 年 10 月，密苏里州圣路易斯的南方旅游汽车公司的最高管理部门宣布，公司准备将其生产和装配业务移至密西西比州的瑞支克莱斯特（Ridgecrest）。作为小吨位野营车和野营拖车的主要生产厂家，该公司由于急速上涨的生产成本，连续 5 年出现利润滑坡。劳动力和原材料费用涨幅惊人，行政管理费用直线上升，税收和交通运输费用也逐步上升。尽管该公司销售量在不断扩大，却仍然遭受了自 1977 年投产以来的第一次净亏损。

最初管理部门考虑迁厂时，曾仔细视察了几个地区。对迁厂至关重要的影响因素有：完备的交通设施，州、市的税收结构，充足的劳动力资源，积极的社会态度，合理的选址成本和金融吸引力。曾有几个地区提供了基本相同的优越条件，该公司的最高管理部门却被密西西比能源和电力公司的努力以及密西西比州地方官员的热情所打动。密西西比能源和电力公司力图吸引“清洁、劳动力密集型”工业，州政府和地方政府的官员想通过吸引生产厂家在其境内建厂来促进该州经济的发展。

第一节　物流系统网络规划

一、物流系统网络概述

1．物流系统网络的内涵

物流系统网络，简称物流网络，就是把物流系统抽象为由节点与链连成的网络。物流系统网络主要分为区域物流网络和服务经营网络两类。

（1）区域物流网络

在一个经济区域内，各个地区或企业之间经济上的关联性和互补性往往会比较大，经济活动较为频繁。由于物流规模总量大，使物流成本占整个经济成本的比重大，物流改善潜力巨大。因此，在经济关联性较大的经济区域建立物流网络非常必要。例如，当前我国的几个典型经济区域：环渤海经济区域、珠三角经济区域、长三角经济区域等都在构建或重建物流网络。

按经济区域建立物流网络已经在国际上得到认可。美、日等发达国家的物流网络一般也是按照经济区域构建的，这不但能够承担该经济区域内的物流服务，而且健全、完善的物流网络还能够极大地促进该经济区域内的经济活动，带动区域经济发展。因此，在构思规划物流网络时，要从整个经济区域的发展出发，构建区域物流网络。

（2）服务经营网络

服务经营网络战略是一种市场竞争战略，一旦企业占领了某一市场，该企业就具有了在这一领域的竞争优势。企业服务经营网络是物流系统规划设计的重要内容，也是构筑物流枢纽的关键问题之一。企业服务经营网络领域应尽量扩大，延伸到区域服务内的所有网点。

服务经营网络可以使企业得到巨大的收获：①利用企业间的协作，拓展自己的业务范围；②利用核心业务能力，提升自己的业务服务水平；③加强与客户之间的联系，稳固老关系，开拓新关系；④尽量满足客户各种服务要求，提高企业信誉；⑤更新企业陈旧设备，提高设备的现代化水平；⑥在服务区域范围内布设服务网点，随时接受客户服务要求；⑦利用物流系统信息平台和相应的管理软件，实现企业内部、企业之间、企业与客户之间的信息实时交换。

和物流网络相配合的还有信息网络，包含关于销售收入、产品成本、库存水平、仓库利用率、预测、运输费率及其他方面的信息。信息网络中的链由两点之间信息的传输通道构成，网络中的节点则是不同的数据采集点和处理点，如进行订单处理、拣选、备货和更新库存记录等。

2．物流网络结构的构成要素

物流网络结构是指产品从原材料供应起点到市场需求终点的整个流通渠道的结构，包括物流节点的类型、数量与位置，节点所服务的相应客户群体，相应产品类别以及产品在节点之间的运输方式等。

（1）厂商

在物流网络结构中，厂商作为产品或原材料的生产者和供应商，是物流网络的起点。物流网络系统的核心功能就是实现原材料或产品从产地到消费者之间的转移。物流网络结构实质上就是在既定的自然和社会环境下，通过中间节点的布局配置，有效地实现物流起点和终点的联结。因此，厂商的分布不但是物流网络结构的一个重要构成要素，而且还影响着物流网络中其他要素。例如，在厂商分布集中和分散两种情况下，虽然无论是集中的厂商还是分散的厂商都是物流网络的重要构成部分，但对应上述分布，物流网络的内部结构就会存在明显差别。

厂商分布与物流网络结构互为约束条件。当大规模的厂商分布既定的时候，构建物流网络往往会把厂商分布作为一个约束条件。而当物流网络初具规模的时候，新的厂商在选址时则会把已有的物流网络作为约束条件。

（2）客户

与作为物流网络始点的厂商相对应，客户作为物流网络的终点，也是物流网络的重要组成部分。没有网络始点和终点的存在，物流网络也就失去了存在的意义。客户自身特征和分布的特点直接决定着物流网络的内部结构，即网络要适应特定的客户分布和客户的需求。

客户既是物流网络结构的一部分，也是物流网络服务的对象。物流网络系统是否高效的直接评价标准就是能否高效地为客户提供所需服务。

（3）物流节点

物流节点的设计应根据不同节点的功能和规模，确定合适的节点配置，为物流网络功能的实施提供支撑。物流中心和配送中心是物流网络系统的重要节点。

在物流网络系统中可能会存在几个功能不同的物流中心，也可能会存在同时具有几种功能的物流中心。物流中心作为物流网络的一个关键部分，其功能和效率对整个物流网络系统具有重要的影响，因此，在进行物流网络规划时物流中心的规划设计是一个关键问题。

配送中心与物流中心一样，同为物流网络系统建设的关键。二者的区别在于，物流中心的规划建设与厂商联系紧密，而配送中心的规划建设与客户联系紧密。配送中心的效率不仅影响着整个物流网络系统的效率，而且影响着客户对整个物流系统的感受和满意度。因此，配送中心的选址、布局、规模等都要受到客户分布、需求、规模等因素的直接影响。

（4）运输线路

厂商、物流节点和客户构成了物流网络结构的主要构架，要想使这些要素形成一个网络系统，必须有效地把它们连接起来。这些节点之间的实体连接需要通过运输来实现，包括运输线路和运输方式。

在一个物流网络系统中，不同层级的物流中心与配送中心的连接也需要通过运输来实现。只要涉及产品的空间转移，必须通过运输来实现，提高不同节点之间运输效率是物流网络规划中运输线路选择的目标。

（5）信息系统

在物流网络各节点之间不仅存在产品实体的流动，而且存在大量物流信息的传递。在物流网络系统内，物流信息的及时传递、共享以及信息的处理都会对整个物流网络系统的效率产生重要影响。在构建物流网络构架时，既要考虑有形的硬件节点建设，也要考虑无形的信息网络体系建设。只有在物流信息管理系统的支持下，物流网络才能真正发挥效用。

（6）物流网络组织

物流网络的运行离不开人力资源与组织管理，因此在进行物流网络资源配置时不仅要考虑节点配置，还要考虑人力资源的配置以及对整个物流网络的组织管理。只有建立起一套完善的物流网络的组织管理和运行机制，物流网络系统才有可能实现持续的良性运转。

二、物流网络规划数据的获取与处理

1. 规划数据的获取

网络规划往往需要大量的数据。这些数据包括：产品的清单；客户、存储点和供货点的位置；客户对产品的需求及季节性变动数据；运输费率或运输成本；要货时间、订单传输处理时间；仓储费率或仓储成本；采购/生产成本；不同产品的运输批量；各地点各产品的库存水平；控制库存的方法；订单的内容、数量、频率、处理成本、处理环节；资金成本；客户服务目标；现有设备和设施以及作业能力；当前货物分拨方式等方面相关的数据。

物流网络设计所需的数据需物流管理人员从企业内部以及企业外部的各种途径获取。获取数据的途径主要有公司业务运作单据、财务报告、物流研究报告、公开发布的信息，还包括人为的判断等。

（1）业务运作单据

企业的业务运作单据有很多，主要应从物流业务或与物流密切相关的业务单据中，获得规划所需的信息资料，如销售订单及其附带单据，就是重要的数据来源，可从中获取大量必不可少的物流信息：客户所在地、各客户点不同时期产品的销售水平、销售条件、服务点、运输批量、库存状态、订单履行率和客户服务水平等。如果想了解某仓库发出的特定批量的货物占货运总量的比例，运费单或包含批次、费用及所用承运人的报告就是合适的数据来源。由这些原始数据就可以得出货运批量的概率分布。

（2）财务报告

财务数据也是物流管理人员借以获得内部信息的重要数据来源。财务数据侧重于确定各项运作成本，包括物流活动的成本。一般来讲，会计活动很好地报告了大多数的物流成本。

（3）物流研究报告

物流研究报告能提供一些运作中的订单处理系统或财务系统所不能提供的信息。研究报告通常都由公司内部或外部的咨询小组和大学教授来完成，它是获取同行业其他企业和其他行业物流数据的宝贵资源。

（4）公开发布的信息

许多二手数据（有时也包括原始数据）都来自企业外部。其中包括，专业杂志、政府组织的研究报告和学术期刊等，从中可以得到有关成本和行业发展趋势、技术进步、经营水平和预测的信息。

（5）人为的判断

公司经理、咨询顾问、销售人员、运作人员和供应商都是企业的数据来源，都应当被视为物流数据库的一部分。开发这些随时可得的数据来源往往无须任何投资，并且所得信息都是第一手的、真实的、有效的信息。

2．数据编码

利用数据编码技术可加速数据的处理，其中数据处理技术主要包括产品编码和地理编码技术。

（1）产品编码

计算机技术、激光技术和全息摄影技术带来了数据录入方法的革新，无须人工录入就可以将数据输入计算机。条形码技术是现在比较流行的数据录入技术，它通过对一系列数字信息的光学扫描可以识别不同的产品、包装箱和不同批次的货物。这项技术便于快速而准确地传输数据，同时有助于对数据进行分类、筛选和重组，将数据转化为网络规划所需的信息。特别要注意的是如何设计编码，使其成为可能对网络规划和运作有用的数据。

（2）地理编码

按地理位置收集销售数据对物流网络规划具有非常重要的意义。因为运输决策、设施选址决策和库存决策的分析都会因为有这样的地理数据而得到改进。

对物流网络的设计人员来说，一个顾客就是一个地理位置及与其他位置的距离。理想的物流数据应该是顾客的地理编码。

数据地理编码的方法如下。

一种简单的方法是将直线网格层叠在地图上，然后以水平方向、垂直方向的方格数作为地理编码。许多地图都标出了纬度和经度坐标，这也可以作为地理编码。或者，可以利用全球定位系统找出经纬度坐标。然后，将客户和销售数据放在网格线所划分的不同单元格中。也就是说，将位于某一单元格里的某客户的信息与同一单元格里的其他客户的信息汇总在一起，同时单元格里所有的客户都被视为位于单元格的中心或重心处。这个单元格的位置代码就是横坐标和纵坐标的组合。所有数据都可以表示成这样的数字。

决定网格大小需要平衡两方面因素：一是数据过分集中，会导致数据准确性的丧失；二是数据过分复杂，使得网格单元的相关成本过细，不能像客户那样进行分组，因而无法享受取均值带来的好处。

由于这些编码的参照数字或者指代某一地区，或者指代某一点，因此对这些编码数字进行数学处理就可以确定两地或两点之间的距离和运输时间，估计运输费率。

这种数据处理方法简便易行的特点成为设施选址分析和运输成本近似分析中的一大优势。

3. 数据分析处理

数据收集好后，还要进行编排、提炼、分组、汇总或以其他方式进行处理来支持网络规划。经过加工后的数据就转化为决策时使用的信息。

（1）分析单位

在网络规划之初，要首先决定分析中所使用的计量单位。常见的有重量单位、货币单位、物品的个数单位或体积单位。分析单位一旦确定，分析中所有的相关成本的计量单位都要与其保持一致。

物流管理人员在多数网络规划问题中都倾向于使用重量单位，因为网络规划中最主要的成本是运输成本，而运输费率通常以货物重量表示。

（2）产品归类分组

由于产品种类繁多、包装规格不一，往往会增大规划的复杂性与难度，为简化产品种类，可行的方法是将这些产品汇总为合理数量的产品组合。如将共用同一配送渠道的产品分在一组，而将不能使用同一配送渠道的产品另列一组。

通常的产品编组：一是将那些订货量大、需要直接以大批量运到客户所在地的产品归为一组，而将订货量小、需要经仓库系统转运的产品归为另一组；另一种方式是按货物的运输等级分组。当然，公司也可以根据销售编组来对产品进行分类，这么做仅仅是因为管理层认同这种分类方法。无论采用何种产品分类方法，汇总产品的工作量都是很大的。网络分析时常常要求产品组别不超过 20 个。

（3）估计运输费率

物流网络规划中，运输费率是一个重要问题，因为可能有许多种不同的运输费率。估计运输费率时应该了解所用运输服务的种类，明确是使用自有运输还是受雇运输。

① 估计自有运输（通常是卡车）的运输费率

需要了解运营成本以及车辆是按什么路线到达送货点/或装货点的。通常公司会保有运营成本的完整记录，这些成本包括司机的工资和福利、车辆维护费、保险费、税金、折旧费和一般管理费用。里程表还可以记录车辆运行的里程，据此可以得到每公里的运营成本。

② 估计受雇运输费率

估计受雇运输费率的过程与上面所描述的估计自有运输费率的过程明显不同。卡车、火车运输的等级费率，如 UPS 和其他小件货物运输承运人的费率，特点就是运输费率和距离大致呈线性关系，可以利用这一有利特征，根据起点到终点的距离绘制出运输费率估计曲线。需要通过量地图距离或从一些杂志的运距表得到运输距离的具体数字，也可以根据坐标计算出来。如果运输费率估计曲线的精度无法令人满意，就需要完全使用具体费率或者有选择地将具体费率与运输费率估计曲线结合使用。

③ 以货运结构估计运输费率

货运结构既可以代表不同的运输方式，也可以代表不同的货运量。由于运输方式或货运重量不同，同一运输起止点之间可能会有多种不同的运输费率。因此，需要针对每种运输方式或每个标准重量绘制出运输费率估计曲线。然后，对每条费率曲线进行加权（权数就是与该重量相对应的货运量占总运量的百分比，或该运输方式相对应的货运量占总运量的百分比）。这样得出的运输费率曲线就能够代表不同的货运规模或运输方式的运输费率。

（4）订单规模

网络规划设计对订单数量及相应运输批量的规模非常敏感。例如，如果客户要货可以整车方式送货，那么就没必要在临近客户的地方储存货物。如果客户订单很小，通常就要求企业在临近客户的地方保有相应的存货。

（5）销售数据分组汇总

通常，所有企业产品或服务的客户都分散在全国各地。从网络规划的角度来看，没有必要将每个客户都分开考虑，可以按地理位置将市场分为有限的几个群组。

销售群组的划分能够影响到达客户的运输成本估计的准确性。划分客户群之后，所计算的运输成本不是到达每个客户所在地的成本，而是到达该客户群中心位置的成本，使用的距离不是实际距离而是平均距离。

一旦确定了客户群组的适当数量，就可以对客户数据进行汇总。由于销售数据经常按客户地址划分，因此可以用邮政编码划分客户的群组，按相互接近的邮政编码分组将缩小运输成本的误差。利用经纬度这样的地理编码还可以确定每个群组的中心。

（6）估计里程

物流网络规划的地理性特征要求掌握各种距离数据。估计运输起止点间运输成本时需要知道距离，距离也可用来替代时间。例如，可能要求所有客户都在距仓库 300 千米的范围内，这就意味着在这个距离内一天就可以完成送货服务。许多商业报表和公路地图中都可以找到距离数据。

（7）设施成本

与设施（如仓库）相关的成本可以表示为：固定成本、存储成本、搬运成本。

① 固定成本是那些不随设施的经营活动水平而改变的成本。房地产税、租金、监管费和折旧费都属于固定成本。

② 存储成本是那些随设施内存储货物数量变化而改变的成本。也就是说，如果某项成本随设施中保有的库存水平增加或减少，该项成本就可以归为存储成本。典型的存储成本有库存占用的资金费用、库存货物的保险费等。

③ 搬运成本是随设施吞吐量变化的成本。典型的搬运成本有存取货物的人工成本、某些公用事业费、搬运设备燃料、材料费用等。

一般涉及公共仓库时，存储和搬运费率数据很容易得到，在企业与公共仓库签订的合同中也会列出存储费率和搬运费率，由于企业使用的是受雇服务，所以没有固定成本。

（8）设施的生产能力

工厂、仓库和供应商生产能力的严格限制可能对物流网络结构造成重大影响。然而在实践中，设施的生产能力并不是绝对的、一成不变的。可能存在一个能使设施运营最有效率的产量。但是，在规划中应该注意不要过于僵化地看待设施生产能力这个限制条件。

（9）库存与吞吐量的关系

如果物流网络规划涉及仓库选址，就必须估计仓库数量、位置和规模的变化对网络中库存水平的影响。因为选址问题涉及仓库之间需求调配的问题，所以希望能够根据分派给仓库的需求或吞吐量来估计仓库的库存量。找出库存—吞吐量关系的方法之一是根据企业自己的库存政策得到该比值。如果企业库存周转率为 8 次/年，由于周转率是年销售量与年平均库存之比，所以库存—吞吐量之间的关系也就确定了。

（10）估计未来需求

如果规划的结果不能得到迅速实施，那么以过去和当前的需求数据为基础制定网络规划就意义不大。因此，出于设计的目的，需要预测未来若干年的需求，这里用到的是中长期的预测方法。此外，许多公司都会为了做一般性规划而预测未来五年的情况，这些信息对物流网络规划也是很有用的。

（11）其他因素和限制条件

搜集到基本经济数据后，还需要了解各种对网络设计有影响的限制条件，主要有：①资金限制，如可用于新设施的最高投资额；②法律和政策限制，如在评估某潜在选址点时，应避开某些区域；③人员限制，如现有的为新政策配套的人员的数量和质量；④截止时间；⑤必须保证运营的设施；⑥现有的和预期的合同条款。

4．缺省信息的获得

网络规划中棘手的一类问题是，没有展开分析所必需的数据。如果分析中涉及的设施不归企业经营，往往会出现这类问题。对于这些设施，人们无法得到有关运营的确切数据，必须估计或从外部得到这些数据。一种估计方法是借用与备选设施邻近或者基本特征类似的现有设施的数据，可将同样的运输费率曲线运用于新设施。或者，在这些新起用地的周边地区抽取新的费率样本。

公司内部无法获得的信息有时候可以从公司外部获得。一些经济数据（如劳动力费用、租赁费用、税金和建筑成本）可以从政府或有关机构定期进行的地区性数据调查报告中获得，这些数据也可以通过因特网得到。还有一些供应商提供用于销售服务的运输费率。也可以参考公共仓库的报价。这些渠道都能提供一些补充缺省的数据。

三、物流系统网络规划

1．物流网络构建原则

物流网络是以多个物流节点统一布局、合理分工、相互衔接，形成覆盖一定区域范围的网络。建立物流网络，关键是确定各个物流节点—物流中心的区域布局，以及据此确定具体物流中心的任务和规模。为了达到物流网络系统节约社会资源、提高物流效率的目标，在进行物流网络构建时要遵循一些原则。

（1）按经济区域建立网络

物流网络系统构建必须既要考虑经济效益，也要考虑社会效益。考虑经济效益就是要通过建立物流网络降低综合物流成本；考虑社会效益是指物流网络系统要有利于资源的节约。因此，在经济关联性较大的经济区域建立物流网络非常必要，要从整个经济区域的发展来考虑构建区域物流网络。

（2）以城市为中心布局网络

城市作为厂商和客户的集聚点，其基础节点建设和相关配套支持比较完备，作为物流网络布局的重点，可有效地发挥节省投资和提高效益的作用。因此，在宏观上进行物流网络布局时，要考虑物流网络覆盖经济区域的城市，把它们作为重要的物流节点；在微观上进行物流网络布局时，要考虑把中心城市作为依托，充分发挥中心城市现有的物流功能。

（3）以厂商集聚形成网络

聚集经济是现代经济发展的重要特征，厂商集聚不仅可以降低运营成本，而且将形成巨大的物流市场。物流作为一种实体经济活动，显然与商流存在明显区别，物流活动对地域、基础节点等依赖性很强，因此，很多企业把其生产基地设立在物流网络的中心。例如，美国很多大规模的跨国公司总部坐落在小城市，大量的商流活动在那里发生；天津经济技术开发区汇集了很多跨国公司的生产中心，形成了巨大的物流市场。这就是物流与商流的明显区别。因此，在进行物流网络构建时，需要在厂商物流集聚地形成物流网络的重要节点。

（4）建设信息化的物流网络

物流信息系统作为物流网络的一个重要组成部分，发挥着非常重要的作用。物流网络的要素不仅是指物流中心、仓库、节点、公路、铁路等有形的硬件，这些硬件只是保证物流活动能够实现，而不能保证高效率。物流信息系统通过搭建物流网络信息平台，以及物流信息的及时共享和对物流活动的实时控制，能够大大提高物流网络的整体效率。有关专家指出，科学、完善的物流信息系统将会把物流活动的效率提高 3～8 倍，甚至会更高。

2．网络规划的一般分析内容

物流网络规划位于物流战略规划层次的最高级，与其他物流规划问题相比，网络规划进行重新规划的频率和规划过程中所用信息的集合程度有很大的不同。

（1）网络设计

设计网络是为了实现公司的战略目标。规划时，要确定分拨中心、工厂或货物集中点的数量、位置、产品的分派和库存容量/生产能力。同时，要设定整个网络库存水平的目标值和所要提供的服务水平。设计时使用汇总后的数据和长期预测值，一年内不会重复该规划过程。

（2）需求分派

该层级的规划把需求分派给各分拨中心、工厂和原材料供应地，还要具体确定采购、生产、库存或运输的总量。每季度或每月要重复规划。

3．网络规划的逻辑与一般步骤

（1）客户服务水平审计

客户服务水平是网络设计的约束条件，所以网络规划时应对客户服务水平进行审计。由于物流服务水平通常是由管理部门决定，因此客户服务水平的审计主要是审查客户目前享受到的物流服务水平与期望得到的服务水平之间的差距。客户服务水平审计不是网络设计必需的步骤，只是逻辑顺序而已。对外可以直接访问客户个人或采用邮寄问卷调查的方法进行了解，对内是掌握企业实际服务状态，界定服务标准，间接地估计服务价值的重要途径。

（2）组织研究

组织研究主要是定义项目的范围和目标、组建研究小组、判断所需数据的可得性、确定资料收集程序。目的是判断规划研究的可行性。

其任务包括：

① 考察物流现状，为评估物流系统奠定基础；

② 访问有关人员，使规划目标能得到支持与理解，并同时获得可选方案的背景资料；

③ 列出问题清单，包括关键性问题的假设条件、物流运作和市场政策略；

④ 确认评估标准，研究以成本和客户服务为变量的产出；

⑤ 选择求解技术（模型），根据所要评估的备选方案、准备输入数据的难易程度、估计的成本和时间、预计利用率来选择求解技术（模型）；

⑥ 明确数据要求及其收集程序；

⑦ 概括补充计算机模型分析结果；

⑧ 总结回顾所获得的发现、结论、模型选择标准和最初的项目工作计划；

⑨ 估计该项研究预期达到的收益；

⑩ 提出改进建议，明确项目管理程序，估计研究所需的人员、计算机和其他支持条件。

项目小组的构成应该考虑战略规划的实施问题，应注重那些可能受该项研究影响的领域和那些能够根据需要提出宝贵见解和意见的人员。生产和市场部门尤其重要，必须派代表加入项目组。

（3）设定标杆

设定标杆是利用公司现有的分拨模式建立一个参照点进行对比分析，目的是使员工对所采用的方法更有信心，相信这些方法能够准确描述公司的分拨成本和客户服务绩效。

项目小组通过设定标杆可以分析设计的合理性或解释该结果与实际结果不同的原因。

（4）网络结构设计

网络结构设计是对构成网络的节点设施进行布局决策，如工厂、仓库和运输场站设施的数量、规模和位置，各节点设施应储存的产品种类等。网络结构设计关键是网络节点选址问题，一般利用计算机建立模型求解。

网络结构设计的基本要求是：

① 满足物流客户服务约束条件的同时，应使所有相关物流成本最小化；

② 在保持总成本的限制水平下，使物流客户服务水平最大化；

③ 尽量使物流对利润的贡献最大。

其中，第三个基本要求与公司的经济目标更为一致，但由于企业产品的销售—服务关系数据信息往往难以得到，所以多数模型都围绕第一个基本要求来建立。

（5）物流渠道设计

物流渠道设计是对于产品流经成型网络的路径及其运作机制进行设计，渠道设计可以说是关于成型网络的运作规划，也可以说是物流系统模式的实施方案。

物流渠道设计应解决以下问题：

① 各类产品在渠道各层级和各存储点内应该存放多少；

② 各层级之间最好采用哪种运输服务；

③ 供货采用推动式、拉动式还是采用分拨方式；

④ 各级存储点之间使用哪种信息传递方法等。

渠道设计可采用计算机仿真技术模拟特定网络内订单和产品的流动进行设计。

由于没有一种有效的、一体化的模型可以解决物流系统的规划问题，所以常常需要将复杂的问题分解成若干部分。实际上，这就意味着分别解决设施选址问题、库存政策问题和运输规划问题，再利用递推的方法将某一项分析的结果作为已知条件输入到另一个问题的求解过程中。经过这样的过程，可以对更综合性的问题得出满意的答案。

第二节　物流设施选址

一、物流设施场址选择概述

1．设施场址选择的意义

设施选址是设施规划的重要内容之一。一个工厂设施或服务设施建在何处，将关系到该设施在今后长期生产运行中的合理性、可靠性和经济性。设施场址选得好，不但可以缩短建设工期、降低造价，同时还会对当地的政治、经济、文化、环保等领域产生深远的影响。

设施选址问题大体上可分为两种类型，即单一设施的场址选择与复合设施的场址选择。单一设施的场址选择就是根据企业的生产纲领或服务目标为一个独立的设施选择最佳位置。复合设施的选址就是为企业的若干个下属部门（如分厂、连锁店等）确定最佳的位置。通过对设施数目、规模和位置的优化，达到提高企业效益的目的。

场址选择可以分为地区选择和地点选择两个过程。首先要根据设施的特点选择建设的地区，然后在选择的地区内进一步确定建设的具体地点。

场址选择不是由设施规划人员单独完成的，它需要通过地区规划、地质勘探、气象、环保等部门及设施规划人员的共同合作，最后由决策部门做出决定。

2．设施场址选择的原则

场址选择是企业筹划、建设的核心。选址优劣是决定企业建设能否按计划高质量、高效率建成以及能否以低成本、高质量生产产品的重要因素，也是关系到企业生产经营和长远发展战略的重要因素。设施选址的主要指导原则有以下几点。

（1）产业布局原则

产业布局是指工业企业在全国各地区地理上的合理分布。合理配置生产力对充分利用全国各地资源，合理调整经济结构，实现国民经济持续、稳定、协调发展具有重要意义。因此设施选址应符合国家生产力布局规划和有关政策，既能满足国民经济发展的总体需要，又有利于企业自身的生存与发展。从某种意义上说设施选址过程即为生产力布局的过程。

（2）经济效益原则

企业是一个经济实体，经济效益对于企业非常重要，建设初期的固定费用、投入运行后的变动费用、产品销售收入及利润多少等都与选址密切相关。

（3）整体优化原则

采用管理学的方法和手段，对原料、燃料、销售市场等因素进行定性、定量分析与比较，进行整体优化。

（4）以人为本原则

人才是企业最宝贵的资源，合适的设施选址应当有利于吸引人才。因企业搬迁造成员工生活不便，导致员工流失的情况时有发生，应尽量避免。

（5）环境适应原则

应具备与拟建厂规模相适应的场地面积、合适的地形、方便的交通运输条件、可靠的资源供应及扩建与发展的余地。

（6）用户至上原则

对于服务业，几乎无一例外都需要遵循接近用户的原则，如银行储蓄所、邮电局、电影院、医院、学校、零售业的所有商店等。许多制造企业也把工厂建到消费市场附近，以降低运费和损耗。

3．设施场址选择的影响因素

（1）地区选址的影响因素

地区选址要从宏观的角度考虑地理位置与设施特点的关系。一般情况下，地区选址应考虑以下基本因素。

① 市场条件。要充分考虑该地区的市场条件，如企业的产品和服务的需求情况、消费水平及与同类企业的竞争能力等。要分析在相当长的时期内，企业是否有稳定的市场需求及未来市场的变化情况。

② 资源条件。要充分考虑该地区是否可使企业得到足够的资源。例如，发电厂、化工厂等需要大量的水，最好接近水厂选址；电解铝厂需要大量的电，最好接近电厂选址。

③ 运输条件。大型工业企业往往具有运量大、原材料基地多、进出厂货物品种复杂等特点。选择场址时，应考虑该地区的交通运输条件、能够提供的运输途径以及运力、运费等条件。铁路运输效率高，但建设费用高；水路运输费用低，但速度较慢。在选择地区时还要考虑是否可以利用现有的运输线路。

④ 社会环境。要考虑当地的法律规定、税收政策等情况是否有利于投资。如当前国内很多地区大力开展招商引资活动，对投资的企业有若干年的免税政策。

（2）对地点选择的要求

在完成地区选址后，就要在选定的地区内确定具体的建厂地点。地点选择应考虑以下主要因素。

① 地形地貌条件。场址要有适宜建厂的地形和必要的场地面积，要充分合理地利用地形，尽量减少土石方工程。应考虑工厂的规模、基础埋设深度、土方工程量、场址地形横向坡度等因素。

② 地质条件。选择场址时，应对场址及其周围区域的地质情况进行调查和勘探，分析资料，查明场址区域的不良地质条件，对拟选场址的区域稳定性和工程地质条件做出评价。

③ 占地原则。场址选择时，应注意节约用地，尽量利用荒地和劣地。位于城市或工业区

的厂区、施工区、生活区、交通运输线路、供水及工业管沟、水源地应与城市或工业区的规划相协调，场址不应设在有开采价值的矿藏上，应避开重点保护的文化遗址。

④ 施工条件。在选址时，要注意调查当地可能提供的建筑材料，如矿石、砖、瓦、钢材等。同时，场址附近应有足够的施工场地。

⑤ 给排水条件。供水水源要满足工厂既定规模用水量的要求，并满足水温、水质要求。在选择场址时，要考虑工业废水和场地雨水的处理方案。

以上列出的是场址选择时需要考虑的一些重要因素。此外，设施规划人员还应根据设施的具体特点，具体问题具体分析，因地制宜，不能生搬硬套。

（3）影响设施选址的经济因素和非经济因素

影响设施选址的因素很多，有些因素可以进行定量分析，并用货币的形式加以反映，称为经济因素，亦称为成本因素；有些因素只能是定性的非经济因素，亦称为非成本因素。在进行场址选择时，可根据其重要程度的不同，采用适当算法，将经济因素和非经济因素结合起来加以比较。表 3-1 列出了一些主要的经济因素和非经济因素，可作为场址选择的评价指标。

表 3-1　设施选址的经济因素和非经济因素

经济因素	非经济因素	经济因素	非经济因素
1．运输费用	1．当地政策法规	4．燃料价格	4．人文环境
2．土地成本和建设费用	2．经济发展水平	5．水、电等资源成本	5．气候条件
3．原材料供应价格	3．环境保护政策	6．劳动力价格	

4．设施场址选择的一般阶段与程序

设施场址选择分为 3 个阶段，即准备阶段、地区选择阶段和具体地点的选择阶段。

（1）准备阶段

准备阶段的主要工作是对选址目标提出要求，并提出选址所需要的技术经济指标。这些要求主要包括产品、生产规模、运输条件、需要的物料和人力资源等，以及对应于各种要求的各类技术经济指标，如每年需要的供电量、运输量、用水量等。

（2）地区选择阶段

主要为调查研究收集资料，如走访主管部门和地区规划部门征询选址意见，在可供选择的地区内调查社会、经济、资源、气象、运输、环境等条件，对候选地区作比较分析，提出对地区选择的初步意见。

（3）具体地点的选择阶段

确定场址地区后要对地区内若干候选地点进行深入调查和勘测，查阅当地有关气象、地质、地震、水文等部门研究成果和历史统计资料，收集供电、通信、给排水、交通运输等资料，研究运输线路以及公用管线的联接问题，收集当地有关建筑施工费用、地方税制、运输费用等各种经济资料，经研究和比较后提出数个候选场址。

各阶段都要提出相应报告，尤其在最后阶段要有翔实的报告和资料，并附有各种图样以便领导和管理部门决策。小型设施或服务业的场址选择工作就可以简化，并将各阶段合并。

物流设施场址选择的基本程序如图 3-1 所示。

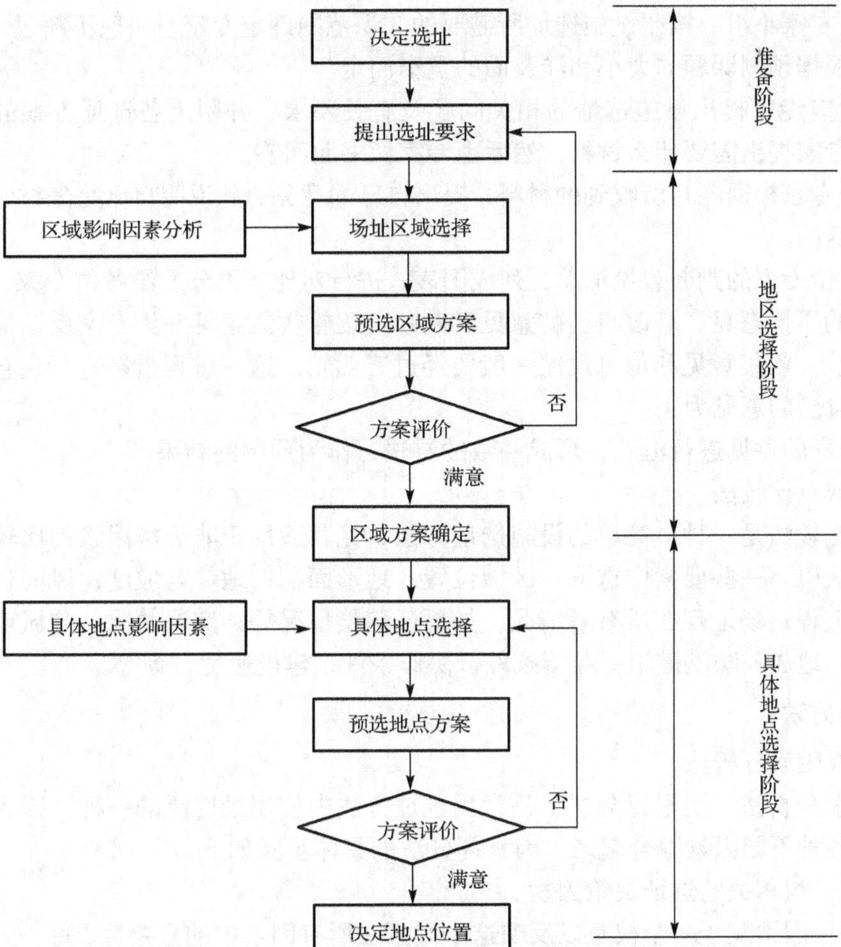

图 3-1　物流设施场址选择的基本程序

二、物流单设施选址

单设施选址模型的影响因素只包括运输费率和运输量，该模型可用于工厂、车站、仓库或零售设施选址。常用方法有定性方法（如德尔菲法、优缺点比较法）、定量方法（如加权因素分析法、产量—成本—利润分析法、重心法）和综合分析方法（如因次分析法）。

1．定性方法

（1）德尔菲法

德尔菲法是在 20 世纪 40 年代由赫尔姆和达尔克首创，经过戈尔登和兰德公司进一步发展而成的。1946 年，兰德公司首次用这种方法来进行预测，后来该方法被迅速广泛采用。德尔菲法根据系统的程序，采用匿名发表意见的方式，进行专家问卷调查，即专家之间不得互相讨论，不发生横向联系，只能与调查人员联系，通过多轮次调查专家对问卷所提问题的看法，经过反复征询、归纳、修改，最后汇总成基本一致的看法，作为预测的结果。这种方法具有广泛的代表性，较为可靠。

德尔菲法的具体步骤如下。

① 组成专家小组。按照设施选址所需要的知识范围确定专家，一般不超过 20 人。专家人数的多少根据预测课题的大小和涉及面的宽窄而定。

② 向所有专家提出设施选址的相关问题及有关要求，并附上各选址方案的所有背景材料，同时请专家提出需要什么材料，然后由专家做书面回答。

③ 各个专家根据各自所收到的材料，提出自己的意见，并说明自己是怎样利用这些材料并提出预测值的。

④ 将各位专家的判断意见汇总，列成图表，进行对比，再分发给各位专家，让专家比较自己同他人的不同意见，修改自己的意见和判断。逐轮收集意见并为专家反馈信息是德尔菲法的主要环节。收集意见和信息反馈一般要经过三四轮。这一过程重复进行，直到每一位专家不再改变自己的意见为止。

⑤ 对专家的意见进行汇总，形成一致的看法，作为预测的结果。

（2）优缺点比较法

优缺点比较法是一种最简单的设施选址方法，尤其适用于非经济因素的比较。该方法的比较要素可从以下一些要素中选取：区域位置；地形面积；地势与坡度；风向日照；地质条件；土石方工程；场址现在所有者情况，如拆迁赔偿情况等；交通情况；与城市的距离；供电、给排水；地震；防洪措施；经营条件；协作条件；建设速度，等等。

2．定量方法

（1）加权因素分析法

加权因素分析法（因素评分法）是常用选址方法中使用最广泛的一种，因为它以简单易懂的模式将各种不同因素综合起来。因素评分法的具体步骤如下。

① 确定一组相关的选址决策因素。

② 对每一因素赋予一个权重以反映这个因素在所有因素中的重要性。每一因素的分值根据权重来确定，权重则是根据成本的标准差来确定，而不是根据成本值来确定。

③ 对所有因素的打分设定一个共同的取值范围，一般是 1～10 或 1～100。

④ 对每一个备选地址，对所有因素设定打分范围。

⑤ 将各个因素的评分与相应的权重相乘，并把所有因素的加权值相加，得到每一个备选地址的最终得分。

⑥ 最终得分最高的地址即为最佳的选址。

举例说明，见例 3-1。

例 3-1

某厂有四个候选场址（A、B、C、D），影响因素有 10 个，其重要程度如表 3-2 所示，求最优方案。

表 3-2　因素评分表

影响因素	权重	候选方案 A		候选方案 B		候选方案 C		候选方案 D	
		评分	得分	评分	得分	评分	得分	评分	得分
劳动条件	7	2	14	3	21	4	28	1	7
地理条件	5	4	20	2	10	2	10	1	5
气候条件	6	3	18	4	24	3	18	2	12

续表

影响因素	权重	候选方案 A		候选方案 B		候选方案 C		候选方案 D	
		评分	得分	评分	得分	评分	得分	评分	得分
资源供应	4	4	16	4	16	2	8	4	16
基础设施	3	1	3	1	3	3	9	4	12
产品销售	2	4	8	2	4	3	6	4	8
生活条件	6	1	6	1	6	2	12	4	24
环境保护	5	2	10	3	15	4	20	1	5
政治文化	3	3	9	3	9	3	9	3	9
扩展条件	1	4	4	4	4	2	2	1	1
合计		108		112		122		99	

解：

由表 3-2 可看出，场址 C 得分最高，可作为理想地点。

（2）产量—成本—利润分析法

产量—成本—利润分析法也称量本利分析法，它有利于对可供选择的地点在经济上进行对比，一般常用图表法求解。它的分析过程包括以下步骤：

① 确定每一备选地址的固定成本和可变成本；

② 在同一张图表上绘出各地点的总成本线；

③ 确定在某一预定的产量水平上，哪一地点的成本最少或者哪一地点的利润最高。

这种方法需要以下几点假设：

① 可变成本与一定范围内的产出成正比；

② 所需的产出水平能近似估计；

③ 只包括一种产品；

④ 产出在一定范围时，固定成本不变。

在成本分析中，要计算每一地点的总成本 TC，利用以下公式：

$$TC = FC + VC \times Q \tag{3-1}$$

式中，FC——固定成本；

VC——单位可变成本；

Q——产出产品的数量。

举例说明，见例 3-2。

例 3-2

某公司有三个不同仓库建设方案，由于各场址有不同的征地费、建筑费，工资、原材料等成本费用也都不同，从而形成了不同的仓储成本。三个候选选址的仓储成本见表 3-3，试决定不同仓储规模下最优的选址。

表 3-3 三个不同仓库建设方案的仓储成本

项目费用 \ 方案	A 方案	B 方案	C 方案
固定费用/元	600000	1200000	1800000
可变费用/（元/件）	40	20	10

解：

步骤 1:

建立基础数据表，如图 3-2 所示。

	A	B	C	D
3	方案	方案A	方案B	方案C
4	固定成本	600000	1200000	1800000
5	单位变动成本	40.00	20	10

图 3-2　基础数据表

操作视频

步骤 2:

计算各方案成本。首先，任意假设一个数量 80000 件（为使图形美观，这里设一个较大的数），不影响盈亏平衡点的计算结果。在单元格 A1 输入“数量”、B1 输入“80000”，A6 输入“总成本”，B6 输入“=$B$1*B5+B4”、按住填充柄向右拖至 D6，如图 3-3 所示。

D6　　fx =$B$1*D5+D4

	A	B	C	D
1	数量	80000		
2				
3	方案	方案A	方案B	方案C
4	固定成本	600000	1200000	1800000
5	单位变动成本	40.00	20	10
6	总成本	3800000	2800000	2600000

图 3-3　计算各方案总成本

步骤 3:

计算盈亏平衡点及成本。在单元格 A8 输入“方案 A 与方案 B 的盈亏平衡点”，C8 输入“方案 B 与方案 C 的盈亏平衡点”，A9 输入“相对盈亏平衡点处的总成本”，B8 输入“=(C4–B4)/(B5–C5)”，D8 输入“=(D4–C4)/(C5–D5)”，B9 输入“=B8*C5+C4”，D9 输入“=D8*D5+D4”，如图 3-4 所示。

D8　　fx =(D4-C4)/(C5-D5)

	A	B	C	D
1	数量	80000		
2				
3	方案	方案A	方案B	方案C
4	固定成本	600000	1200000	1800000
5	单位变动成本	40.00	20	10
6	总成本	3800000	2800000	2600000
7				
8	方案A与方案B的盈亏平衡点	30000	方案B与方案C的盈亏平衡点	60000
9	相对盈亏平衡点处的总成本	1800000		2400000

图 3-4　计算盈亏平衡点及成本

步骤 4:

建立绘图数据表。在单元格 F2 输入“数量”，G2 输入“方案 A 成本”、H2 输入“方案 B 成本”，I2 输入“方案 C 成本”，F3 输入“=B1”，F4 输入“0”，G3 输入“=B6”、按住填充柄拖至 I3，G4 输入“=B4”、按住填充柄拖至 I4，如图 3-5 所示。

	E	F	G	H	I
1					
2		数量	方案A成本	方案B成本	方案C成本
3		80000	3800000	2800000	2600000
4		0	600000	1200000	1800000

图 3-5　绘图数据表

步骤 5:

绘图。选择区域 F2：I4，按“绘图向导”图标、选择“XY 散点图”中的“折线散点图”、单击“下一步”，在弹出的绘图向导对话框中的“系列产生在”选择“列”、单击“下一步”，在弹出的绘图向导对话框的“标题”标签栏中的“数值（X）轴（A）”中输入“数量（件）”、“数值（Y）轴（V）”中输入“成本（元）”、单击“完成”。鼠标右键单击图表区，选择“图表选项”、选择“网格线”标签、在“数值（Y）轴”去掉“主要网络线”前打对勾、单击“确定”按键。鼠标右键单击绘图区，选择“绘图区格式”、在“填充效果（I）”一栏选择白色。双击 X 轴，在弹出的“坐标轴格式”对话框中，选择“刻度”标签、在“主要刻度单位（A）”中输入“10000”，点击“确定”，如图 3-6 所示。

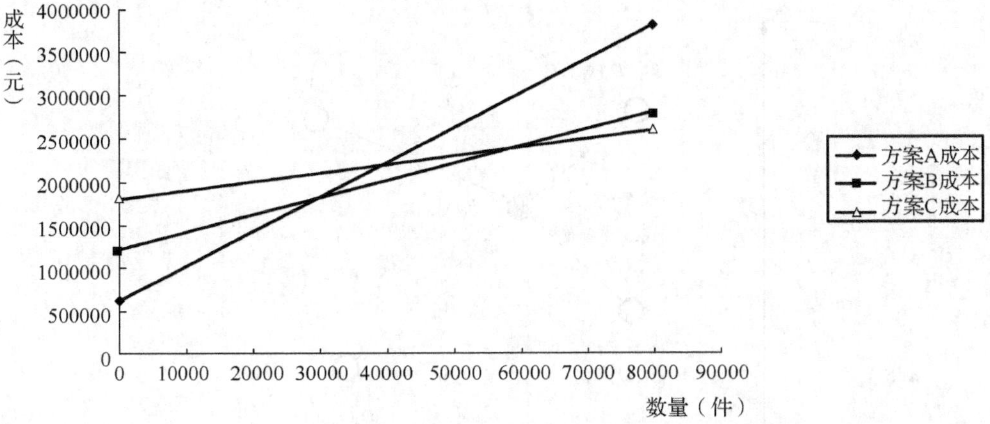

图 3-6　数量—成本关系图

步骤 6:

绘制盈亏平衡点垂线。在单元格 F8 中输入“A 方案与 B 方案盈亏平衡点垂线”，F12 中输入“B 方案与 C 方案盈亏平衡点垂线”，在 F9、F10 中分别输入“=$B$8”、“=$B$8”，G9 输入“3500000”，G10 输入“0”，F13、F14 中分别输入“=$D$8”、“=$D$8”，G13 输入“3500000”，G14 输入“0”。选择单元格区域 F9:G10，选择复制，单击“图表区”，选择菜单“编辑/选择性粘贴”，在选择性对话框中，选定“新建系列”、“列”和“首列为分类 X 值”，单击“确定”，鼠标右键单击新画的垂线，选择“源数据”，点击“系列”，更改系列 4 的“名称”为“A 方案与 B 方案盈亏平衡点垂线”，同理绘制 B 方案与 C 方案盈亏平衡点垂线，如图 3-7 所示。

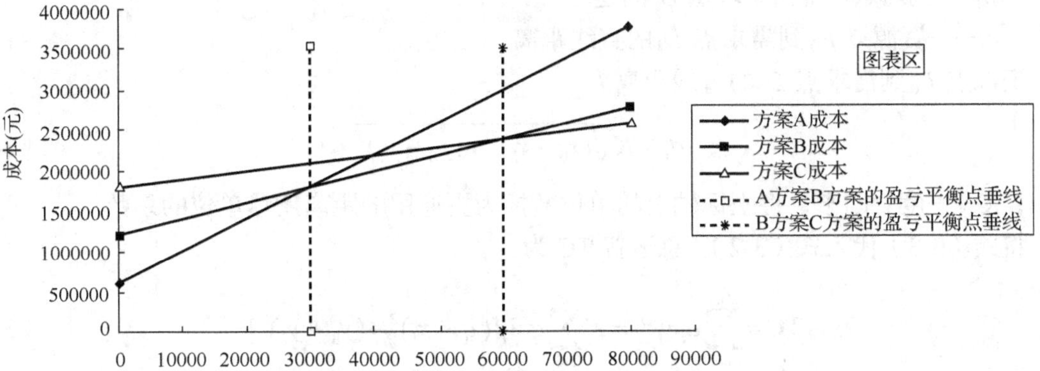

图 3-7　3 种方案的数量—成本关系

结果分析：

由图 3-7 可以看出，如按物流成本最低为标准，当仓储量低于 3 万件时选 A 方案，仓储量在 3 万件和 6 万件之间时选 B 方案，仓储量大于 6 万件时选 C 方案。

（3）重心法

重心法是将配送系统的资源点与需求点看成是分布在某一平面范围内的物理系统，资源点与各需求点的物流量可分别看成是物体的重量，物理系统的重心将作为资源点的最佳地点。资源点在选址时，应保证总运费最小，即 TC 最小。

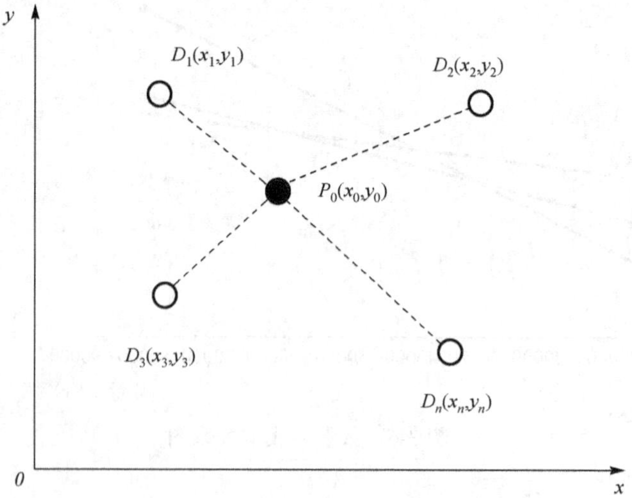

图 3-8　场址坐标关系图

如图 3-8 所示，拟建资源点坐标为（x_0, y_0），则总费用 TC 为：

$$\text{TC}=\sum_{i=1}^{n}c_i=\sum_{i=1}^{n}a_iw_id_i \tag{3-2}$$

式中，c_i——资源点 P_0 到需求点 D_i 的运输费用；

a_i——资源点 P_0 到需求点 D_i 的运输单位重量、单位距离的运费；

w_i——资源点 P_0 到需求点 D_i 的运输量；

d_i——资源点 P_0 到需求点 D_i 的直线距离。

资源点 P_0 到需求点 D_i 的直线距离为：

$$d_i=K\sqrt{(x_0-x_i)^2+(y_0-y_i)^2} \tag{3-3}$$

式中，K——度量因子，将坐标轴上的单位转换为更通用的距离度量单位的系数。

将式（3-3）代入式（3-2），总运费 TC 为：

$$\text{TC}=\sum_{i=1}^{n}a_iw_id_i=K\sum_{i=1}^{n}a_iw_i[(x_0-x_i)^2+(y_0-y_i)^2]^{\frac{1}{2}} \tag{3-4}$$

资源点地址的选择以总运费 TC 最小作为规划的目标，为使 TC 最小，将式（3-4）分别对 x_0，y_0 求偏导，并令其等于零，得到资源点最优地址坐标 (x_0^*, y_0^*)。

$$x_0^* = \frac{\sum_{i=1}^{n} \frac{a_i w_i x_i}{d_i}}{\sum_{i=1}^{n} \frac{a_i w_i}{d_i}} \tag{3-5}$$

$$y_0^* = \frac{\sum_{i=1}^{n} \frac{a_i w_i y_i}{d_i}}{\sum_{i=1}^{n} \frac{a_i w_i}{d_i}} \tag{3-6}$$

上面两式中，d_i均为未知，无法一次求出x_0^*, y_0^*，通常采用迭代方法进行求解，其步骤如下。

① 先将配送区域内几何重心点（$\sum_{i=1}^{n} a_i w_i x_i \Big/ \sum_{i=1}^{n} a_i w_i$，$\sum_{i=1}^{n} a_i w_i y_i \Big/ \sum_{i=1}^{n} a_i w_i$）作为资源点的初始地点（$x_{00}$，$y_{00}$）。

② 利用公式（3-4）计算出与（x_{00}，y_{00}）相对应的总运费 TC_0。

③ 把（x_{00}，y_{00}）代入式（3-3）、式（3-5）、式（3-6）中，计算出资源点的改善地点（x_{10}，y_{10}）。

④ 利用式（3-4）计算出（x_{10}，y_{10}）相对应的总运费 TC_1。

⑤ 对比 TC_0 与 TC_1，若 $TC_1 \geqslant TC_0$，则（x_{00}，y_{00}）为最优解；若 $TC_1 < TC_0$，则返回第③步计算，把（x_{10}，y_{10}）代入式（3-3）、式（3-5）、式（3-6）中，计算出资源点的改善地点（x_{20}，y_{20}）。反复计算，直至 $TC_{K+1} \geqslant TC_K$，则（x_{K0}，y_{K0}）为最优地址，TC_K 为最少运费。

用精确重心法可进行物流设施地址的选择，但用手工计算迭代过程非常烦琐，用 EXCEL 电子表格可简化计算过程。

举例说明，见例 3-3。

例 3-3

某公司由 2 个工厂向仓库供货，再由仓库供应 3 个销售点。工厂和销售点的空间分布如图 3-9 所示，各供应点/需求点的供应量/需求量、运输费率、坐标如表 3-4 所示。现需确定使运输费用最小的仓库位置。

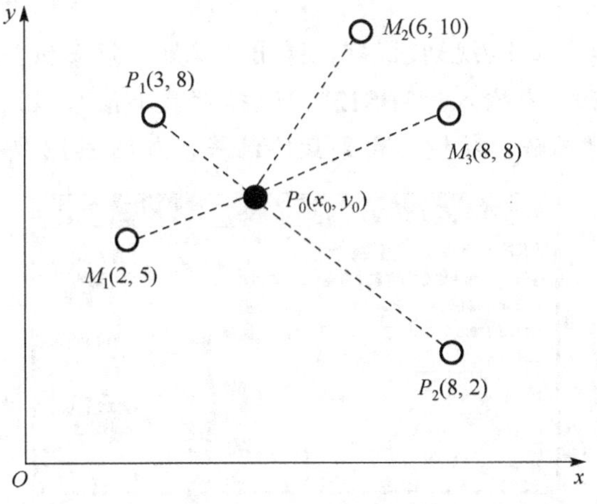

图 3-9　工厂、销售点坐标及建议的仓库的位置

表 3-4　工厂、销售点坐标、运输量和运输费率

地点：i	总供应量/需求量（吨）（w_i）	运输费用率（元/吨·公里）（a_i）	坐标（x_i，y_i）（公里）	
1-P_1（工厂 1）	2000	0.05	3	8
2-P_2（工厂 2）	3000	0.05	8	2
3-M_1（销售点 1）	2500	0.075	2	5
4-M_2（销售点 2）	1000	0.075	6	10
5-M_3（销售点 3）	1500	0.075	8	8

解：

步骤 1：

建立基础数据表，如图 3-10 所示。

	A	B	C	D	E	F	G
1	地点	坐标		运输量	运输费率	运输成本	
2		x	y				K
3	P1	3	8	2000	0.050		10
4	P2	8	2	3000	0.050		
5	M1	2	5	2500	0.075		
6	M2	6	10	1000	0.075		
7	M3	8	8	1500	0.075		

操作视频

图 3-10　重心选址的基础数据

步骤 2：

计算运输成本。在 F3 输入“=SQRT(($B$10-B3)^2+($C$10-C3)^2)*D3*E3*G$3”，按住填充柄向下拖至 F7，如图 3-11 所示。

F3　fx　=SQRT(($B$10-B3)^2+($C$10-C3)^2)*D3*E3*G$3

	A	B	C	D	E	F	G
1	地点	坐标		运输量	运输费率	运输成本	
2		x	y				K
3	P1	3	8	2000	0.050	8544.004	10
4	P2	8	2	3000	0.050	12369.32	
5	M1	2	5	2500	0.075	10097.18	
6	M2	6	10	1000	0.075	8746.428	
7	M3	8	8	1500	0.075	12727.92	

图 3-11　运输成本计算公式

步骤 3：

设置目标函数。在 A10 输入“变量”，在 A12 单元格输入“目标函数”，在 B12 单元输入“=SUM(F3:F7)”。

步骤 4：

规划求解。选择菜单“工具/规划求解”，弹出“规划求解参数”对话框，如图 3-12 所示。在“设置目标单元格（E）”中输入“$B$12”、选择“最小值”、在“可变单元格（B）”中输入“$B$10:$C$10”、按“求解”按键，得到最终结果，如图 3-13 所示。

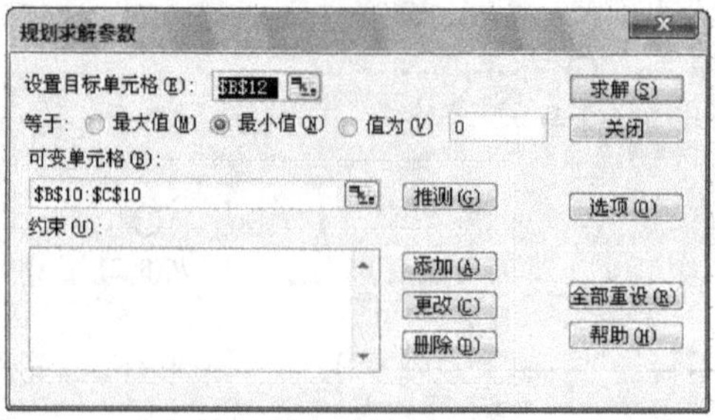

图 3-12　规划求解参数对话框

	A	B	C	D	E	F	G
1	地点	坐标		运输量	运输费率	运输成本	G
2		x	y				K
3	P1	3	8	2000	0.050	2264.172	10
4	P2	8	2	3000	0.050	8323.013	
5	M1	2	5	2500	0.075	4997.433	
6	M2	6	10	1000	0.075	3096.311	
7	M3	8	8	1500	0.075	4548.328	
8							
9							
10	变量	4.378096	6.203524				
11							
12	目标函数	23229.26					

图 3-13 规划求解结果

结果分析：

由图 3-13 可以看出，仓库的坐标为：x_0=4.38，y_0=6.20，总成本 TC=23229.26 元。

3．综合分析方法

设施选址时除了要考虑诸多成本因素外，往往还需考虑非成本因素，这些非成本因素难以用货币或成本来衡量。这就要用到一种综合分析的方法——因次分析法（Actor Analysis Method），该方法是将各候选方案的成本因素和非成本因素同时加权相加并加以比较的方法。列举各种影响因素，将这些因素分为客观因素和主观因素两类，客观因素能用货币表示，主观因素是定性的，不能用货币表示。确定主观因素和客观因素的比重，用以反映主观因素与客观因素的相对重要性。确定客观量度值，再确定主观评比值和主观量度值，最后将客观量度值和主观量度值进行加权相加，得到位置量度值，即是选址方案的整体评估值，最大者入选，其实施步骤如下。

（1）研究要考虑的各种因素，确定哪些是必要因素。如某一选址只要有一项必要因素无法满足，就应将其删除。如饮料厂必须依赖水源，就不能考虑一个缺乏水源的选址。确定必要因素的目的是将不适宜的选址排除在外。

（2）将各种必要因素分为客观因素（成本因素）和主观因素（非成本因素）两大类。同时要确定主观因素和客观因素的比重，如主观因素和客观因素同样重要，则比重均为 0.5。即 X=主观因素的比重值，$1-X$=客观因素的比重值，$0\leqslant X\leqslant 1$。如 X 接近 1，主观因素比客观因素更重要，反之亦然。X 值可通过征询专家意见确定。

（3）确定客观量度值。对每一可行选址可以找到一个客观量度值 OM_i，此值大小受选址的各项成本的影响。其计算公式可表示为：

$$\mathrm{OM}_i = \left[C_i \sum_{i=1}^{N} \frac{1}{C_i} \right]^{-1} \tag{3-7}$$

式中，i 项选址方案总成本 C_i 为各项成本 C_{ij} 之和，即：

$$C_i = \sum_{j=1}^{M} C_{ij} \tag{3-8}$$

C_{ij}——i 选址方案的第 j 项成本；

C_i——i 选址方案的总成本；

$\sum_{i=1}^{N} \frac{1}{C_i}$——各选址方案总成本的倒数之和；

OM_i——i 选址方案的客观量度值；

M——客观因素数目；

N——选址方案数目。

若将各选址方案的量度值相加，总和必等于 1，即 $\sum_{i=1}^{N} OM_i = 1$。

（4）确定主观评比值。各主观因素因为没有量化值作为比较，所以用强迫选择法作为衡量各选址优劣的比较。强迫选择法是将每一选址方案和其他选址方案分别做出成对的比较。令较佳的比重值为 1，较差的比重值则为 0。此后，根据各选址方案所得到的比重与总比重的比值来计算该选址的主观评比值 S_{ik}。用公式表示则为：

$$S_{ik} = \frac{W_{ik}}{\sum_{i=1}^{N} W_{ik}} \tag{3-9}$$

式中，S_{ik}——i 选址方案对 k 因素的主观评比值；

W_{ik}——i 选址方案 k 因素占的比重；

$\sum_{i=1}^{N} W_{ik}$——k 因素的总比重值。

主观评比值为一量化的比较值。可以利用此数值来比较各选址方案的优劣。此数值的变化在 0 到 1 之间，越接近 1，则代表该选址方案比其他选址方案越优越。

（5）确定主观量度值。主观因素常常不止一个，同时各主观因素间的重要性也各不相同。所以首先对各主观因素配上一个重要性指数 I_k。I_k 的分配方法可用步骤（4）中所述的强迫选择法来确定，然后再以每因素的主观评比值与该因素的重要性指数 I_k 相乘，分别计算每一选址方案的主观量度值 SM_i。可用下式表示：

$$SM_i = \sum_{k=1}^{M} I_k S_{ik} \tag{3-10}$$

式中，SM_i——i 选址方案的主观量度值；

I_k——主观因素的重要性指数；

S_{ik}——i 选址方案对于 k 因素的主观评比值；

M——主观因素的数目。

（6）确定位置量度值。位置量度值 LM_i 为选址方案的整体评估值，其计算式为：

$$LM_i = X \cdot SM_i + (1-X) \cdot OM_i \tag{3-11}$$

式中，X——主观因素的比重值；

$(1-X)$——客观因素的比重值；

SM_i——i 选址方案的主观量度值；

OM_i——i 选址方案的客观量度值。

位置量度值最大者为最佳选择方案。

举例说明，见例 3-4。

例 3-4

筹建一农副产品流通加工厂，可供选择的候选厂址有 D、E、F 三处，因地址不同各厂加工成本亦有区别，各厂址每年费用如表 3-5 所示。此外，为决定厂址还考虑了一些重要的非成本因素，如当地竞争能力、气候变化和周围环境是否适合农副产品流通加工等。对于竞争能力而言，F 地最强，D、E 两地相平；就气候来说，D 比 E 好，F 地最好；至于环境，E 地最优，其次为 F 地、D 地。如果各主观因素的重要性指数 a、b、c 依次为 0.6、0.3 和 0.1，要求用因次分析法评定最佳厂址在何处。

表 3-5 各候选厂址每年加工成本费用

选址成本 / 成本因素	成本/千元		
	D	E	F
工资	250	230	248
运输费用	181	203	190
租金	75	83	91
其他费用	17	9	22
C_i	523	525	551

解：

步骤 1：

建立主、客观因素基础数据表，如图 3-14 所示。

	A	B	C	D
1	客观因素			
2	选址成本	成本/千元		
3	成本因素	D	E	F
4	工资	250	230	248
5	运输费用	181	203	190
6	租金	75	83	91
7	其他费用	17	9	22

(a)客观因素基础数据表

	A	B	C	D	E
11	主观因素				
12	(1)竞争能力比较(F>D=E)				
13	厂址	F	E	D	比重
14	D	0	0		
15	E	0		0	
16	F		1	1	
17				总比重	
18					
19	(2)气候比较(F>D>E)				
20	厂址	F	E	D	比重
21	D	0	1		
22	E	0		0	
23	F		1	1	
24				总比重	
25					
26	(3)环境比较(E>F>D)				
27	厂址	F	E	D	比重
28	D	0	0		
29	E	1		1	
30	F		0	1	
31				总比重	

(b)主观因素基础数据表

操作视频

图 3-14 基础数据表

步骤 2：

计算客观量度值。在单元格 A8 输入 "C_i"，B8 输入 "=SUM(B4:B7)"、按住填充柄向右拖至 D8，E3 输入 "$\sum 1/C_i$"，E8 输入 "=1/B8+1/C8+1/D8"，A9 输入 "OM_i"，B9 输入 "=1/(B8*$E8)"、按住填充柄各右拖至 D9。如图 3-15 所示。

B9 fx =1/(B8*$E8)

	A	B	C	D	E
1	客观因素				
2	选址成本	成本/千元			
3	成本因素	D	E	F	$\sum 1/C_i$
4	工资	250	230	248	
5	运输费用	181	203	190	
6	租金	75	83	91	
7	其他费用	17	9	22	
8	C_i	523	525	551	0.005632
9	OM_i	0.339515	0.338222	0.322262	

图 3-15 计算客观量度值

步骤 3：

计算竞争力评比值。在单元格 E13 输入 "比重"，E14 输入 "=SUM(B14:D14)"、按住填充柄向下拖至 E16，D17 输入 "总比重"，E17 输入 "=SUM(E14:E16)"，F13 输入 "S_{ia}"，F14 输入 "=E14/E$17"、按住填充柄向下拖至 F16，如图 3-16 所示。

	A	B	C	D	E	F
11	主观因素					
12	(1)竞争能力比较(F>D=E)					
13	厂址	F	E	D	比重	S_{ia}
14	D	0	0		0	0.00
15	E	0		0	0	0.00
16	F		1	1	2	1.00
17				总比重	2	

图 3-16　计算竞争力评比值

步骤 4:

计算气候和环境评比值。与步骤 3 的操作相同，分别计算气候和环境评比值，如图 3-17 和图 3-18 所示。

	A	B	C	D	E	F
18						
19	(2)气候比较(F>D>E)					
20	厂址	F	E	D	比重	S_{ib}
21	D	0	1		1	0.33
22	E	0		0	0	0.00
23	F		1	1	2	0.67
24				总比重	3	

图 3-17　计算气候评比值

	A	B	C	D	E	F
25						
26	(3)环境比较(E>F>D)					
27	厂址	F	E	D	比重	S_{ic}
28	D	0	0		0	0.00
29	E	1		1	2	0.67
30	F		0	1	1	0.33
31				总比重	3	

图 3-18　计算环境评比值

步骤 5:

计算主观量度值。合并单元格 A33:F33、输入“各候选厂址评比值 S_{ik}”，合并单元格 A34:B34、输入“因素 k”，在单元格 C34:F34 分别输入 “D”、“E”、“F”、“重要性 I_k”，在 A35:F35 分别输入“a”、“S_{ia}”、“=F14”、“=F15”、“=F16”、“0.6”，在 A36:F36 分别输入“b”、“S_{ib}”、“=F21”、“=F22”、“=F23”、“0.3”，在 A37:F37 分别输入“c”、“S_{ic}”、“=F28”、“=F29”、“=F30”、“0.1”，A38 输入 “SM_i”，C38 输入 “=SUMPRODUCT(C35:C37,$F35:$F37)”，按住填充柄向右拖至 E38，如图 3-19 所示。

	A	B	C	D	E	F
32						
33	各候选厂址评比值 S_{ik}					
34	因素 k		D	E	F	重要性 I_k
35	a	S_{ia}	0.00	0.00	1.00	0.60
36	b	S_{ib}	0.33	0.00	0.67	0.30
37	c	S_{ic}	0.00	0.67	0.33	0.10
38	SM_i		0.1	0.066667	0.833333	

图 3-19　各候选厂址评比值

步骤 6:

计算量度值。由于题中没有给出主观因素与客观因素的相互比重，现假设两者相等，即同等重要，故主观比重值 $X=0.5$。在单元格 A40:A43 中分别输入“LM_i=”、“LM_D=”、“LM_E=”、“LM_F=”，合并单元格 B40～D40、输入 “$X*SM_i+(1-X)*OM_i$”，E40 输入 “X=”，F40 输入 “0.5”，在单元格 B41:B43 分别输入"=F40*C38+(1–F40)*B9"、"=F40*D38+(1–F40)*C9"、"=F40*E38+(1–F40)*D9"，如图 3-20 所示。

	A	B	C	D	E	F
39						
40	LM_i=	$X*SM_i+(1-X)*OM_i$			X=	0.50
41	LM_D=	0.219258				
42	LM_E=	0.202611				
43	LM_F=	0.578131				

图 3-20 各候选厂址位置量度值

结果分析：

根据各位置量度值 LM_i 的大小，F 厂址所得位置量度值在三个候选地址中最高，故选 F 作为建厂厂址。

三、物流多设施选址

对大多数企业而言，选址问题往往面临的是两个或多个设施，即多设施选址问题更加普遍。几乎所有的物流系统中，都有一个以上的仓库。这时可以使用多重心法，找出起讫点之间运输成本最小的中介设施的位置。因为要确定的点不止一个，就有必要将起讫点预先分配给位置待定的仓库。这就形成了个数等于待选址仓库数量的多个起讫点群落。随后，找出每个起讫点群落的精确重心点。针对仓库进行起讫点分配的方法很多，尤其是在考虑多个仓库及问题涉及众多起讫点时。方法之一是把相互距离最近的点组合起来形成群落，找出各群落的重心位置，然后将各点重新分配到这些位置已知的仓库，找出修正后的各群落新的重心位置，继续上述过程直到不再有任何变化。

举例说明，见例 3-5。

例 3–5

某公司由 3 个工厂向仓库供货，再由仓库供应 6 个销售点。各供应点/需求点的总供应量/需求量、运输费率、坐标如表 3-6 所示。现要建 2 座仓库，需确定使运输费用最小的各仓库位置。

表 3-6 工厂、销售点坐标、运输量和运输费率

地点：i	总供应量/需求量（吨）（w_i）	运输费率（元/吨·公里）（a_i）	坐标（公里）（x_i，y_i）	
1-P_1	500	0.9	700	1125
2-P_2	300	0.95	250	600
3-P_3	700	0.85	225	825
4-M_1	300	1.5	600	500
5-M_2	250	1.5	1050	1200
6-M_3	200	1.5	800	300
7-M_4	250	1.5	925	975
8-M_5	200	1.5	850	700
9-M_6	300	1.5	1000	1080

解：

步骤 1：

建立基础数据表，如图 3-21 所示。

操作视频

步骤 2:

绘制供需点坐标图，进行组群划分。单击“图表向导”图标，选择“XY 散点图”，单击“下一步”，单击数据区域对应的参数框右侧的折叠对话框按键，用鼠标选择 B3:C11 区域、单击“下一步”直至“完成”，如图 3-22 所示。

	A	B	C	D	E
1	地点	坐标		运输量	运输费率
2		x	y		
3	P1	700	1125	500	0.90
4	P2	250	600	300	0.95
5	P3	225	825	700	0.85
6	M1	600	500	300	1.50
7	M2	1050	1200	250	1.50
8	M3	800	300	200	1.50
9	M4	925	975	250	1.50
10	M5	850.0	700.0	200	1.50
11	M6	1000.0	1080.0	300	1.50

图 3-21　基础数据表

由于要建 2 座仓库，从图 3-22 可以大致估计出，第一个仓库应建在横坐标小于等于 700 之处，服务于横坐标 700 左侧的 4 个供需点，第二个仓库应建在横坐标大于 701 之处，服务于横坐标 701 右侧的 5 个供需点。

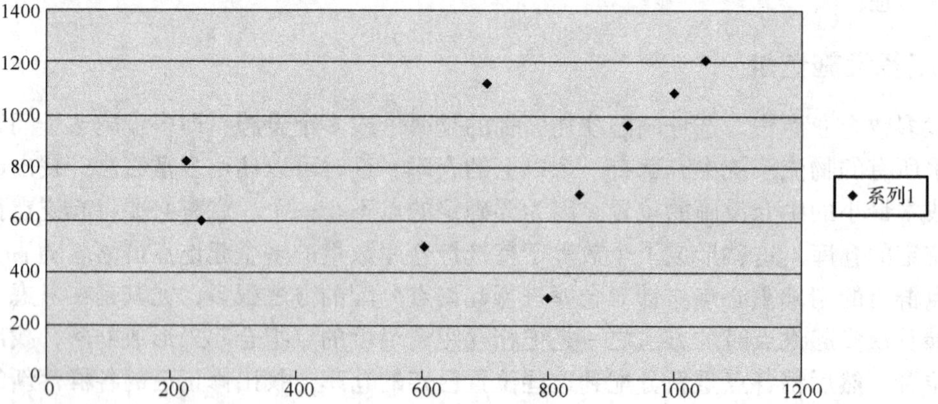

图 3-22　供需点坐标图

步骤 3:

计算运输成本。合并单元格 F1 和 F2、输入“运输成本 1”，合并单元格 G1 和 G2、输入“运输成本 2”，合并单元格 H1 和 H2、输入“最终成本”，合并单元格 I1 和 I2、输入“分配组群”，F3 输入“=SQRT(($B$13–B3)^2+($C$13–C3)^2)*D3*E3”、按住填充柄向下拖至 F11 单元格，G3 输入“=SQRT(($B$14–B3)^2+($C$14–C3)^2)*D3*E3”、按住填充柄向下拖至 G11 单元格，H3 输入“=MIN(F3,G3)”、按住填充柄向下拖至 H11，I3 输入“=IF(F3<G3,"1","2")”、按住填充柄向下拖至 I11，如图 3-23 所示。

G3　fx =SQRT(($B$14-B3)^2+($C$14-C3)^2)*D3*E3

	A	B	C	D	E	F	G	H	I
1	地点	坐标		运输量	运输费率	运输成本1	运输成本 2	最终成本	分配组群
2		x	y						
3	P1	700	1125	500	0.900	596250.00	596250.00	596250.00	2
4	P2	250	600	300	0.95	185250.00	185250.00	185250.00	2
5	P3	225	825	700	0.85	508803.28	508803.28	508803.28	2
6	M1	600	500	300	1.50	351461.24	351461.24	351461.24	2
7	M2	1050	1200	250	1.50	597945.70	597945.70	597945.70	2
8	M3	800	300	200	1.50	256320.11	256320.11	256320.11	2
9	M4	925	975	250	1.50	503988.00	503988.00	503988.00	2
10	M5	850.0	700.0	200	1.50	330340.73	330340.73	330340.73	2
11	M6	1000.0	1080.0	300	1.50	662341.30	662341.30	662341.30	2

图 3-23　运输成本计算公式

步骤 4:

建立目标函数。在单元格 A16 输入“目标函数”，B16 输入“=SUM(H3:H11)”。

步骤 5:

规划求解。选择菜单“工具/规划求解”，弹出“规划求解参数”对话框，如图 3-24 所示。在“设置目标单元格（E）”中输入“$B$16”，选择“最小值”，在“可变单元格（B）”中输入“$B$13:$C$14”，在“约束（U）”中分别添加“$B$13<=700”，“$B$14>=701”，按“求解”按键，得到最终结果，如图 3-25 所示。

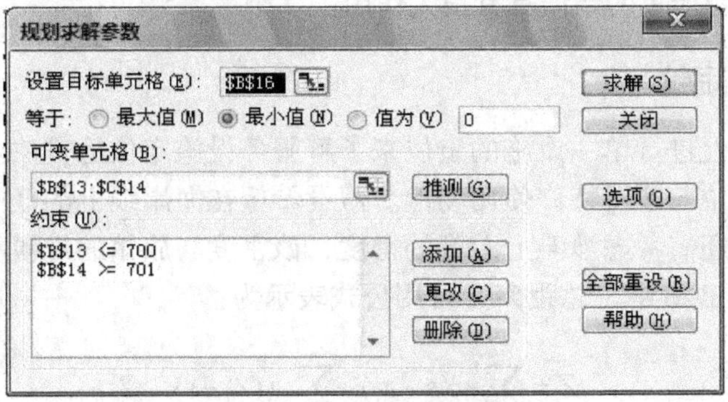

图 3-24 规划求解参数对话框

B16 fx =SUM(H3:H11)

	A	B	C	D	E	F	G	H	I
1	地点	坐标		运输量	运输费率	运输成本1	运输成本 2	最终成本	分配组群
2		x	y						
3	P1	700	1125	500	0.900	268964.04	129509.87	129509.87	2
4	P2	250	600	300	0.95	92249.25	250456.49	92249.25	1
5	P3	225	825	700	0.85	264797.56	477196.93	264797.56	1
6	M1	600	500	300	1.50	23628.61	314037.68	23628.61	1
7	M2	1050	1200	250	1.50	305784.50	50488.35	50488.35	2
8	M3	800	300	200	1.50	100474.25	241138.67	100474.25	1
9	M4	925	975	250	1.50	210354.68	46033.18	46033.18	2
10	M5	850.0	700.0	200	1.50	96865.41	121594.43	96865.41	1
11	M6	1000.0	1080.0	300	1.50	310380.26	7000.43	7000.43	2
12									
13	变量	568.44	541.96						
14		984.62	1082.31						
15									
16	目标函数	811046.91							

图 3-25 规划求解结果

结果分析:

由图 3-25 可以看出，仓库 1 的坐标为：(568.44,541.96)，为 P2、P3、M1、M3 和 M5 提供仓储服务；仓库 2 的坐标为：(984.62,1082.31)，为 P1、M2、M4 和 M6 提供仓储服务，总成本为：811046.91 元。

需注意的是，上述结果可能不是最优解。由于组群的划分是估计出来的，在设置约束条件中，以横坐标 700 为分界点划分两个组群不一定准确，更为准确的方法应该是设置 2 个仓库的横坐标（或纵坐标）不相等，即：在约束中设置“$B$13≠$B$14”或“$C$13≠$C$14”。但由于 Excel 的规划求解功能不够强大，没有提供“≠”（不等于），所以，只能采取这种变通的方法，进行试算。本例可分别设 x 的分界点为：225、250、600、700、800、850、925、1000（例如以 600 为 x 的分界点，则约束为：$B$13<=600，$B$14>=601），设 y 的分界点为：300、500、600、700、825、975、1080、1125（例如以 500 为 x 的分界点，则约束为：$C$13<=500，$C$14>=501）进行试算，找出成本最小的坐标点。

第三节　物流服务设施定位

传统上，定位决策常常是建立在直觉的基础上，成功的变数很大。尽管位置选择常常建立在诸如地点的可获得性和有利出租这样的机会因素上，但如果借助各种设施定位技术进行分析、设计，对于避免严重的错误具有很大作用。

一、单一服务设施定位

可以从在一条线上进行单一设施的定位来了解服务设施定位的方法。例如，考虑这样一个问题，沿海岸线定位一沙滩特许使用场地。假设希望在海岸线上的任一位置到定位点的平均距离最短；此外，还需考虑沙滩上游客的密度，该密度与旅馆的规模和位置相关，目标是总距离 Z 最小。在图 3-26 中，总距离 Z 可用公式表示为：

$$Z=\sum_{i=0}^{s} w_i(s-x_i)+\sum_{i=s}^{n} w_i(x_i-s) \tag{3-12}$$

式中，w_i——沙滩上第 i 个需求点的相应权重；

x——在沙滩第 i 个需求点的定位；

s——特许使用场地的定位。

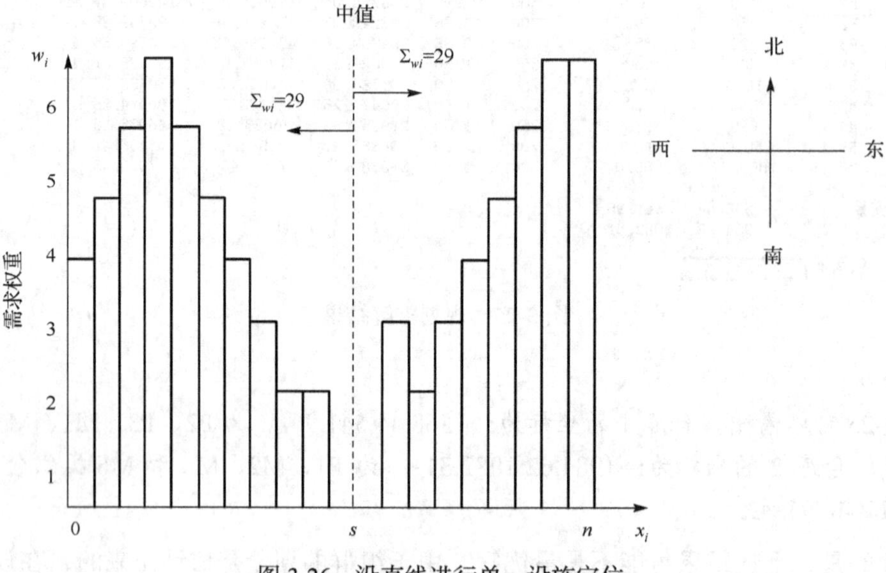

图 3-26　沿直线进行单一设施定位

为使总距离 Z 最小，将式（3-12）对 s 求导并令其等于 0，有：

$$\frac{dZ}{ds}=\sum_{i=0}^{s} w_i-\sum_{i=s}^{n} w_i=0 \tag{3-13}$$

这个结果表明，最佳位置应该位于游客分布密度的中间。也就是说，位置应该定在对每一边各有 50%的潜在需求处（如图 3-26 中的 w_i=29 处）。

利用直角距离，可将沿线定位的结果推理到在平面上的定位。如果选择的位置对于 X 和 Y 的交叉点按密度的分配是对等的，那么此点的总消耗距离是最小的。因此称这种方法为中值法，利用该方法可以较好地确定服务设施的位置。

在平面上用直角距离进行单一设施的定位以求消耗距离最小化，可直接用中值法。目标函数为：

$$Z = \sum_{i=1}^{n} w_i \{|x_i - x_s| + |y_i - y_s|\} \tag{3-14}$$

式中，w_i ——第 i 点的近似权重（如人口）；

x_i，y_i——第 i 个需求点的坐标；

x_s，y_s——服务设施的坐标；

n——需求点的数目。

因此，目标函数可以被重新表达为从一个求和符号 Σ 中分离出来的表达式：

$$\min(Z) = \min\left(\sum_{i=1}^{n} w_i |x_i - x_s| + \sum_{i=1}^{n} w_i |y_i - y_s|\right) \tag{3-15}$$

举例说明，见例 3-6。

例 3-6

一家复印服务公司要在城市的中心商业区开设一间办公室。管理者已经找出四处能开发主要活动的场所，图 3-27 表明了 xy 坐标系统上需求点的分布情况。每一点的权重已经标出，并且表明每个月在数百个订单中潜在的需求。管理者想决定一个中心位置，使每个月顾客来接受复印服务时所行走的距离最小。

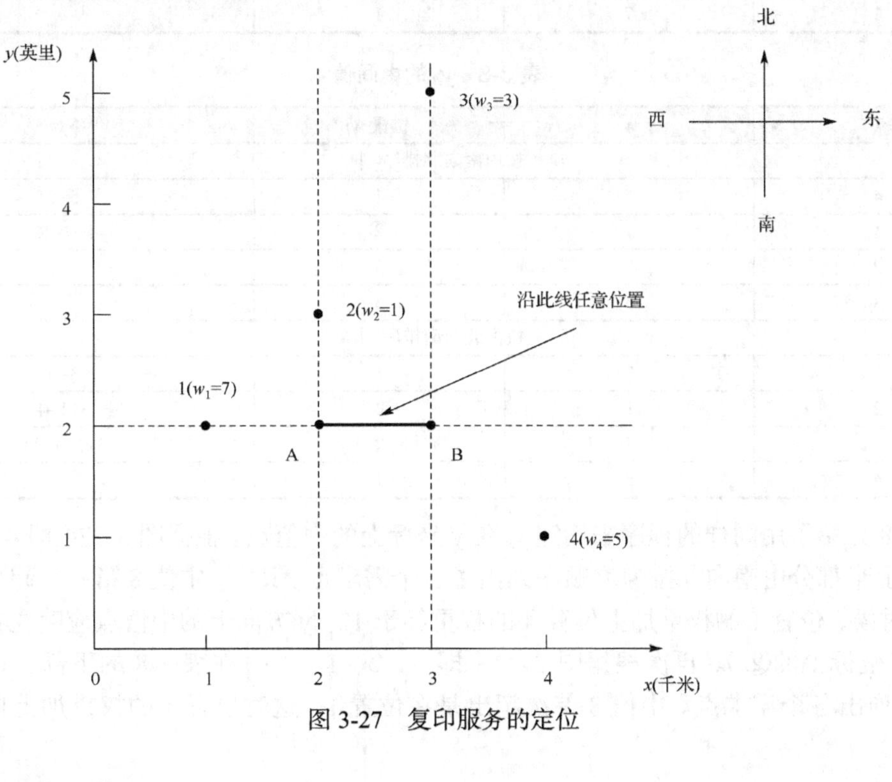

图 3-27　复印服务的定位

对于城市定位来说，直角距离是最恰当的。解决这个问题可以运用中值法。首先，中值的计算公式如下：

$$\text{Median}=\sum_{i=1}^{n}\frac{w_i}{2} \tag{3-16}$$

由图 3-27 中的数值，可得出中间值为（7+1+3+5）/2=8。为了鉴别 x 坐标上的中间值 x，将在 x 坐标方向上的 w_i 由西向东汇总起来。根据图 3-27，在表 3-7 的上部按递增的顺序列出了由西到东的需求点（如 1、2、3、4）。将每个需求点的权重按递增顺序进行求和，直到和值达到 8 或者超过 8。当位置 2 处的权重加上位置 1 处的权重时，正好达到 8。因此，第一个 x 坐标上的中值应建立在 2 千米处（x 定位点的坐标 2 被圈定）。

变换一个方向，由东向西，继续重复同样的步骤，如表 3-7 下半部分，按递减排列第二个 x 方向上的中值点应建立在 3 千米处（定位点的 x 坐标 3 被圈定）。

表 3-7　x_s 的中间值

点 i	w_i	位置 x_i	$\sum w_i$
按由西向东排序 →			
1	7	1	7=7
2	1	②	7+1=8
3	3	3	
4	5	4	
按由东向西排序 ←			
4	5	4	5=5
3	3	③	5+3=8
2	1	2	
1	7	1	

表 3-8　y_s 的中间值

点 i	w_i	位置 y_i	$\sum w_i$
按由南向北排序 ↑			
4	5	1	5=5
1	7	②	5+7=12
2	1	3	
3	3	5	
按由北向南排序 ↓			
3	3	5	3=3
2	1	3	3+1=4
1	7	②	3+1+7=11
4	5	1	

表 3-8 介绍了用同样的程序来确定 y_s 在 y 坐标上的中值点。根据图 3-27（即 4、1、2、3），表 3-8 的上半部分由南向北按递增顺序列出了各个需求点。其中，中值 8 第一次超出是在位置 1 处，这时候，位置 1 的权重加上位置 4 的权重等于 12。y 方向上的中值点应建立在 2 英里处（y 定位点坐标上的②）。再次根据图 3-27（即 3、2、1、4），在表 3-8 的下部，按递减顺序由北向南列出各个需求点。中值 8 首次超出是在位置 1，这时位置 1 的权重加上位置 3 处和

位置 2 处的权重达到 11。因而，y 坐标上的中值点应建立在 2 千米处（y 定位点的坐标 2 被圈定）。

从范围内的四个点中确定中值点的中值法可以保证：如果存在一个恰当的定位点变化范围，则这个范围很容易被确定。在这个事例中，线段 AB 上的任一位置都能保证距离消耗的最小化。

从表 3-9 中，可以得出 *A* 点和 *B* 点的总距离权重都是 35 千米，因此，无论在 *A* 点、*B* 点，还是在它们之间的连线上进行定位，都是可以接受的。此例说明，目标位置可以是一个点，一条线，或者一个区域。因此，中值法具有很大的灵活性。

表 3-9　位置 *A* 与 *B* 的总加权距离

位置 *A*（2，2）				位置 *B*（3，2）			
公司	距离	权重	总计	公司	距离	权重	总计
1	1	7	7	1	2	7	14
2	1	1	1	2	2	1	2
3	4	3	12	3	3	3	9
4	3	5	15	4	2	5	10
			35				35

二、多服务设施定位

服务业经常会面临建立多个服务点的选址问题，这类问题比较复杂，找到最优解很费时，此时可借助启发式方法较快速地得到满意的解。下面通过一个例题说明应用启发式方法进行多设施定位的方法。

对公共设施定位的评估决策的困难导致了对替代性测度的研究和设施定位效果的评估测量。一种测度就是顾客到达设施所必需的最远距离测量。这就是人们所知的设施最大服务距离。研究的目标是在一些特定的最大服务距离内能满足所有需求点的设施的最小需要数量和设施的定位，这就是定位集合的覆盖问题。

举例说明，见例 3-7。

例 3-7

某市的健康部门正在关注农村地区医疗护理缺乏的问题，因此选了 9 个社区进行试验项目研究，以便开设医疗诊所来满足基本的健康护理需要。基本要求是，在每个社区方圆 30 公里范围内至少有一家诊所。每个社区的位置如图 3-28 所示，两个位置之间的连线代表用公里表示的两地距离。设计人员应当确定所需诊所的数量及其位置，除社区 6 外（不允许社区 6 设置诊所），每个社区都可以作为潜在诊所所在地。

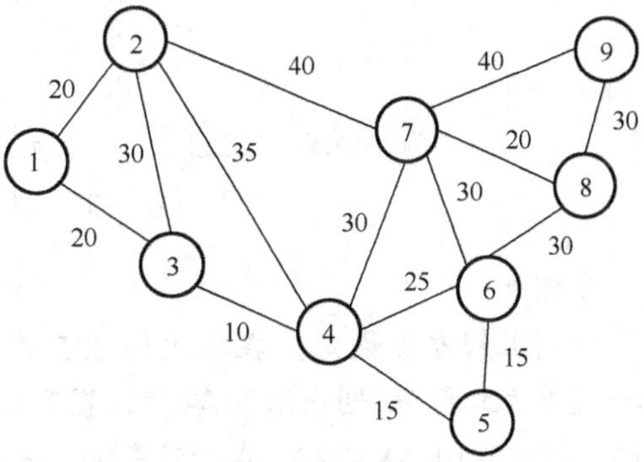

图 3-28　某农村区域的公路网络

解：

步骤 1：

建立已知数据表。根据图 3-28 中的数据，若在社区1建诊所，社区2、3、4都在离其30千米的极限范围内。故，A1到A2、A1到A3、A1到A4分别填入：20、20、30（20+10），以此类推，直至A8到A9。将A1到A1、A2到A2，…、A9到A9分别填入0，其他的空格填入-1（如A1到A5），在单元格A11中输入“服务半径”，B11中输入“30”，如图3-29所示。

	A	B	C	D	E	F	G	H	I	J
1	从＼至	A1	A2	A3	A4	A5	A6	A7	A8	A9
2	A1	0	20	20	30	-1	-1	-1	-1	-1
3	A2	20	0	30	-1	-1	-1	-1	-1	-1
4	A3	20	30	0	10	25	-1	-1	-1	-1
5	A4	30	-1	10	0	15	25	30	-1	-1
6	A5	-1	-1	25	15	0	15	-1	-1	-1
7	A6	-1	-1	-1	25	15	0	30	30	-1
8	A7	-1	-1	-1	30	-1	30	0	20	-1
9	A8	-1	-1	-1	-1	-1	30	20	0	30
10	A9	-1	-1	-1	-1	-1	-1	-1	30	0
11	服务半径	30								

操作视频

图3-29 已知数据模型

步骤2：

判断能否成为候选地址。复制单元格A1:J1到A13:J13，复制A2:A10到A14:A22，在单元格K13输入“选/不选”，在B14输入“=IF(AND(B2<=$B$11,B2>=0),1,0)”、按住填充柄向右拖至J14，选择B14:J14，按住填充柄向下拖至J22，如图3-30所示。

B14 =IF(AND(B2<=$B$11,B2>=0),1,0)

	A	B	C	D	E	F	G	H	I	J	K
13	从＼至	A1	A2	A3	A4	A5	A6	A7	A8	A9	选/不选
14	A1	1	1	1	1	0	0	0	0	0	
15	A2	1	1	1	0	0	0	0	0	0	
16	A3	1	1	1	1	1	0	0	0	0	
17	A4	1	0	1	1	1	1	1	0	0	
18	A5	0	0	1	1	1	1	0	0	0	
19	A6	0	0	0	1	1	1	1	1	0	
20	A7	0	0	0	1	0	1	1	1	0	
21	A8	0	0	0	0	0	1	1	1	1	
22	A9	0	0	0	0	0	0	0	1	1	

图3-30 候选地址判断

步骤3：

计算服务于本社区的诊所数。在单元格A23输入“诊所数”，B23输入“=SUMPRODUCT(B14:B22, $K$14:$K$22)”，按住填充柄向右拖至J23，如图3-31所示。

B23 =SUMPRODUCT(B14:B22,$K$14:$K$22)

	A	B	C	D	E	F	G	H	I	J	K
12											
13	从＼至	A1	A2	A3	A4	A5	A6	A7	A8	A9	选/不选
14	A1	1	1	1	1	0	0	0	0	0	
15	A2	1	1	1	0	0	0	0	0	0	
16	A3	1	1	1	1	1	0	0	0	0	
17	A4	1	0	1	1	1	1	1	0	0	
18	A5	0	0	1	1	1	1	0	0	0	
19	A6	0	0	0	1	1	1	1	1	0	
20	A7	0	0	0	1	0	1	1	1	0	
21	A8	0	0	0	0	0	1	1	1	1	
22	A9	0	0	0	0	0	0	0	1	1	
23	诊所数	0	0	0	0	0	0	0	0	0	

图3-31 计算服务本社区的诊所数

步骤4：

规划求解参数设定。在单元格J25输入“最少诊所数”，K25输入“=SUM(K14:K22)”，选择菜单“工具/规划求解”，在“设置目标单元格(E)”中输入“$K$25”，在“可变单元格(B)”中输入“$K$14: $K$22”，在“约束(U)”部分选择添加，依次添加“$B$23:$J$23>=1”、“$K$14:$K$22=二进制”、“$K$19=0”，如图3-32所示。

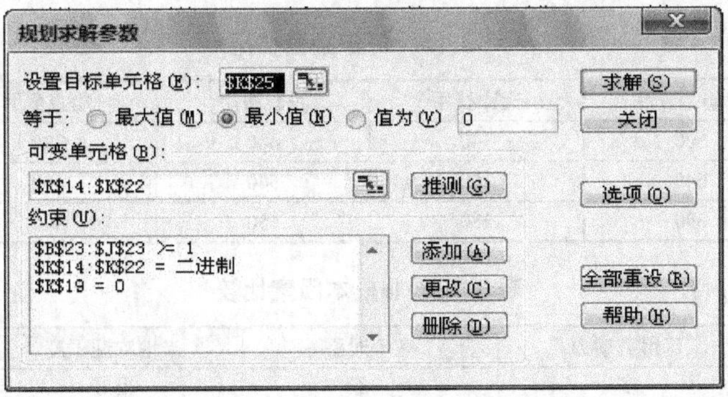

图 3-32　规划求解参数设置对话框

步骤 5:

规划求解。单击“求解”按键，单击“确定”按键。计算结果如图 3-33 所示。

K25　=SUM(K14:K22)

	A	B	C	D	E	F	G	H	I	J	K
12											
13	从　至	A1	A2	A3	A4	A5	A6	A7	A8	A9	选/不选
14	A1	1	1	1	1	0	0	0	0	0	0
15	A2	1	1	1	0	0	0	0	0	0	0
16	A3	1	1	1	1	1	0	0	0	0	1
17	A4	1	0	1	1	1	1	1	0	0	0
18	A5	0	0	1	1	1	1	0	0	0	0
19	A6	0	0	0	1	1	1	1	1	0	0
20	A7	0	0	0	1	0	1	1	1	0	0
21	A8	0	0	0	0	0	1	1	1	1	1
22	A9	0	0	0	0	0	0	0	1	1	0
23	诊所数	1	1	1	1	1	1	1	1	1	
24											
25										最少诊所数	2

图 3-33　计算结果

结果分析:

由图 3-33 的计算结果可以看出，应选择社区 3、8 两个社区建诊所，位于社区 3 的诊所可为社区 1～5 服务，位于社区 8 的诊所可为社区 6～9 服务。所以，最少的诊所数是 2。

思考与练习

1．物流设施场址选择的原则是什么？

2．物流设施场址选择的定性和定量方法各有哪几种？

3．一家处理垃圾的公司打算降低其垃圾从五个接收站运至处理中心所的运费，已知接收站的地点及日装运量如表 3-10 所示，求处理中心的坐标位置。

表 3-10　地点及日装运量

	A	B	C	D	E
接收站（x,y）	（10，5）	（4，1）	（4，7）	（2，6）	（8，7）
日运输量（吨）	26	9	25	30	40

4．某公司准备建一家工厂，有 A、B、C 三个候选地址，各个地点年经营费用如表 3-11 所示，三处场址非成本因素优劣比较和各因素加权指数如表 3-12 所示。试用综合分析法判定场址应选在何处？（x=0.4）

表 3-11　每年经营费用

场址	劳动力费用	运输费用	税收费用	能源费用	其他
A	600	340	480	320	180
B	640	300	540	400	120
C	690	280	550	440	140

表 3-12　非成本因素比较

场址	可用劳动力	竞争对手	当地欢迎程度	生活条件
A	多	一般	很好	一般
B	很多	较多	一般	好
C	一般	少	好	很好
加权指数	2	4	3	1

案例分析

家乐福进行快速扩张与发展

家乐福于 1995 年正式进入中国市场，在很短的时间内便在相距甚远的北京、上海和深圳三地开辟了大卖场。家乐福之所以会如此快地进行扩张，就是因为他们各自独立地发展出自己的供应商网络。根据家乐福自己的统计，从中国本地购买的商品占了商场所有商品的 95%以上，仅 2000 年采购金额就达 15 亿美元。除了已有的上海、广东、浙江、福建及胶东半岛等地的采购网络，如今，家乐福又分别在中国的北京、天津、大连、青岛、武汉、宁波、厦门、广州及深圳开设区域化采购网络。

1．市场开拓理念

家乐福在开拓市场的时候形成了一套独特的方法。

（1）一人开辟一个市场

家乐福开拓新市场的独特方法是：每次家乐福进入一个新的地方，都只派 1 个人来开拓市场，进入台湾地区时，家乐福只派了 1 个人；到中国内地时，也只派了 1 个人。这种开拓市场的方法，相信每一个第一次听到的人都会感到震惊。但家乐福就是这样做的，而且做得很好。

（2）进行深入的市场调查

家乐福派来的第一个人就是这个地区的总经理，他所做的第一件事就是招一位本地人做他的助理。然后，这位空投到市场上的光杆总经理，和他唯一的员工做的第一件事，就是开始市场调查。他们会仔细地去调查，当时其他商店里有哪些本地的商品出售，哪些产品的流通量很大，然后再去与各类供应商谈判，决定哪些商品会在将来家乐福店里出现。一个庞大无比的采购链，就这样完完全全地从零开始搭建。

尽管家乐福的这种进入市场的方式，看起来难以理解，但却是家乐福在世界各地开店的标准操作手法。这种作法背后的逻辑是，一个国家或地区的生活形态与另一个国家或地区的生活形态经常是大不相同的。在法国超市到处可见的奶酪，在中国很难找到供应商；在台湾地区十分热销的槟榔，可能在上海一个都卖不掉。所以，国外家乐福成熟有效的供应链，对于以食品为主的本地家乐福来说其实意义不大。最简单有效的方法，就是了解当地，从当地组织采购本地人熟悉的产品。

2. 选址特色

Carrefour 的法文意思就是十字路口，而家乐福的选址也不折不扣地体现着这个标准：几乎所有的家乐福店铺都开在了路口，并且巨大的招牌500米开外都可以看得一清二楚。而像家乐福这样一个投资几千万的店，当然不会是拍脑袋想出的店址，其背后精密和复杂的计算，常令业外的人士大吃一惊。根据经典的零售学理论，一个大卖场的选址需要考虑以下几个方面因素并需经过详细的测算。

（1）商圈内的人口消费能力

① 测定商圈所覆盖的范围。中国目前并没有现成的资料可以利用，所以店家不得不借助市场调研公司的力量来收集这方面的数据。有一种做法是从某个原点出发，测算5分钟步行范围、10分钟步行范围、15分钟步行范围。根据中国的本地特色，还需要测算以自行车出发的，小片、中片和大片半径范围，最后是以车行速度来测算小片、中片和大片各覆盖了什么区域。如果有自然的分隔线，如一条铁路线，或是另一个街区有一个竞争对手，商圈的覆盖就需要依据这种边界进行调整。

② 分析商圈内人口的规模及其特征。在分析完商圈所覆盖的范围后，接着需要对这些区域进行进一步的细化，计算这片区域内各个居住小区的详尽的人口规模并进行特征的调查，计算不同区域内人口的数量、密度、年龄分布、文化水平、职业分布、人均可支配收入等许多指标。家乐福的做法还会更细致一些，根据这些小区的远近程度和居民可支配收入，再划出重要销售区域和普通销售区域。

（2）所选区域内的城市交通和商圈内的竞争情况

① 考虑商圈内的交通状况。交通状况对于一个大型的卖场来说是很重要的，如果一个未来的店址周围有许多的公交车，或是道路宽敞、交通方便，那么销售辐射的半径就可以大为放大。上海的大卖场都非常聪明，例如家乐福古北店周围的公交线路不多，家乐福就干脆自己租用公交车定点在一些固定的小区间穿行，方便这些离得较远的小区居民上门一次性购齐一周的生活用品。

② 对商圈内竞争对手的分析。因为未来潜在销售区域会受到很多竞争对手的挤压，所以家乐福也会将未来所有的竞争对手计算进去。传统的商圈分析中，需要计算所有竞争对手的销售情况、产品线组成和单位面积销售额等数据，然后将这些估计的数字从总的区域潜力中减去，未来的销售潜力就产生了。但是这样做并没有考虑到不同对手的竞争实力，所以有些商店在开业前索性把其他商店的情况摸个透彻，以打分的方法发现他们的不足之处，比如环境是否清洁、哪类产品的价格比较高、生鲜产品的新鲜程度如何等，然后依据这种精确调研结果进行具有杀伤力的打击。

（3）顾客群体的构成

① 对顾客群体的构成进行统计分析。任何一个商圈的调查不会随着一个门店的开始营业而结束，而是随着门店的开业继续对顾客群体进行统计分析。家乐福在这方面特别重视，家乐福自己的一份资料指出，顾客中有60%在34岁以下，70%是女性，然后有28%的人步行，45%的人乘坐公共汽车而来。

② 大卖场依据目标顾客的信息来调整自己的商品线。家乐福在上海的每家店都有小小的不同，这一点最能体现家乐福的用心。例如在虹桥门店，因为周围的高收入群体和外国侨民比较多，其中外国侨民占到了家乐福消费群体的40%，所以虹桥店里的外国商品特别多，如各类葡萄酒、各类肉肠、奶酪和橄榄油等，而这都是家乐福为了这些特殊的消费群体特意从国外进口的；又如南方商场的家乐福因为周围的居住小区比较分散，干脆开了一个迷你Shopping mall，在商场里开了电影院和麦当劳，增加自己吸引较远处人群的力度；而青岛的家乐福做得更到位，因为有15%的顾客是韩国人，干脆就做了许多韩文招牌。

3. 经营管理

（1）以商品的高流转率进行商品的选择

① 家乐福在进行商品的选择时，重点考虑了商品的高流转率与大批量采购的关系。很多人认为大批量采购压低成本是大卖场排挤其他小超市的至胜法宝，但这其实是一个误区，批量大则采购成本低只是“果”而非“因”。商品的高流通性才是大卖场真正的法宝。相对而言，大卖场的净利率非常低，一般来说只有 2%～4%，但是大卖场获利不是靠毛利高而是靠周转快。大批量采购只是所有商场商品高速流转的集中体现而已。而体现高流转率的具体支撑手段，就是实行品类管理，优化商品结构。这种作法得益于沃尔玛与宝洁的一次合作引发的启示，品类管理的效果使销售额上升 32.5%，库存下降 46%，周转速度提高 11%。

② 高流转性是家乐福对商品的首选要求。家乐福选择商品的第一项要求就是要有高流转性。比如，如果一个商品上了货架走得不好，家乐福就会把它 30 厘米的货架展示缩小到20 厘米。如果销售数字还是上不去，陈列空间再缩小 10 厘米。如果没有任何起色，那么宝贵的货架就会让出来给其他的商品。家乐福这些方面的管理工作全部由电脑来完成，将 POS机实时收集上来的数据进行统一的汇总和分析，对每一个产品的实际销售情况、单位销售量和毛利率进行严密的监控。这样做，使得家乐福的商品结构得到充分的优化，完全面向顾客的需求，减少了很多资金的搁置和占用。

（2）具体的营运管理

涉及家乐福具体的营运管理，可以用“Retail Is Detail”这句简洁无比的英语来解释。以生鲜食品为例，流动的每一个过程点都要加一个控制点，从农田里采摘上来，放在车上，放在冷库里，放到商场货架上，全都要加以整理剔除和品质控制。生鲜食品放在货架上被第一批顾客采购了以后，还要进一步地整理。所有这一切，都需要对一些细节进行特别关注。家乐福在这方面有一套非常复杂的程序和规则。例如食品进油锅的时候油温是多少度，切开后肉类保鲜的温度是多少度，多长时间必须要进行一次货架清理，商品贴标签和商品新鲜度的管理，全都有详详细细的规定，用制度以确保自己“新鲜和质量”的卖点不会走样变形。为了使制度能够被不折不扣地执行，员工的培训也完全是从顾客的角度出发，让他们把自己当成消费者，当作为消费者的他们看到乱成一团的蔬菜，自己也不愿意买时，便对管理制度有了深刻的理解。

虽然家乐福的事业是从“一个空降兵”开始发展起来的，但现在已经变成了 15 个城市里的 27 个商场，转眼间家乐福的旗帜已插上了中国各个消费中心城市的制高点。沃尔玛经典的“以速度抢占市场”的哲学被家乐福占了先机。

案例思考题

1．影响配送中心或大型卖场业绩的各种因素中，其影响程度和权重应该怎样确定？

2．你认为零售商业企业应如何收集顾客群体的相关资料？如何能在最短的时间里形成系统化的、有实际价值的信息？

3．根据你所学的知识，应如何计算商品流转率？怎样评价流转率高低对企业绩效的影响？物流在其中的作用是什么？

4．怎样平衡流转率与批量采购之间的矛盾？

5．你能否总结出家乐福在我国许多城市经营成功的最根本原因？

Chapter 4

第 4 章 物料搬运系统

引导案例 高尾金属与业界瞩目的自动化搬运系统

高尾金属工业株式会社是一家依托生产本田汽车零部件而发展起来的企业。该公司的经营独具特色，他们设计、制造的冲压模件，从冲压加工到焊接组配、喷漆“一条龙”作业。技术实力雄厚，自动化程度高。其中，多点焊接机和冲压加工搬运机械已走向市场销售。该公司在国外拥有 7 个工厂、一个营业所，主要面向欧洲、美国和亚洲开展国际业务。

该公司 2002 年 11 月在滋贺县土山町总厂新建了一栋厂房（用作冲压车间），为了新厂房与原来的焊接车间冲压件的搬运，引进了一套自动化立体仓库和电动台车组成的自动化搬运系统。该系统由丰田自动纺织机械株式会社、丰田 L&F 公司设计制造，冲压件离开生产线后通过自动化搬运系统送至焊接车间。此系统堪称业界首例，备受关注。

第一节 物料搬运和物料搬运系统

虽然装卸、搬运是随着运输和仓储保管而产生的作业，但却是衔接供应链各环节其他活动的重要组成部分，是实现物流机械化、自动化及智能化的重点之一。

一、物料搬运概述

1. 物流装卸搬运的内涵

在同一地域范围内（通常指在一个物流结点内，如仓库、车站或码头等）改变物料的存放状态和空间位置的活动称为装卸搬运。装卸是指以垂直位移为主的实物运动形式；搬运是指以水平位移为主的实物运动形式。装卸与搬运密不可分，习惯上，在物流领域（如铁路、公路运输）常将装卸搬运这一整体活动称作“货物装卸”；而在生产领域（如制造企业）则将这一整体活动称作“物料搬运”。此外，在强调物品存放状态改变时常用“装卸”一词，强调物品空间改变时常用“搬运”一词。

由于物料搬运是衔接生产领域各个生产环节的桥梁，起着保证生产连续、正常地进行的作用，因此物料搬运系统的合理与否，直接影响企业的生产效率和经济效益。但物料搬运只是增加成本而不增加价值，从最佳经济原则考虑，搬运工作量越少越好。

2．物料搬运的20条原则

国际物料管理协会下属的物料搬运研究所浓缩数十年物料搬运专家的经验，总结出了物料搬运的20条原则。

（1）规划原则。以获得系统整体最大工作效益为目标，规划所有的物料搬运和物料储存工作。

（2）系统化原则。尽可能广泛地把各种搬运活动当作一个整体，使之组成相互协调的搬运系统。其范围包括供货厂商、收货、储存、生产、检验、包装、成品储存、发货、运输和消费用户等。

（3）物流顺畅原则。在确定生产顺序与设备平面布置时，应力求物流系统的最优化。

（4）精简原则。减少、取消或合并不必要的运动与设备，以简化搬运工作。

（5）利用重力原则。在可能的条件下，尽量利用重力搬运物料，但应注意防止磕碰。

（6）充分利用空间原则。最大可能地充分利用建筑物的整个空间。

（7）集装单元化原则。尽可能地采用标准的容器与装载工具来集装物料搬运，以利搬运过程的标准化、集装化。

（8）机械化原则。合理采用搬运机械设备和提高搬运机械化程度。

（9）自动化原则。在生产、搬运和储存过程采用合理的自动化作业。

（10）最少设备原则。考虑被搬运物料的各个方面的特点，包括物料的运动方式和采用的搬运方法，选择最少设备。

（11）标准化原则。使搬运方法、搬运设备和搬运器具的类型、尺寸标准化。

（12）灵活性原则。在专用设备并非必要的情况下，所采用的搬运方法和搬运设备应能适应各种不同的搬运任务和实际应用的要求。

（13）减轻自重原则。降低移动式设备的自重与载荷的比例。

（14）充分利用原则。力求使人员与搬运设备得到充分利用。

（15）维修保养原则。为全部搬运设备制定保养和维修计划。

（16）摒弃落后原则。当出现可提高效率的方法和设备时，合理更新陈旧设备与过时的方法。

（17）控制原则。利用物料搬运工作改进生产、库存和接订单发货等工作的控制管理。

（18）生产能力原则。利用搬运设备促使系统达到所要求的生产能力。

（19）搬运作业效能原则。以每搬运一件单元货物所耗成本的指标考核搬运作业的效能。

（20）安全原则。为保证搬运的安全，提供合适的方法和设备。

3．物料搬运在物流中的作用

物品由生产到消费的流动过程中，物料搬运是必不可少的一个环节，它是随运输和保管等活动而产生的必要活动。无论在生产领域还是在流通领域，物料搬运都是影响物流速度和物流费用的重要因素。在一般制造工厂中，物料搬运作业约占用1/4的总人力，1/2的总空间，3/4的总生产工时，以及1/6～5/6的产品制造总成本。例如，在美国全部生产过程中只有5%的时间用于加工制造，95%的时间则用于物料搬运、储存等物流过程。在员工搬运一件物品的过程中，可能没有增加产品的价值，但却增加了产品的制造成本。因此，物料搬运的改善是降低成本的首要任务。它在物流中的作用表现在以下几方面。

（1）物料搬运活动是衔接物流活动各环节的桥梁与纽带。通过装卸搬运活动将物流的各个阶段连接起来，使之成为连续的流动过程。在生产过程中，物料搬运成为各生产工序间联接的纽带，使企业的生产物流成为从原材料、设备等装卸搬运开始，以产品装卸搬运为止的连续作业过程。在运输过程中，各种不同运输方式之所以能联合运输，也正是依赖于装卸搬运作业才得以完成。在流通领域中，物料搬运像影子一样伴随着流通活动的始终。

（2）合理进行物料搬运是提高物流速度的关键。物料搬运的基本功能是改变物品的存放状态和空间位置。无论是在生产领域还是在流通领域，物料搬运都是影响物流速度的重要因素。据调查，我国机械工业企业生产 1 吨的产品，需经过 252 吨次的装卸搬运。在火车货运方面，以 500 千米为分界点，运距超过 500 千米，运输在途时间多于起止的装卸时间；运距低于 500 千米，装卸时间则超出实际运输时间。事实证明，通过加强对物料搬运的组织设计和操作管理，提高效率，减少无效装卸搬运次数，杜绝各种不合理装卸搬运活动的出现，对缩短整个物流活动时间，提高物流速度起着关键性的作用。

（3）合理进行物料搬运能降低物流费用支出。物料搬运活动是增加物流成本的活动。尤其对传统的物料搬运活动而言，反复多次的装卸搬运活动，不仅延长了物流时间，且需投入大量的活劳动和物化劳动，这些劳动不但不能给物流对象带来附加价值，还会增加物流成本。在现代物流中，虽然物料搬运作业环境得到改善，装卸的机械化水平得到大幅度提高，但装卸搬运费用在物流的成本中所占比例仍比较大。因此，物料搬运活动的合理化对于提高装卸效率，降低物流费用至关重要。

（4）合理进行物料搬运可减少货物的损失。在物流过程中，货物的损失主要发生在物料搬运这一环节。在进行物料搬运时往往需要接触到货物，若不小心，或野蛮装卸，就会造成货物的破损、散失、损耗或混料等损失。搬运次数越多，货物的损失也就越大。因此，应选择合理的搬运方式，采用规范的操作方法，将装卸次数减至最少，以最大限度地减少货物在物流过程中的损耗。

二、物料搬运系统

1. 物料搬运系统的概念

物料搬运系统是指将一系列的相关设备和装置，用于一个过程或逻辑动作，协调、合理地将物料进行移动、储存或控制。物料搬运系统中设备、容器性质取决于物料的特性和流动的种类。

每一系统都是经过专门设计的，服务于特定物流系统环境和特定的物料。当前对物料搬运系统的设计的要求是：合理、高效、柔性和能够快速换装，以适应现代制造业生产周期短、产品变化快的特点。

2. 物料搬运系统的设计原则

为提高搬运系统的可行性和经济效益，搬运系统设计要遵循以下几项原则。

（1）充分发挥设备效益的原则。一方面在设计搬运方案时尽可能多地运用设备，少用人工，尽量减少劳动强度；另一方面要充分利用设备，不要让设备闲置浪费。

（2）消除无效搬运原则。在实现同样作业需求的前提下，应采用工序数最少的方案。包括：直线搬运、工艺不能中断、工艺流程中各环节要相互协调等。

（3）充分利用物料特性原则。物料种类不同，所使用的搬运方法也不同。在方案设计时应分清物料种类，确定合理的搬运工艺流程。尽可能做到集装单元化和省力化。

（4）提高搬运活性原则。物料活性的大小反映了物料存放的合理性的程度。活性指数越大，物料的机动性就越高，搬运越容易。

（5）绿色环保原则。在设计搬运系统时，要有相应的环境保护设施、设备和方法。消除装卸搬运过程中容易引起的环境污染，包括：尘污染、油污染、噪声污染和毒性污染等。

第二节 常用装卸搬运设备

装卸搬运所处理的货物来源广泛、种类繁多、外形和特点各不相同，如箱装货物、袋装货物、桶装货物、散货、易燃易爆及剧毒品等。为了适应各类货物的装卸搬运和满足装卸搬运过程中各个不同环节的不同要求，各种装卸搬运设备应运而生。装卸搬运设备是进行搬运作业的物质基础，它的技术水平是搬运作业现代化的重要标志之一。物料搬运输送设备是物流中心和生产物流系统的重要装备，在生产与作业场地，物料搬运设备起着人与工位、工位与工位、加工与存储、加工与装配之间的衔接作用，具有物料的暂存和缓冲功能。通过对搬运设备的合理运用，可使各工序之间的衔接更加紧密，生产效率更高。

装卸搬运设备的机型和种类繁多，这里仅介绍常用的搬运设备和输送设备。

一、搬运设备

1. 手推车

手推车是一种以人力驱动为主，在路面上水平运输货物的小型搬运车辆的总称。其搬运作业距离一般不大于 25 米，承载能力一般在 500 千克以下。其特点是轻巧灵活、易操作、转弯半径小，是短距离输送较小、较轻物品的一种方便而经济的运输工具。

由于输送货物的种类、性质、重量、形状、道路条件等的不同，手推车的构造形式是多种多样的。如图 4-1 所示。

图 4-1 常用手推车

手推车的选择首先应考虑货物的形状及性质。当搬运多品种的货物时，应考虑采用具有通用性的手推车，对单一品种的货物，则应选用专用性的手推车，以提高搬运效率。

2. 叉式搬运车

叉式搬运车又称叉车，是在仓库和货场装卸、搬运、堆码作业中被广泛使用的一种搬运车辆。它具有适用性强、机动灵活、效率高等优点。它不仅可以将货物叉起进行水平运输，还可以叉取货物进行垂直堆码。叉车的种类很多，可以从不同角度分类。如果按构造的不同，可分为正面式、侧面式和转叉式叉车；如果按所用动力不同，则可分为内燃式、蓄电池式和无动力叉车。

（1）正面式叉车

正面式叉车的特点是货叉朝向叉车正前方。正面式叉车根据结构的不同可分为 6 种：手推式叉车、平衡重式叉车、插腿式叉车、前移式叉车、全向行走式叉车和集装箱叉车。

① 手推式叉车是利用人力推拉的简易插腿式叉车。如图 4-2 所示，其形式有手摇机械式、手动液压式和电动液压式 3 种。用于仓库内效率要求不高，有一定堆垛作业，装卸高度不大且单向搬运距离在 100 米以内的场合。其起重能力为 50～1000 千克，起升高度为 1000～3000 毫米，货叉最低离地高度≤100 毫米。

(a)手摇机械式　(b)手动液压式　(c)电动液压式

图 4-2 手推式叉车

② 平衡重式叉车是使用最为广泛的叉车。这种叉车的货叉在前轮中心线以外。为了克服货物产生的倾覆力矩，在叉车的尾部装有平衡重。如图 4-3 所示。车轮采用的是充气轮胎或实心轮胎，运行速度比较快，而且有较好的爬坡能力。取货时和卸货时门架前倾，前倾角度一般为 30 度，便于货叉插入和抽出，取货后门架后倾，后倾角度一般在 6～12 度之间，以便在行驶中保持货物的稳定。这种叉车可根据作业对象和作业方式的不同在叉车的叉架上增设叉车属具，实现“无托盘”搬运需要。

平衡重式叉车可以是内燃式（图 4-3(a)），也可以是蓄电池式（图 4-3(b)）。内燃式叉车因噪声大和产生有害气体，多用于露天货场作业。蓄电池式叉车适合于室内或环境条件要求较高的场所。

(a)平衡重式内燃叉车　(b)平衡重式蓄电池叉车

图 4-3　平衡重式叉车

③ 插腿式叉车的结构非常紧凑，货叉在两个支腿之间，因此无论在取货或卸货，还是在运行过程中，都不会失去平衡。如图 4-4 所示。由于结构紧凑，叉车尺寸小，转弯半径也小，适于库内作业。这种叉车一般采用蓄电池为动力，不会污染环境。由于叉车在叉取货物时，支腿和货叉都必须插入货物底部，因此要求货物底部一般要高出地面 200 毫米左右。

④ 前移式叉车的结构与插腿式叉车类似，都是货物的重心落到车辆的支撑平面内，因此稳定性好。如图 4-5 所示。适合于车间、仓库内作业。前移式叉车的门架或者货叉架可以前后移动，前移式叉车有两条前伸的支腿，支腿较高，支腿前端有两个轮子，支腿的作用是确保叉车在负载时的稳定性。与插腿式叉车比较，前轮较大，支腿较高，作业时支腿不能插入货物的底部，而门架可以带着整个起升机构沿着支腿内侧的轨道移动，这样叉取货物后稍微起升一个高度即可缩回，保证叉车运行时的稳定性。

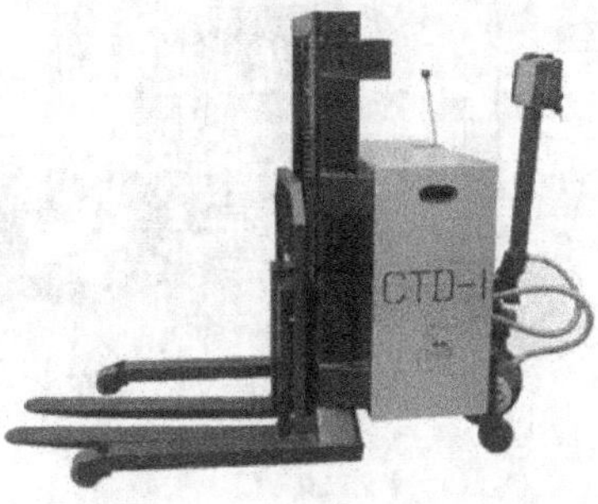

图 4-4　插腿式插车

图 4-5　前移式叉车

⑤ 全向行走叉车是在前移式叉车的基础上改造而成，专门用于长、大件货物作业的叉车。如图 4-6 所示。不同之处在于它的 4 个车轮均能在 90 度范围内转动任意角度，这样叉车既可向前、向后行驶，也可向左、向右行驶，能在原地对运行方向进行调整。因此，叉车工作时所需的货架通道宽度很小。

⑥ 集装箱叉车是一种在集装箱码头和堆场上常用的搬运、装卸集装箱的专用叉车。如图 4-7 所示。既可用门架顶部吊具起吊搬运集装箱，也可用货叉插入集装箱底部叉槽举升搬运集装箱。主要用于堆码空集装箱等辅助性作业，也可在集装箱吞吐量不大（低于 3 万标准箱/年）的综合性码头和堆场进行集装箱装卸，或短距离搬运。

图 4-6　全向行走插车

图 4-7 集装箱插车

（2）侧面式叉车

侧面式叉车的货叉装在车身的侧面，是平板运输车和前移式叉车的结合。如图 4-8 所示。

门架可以伸出取货，然后缩回车体内将货物放在平台上即可行走，适于装卸运输钢管、型材、木材、电线杆、水泥管等细长货物。

（3）转叉式叉车

转叉式叉车是专门用于仓库的无轨堆垛机的一种。其货叉有一个回转机构和一个侧移机构。如图 4-9 所示。两个机构协调动作，货叉可以面向货架通道任意一侧的货架，并伸到货架格中完成存取作业，而不需要对叉车的位置作任何调整。因此所需要的货架通道最小。当货架高度较大时，需要配备自动选层装置在高度方向辅助定位。这种叉车在货架通道内行驶时，需要导轨导向或用感应线自动导向，以避免与货架相碰。

图 4-8　侧面式叉车

图 4-9　转叉式叉车

二、输送设备

输送设备是在一定的线路上连续不断地沿同一方向输送物料的物料搬运设备，装卸过程中无须停车，因此生产率很高。皮带类型的输送机械常称为传送带，其他类型则称为连续输送机。输送机械主要完成物料的水平搬运，兼有一定垂直搬运功能，工作对象以小型件及散状物品居多。输送机械输送能力大，运距长，结构简单。此外，还可在输送过程中同时完成若干工艺操作，所以应用十分广泛。输送机械可进行水平、倾斜和垂直输送，也可组成空间输送线路，输送线路一般是固定的。

连续输送设备可以根据其装载的物料类型（散装或单元化）进行分类，也可以根据其所处的位置或其最大载重量进行分类。常见的类型有斜槽输送机、带式输送机、轮式输送机和辊子输送机等。

1．单元物料输送设备

（1）辊道式输送机

这是结构比较简单，使用最广泛的一种输送机械，它由一系列以一定的间距排列的辊子组成，用于输送成件货物或托盘货物。如图 4-10 所示，图 4-10(a)为直道辊道式输送机，图 4-10(b)为具有弯道的辊道式输送机。

为保证货物在辊子上移动时的稳定性，支承面至少应该接触 4 个辊子，即辊子间距应小于货物支承面长度的 1/4。

（2）链式输送机

链式输送机是利用链条牵引、承载，或由链条上安装的板条、金属网、辊道等承载物料的输送机。根据链条上安装的承载面的不同，可分：链条式、链板式、链网式、板条式、链斗式、托盘式、台车式，此外，也常与其他输送机、升降装置等组成各种功能的生产线。如图 4-11 所示。

(a)直道辊道式输送机　　(b)具有弯道的辊道式输送机

图 4-10　辊道式输送机

（3）悬挂式输送机

悬挂式输送机是一种空间封闭的运输系统，适用于工厂车间、仓库内部成件物品或货物及集装单元物料的空中输送。由于悬挂式输送机系统的空间布置对地面设备和作业操作影响甚小，同时输送机本身就是一个“活动仓库”，所以有可能取消各工序间的储存场地，从而提高生产作业面积或仓储面积的经济性。

悬挂式输送机系统由牵引链、滑架、承载小车、架空轨道，回转装置、驱动装置、拉紧装置、安全装置和悬挂装置等构成。如图 4-12 所示。

图 4-11　链式输送机

图 4-12　悬挂式输送机

2．散碎物料输送设备

散碎物料输送设备主要有皮带式输送机、斗式提升机、气力输送机和螺旋输送机等，该类设备主要应用于散碎物料的连续、均衡输送作业，一般适用于工厂生产线、港口码头等场所。

（1）皮带式输送机

皮带式输送机是水平输送机中较经济的输送机械之一，也可用于有坡度的输送。如图 4-13 所示。皮带由滚筒或金属滑板来支撑。皮带输送机的滚筒、骨架及驱动单元有多种组合方式，由输送的物品及系统的应用需求来决定采用何种组合方式。皮带的断面也会影响到输送机端部滚筒及驱动方式的设计，如较厚的皮带及较重的材料需要较大的皮带轮直径。

（2）斗式提升机

斗式提升机是在两根重型滚轮链条之间安装 V 形料斗，依靠重力卸料，故也叫“V 形料斗输送提升机”。如图 4-14 所示。它可以在垂直或者接近垂直的位置输送物料。斗式输送机设计简便，仅用一台电动机及一套传动装置就能同时满足水平和垂直驱动的需要，用同一台设备就能完成物料的提升和输送任务，无须再加转运设备。斗式输送机缓慢地输送及卸料可防止物料的破碎，物料封闭在标准的钢制机壳中，限制了粉尘飞出。

图 4-13　皮带式输送机

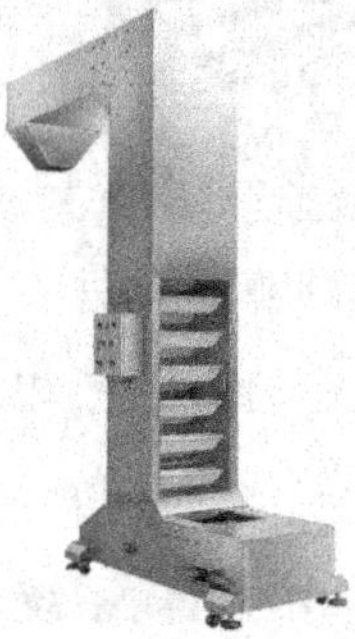

图 4-14　斗式提升机

（3）气力输送机

气力输送机是由具有一定速度和压力的空气带动粉粒状物料或比重较小的物料在管道内流动，实现在水平和垂直方向上的输送。如图 4-15 所示。它结构简单，能保护周围环境免受粉尘污染，广泛应用于装卸粮食和水泥等物料。

在大多数气力输送机中物料颗粒呈悬浮状态。这种悬浮式系统有 3 类，第一类是吸送式，第二类是压送式，第三类是混合式。

图 4-15　气力输送机

悬浮空气输送是依靠空气的动能来实现物料输送的。为此，气流必须要有较高的速度，不仅能量消耗大，而且管路容易磨损。近年来，料栓式气力输送技术发展很快，物料在管道内不再呈悬浮状，而是形成一段一段的料栓，每一段料栓的前后都有一段压缩空气。物料不再靠空气的速度卷起，而是靠料栓前后空气的静压差向前推进。显然，这种气力输送机耗气量少，功率小，物料输送平稳，磨损破碎少，具有很大的优越性。

三、自动导向车系统

1. 自动导向车

自动导向车 AGV（Automated Guided Vehicle）是一种自动化物料搬运设备，该设备有电磁或光学等自动导引装置，能够沿规定的导引路径行驶，具有安全保护以及各种移载功能。AGV 由车体、蓄电和充电装置、驱动装置、导向装置、车上控制器、通信装置、安全保护装置、移载装置和信息传输与处理装置构成。如图 4-16 所示。广泛应用于汽车制造业、烟草行业、工程机械行业、机场等场所的物资搬运。AGV 同时也广泛应用于柔性生

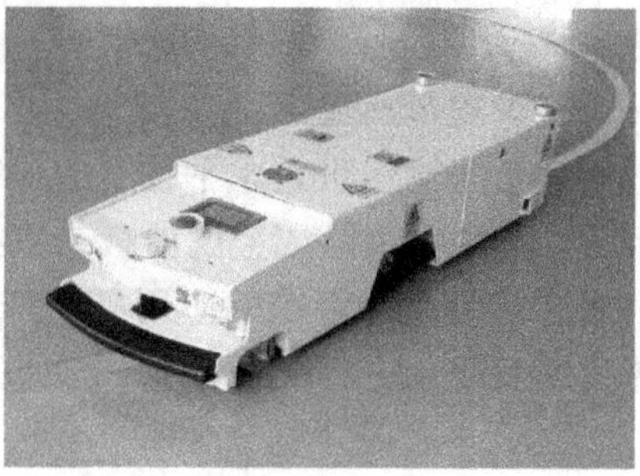

图 4-16　自动导向车

产系统（FMS）、柔性搬运系统和自动化仓库中。AGV 是现代物流系统的关键设备，对于提高生产自动化程度和生产效率有着重要意义。

2．自动导向车系统的构成

自动导向车系统（简称 AGVS）是无人控制的自动化系统，主要由自动导向车、工作站设定器、地面地址器、控制系统、计算机管理系统、停车站、充电站和周边设备等基本单元组成，如图 4-17 所示。

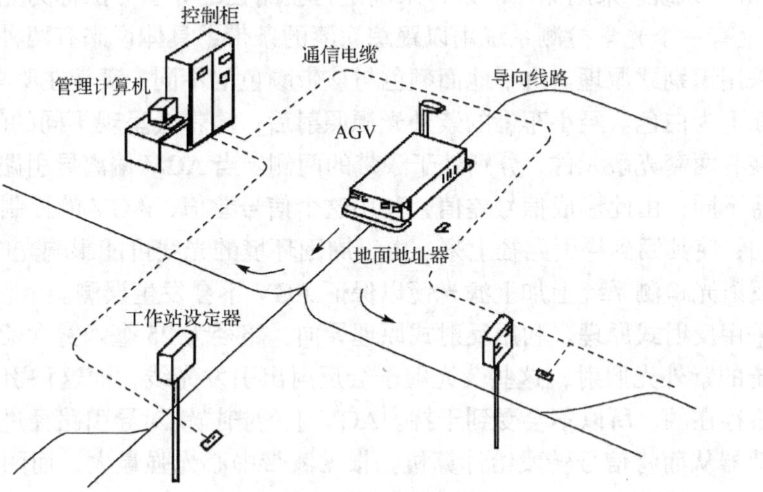

图 4-17　AGV 系统构成

3．AGVS 的功能优势

（1）可以十分方便地与其他物流系统实现对接，完成物流及信息流的自动联接。如从立体仓库到生产线的联接、立体仓库到立体仓库的联接，均可以通过无线通信完成信息的自动传递，通过 AGV 系统实现自动化物流。

（2）由于采用埋设于地下的通信电缆或采用激光制导技术，能够保持地面的平整和不受损坏。在许多需要其他交通、运输工具交叉运行的场合（如生产线等），应用十分广泛。

（3）对于减少货物在运输过程中的损坏，降低工人的劳动强度等均具有积极意义。

（4）具有较高的可靠性，能耗较低。

4．AGVS 的导向方式

根据导向原理的不同，自动导向车的导向方式可以分为外导式和自导式 2 种。

（1）外导式导向系统

外导式导向系统是在车辆的运行线路上设置导向信息媒体，如导线、磁带、色带等，由车上的导向传感器捡拾接收导向信息（如频率、磁场强度、光强度等），再将此信息经实时处理后用以控制车辆沿运行线路正确地运行。应用最多的是电磁导向和光学导向方式。

① 电磁导向系统。如图 4-18 所示。利用电磁感应的原理，在沿运行线路的地面上设置一条宽约 5 毫米、深约 15 毫米的地沟，在地沟中铺设导线，另加有 2～35 千赫兹的交变电，以形成沿导线扩展的交变电磁场，车辆上的捡拾传感器接收此信号，并根据信号场的强度判断使车辆沿埋线跟踪导向的正确方向运行。

电磁导向有单频制导向和多频制导向两种方式。单频制导的方式是在整个线路上均提供单一频率振荡电磁信号，通过接通或断开各线路段的馈送电流来规定运行线路，引导车辆运行。这种导向方式要求有集中的控制站，并在各线路交叉和分支处装设传感标志（如磁铁等）及分支线段的通断接口。多频制导向方式是线路中每个环线或分支线都设置自己的线路频率，分别由不同频率的振荡器来馈电。而每台车辆按运行的需要设定其运行频率。只有当车上的设定频率与某一线段的频率一致时，车辆才能沿该线段导向前进。

② 光学导向系统。采用涂漆的条带来确定行驶路径的导引方法称为光学导向。如图 4-19 所示。AGV 上有一个光学检测系统用以跟踪涂漆的条带，具体说来有两种导引原理。

一种是采用识别式原理。由于地面颜色与该带颜色的不同，漆带在明亮的地面上为黑色；在黑暗的地面上为白色。经小车上的紫外光源照射后，漆带会呈现不同的颜色。AGV 上的光学检测器上装有两套光敏元件，分别处于漆带的两侧。当 AGV 偏离导引路径时，光敏元件检测到的亮度将不同，由此形成信号差值，利用这个信号差值，AGV 的控制系统就可以控制小车的运动方向，使其回到导引路径上来。由于周围环境的光线可能影响光电元件的检测效果，故常在此种反射光检测系统上加上滤光镜以保证 AGV 不会发生误测。

另一种采用反射式原理。利用反射式原理导向，路径为 25 毫米宽含荧光粒子的漆带，经车上检测系统的紫外光照射，这些荧光粒子会反射出引发光线，而这种引发光线的光谱在周围环境中是不存在的，所以不会受到干扰。AGV 上的扫描镜对导引路径进行扫描并把引发光反射到光传感器从而将信号转发给计算机。根据漆带中心光强最大，而两侧光强最小的原理很容易找出 AGV 偏离的方向，从而修正方向保证跟踪导引路径。

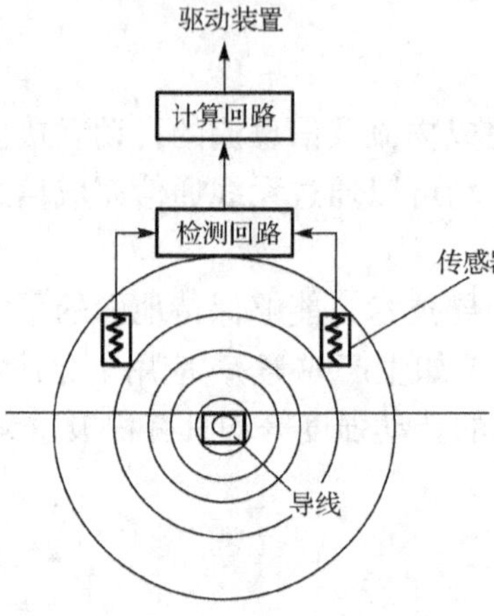

图 4-18　电磁导向系统工作原理

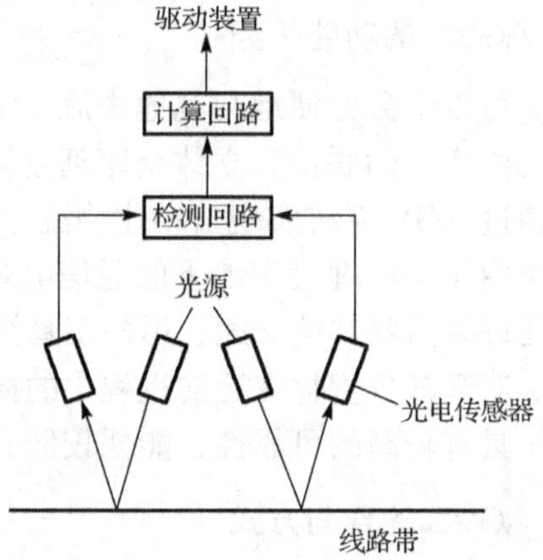

图 4-19　光学导向系统工作原理

（2）自导式导向系统

自导式导向系统一般是采用坐标定位原理，即在车上预先设定运行线路的坐标信息，并在车辆运行时，实时地检测出实际的车辆位置坐标（如用三固定点测位等），再将两者比较、判断后控制车辆导向运行。主要有以下几种方式。

① 行驶路径轨迹推算导向法导引。采用该导引方式的 AGV 的计算机中储存有距离表，通过与测距法所得的方位信息比较，AGV 就能推算出从某一参数点出发的移动方向。这种导引方式最大的优点是路径布局具有极好的柔性，只需改变软件即可更改路径；缺点是精度较低，主要原因是各种测距法所得到的方位信息精度不高。

② 惯性导航导引。采用该导引方式的 AGV 的导向系统中有一个陀螺仪，用以测量加速度。陀螺仪的坐标调整成平行于 AGV 的行驶方向，当小车偏离规定路径时，则会产生一个垂直于其运动方向的加速度，该加速度可立即被陀螺仪所测得。惯性导引系统的计算机对加速度进行二次积分处理可算得位置偏差从而纠正小车的行驶方向。由于该导引系统只是从陀螺仪的测试值推导出 AGV 的位置信息，因此容易产生偏差，需用另一套绝对导航系统定期进行重新校准。此导引方法价格昂贵，较难推广使用。

③ 环境映射法导引。该导引方式通过周期性地对周围环境进行光学或超声波映射，得到周围环境的当前映像（map），并将其与存储在存储器内的映像进行比较，以此来判断 AGV 自身方位。该方法的优点是具有极好的柔性，但映射传感器价格昂贵，精度不高。

④ 激光导航导引。目前流行的 AGV 导向装置是激光导向装置。其基本原理是通过安装在车身上的高速旋转的激光发射装置，检测安装在地面、墙体表面的反射板，利用 GPS 原理进行位置及方位的确定。从而调整自身状态，达到控制的目的。激光导引装置由于安装简单，定位精度高，调试方便等特性，逐渐成为主要的导引方式。

⑤ 其他方式导引。除了以上几种导引方式外，还有一种导引方式是在地面上用两种颜色的涂料涂成网格状，利用车载计算机存储的地面信息图，由摄像机或电荷耦合器件（简称 CCD 器件）探测网格信息，实现 AGV 的自律行走。

四、搬运设备的选用原则

物流搬运设备的选用，除根据需要外，还应因地制宜，结合作业场地，货物的种类、特性，货运量大小，运输车辆或船舶的类型，运输组织方法，货物储存方式，各设备在物流系统中的作用等，考虑重新设计、制造还是购置，并进行技术经济论证，以选择最优方案。其选用原则如下。

1. 符合货物的特性

货物的化学、物理性质以及外部形状和包装千差万别，如散堆装货物，其颗粒的大小不等；成件货物有的有包装（袋装、箱装、桶装等），有的无包装；有的易碎，有的不能倒置等。此外，货物的质量、体积和长度又各不相同。在选择搬运机械时，必须与货物特性相符，以确保作业的安全和货物的完整无损。

2. 适应物流量的需要

物流设备的生产能力决定于物流量的大小，应选择投资较少、生产能力适当的设备。

3. 各物流设备的相互协调性

选择物流设备时，必须充分考虑各设备的种类、结构和性能，将它们统一纳入物流系统，通盘考虑，合理配置，使设备与设备相互协调，力争达到物流合理化。

4. 物流设备的经济性和实用性

选择物流设备时，各设备应具有操作灵活，维修保养方便，有较长的使用寿命，使用费用低，消耗能源少，生产率高，辅助人员少等特性。

5. 应具有超前性

随着物流需求及物流技术的飞速发展，在选择设备时，应从长远考虑，不仅能满足当前的需要还能满足未来一段时间的变化，适应经济的发展，这也是减少投资、提高适应性的一个有效途径。

第三节　物料搬运系统规划与设计

一、物料搬运系统分析设计方程式

物料搬运系统分析的基本内容是物料、移动设备与容器、移动路径，这三项内容的组合也就构成了搬运方法。因此，物料搬运分析设计就是优化物料搬运方法，并考虑设施系统布置，形成经济实用的物料搬运方案。为正确地设计合理的物料搬运系统方案，物流规划设计者必须在进行搬运分析设计之前首先解决 6 个问题。这 6 个问题就是著名的 5W1H 法中的 6 大问题。如图 4-20 所示。

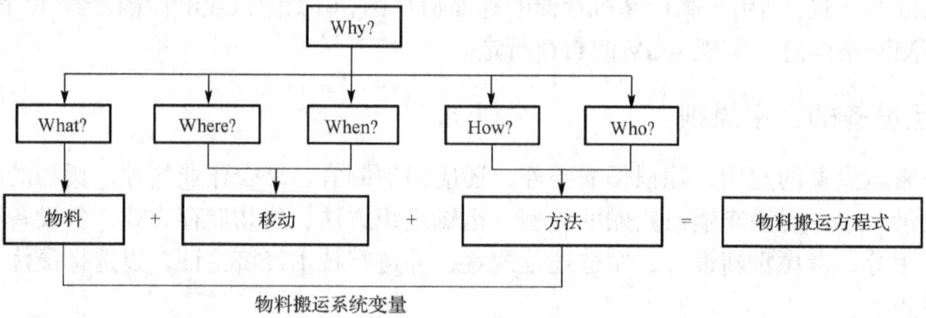

图 4-20　搬运系统分析设计方程式

（1）Why——为什么

为什么要搬运？为什么要这样搬运？为什么要按此流程搬运？为什么物料要存放在这里？为什么物料搬运要用这种容器/工具/设备？

（2）What——什么

要搬运的对象是什么？有何特征？搬运的物品有哪些种类？数量有多少？分析设计需要什么资料，资料如何取得？系统所规划的范围是什么？是否需要机械化/自动化搬运？需要什么设备？是否需要人工控制？有无意外情况？

（3）Where——哪里

物料搬运到哪里去？应该存放在哪些地方？哪个地方提供物料？什么地方存在搬运问题？什么地方应该使用搬运设备？什么地方的搬运操作可以消除、合并、简化？

（4）When——什么时候

什么时候需要搬运物料？什么时候需要自动化搬运？什么时候需要整理物料？什么时候要删减作业？什么时候要扩充系统容量？

（5）How——如何

物料如何搬运？如何分析物料搬运问题？如何取得主要人员的赞同？如何去学习更多的物料搬运知识？如何应对意外情况？

（6）Who——谁

谁来搬运物料？谁参与系统设计？谁来评价此系统？谁来安装系统？谁来审核系统？谁来提供系统的设备？

二、物料搬运系统分析流程

1. 物料搬运系统分析设计阶段划分

搬运方案的产生与形成可以分成四个阶段。

第Ⅰ阶段：外部衔接

这个阶段要厘清整个区域或所分析区域的全部物料进出搬运活动。在此之前，先要考虑所分析区域以外的物料搬运活动，就是把区域内具体的物料搬运问题同外界情况或外界条件联系起来考虑，这些外界情况有的是能控制的，有的是不能控制的。

第Ⅱ阶段：编制总体搬运方案

这个阶段要确定各主要区域之间的物料搬运方法。对物料搬运的基本路线系统、搬运设备的类型以及运输单元或容器做出总体决策。

第Ⅲ阶段：编制详细搬运方案

这个阶段要考虑每个主要区域内部各工作地点之间的物料搬运，要确定详细的物料搬运方法。例如，各工作地点之间具体采用哪种路线系统、设备和容器。如果说，第Ⅱ阶段是分析工厂内部各车间或各厂房之间的物料搬运问题，那么第Ⅲ阶段就是分析从一个具体工位到另一个工位或者从一台设备到另一台设备的物料搬运问题。

第Ⅳ阶段：方案的实施

任何方案都要通过实施、检验、优化、合格之后才算完成。这个阶段首先要进行必要的准备工作，订购设备，完成人员培训，制定并实现具体搬运设施的安装计划。然后，对所规划的搬运方法进行调试，验证操作规程，并对安装完毕的设施进行验收，确定设备设施能正常运转。

上述四个阶段是按时间顺序依次进行的。但是为取得最好的效果，各阶段在时间上应有所交叉重叠。总体方案和详细方案的编制是物流系统规划设计人员的主要任务。

2. 物料搬运系统分析设计要素

物料搬运系统分析（System Handling Analysis，SHA）是缪瑟提出的一种系统化、条理化、合乎逻辑顺序、对任何物料搬运项目都适用的方法。即：一种解决问题的方法；一系列依次进行的步骤；一整套关于记录、评定等级和图表化的图例符号。

在 SHA 中，是把产品 P（Product）、产量 Q（Quantity）、生产路线 R（Route）、辅助服务部门 S（Service）及生产时间安排 T（Time）作为布置设计工作的基本出发点来看待的。

（1）产品 P

产品 P 是指待布置工厂将生产的商品、原材料或者加工的零件和成品等。这些资料由生产纲领和产品设计方案提供，包括项目、品种类型、材料、产品特点等。产品这一要素影响着生产系统的组成及其各作业单位间的相互关系、生产设备的类型、物料搬运方式等。

（2）产量 Q

产量指所生产的产品的数量，也由生产纲领和产品设计方案决定，可以用件数、重量、体积等来表示。产量Q这一要素影响着生产系统的规模、设备的数量、运输量、建筑物面积大小等。

（3）生产路线R

为了完成产品的加工，必须制定加工工艺流程，形成生产路线，可以用工艺过程表（卡）、工艺过程图、设备表等表示。它影响着各作业单位之间的联系、物料搬运路线、仓库及堆放地的位置等。

（4）辅助服务部门S

在实施系统布置工作以前，必须就生产系统的组成情况有一个总体的规划，可以大体上分为生产车间、职能管理部门、辅助生产部门、生活服务部门及仓储部门等。生产车间是工厂布置的主体部分，因为它体现工厂的生产能力。但有时，辅助服务部门的占地总面积接近甚至大于生产车间所占面积，所以对辅助服务部门的布置设计应给予足够的重视。

（5）时间T

时间要素是指在什么时候、用多少时间生产出产品，包括各工序的操作时间、更换批量的次数。在工艺过程设计中，根据时间因素，确定生产所需各类设备的数量、占地面积的大小和操作人员数量，来平衡各工序的生产时间。

3．物料搬运系统分析设计流程

物料搬运包括物料、产品、元件或物品的移动、运输或重新安放。通常需要设备、容器和人员组成的搬运系统。图4-21是SHA的流程，包括以下10个步骤。

（1）物料分类。制定搬运方案过程中，首要的工作就是分析物料（产品或零件）。也就是物料的分类，即按物料的物理性能、数量、时间要求或特殊控制要求进行分类。

（2）布置。在对搬运活动进行分析或图表化之前，先要有一个布置方案，一切搬运方法都是在这个布置方案内进行的。

（3）各项移动分析。主要是确定每种物料在每条路线（起点到终点）上的物流量和移动特点。

（4）各项移动的图表化。把分析结果转化为直观的图形。通常用物流图或距离与物流量指示图来体现。

（5）物料搬运方法的知识和经验。在找出一个解决办法之前，需要先掌握物料搬运方法的知识，运用有关的知识来选择各种搬运方法。

（6）确定初步搬运方案。在这一步，要提出关于路线系统、设备和运输单元（或容器）的初步搬运方案，也就是把收集到的全部资料数据进行汇总，从而求得具体的搬运方法。实际上，往往要提出几个合理的、有可能实行的初步方案进行筛选比较。

（7）修改和限制。在考虑一切有关的修正因素和限制因素以后，对这些初步方案进一步调整。在这一步，要修正和调整每一个方案，把可能性变为现实性。

（8）各项需求的计算。对初步方案进行调整或修正是为了消除所有不能实现的设想。但是在选择最佳方案之前，还需要算出所需设备的台数或运输单元的数量，算出所需费用和操作次数。

（9）方案的评价。对几个比较方案进行评价。评价的目的是要从几个方案中选择一个最优方案。不过，在评价过程中，往往会把两个或几个方案结合起来从而形成一个新的优化方案。

（10）选定最佳方案。经过评价，从中选出一个最佳方案。

需要说明的是，搬运系统分析的模式对第二阶段（总体搬运方案）和第三阶段（详细搬运方案）都适用。这就是说，虽然两个阶段的工作深度不同，但分析步骤的模式却是一样的。

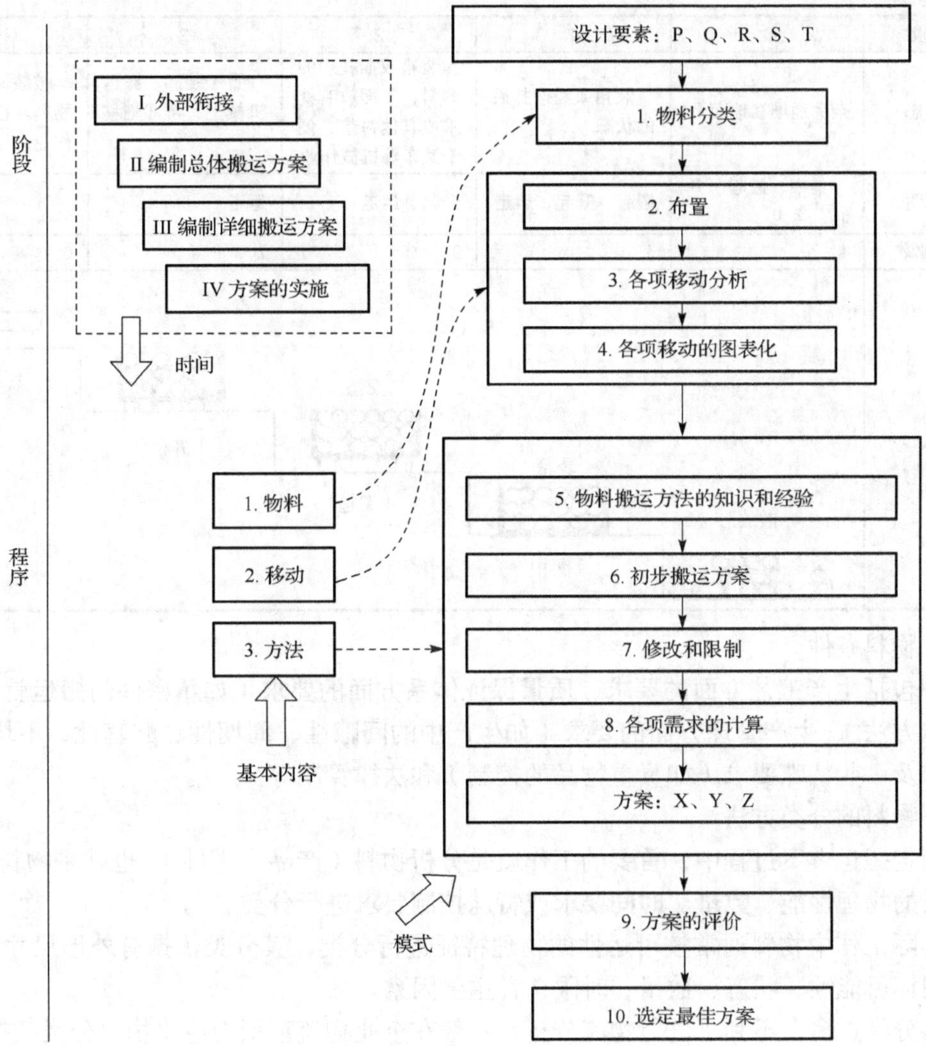

图 4-21　搬运系统分析设计流程

三、物料搬运系统分析与设计

1. 物料的分类

（1）物料装卸搬运的活性系数

搬运某种状态下的物料通常需要进行 4 项作业（集中、搬起、升起、运走）中的一个或多个，显然，搬运同一物料所用的作业数越少，物料搬运越容易，反之则越难。

物料装卸搬运的活性系数是指物料从静止状态转变为装卸搬运的运动状态的难易程度。如果很容易转变为下一步的装卸搬运而不需过多装卸搬运前的准备工作，则活性就高；反之则活性低。

活性系数确定的原则如表 4-1 所示。散放在地上的物料要运走，需要经过集中、搬起、升起和运走 4 次作业，所需的人工作业最多，活性水平最低，即活性系数定为 0。

表 4-1　物料搬运活性系数

活性指数	0	1	2	3	4
物料状态	杂乱地堆在地面上	装箱或经捆扎后的状态	装箱或捆扎后的物料，下面放有枕木或其他衬垫，便于叉车等机械作业	置于装卸、搬运机械上，可即刻移动	被装卸、搬动的物料，已经被直接作业
作业说明	集中、搬起、升起、运走	搬起、升起、运走	升起、运走	运走	
需要作业数	4	3	2	1	0
图示	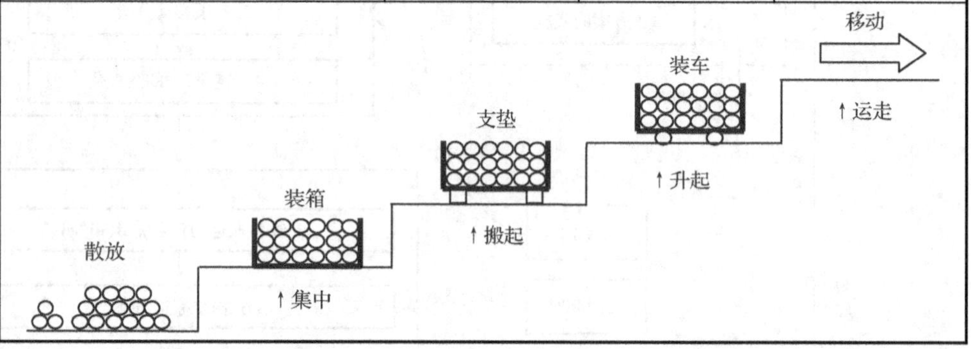				

（2）物料条件

其中包括生产工艺方面的要求，质量保证体系方面的要求（如精密件的搬运就可能采用一些特殊方法）、生产管理方面的要求（如生产中的间隙性、周期性、配套性、不均匀性）、环保要求及一些特殊要求（如贵重物品的控制）和法律管制等。

（3）物料的分类方法

在制定搬运方案过程中，首要的工作就是分析物料（产品或零件）。也就是物料的分类，即按物料的物理性能、数量、时间要求或特殊控制要求进行分类。

在实际工作中物料通常按可运性的物理特征进行分类，其分类依据有外形尺寸、重量、形状、损坏可能性、状态、数量、时限 7 种主要因素。

物料分类过多，不利于进行物流分析，一般在企业物流范围内应将物料分类数控制在 10 类左右，最多也不宜超过 15 类。

其归类方法主要是绘制 PQ 图，进行 ABC 分析。

① 绘制 PQ 图。其中 P 代表物料种类，Q 代表物流量（当量物流量）。根据每一种物料 P_i（i=1，2，…，n）和其对应点 Q_i，即可画出由直方图表示的 PQ 图。如图 4-22 所示。

② 对图 4-22 进行 ABC 分类。一般，A 类物料占总品种数的 5%～10%，物流量占 70%以上；B 类物料占总品种数的 20%左右，物流量占 20%左右；C 类物料占总品种数的 70%以上，其物流量仅占 5%～10%左右。当然，上述百分比不是绝对的。物流系统分析设计及管理的重点也按 ABC 分类进行，这样做可以抓住重点，有利于分析与设计的进行。必要时，可忽略 C 类物料。

2．物料系统布置

对物料鉴别并分类后，根据 SHA 的模式，下一步就是分析物料的移动。在对移动进行分析之前，首先应该对系统布置进行分析。布置决定了起点与终点之间的距离，这个移动的距离是选择任何一个搬运方案都必须考虑的主要因素。

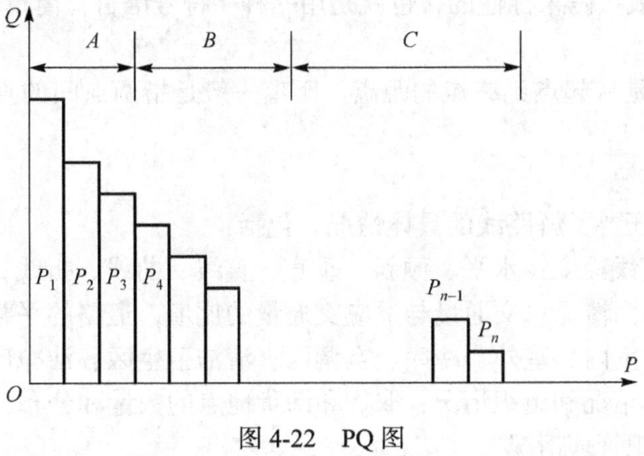

图 4-22 PQ 图

（1）布置对搬运的影响

根据现有的布置制订搬运方案时，距离是已经确定了的。但通常可以通过改变布置达到充分节省费用的目的。所以往往要同时对搬运和布置进行分析。当然，如果项目本身要求考虑新的布置，并作为改进搬运方法规划工作的一部分，那么规划人员就必须把两者结合起来考虑。

（2）对系统布置的分析

对物料搬运分析来说，需要从布置中了解的信息主要有 4 点。

① 每项移动的起点和终点（提取和放下的地点）具体位置在哪里。

② 哪些路线及这些路线上有哪些物料搬运方法，是在规划之前已经确定了的，或大体上做出了规定的。

③ 物料移动过程中所涉及的作业区或建筑物特点（包括地面负荷、厂房高度、柱子间距、屋架支承强度、室内还是室外、有无采暖、有无灰尘等）。

④ 物料移动过程中所涉及的作业区的布置情况（已确定的，或大体规划的）。

当进行某个区域的搬运分析时，应该先取得或先准备好这个区域的布置草图、蓝图或规划图，这是非常必要的。如果是分析一个厂区内若干建筑物之间的搬运活动，那就应该取得厂区布置图；如果分析一个加工车间或装配车间内两台机器之间的搬运活动，那就应该取得这两台机器所在区域的布置详图。

总之，最后确定搬运方案时，选择的方案必须是建立在物料搬运作业与具体布置相结合的基础之上的。

3. 各项移动分析

在分析各项移动时，需要掌握的资料包括：物料（产品物料类别）、路线（起点和终点，或搬运路径）和物流（搬运活动）。

（1）物料

SHA 要求在分析各项移动之前，首先需要对物料的类别进行分析。

（2）路线

SHA 用标注起点（即取货地点）和终点（即卸货地点）的方法来表明每条路线。起点和终点是用符号、字母或数码来标注的，也就是用一种“符号语言”简单明了地描述每条路线。

① 路线的距离

每条路线的长度是从起点到终点的距离。距离一般是指两点间的直线距离。距离的常用单位是：米、千米。

② 路线的具体情况

除移动距离外，还要了解路线的具体情况，包括：

A. 衔接程度和直线程度：水平、倾斜、垂直；直线、曲线、折线；

B. 拥挤程度和路面情况：交通量与适应交通量的比值；道路的平整度、宽度等。

C. 气候与环境：室内、室外、冷库、空调区；清洁卫生区、洁净房间、易爆区；

D. 起讫点的具体情况和组织情况：取货和卸货地点的数量和分布，起点和终点的具体布置，起点和终点的组织管理情况。

（3）物流

物料搬运系统中，每项移动都有其物流量，同时又存在某种影响该物流量的因素，即物流条件。

① 物流量

物流量是指在一定时间内在一条具体路线上移动（或被移动）的物料数量。

物流量的计量单位一般是每小时多少吨或每天多少吨，但是有时物流量的这些典型计量单位并没有真正的可比性。例如，一种空心的大件的货物，如果只用重量来表示，那还不能真正说明它的可运性，而且无法与重量相同但质地密实的物品相比较。在碰到这类问题时，就应该采用“玛格数”的概念来计算。

②物流条件（或搬运活动条件）

物流条件包括以下几点。

A. 数量条件。物料的组成，每次搬运的件数，批量大小，少量多批还是大量少批，搬运的频繁性（连续的、间歇的、偶尔的），每个时期的数量（季节性），及以上这些情况的规律性。

B. 管理条件。指控制各项搬运活动的规章制度或方针政策以及它们的稳定性。例如，为了控制质量要求把不同炉次的金属分开。

C. 时间条件。对搬运快慢或缓急程度的要求，搬运活动是否与有关人员、有关事项及有关的其他物料协调一致，是否稳定并有规律。

（4）各项移动分析方法

① 流程分析法

流程分析法是每次只观察一类产品或物料，并沿其整个生产过程收集资料，必要时要跟随从原料库到成品库的全过程。在这里，需要对每种或每类产品或物料都进行一次分析。表 4-2 为美国机械工程师协会（American Society of Mechanical Engineers，ASME）提出的操作符号的意义，表 4-3 为流程表的一般格式。

② 起讫点分析

起讫点分析不需要观察操作过程中的每一种状况，只是观察每一次搬运的起点和终点，或是以一个固定点为记录目标，对搬运状况进行分析。起讫点分析有如下两种不同方式。

表 4-2　ASME 物料操作标准符号

符号	名称	说明
○	操作	表示工艺过程中主要步骤，操作中要对物料作物理或化学变革
□	检查	表示对物料品质或数量的检查
⇨	运输	表示物料由一处移向另一处
D	停留	表示在事件顺序中的等待，如工序间的在制品积压
▽	储存	表示受控制的储存，如保持生产连续性的库存

表 4-3　物料流程表示例

序号	作业工序（说明）		数量	距离	时间	符号					备注
		单位	箱	米	分	○	⇨	D	□	▽	
1	从货车卸下，置于斜板上			1.2		●	⇨	D	□	▽	2 人
2	在斜板上滑下到储藏处			5	10	○	➔	D	□	▽	2 人
3	码垛			—		●	⇨	D	□	▽	2 人
4	等待启封			—	30	○	⇨	**D**	□	▽	
5	卸货垛			—		●	⇨	D	□	▽	2 人
6	置于手推车			1		●	⇨	D	□	▽	2 人
7	推向收货台			9	5	○	➔	D	□	▽	2 人

A. 路线图表法。每次分析一条流通路线，观察并收集每一移动的起讫点资料，即通过记录、分析在这条路线上各种物品的流通状况，编制搬运路线表。如表 4-4 所示。这一方法适用于路线数目不太多的情况。

表 4-4　搬运路线一览表

物料类别		路线状况			物流或搬运活动		等级依据
名称	类别代号	起点	路程	终点	物流量（单位时间的数量）	物流要求（数量、时间和管理要求）	
钢板	a	原料库(配有桥式起重机)	穿过露天场地到达	剪切机旁边，地方有限	平均每天 60 张	必须与剪切计划步调一致	
托盘货物	b	物料从托盘上起运(有些托盘在托盘架上)	生产厂房、电梯到三层楼。有雨雪、冬天开 4 个门	预焊接线，极其拥挤	平均每天 18 托盘	与每天的油漆进度密切联系	
小件	e	从料架或料箱中取出，放在存放区	夏天开 2 个门，生产厂房的底层交通拥挤	分布在小件所用的三个不同的料架上	平均每天 726 千克，平均每天 30 分钟	共计 120 种零件；有些 1 天，有些 2 天，有些 1 周	
空盒	J	堆放在地上，位置在原料库的东北角		“无装配”件集合点	每天 0～25 盒，平均每天 18 盒	每天一次即可	

B. 流入流出图表法。观察并收集流入流出某一区域的一切物料的有关资料，编制物料进出表。如表 4-5 所示。

4. 各项移动图表化

做了各项移动的分析，并取得了具体的区域布置图后，就要把这两部分综合起来，用图表来表示实际作业的情况。

物流图表化有几种不同的方法。

表 4-5 物料进出表

厂名：________ 项目：________

① → 制表人：________ 参加人：________

区域：________ 日期：________ 第____页 共____页

→ 运进					区域或操作	运出 →				
物料品种或类别	每单位时间数量			来自		物料品种或类别	每单位时间数量			去往
	单位	平均	最大				单位	平均	最大	
1										
2	←	②		→	③	←		④		→
3										
4										
5										
6										
7										
8										
9										
10										

物料进出表填表说明：

① 填写本表表头各项；

② 列出所有进来的物料，包括数量和起运点；

③ 说明该区域内对物料所进行的事宜；

④ 列出所有运出的物料，包括数量和运出的地点；

⑤ 把进一步解释以上数据的有关资料填写在备注栏内。

备注 ________________

⑤ → ________________

（1）物流流程简图

物流流程简图用简单的图表描述物流流程。如图 4-23 所示。但是它没有联系到布置，因此不能表达出每个工作区域的正确位置，它没有标明距离，所以不能选择搬运方法。这种类型的图只能在分析和解释中作为一种中间步骤。

（2）在布置图上绘制的物流图

在布置图上绘制的物流图是画在实际的布置图上的，图上标出了准确的位置，所以能够表明每条路线的距离、物流量和物流方向，可作为选择搬运方法的依据。如图 4-24 所示。

虽然流向线可按物料移动的实际路线来画，但一般仍画成直线。除非有特别的说明，距离总是按水平的直线距离计算。当采用直角距离、垂直距离（如楼层之间）或合成的当量距离时，分析人员应该有文字说明。

（3）坐标指示图

坐标指示图就是距离与物流量指示图。每一项搬运活动按其距离和物流量用一个具体的箭线在坐标图上标明。在坐标图上，箭线表示物流的方向，标明的数字分别表示物料的流量和距离，图上的横坐标、纵坐标对应的节点表示物料流进流出的地点。

制图时，可以绘制单独的搬运活动（即每条路线上的每类物料），也可绘制每条路线上各类物料的总的搬运活动，或者把这两者画在同一张图表上。图 4-25 为距离与物流坐标指示图。

在布置图上绘制的物流图和坐标指示图往往要同时使用。如果是比较简单的问题，采用物流图就能够解决。但当设计项目的面积较大，各种问题的费用较高时，就需要使用坐标指示图，在这种情况下，不采用物流图是因为物流图上的数据会显得太零乱，不易看清楚。

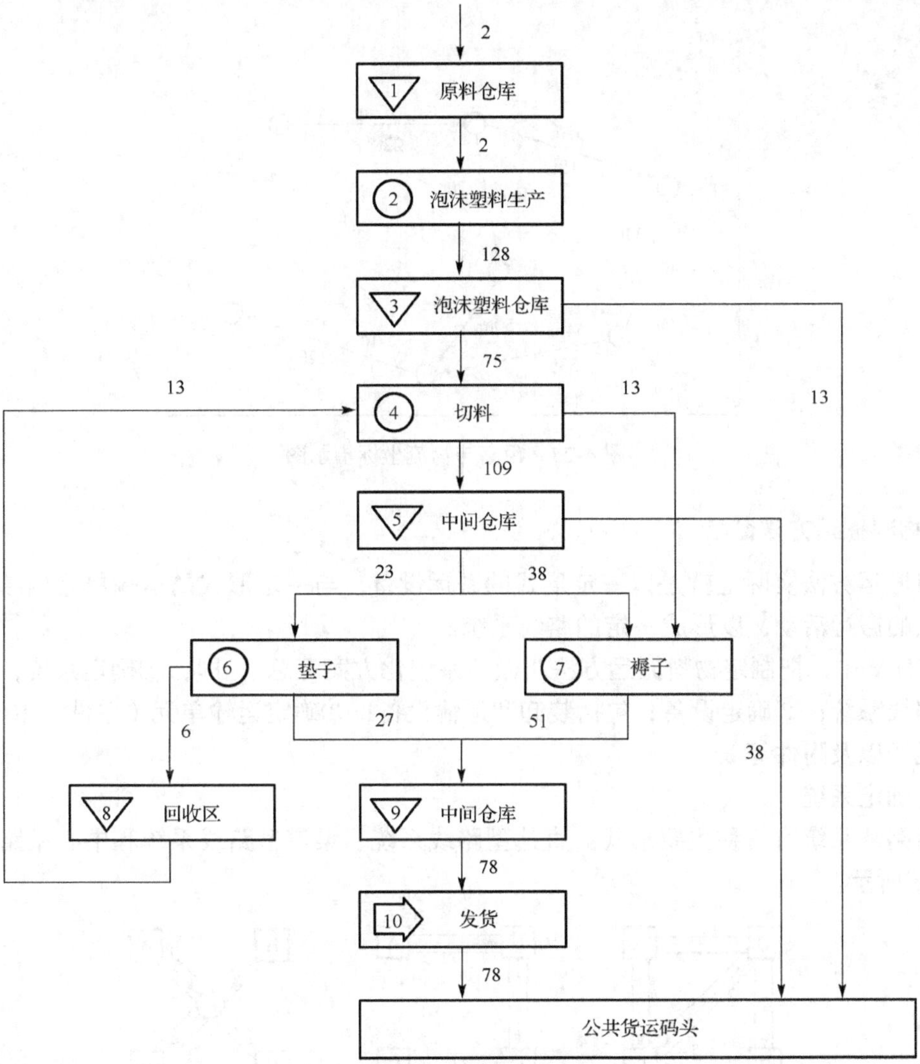

图 4-23　物流流程简图

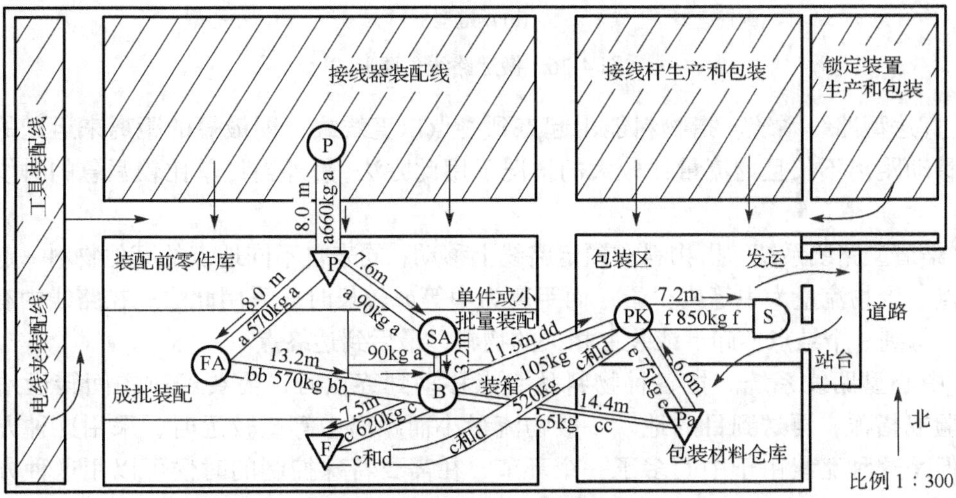

图 4-24　在布置图上绘制的物流图

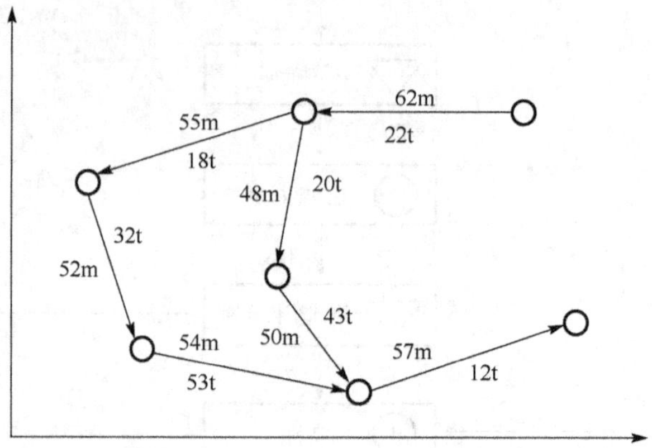

图 4-25　距离与物流坐标指示图

5．物料搬运方法分析

物料搬运方法实际上就是以一定形式的搬运设备，与一定形式的运输单元相结合，进行一定模式的搬运活动，以形成一定的路线系统。

在 SHA 中，把制定物料搬运方法叫做“系统化方案汇总”，即：①确定系统，就是确定搬运的路线系统；②确定设备，包括装卸和运输设备；③确定运输单元（单件、单元运输件、容器、托架以及附件等）。

（1）确定系统

搬运路线系统有三种主要形式：直达型路线系统、渠道型路线系统和中心型路线系统。如图 4-26 所示。

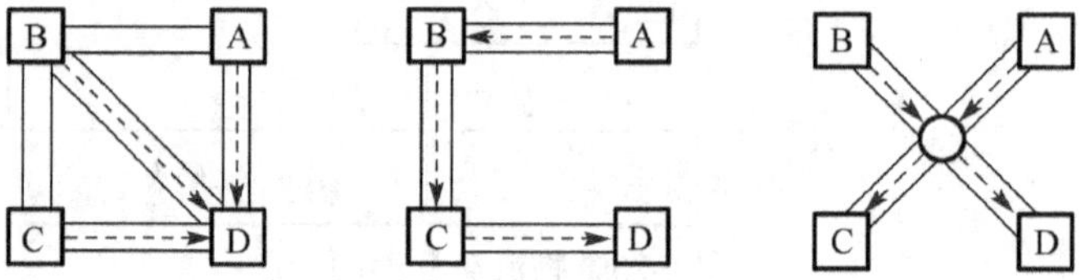

(a) 直达型　　(b) 渠道型　　(c) 中心型

图 4-26　搬运路线主要形式

① 直达型路线系统。指物料能由起点到终点以直线式，即最短的距离来运送的方式。一般当移动距离不长且物流量比较大的情况下用此方法，另外当订单比较紧急的时候也用此方法。

② 渠道型路线系统。指物料在预定路线上移动，同来自不同地点的其他物料一起运到同一个终点。当物流量为中等或少量，而距离为中等或较长时，采用此法。在路线中有数个工作结点，每到一个结点，卸下或装上相关的物料，最后到达终点。

③ 中心型路线系统。指各种物料从起点移动到终点时，需要经过中间转运站加以分类、检验或指派，再送到目的地。一般物流量小而距离中等或较远时，采用这种方式比较经济。但是这种路线由于中间多了一个环节，在需要特殊控制的时候可以用这种方法加以管制。

将上述三种系统的适用情况整理归纳，可绘出距离、物流量与搬运路线的关系图。如图 4-27 所示。

（2）确定设备

SHA 模式对物料搬运设备的分类采用了一个与众不同的方法，就是根据费用进行分类。具体来说，就是把物料搬运设备分成四类，可根据距离与物流坐标指示图，选择不同类型的搬运设备。如图 4-28 所示。

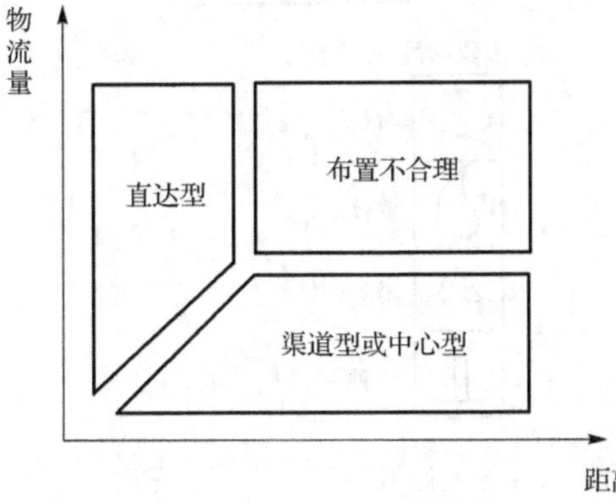

图 4-27　距离、物流量与搬运路线关系图

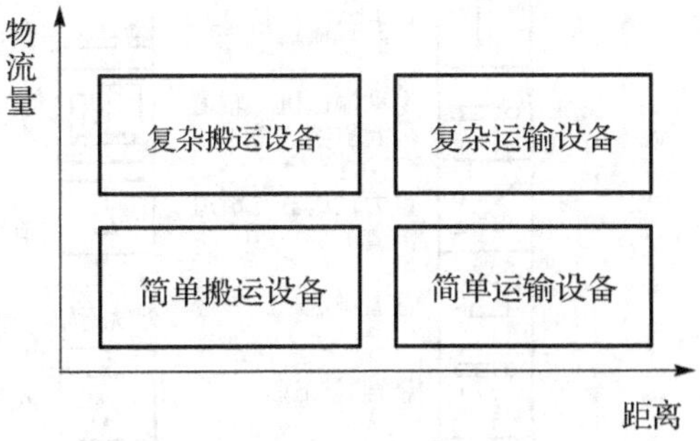

图 4-28　距离、物流量与搬运设备关系图

（3）确定运输单元

运输单元是指物料搬运时的状态，即搬运物料的单位。物料移动的基本单位有三种类型：单件、包装件和散装。

体积很大的物品常用单件装运，利用大型搬运机械或辅助设施来搬运；贵重的、安全性要求高的货物常采用包装件搬运，利用固定包装设施可以保护货物不被损坏，且便于利用专用设备来装卸和搬运；散装是简单、廉价的搬运单位，不需要任何包装费用，运用连续输送设备搬运，运送量大，效率高，但易损坏、易遗失。

6．确定初步的搬运方案

在对物料进行分类，对布置方案中的各项搬运活动进行分析和图表化，并对 SHA 的各种搬运方法具备一定的知识和理解之后，就可以初步确定具体的搬运方案。然后，对这些初步方案进行修改并计算各项需求量，把各项初步确定的搬运方法组成几个搬运方案，并拟定这些搬运方案为“方案 X”、“方案 Y”、“方案 Z”等。

前面已经讲过，把以一定形式的搬运设备，与一定形式的运输单元相结合，进行一定模式的搬运活动叫做“物料搬运方法”。任何一个方法都是使某种物料在某一路线上移动。几条路线或几种物料可以采用同一种搬运方法，也可以采用不同的方法。不管是哪种情况，一个搬运方案都是几种搬运方法的组合。

（1）SHA 方法使用的图例符号

在 SHA 中，除了各个区域、物料和物流量用的符号外，还有一些字母符号用于搬运路线系统、搬运设备和运输单元。

路线系统的符号包括直接系统和间接系统：

D——直达型路线系统；

K——渠道型路线系统；

G——中心型路线系统。

用图 4-29 所示的符号或图例来表示设备和运输单元。值得注意的是，这些图例都要求形象化，与实际设备很相像。图例只表示设备的总的类型，必要时还可以加注其他字母或号码来说明。

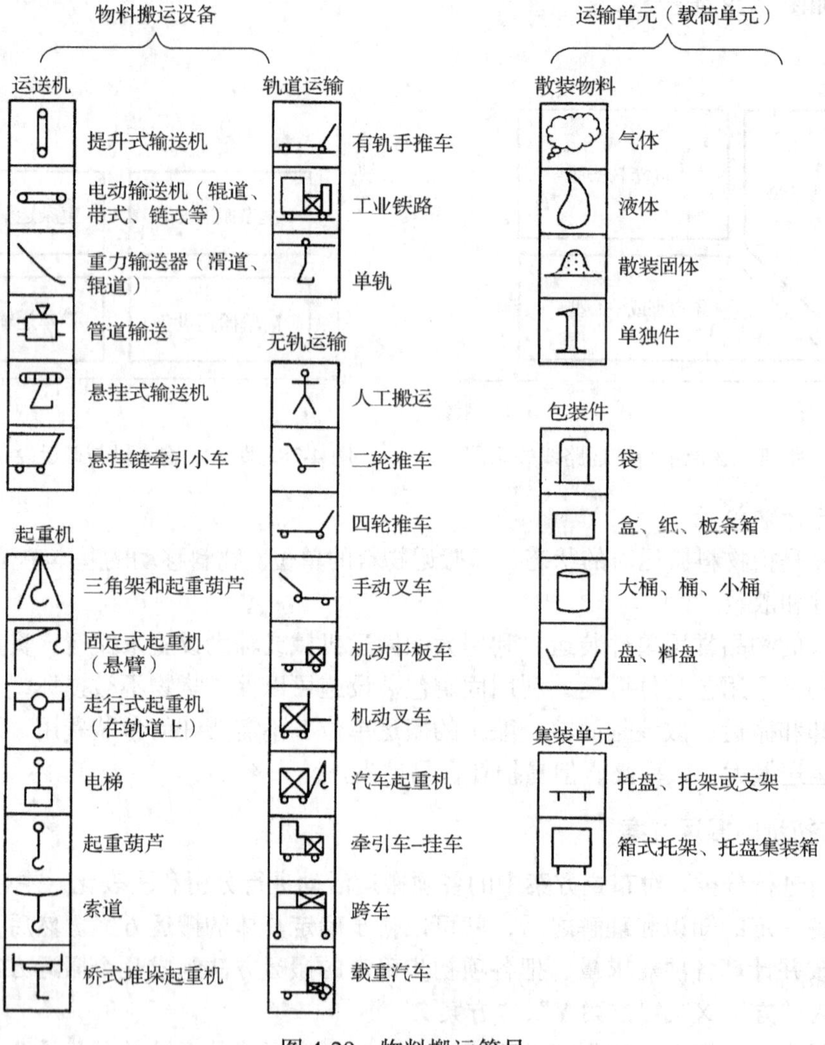

图 4-29　物料搬运符号

利用这些设备和运输单元的符号，连同代表路线形式的三个字母，就可以用简明的“符号语言”来表达每种搬运方法。

（2）在普通工作表格上表示搬运方法

编制搬运方案的方法如下。

方法 1：填写工作表格，列出每条路线上每种（或每类）物料的路线系统、搬运设备和运输单元。如果物料品种是单一的或只有很少几种，而且在各条路线上是顺次流通而无折返的，那么这种表格就很实用。

方法 2：直接在以前编制的流程图上记载建议采用的搬运方法。

方法 3：把每项建议的方法标注在以前编制的物流图（或其复制件）上，一般来说，这种做法更易理解。

（3）在汇总表上表示搬运方法

编制汇总表同编制搬运活动一览表一样，就是每条路线填一横行，每类物料占一竖栏。在搬运活动一览表上记载的是每类物料在每条路线上移动的“工作量”。而填汇总表只是用“搬运方法”来取代“工作量”。适用于项目的路线和物料类别较多的场合。

采用前面规定的代号和符号，把每项移动（一种物料在一条路线上的移动）建议的路线系统、设备和运输单元填写在汇总表中相应的格内。汇总表上还有一些其他的空格，供填写其他资料数据之用，如其他的搬运方案、时间计算和设备利用情况等。

从一张汇总表上，可以全面了解所有物料搬运的情况，还可以汇总各种搬运方法，整合各条路线和各类物料的同类路线系统、设备及运输单元。这样，就能把全部搬运规划记在一张表上，并把它连同修改布置的建议提交审批。

7．修改和限制

对于初选方案，要按照严谨的物料搬运观点来判断这些方案是否符合实际、切实可行，就必须考虑实际的限制条件，必要时要进行一些修改。

物料搬运方案中经常涉及的修改和限制的内容有：

（1）此前各阶段中已确定的同外部衔接的搬运方法；

（2）既能满足目前生产需要，又能适应远期的发展和（或）变化；

（3）和生产流程保持一致；

（4）可以利用现有公用设施和辅助设施保证搬运计划的实现；

（5）布置或建议的初步布置方案及其面积、空间的限制条件（数量、种类和外廓形状等）；

（6）建筑物及其结构特点；

（7）库存制度以及存放物料的方法和设备；

（8）投资的限制；

（9）设计进度和期限；

（10）原有搬运设备和容器的数量、适用程度及其价值；

（11）影响工人安全的搬运方法。

8．对各项需求进行说明、展开计算

初选方案修改后，将对每一方案中的各项需求逐一进行说明和展开计算。一般将 2～5 个初选方案进行比较评估，以便最终能选出最优搬运方案。对每一个方案需作如下说明：

（1）说明每条路线上每种物料的搬运方法；

（2）说明搬运方法以外的其他必要的变动，如更改布置、作业计划、生产流程、建筑物、公用设施、道路等；

（3）计算搬运设备和人员的需要量；

（4）计算投资额和预期的经营费用。

9．方案的评价

方案的分析评价通常采用三种方法：成本费用或财务比较法、优缺点比较法、因素加权分析法。

（1）成本费用比较法

费用是经营管理决策的主要依据。因此，每个搬运方案必须从费用的观点来评价。即对每个方案，都要明确其投资和经营费用。

① 需要的投资。投资是指方案中用于设备购置和安装的全部费用。这包括基本建设费用（物料搬运设备、辅助设备及改造建筑物的费用等），其他费用（运输费、生产准备费及试车费等）以及流动资金的增加部分（原料储备、产品储存、在制品储存等）。

② 经营费用。经营费用主要包括固定费用和可变费用。

A. 固定费用：包括资金费用（投资的利息、折旧费）、其他固定费用（管理费、保险费、场地租用费等）。

B. 可变费用：包括设备方面的可变费用（电力、维修、配件等）、工资（直接工资、附加工资等）。

通常需要分别计算出各个方案的投资和经营费用，然后进行分析和比较，从中确定一个最优的方案。

（2）优缺点比较法

优缺点比较法是直接把各个方案的优点和缺点列在一张表上，对各方案的优缺点进行分析和比较，从而得到最优方案。

进行优缺点分析时所要考虑的因素除了可计算的费用因素外，还包括以下内容：

① 与生产流程的关系及为其服务的能力；

② 产品、产量和交货时间不规律时，搬运方法的通用性和适应性；

③ 灵活性（确定的搬运方法是否易于变动或重新安排）；

④ 搬运方法是否利于今后发展；

⑤ 布置和建筑物扩充的灵活性是否受到搬运方法的限制；

⑥ 面积和空间的利用率；

⑦ 安全和建筑物管理；

⑧ 工人是否对工作条件感到满意；

⑨ 是否便于管理和控制；

⑩ 可能发生故障的频繁及其严重性；

⑪ 是否便于维护并能很快地修复；

⑫ 施工对生产造成的中断、破坏和混乱程度；

⑬ 对产品质量和物料有无损伤可能；

⑭ 能否适应生产节拍的要求；

⑮ 对生产流程时间的影响；

⑯ 人事问题——可否招聘到熟练工人，能否培训，多余人员的安排，工种的变动，工龄合同或工作习惯；

⑰ 能否得到所需要的设备；

⑱ 同搬运计划、库存管理和文书报表工作是否联系密切；

⑲ 自然条件的影响——土地、气候、日照、气温等；

⑳ 与物料搬运管理部门的一致性；

㉑ 由于生产中的同步要求或高峰负荷可能造成的停顿；

㉒ 对辅助部门的要求；

㉓ 仓库设施是否协调；

㉔ 同外部运输是否适应；

㉕ 施工、培训和调试所需的时间；

㉖ 资金或投资是否落实；

㉗ 对社会的价值或促进作用。

（3）因素加权分析法

多方案比较时，一般来说，因素加权分析法是评价各种无形因素的最好方法。其程序主要有以下几个步骤：

① 列出搬运方案需要考虑或包含的因素（或目的）；

② 把最重要的一个因素的加权值定为 10，再按相对重要性规定其余各因素的加权值；

③ 标出各比较方案的名称，每一方案占一栏；

④ 对所有方案的各个因素进行打分；

⑤ 计算各方案的加权值，比较各方案的总分，选出最优方案。

总之，为确定最优搬运方案，建议同时使用以上 3 种方法，综合考虑，以期做出正确的选择。

10．搬运方案的设计

总体搬运方案设计确定了整个工厂的总的搬运路线系统、搬运设备、运输单元，搬运方案详细设计是在此基础上制定一个车间内部从工作地到工作地，或从具体取货点到具体卸货点之间的搬运方法。详细搬运方案必须与总体搬运方案协调一致。

实际上，SHA 在方案初步设计阶段和方案详细设计阶段用的是同样的模式，只是在实际运用中，两个阶段的设计区域范围不同、详细程度不同。详细设计阶段需要大量的资料、更具体的指标和更多的实际条件。

（1）物料的分类

在方案详细设计中，首先要核对每个区域是否还有遗漏的物料类别。某些物料只是在某个区域才有，或是进入某个区域以后它的分类才有所变化。而且经常要把已分好的物料类别再分成若干小类，甚至还要增加一些新的物料类别。

（2）系统布置

在这一阶段，要在布置上标出每一台机器和设备、工作通道和主要通道以及车间或部门的特性等。

（3）移动分析

由于这个阶段遇到的问题通常只是少数几种物料和比较具体的移动，因此可用物料流程图表和从至表表示。

其余部分的方法也都与方案初步设计阶段相同，只是更具体、更详细，这里不再单独叙述。

思考与练习

1．常用的装卸搬运设备有哪些？

2. 装卸搬运设备选择的原则是什么？
3. 什么是搬运系统分析设计方程式？
4. 如何进行物料装卸搬运系统的物流分析？
5. 物料搬运系统设计中如何选择物料搬运方法？

案例分析

制造企业搬运系统设计重组带来新活力
——东风汽车公司 EQl40-1 差速器壳生产线再设计

一、案例背景

东风汽车公司 EQ140-1 汽车后桥减速器内差速器壳生产线包括左壳、右壳及合件三条加工线，共有加工机床 15 台，设有 22 道工序，零件重量分别为 17.4 千克、8.2 千克、20.4 千克。

在东风汽车公司 EQ140-1 差速器壳生产过程中，常常要花费大量的时间和精力把物料从一个地方送到另一个地方，从一个工作地送到另一个工作地。根据调查，EQ14-1 差速器壳生产线，搬运事件发生次数占全部作业事项次数的 53.93%，搬运时间占全部作业时间的 33.15%。因此，物料搬运是生产系统设计的重要内容，良好的物料搬运系统可以保证生产系统有序的运行，最大限度地发挥生产线的能力，降低产品成本。为改进原设计中存在的问题并适应公司业务发展的需要，公司对其物料搬运与布置系统进行了再设计。

二、案例分析

生产线物料搬运系统设计包括物料分析、搬运设备的选择和搬运路线安排等综合设计。

1. 存在的问题

（1）回收物流安排

搬运的物料包括：产品或零件、工具、夹具和废弃物的搬运。对于有用产品的搬运，人们一般都予以充分的重视。在我国，不少企业常常忽视了废弃物搬运设计的重要性。应该知道，任何一个生产系统，在原材料变为有用产品的同时，不可避免地产生废弃物。如废液、废气和废料等，必须妥善地将其汇集并及时运送出去。因此，废弃物的运送应纳入物料搬运系统设计之中。差速器壳原运输系统对此未予以全面考虑，致使生产线遍地油水、铁屑，不仅影响工业卫生，也增加了搬运量。

（2）工装夹具的搬运

工装夹具的搬运在作业系统中占用相当多的时间，进行设计时应将其放在操作者最方便的地方，以缩短搬运距离。在差速器壳生产线上还有周转使用的夹具搬运问题，例如，在第 16 序作业完毕后的夹具，要分别返回第 11、13 序使用。工序间的距离为 6 米，需人力搬运。特别是返回第 11 序的夹具每套重达 4 千克，搬运批重约 70～75 千克，夹具搬至工作地后，还需抬高 1.014 米，才能搬运至工作台上，一名操作者无法完成上述作业，通常需求助于第 13、16 序的工人协同完成。对一个高效率的作业系统而言，如此繁重的人力搬运无疑是一种精神负担和额外的体力消耗，故在搬运设计时必须予以妥善解决。

2. 搬运设备的选择

物料搬运系统设计中另一重要问题是合理地选择搬运设备。搬运设备关系到工人的疲劳程度、搬运效率和成本的高低。搬运设备的种类很多，影响生产线搬运设备选择的主要因素有：零件的形状、尺寸和重量，生产规模和产量水平，生产流程、生产线的布置形式及特点，搬运成本。

差速器壳生产是按产品布置进行的。在产品布置中，物料搬运设备和方法，如同其布置本身一样，一般都是专用的。按产品布置的特点是：要求在各工序之间有某些直接运输手段，使每个操作者都能把制品或零件放到下一个操作者可以拿到的位置上，以减少搬运次数和距离。根据该线的具体情况，选择滑道较符合经济原则。

3. 差速器壳生产线滑道的设计

（1）设计生产线滑道的原则

① 搬运距离最短。滑道应将零件直接运送到工人装夹使用的最佳位置，卸下的零件能以最短的距离搬运至滑道上，减少工人装卸零件的搬运距离。

② 搬运次数最少。工序间的运输滑道，应能将零件尽量一次运送到加工的位置，杜绝二次搬运。

③ 重力原则。充分利用零件的自重运送，尽可能利用滑动、滚动溜送零件。

④ 机械化、自动化原则。尽量利用机械化、自动化装置移动零件，减轻工人的劳动强度，提高搬运效率。

⑤ 多功能原则。尽可能集搬运、存储、加工等多种功能于一体，以减少搬运次数，缩短搬运距离，减轻工人疲劳程度，节约生产面积。

⑥ 控制原则。利用滑道进行生产控制、在制品控制和质量控制。

⑦ 安全原则。充分保障工人的安全。

差速器壳生产线是一条机械加工线，零件装卸上下移动频繁，因此，在进行搬运系统设计时，除绘制物料流、人员流流程图和平面线图外，还需要绘制上、下移动线图。全线的滑道、工作台及脚踏板的高度和长度均应根据线图的数据进行设计、制作，根据物料流流程图及线图的数据设计滑道的结构。

（2）滑道设计

该生产线新设计制作的滑道，分别采用下列两种类型结构。

① “V”型滑道滑送。分为单排双层滑道，如第 1、11、13、15 序；双排双层滑道如第 6 序。

② 滚子滑道。该类滑道又分为单排单层、单排双层，如第 5、10 序，和双排滚子滑道三种结构。

各滑道依据工序作业状况，分别设计接水盘、铁屑盘，使附在零件上的冷却液自动流入固定水沟，铁屑则汇集于接屑盘集中运送。第 16、17 序内的滑道与工作台设计为一体。新设计的滑道，既成为工序间的运输工具，又是在制品的储存设备、作业工作台、工具存放处等多功能设备。

另在第 16 序至第 11 序铺设一条 7 米长的地轨，于第 11 序新安一台气压升降机，周转使用的夹具从第 16 序工作台上自动落于装夹具小车后，操作工人用微力推动小车滑至升降台上，既节约了搬运时间，又减少了工人的体力消耗。

经过两年多的运行表明，新设计的差速器壳生产线是一条高效、可靠的搬运系统。

三、案例总结与启示

通过再设计，给企业带来了如下好处。

1. 优化了生产线布置，提高了生产线平衡率。通过对生产线的重新布置，使零件不停顿地在工序间有序流动，生产线平衡率由52.65%提高到88.95%，提高了36.30%。

2. 减少了物料搬运次数。通过对生产布置和搬运系统的改进，平衡了生产线的作业。物流顺畅，扩大了运输滑道的功能，使之既是工序间的运输设备，又是在制品的储存场所，还是作业工作台，从而减少在制品在生产过程中的搬运次数。改进设计后的搬运次数，较改进前的搬运次数减少了22.92%。

3. 缩短了搬运距离。该线原来工序间的滑道均未到位，零件上、下滑道需人力搬运一定的距离，不仅消耗了工人的体力，同时也延长了作业时间。新设计的滑道充分利用物料的自重自动溜送，零件水平方向的搬运距离减少了35.24%，上下垂直距离降低了3.9米。

4. 节省了搬运工具，保证了产品质量。新设计的滑道兼有存储功能，节省了为各工序配置的零件架，避免了零件多次搬运中的碰伤，或落地生锈对质量的影响。又由于新设计的滑道延伸至机床夹具或工作台的最佳位置，杜绝了过去经常发生的零件搬运作业中的丢、甩等野蛮作业方式对零件的损伤，保证了零件的质量。

5. 降低产品的劳动成本。新设计的系统减少作业人员5人，但劳动生产率却提高了99.64%，产品劳动成本下降了46.5%。

可见，差速器壳生产通过对物流和布置的重新设计，理顺了生产现场的人、机、物的关系，疏通了物流系统，消除了生产现场混乱状况，为工人创造了一个舒适的工作环境，减少了工人的劳动消耗。

当已有的生产线不能满足经济、企业日益改变的要求时，节省购置新设备开支的方法之一，就是对生产线进行重组与再设计。既可以提高生产效率，又可以降低生产成本，达到预期目标。

案例思考题

1. 东风汽车公司是如何通过改进搬运方式来提高劳动生产率的？

2. 该企业成功的经验应用在类似的制造企业中能否产生同样的效果？应用在服务行业中呢？试举例说明。

Chapter 5

第5章　物流运输系统

引导案例　UPS 运输与物流管理的成功

美国联合包裹服务集团公司（UPS）是世界上最大的物流集团，每年纯利润达到20亿美元，在世界物流同行中名列前茅。UPS 公司物流服务业务范围是逐步扩大和深化的，其中包括“当天送达”，“上门服务”，“受益回报”和“多式联运”等服务项目。

现在的 UPS 公司把铁路运输、卡车运输、国内航空运输、国际航空运输的各个部门的功能都统一起来，使它们不是各自为战，而是统一协调，联合作战，把经营成本集中起来管理，每一个环节或者部门都关心：“运的是什么货物？客户还需要什么？我们怎样为客户提供最佳品牌服务？”这三个要素，宗旨是尽量为客户省钱，省时间，省精力。

UPS 的成功案例说明，运输与物流管理系统中的其他各方面都有着千丝万缕的联系：运输的成本直接影响企业、车间、工厂、仓库、供应商及客户等的选址决策；企业的存货水平很大程度上受所选运输方式的影响；所选运输方式决定所使用的包装方式；等等。因此，加强对运输管理的研究，实现运输的合理化，对于物流系统整体功能的发挥有着极为重要的作用。

第一节　物流运输概述

供应链物流系统网络是由节点和连线所组成，如果说客户、零售商、批发商、制造商、供应商及车站、码头等是物流网络中的一个个固定的节点，运输则是将这些节点连接起来的线。

一、运输的概念及特点

1．运输的概念

运输一般是指货物及旅客借助一定的运输工具沿着一定的路线作有目的的移动过程。我国国家标准《物流术语》中对运输的定义是：“用设备和工具，将物品从一地点向另一地点运送的物流活动。其中包括集货、搬运、中转、装入、卸下、分散等一系列操作”。

与国民经济中的制造业、农业、采掘业等物质生产部门不同，运输实现对其对象的空间位移，它不改变对象的属性及形态，只改变其位置。运输按输送对象的不同可分为旅客运输和货物运输两大类，本章只讨论与物流紧密相关的货物运输。

运输牵涉的人为环境因素包括 5 个方面：托运人（起始地）、收货人（目的地）、承运人（运输方）、政府及民众。政府通过法律法规（包括经济性法规及安全性法规）来控制和促进运输的发展，同时保护民众的利益。运输的主要目的是以最少的时间及最低的成本，将货物从原产地输送到消费地，同时保障货损货差最低。

2．运输的特点

运输业是社会生产、生活的必要条件，是国民经济发展的基础，属于国民经济的第三产业。与农业、加工业、采掘业等有很大的区别，主要体现在以下几方面。

（1）运输具有生产的本质属性

运输的生产过程是以一定的生产关系联系起来的、具有劳动技能的人们使用劳动工具（如车、船、飞机及其他设施）和劳动对象（货物和旅客）进行生产，并创造产品的生产过程。运输的产品，对旅客运输来说，是人的空间位移；对货物运输来说，是货物的空间位移。显然，运输是以改变“人和物”的空间位置为目的的生产活动，这一点和通常意义上以改变劳动对象物理、化学、生物属性为主的工农业生产不同。

（2）运输生产是在流通过程中完成的

运输是把产品从生产地运往消费地的活动，因此从整个社会生产过程来说，运输是在流通领域内继续的生产过程，并在其运动过程中完成。

（3）运输的产品是无形的

运输生产不像工农业生产那样改变劳动对象的物理、化学性质和形态，而只改变劳动对象的空间位置，并不创造新的实物形态产品。运输产品的过程也是一种服务的过程。

（4）运输产品具有同一性

对不同的运输方式来说，虽然他们使用不同的运输工具，具有不同的技术经济特征，在不同的线路上进行运输生产活动，但它们对社会具有相同的效用，即都实现了物品的空间位移。运输产品的同一性使得各种运输方式之间可以相互补充、协调、替代，形成一个有效的综合运输系统。

二、运输的功能和作用

1．运输的功能

运输将空间上相隔的供需系统的各个点连接起来。运输的作用就是克服产品在生产与需求之间存在的空间和时间上的差异。首先，运输实现了产品在空间上移动的功能，即产品转移。其次，运输有时也可以对产品进行临时性存储，这就产生了运输的另一个功能，产品存储。

（1）产品转移功能

运输的主要功能是使产品能在供需环节中来回移动即实现产品的转移。无论产品处于何种形式（原材料、零部件、在制品或制成品，或流通中的商品），只有通过运输才能进入消费等环节，消除产品在空间上的距离，从而实现物质产品的使用价值，满足全社会的需求。运输的目的就是以最少的时间和费用完成产品的运输任务。如果产品没有在准确的时间到达目的地，可能会付出昂贵的代价，如销售量减少、客户满意度下降、生产延误等。同时，运输方式需要满足客户的要求，产品丢失和损坏等现象也必须减少到最低的水平。

通过物品运输过程中的劳动，克服物品生产和消费在地理空间上的分离，将空间上相隔的供应商和需求者联系起来，从而使物品潜在的使用价值成为可以满足社会消费需要的现实的使用价值，这种价值的实现被称为空间效用。运输的时间效用表现为通过物品流通过程中的劳动克服了物品生产和消费在时间上的不一致。当产品最终到达客户手中时，其价格已经包含了所要补偿的运输成本。降低运输成本可以达到以较低的成本提供优质的客户服务的目的。

（2）产品存储功能

对产品进行临时存储是运输的一个很特殊的功能，即将运输车辆临时作为相当昂贵的存储设施。这些在运输中的产品形成了在途库存。由于移动中的产品需要存储，但是在短时间内又要重新转移，当这种活动造成的货物搬运和装卸成本超过存储在运输工具中的费用时，使用运输的存储功能就是合理的。

在仓库空间有限的情况下，利用运输工具存储也不失为一种可行的选择。为了实现产品的临时存储，可以使用迂回线路或间接的线路来将产品运往目的地。当然，这样做必然使货物的运输时间大于选择最短路线的时间，使运输成本攀升。另外，当交付的产品在转移过程中，由于原始的装运目的地被改变，即运输改道时，也将产生临时存储。尽管用运输工具存储产品可能是昂贵的，但是如果考虑到多次搬运装卸、存储能力的限制等，那么从物流总成本或完成任务的角度来看，利用运输工具存储也可能是合理的，有时甚至是必要的。

2．运输在物流过程中的作用

运输是物流过程的两大支柱之一，是物流过程中各项业务活动的核心活动。一切物质产品的生产和消费都离不开运输，物流合理化，在较大程度上取决于运输的合理化。因此，在物流过程的各项业务活动中，运输是关键。①运输是物流网络上物品动态流动的实现载体，是物流系统的动脉；②运输真正创造了物流的空间效用；③通过提高运输速度，可以发挥物流系统整体功能；④运输目的的实现可以加快资金周转速度，降低资金占用时间，是提高物流经济效益和社会效益的重点所在。

在物流过程中，直接耗费活劳动和物化劳动，它所支付的直接费用主要有运输费、保管费、包装费、装卸搬运费等。其中，运输费用所占的比重最大，是影响物流费用的一项重要因素。因此，在物流各环节中，如何搞好运输工作，开展合理运输，不仅关系到时间的多少，而且还会影响到物流费用的高低。不断降低物流运输费用，对于提高物流经济效益和社会效益都具有重要的作用。

三、运输基本原理及关键因素

1．运输的基本原理

指导运输管理和经营的两条基本原理分别是规模经济（Economy of Scale）和距离经济（Economy of Distance）。

（1）规模经济

规模经济效应体现在物流系统的各个环节之中。运输规模经济的特点就是随着运输规模的增长，每单位重量的运输成本下降。这是因为任何运输费用都包括一定的固定费用，即运输单证管理费用，运输工具投资以及管理和设备费用等。这些费用只要有运输活动发生就一定会存在，而且不随装运的数量变化。这种固定费用可以按整批货物的重量或数量分摊，装运规模越大，每单位重（数）量分摊的固定费用就越少。例如，整车装运的单位重量成本低于零担装运。而对于不同的运输方式来说，铁路或水路运输类运输能力较大的运输工具，其单位重量的费用要低于诸如汽车或飞机类运输能力较小的运输工具的单位重量的费用。

（2）距离经济

距离经济的本质与规模经济是一致的，其特点是每单位距离的运输成本随着运输距离的增加而减少。例如，1000 公里的一次装运成本要低于 500 公里的两次装运（具有相同重量）成本。距离经济的合理性来源于运输装卸发生的固定费用的分摊。距离越长，可以使固定费用分摊到每公里的值越小，也就是使每公里距离支付的总费用越小。

在进行运输管理时，以上两个原理是要重点考虑的因素，即在满足客户服务期望的条件下，尽量使装运的规模和距离最大化。

2．运输作业的关键因素

在运输过程中，客户最关心的是影响运输作业的三个最关键的因素，即成本、速度和一致性。

（1）运输成本

对于托运人来说，运输成本就是运输货物的在途运费加上管理货物的附加费用，如起点的拣货费、终点的卸货费、中途的货物保险或保管费用等。物流系统中的运输设计需要考虑如何使物流系统总成本降到最低限度，这意味着低费用的运输不一定能获得最低的物流总成本。这也是物流一体化的具体体现。

（2）运输速度

任何运输活动都要求相应的速度，大部分情况下，对运输速度的要求是越快越好，但这也不是绝对的。运输速度和成本是一个辩证的关系，一方面，运输商提供的服务越快，他所要收取的费用就越高，但是，快速的运输使在途的库存减少，有助于提高客户满意度；反之，较少的花费只能获得较慢的运输服务，虽然运输成本减少了，但其他环节的成本则可能增加。因此，在运输管理合理化中，一个重要的问题就是如何平衡服务的速度和成本之间的关系。

（3）运输的一致性

运输的一致性是物流经理们衡量运输商能否提供高质量服务的重要指标。所谓一致性是指在若干次装运中履行某一特定运输任务所需的时间，与计划的时间或前几次运输所需的时间是否一致，也就是说运输时间的变化率很小，趋近于零。运输的一致性是运输可靠性的反映。如果某个运输作业第一次花费了 3 天，第二次 9 天，第三次 5 天，这种极不稳定的变化会使整个物流作业产生严重的问题。为了克服这种运输的不确定性，就要设置安全存货，以防止物流服务的故障。运输的一致性将会影响买卖双方承担的存货义务和有关风险。

此外，运输活动的安全性和对特殊要求的货物的适应性也是影响运输作业的重要因素。

四、基本运输方式

基本的运输方式包括公路运输、铁路运输、水路运输、航空运输和管道运输 5 种。

1．公路运输

公路运输是指主要使用汽车或其他车辆（如人力、畜力车）在公路上进行客货运输的一种方式。公路运输主要承担近距离、小批量的货运和水运、铁路运输难以到达的地区的长途、大批量货运。由于汽车已成为公路运输的主要运载工具，因此，现代公路运输主要指汽车运输。

优点：机动灵活、速度快、换装环节少、能实现“门到门”的运输。

缺点：运量小、效率低、成本高、能耗大、污染环境、安全性差。

2．铁路运输

铁路运输是使用铁路列车运送客货的一种运输方式。铁路运输主要承担长距离、大批量的货运，在没有水运条件的地区，几乎所有大批量货物都是依靠铁路，它是在干线运输中起主力作用的运输形式。铁路运输是我国货运量最大的运输方式。

优点：运量大、速度快、可靠性高、距离长、运费低、污染轻、受气候影响小。

缺点：灵活性差，只能在固定线路上实现运输，需其他运输手段的衔接。

3．水路运输

水路运输是使用船舶运送客货的一种方式。水运主要承担大批量、长距离的运输，是在干线运输中起主力作用的运输形式。在内河及沿海，水运也常作为小型运输工具使用，担任补充及衔接大批量干线运输的任务。

水运有以下 4 种形式。

① 沿海运输：指本国沿海各港口间的海上运输的一种方式，一般使用中小型船舶。

② 近海运输：指使用船舶通过大陆邻近国家的海上航道在两个港口之间运送客货的一种运输方式，视航程可使用中型船舶，也可使用小型船舶。

③ 海洋运输：指使用船舶跨大洋的长途运输方式，主要依靠运量大的大型船舶。

④ 内河运输：指使用船舶在陆地内的江、河、湖泊等水道进行运输的一种方式，主要使用中、小型船舶。

优点：运量大、能耗少、运费低、续航能力强。

缺点：受航道、港口限制不够灵活，航速慢，易受季节和气候影响，可及性差。

4．航空运输

航空运输是使用飞机或其他航空器进行运输的一种形式。航空运输的单位成本很高，因此，主要适合运载两类货物：一类是价值高、运费承担能力强的货物，如贵重设备的零部件、高档产品等；另一类是紧急需要的物资，如救灾抢险物资等。

优点：速度快、时间短、不受地形限制、舒适安全、对货物包装要求低、适用范围广、基建周期短、基建投资省、占地少、收效快。

缺点：载运量小、运输成本高、受天气影响大。

5．管道运输

管道运输是利用管道输送气体、液体和粉状固体的一种运输方式。其运输形式是靠物体在管道内顺着压力方向顺序移动实现的，和其他运输方式的重要区别在于管道设备是静止不动的。

优点：运量大、连续性强、损耗少、运输安全、建设投资省、占地面积少、能耗少、便于管理、可长期稳定运行、运输费用低、无须包装装卸、无回空、无噪声、漏失污染少。

缺点：品种单一、流向固定、没有灵活性；货源减少时不能改变路线；只适用于定点、大量、单向的流体运输。

五、多式联运运输方式

近年来，随着世界经济的一体化与贸易的全球化，托运人对运输服务的要求也发生了新的变化，方便、快速、经济以及门到门的运输服务代表了运输业今后的发展方向，国际多式联运以其将各种运输方式有机结合的特殊优势，在当今运输业的发展中扮演着重要的角色。

1．多式联运的概念

国际多式联运又称国际复合运输或国际综合一贯制运输，是联合国际间多种运输形式的运输，是一种在集装箱运输基础上发展起来的更先进的运输组织形式。这种运输方式采用一张国际多式联运合同，由一个总承运人负责全程的承运并直接对货主负责，组织两种以上的不同运输方式，跨国界进行联合运输。

多式联运是通过采用海、陆、空等两种以上的运输手段，完成国际间的连贯货物运输，从而打破了过去海、铁、公、空等单一运输方式互不连贯的传统做法，是一种以实现货物整体运输的最优化效益为目标的联运组织形式。

2．国际多式联运的优点

国际多式联运是今后国际运输发展的方向。开展国际集装箱多式联运具有许多优越性，主要表现在以下几个方面。

（1）发挥各种运输方式的优势

对于单一运输方式而言，由于经营人各自为政，自成体系，因而其经营业务范围受到限制，货运量相应也有限。而一旦由不同的运输经营人共同参与多式联运，经营的范围可大大扩展，同时可以最大限度地发挥其现有设备的作用，选择最佳运输线路，组织合理化运输。

（2）方便货主

在国际多式联运方式下，无论货物运输距离有多远，由几种运输方式共同完成，运输途中货物经过多少次转换，所有一切运输事项均由联运经营人负责办理。而托运人只需办理一次托运，订立一份运输合同，一次支付费用，一次保险，从而省去托运人办理托运手续的诸多不便。同时，由于多式联运采用一份单证，统一计费，因而也可简化制单和结算手续，节省人力和物力。

（3）提高货物运输质量

在国际多式联运方式下，各个运输环节和各种运输工具之间配合密切，衔接紧凑，货物所到之处中转迅速及时，大大减少了货物的在途停留时间，因此从根本上保证了货物安全、迅速、准确、及时地运达目的地。同时，多式联运是通过集装箱进行直达运输，尽管货运途中需经多次转换，但由于使用专业机械装卸，且不涉及箱内货物，因而货损货差事故大为减少，从而在很大程度上提高了货物的运输质量。

（4）降低运输成本

由于多式联运可实行门到门运输，因此，对货主来说，在货物交由第一承运人以后可以取得货运单证，并据以结汇，从而提前了结汇时间。这不仅有利于加速货物占用资金的周转，而且可以减少利息的支出。此外，由于货物是在集装箱内进行运输的，因此，从某种意义上来看，可相应地节省货物的包装、理货和保险等费用的支出。

3. 多式联运的形式

国际多式联运是采用两种或两种以上不同运输方式进行联运的运输形式。这里所指的至少两种运输方式可以是：海陆联运、海空联运、海陆空联运等。

由于国际多式联运具有其他运输形式无可比拟的优越性，因而这种国际运输新技术已在世界主要国家和地区得到广泛的推广和应用。

（1）海陆联运

海陆联运是国际多式联运的主要组织形式，也是远东—欧洲多式联运的主要组织形式之一。目前组织和经营远东—欧洲海陆联运业务的主要有：班轮公会的三联集团、北荷、冠航和马士基等国际航运公司，以及非班轮公会的中国远洋运输公司、中国台湾长荣航运公司和德国那亚航运公司等。这种组织形式以航运公司为主体，签发联运提单，与航线两端的内陆运输部门开展联运业务，与陆桥运输展开竞争。

（2）海空联运

与传统的海运相比，航空货运是新兴的货物运输方式，它具有快速方便等十分明显的优势，并已经成为运输业新的经济增长点。然而，航空货运每公斤几十元甚至几百元的运价并非是每位货主都愿意承担的。目前作为多式联运形式之一的海空联运，结合了海运和空运的优点，充分利用了海运的经济性与空运的快捷性，正成为一种具有巨大发展潜力的新的多式联运形式。

海空货物联运是加拿大航空公司 20 世纪 60 年代初开创的，当时为了将价值昂贵的日本消费品运往美国东海岸、欧洲和中东，他们先将货物集装箱用船运往温哥华，再经陆路运到温哥华机场，在机场开箱把货物分类分装成航空货物交机场续运。这项业务的成功促进了海空联运模式的发展，之后不久这条路线沿北美太平洋向南发展到西雅图、旧金山和洛杉矶。

20 世纪 70 年代，波音 747 飞机问世后，海空货物联运业务得到迅速发展。首先是在美国，继而扩展到其他地区，特别是海湾地区。因为该地区飞往欧洲的飞机货舱往往空载，于是航空公司开始向发货人提供极低的回程费率，许多代理人注意到了海空联运的大好机会。

20 世纪 80 年代至 90 年代以来，亚洲国家出口货物快速增长，促进了该地区的海空联运业务，新加坡已经作为世界级海空货物联运枢纽出现在国际市场上。东南亚和远东大多数国家出口的纺织品，通过海空联运运到欧洲。日本、韩国还越来越多地用海空联运将高技术产品，如电子设备运往欧洲。

海空联运在运输方式上，与陆地运输有所不同，陆地运输在整个货运过程中使用的是同一个集装箱，不用换装，而海空联运的货物通常要在航空港换入航空集装箱。不过两者的目标是一致的，即以低费率提供快捷、可靠的运输服务。

目前，国际海空联运线路主要有以下几条线路。

① 远东—欧洲：远东与欧洲间的航线有以温哥华、西雅图、洛杉矶为中转地，也有以香港、曼谷、海参崴为中转地；此外，还有以旧金山、新加坡为中转地。

② 远东—中南美：近年来，远东至中南美的海空联运发展较快，因为此处港口和内陆运输不稳定，所以对海空运输的需求很大。该联运线以迈阿密、洛杉矶、温哥华为中转地。

③ 远东—中近东、非洲、澳洲：这是以香港、曼谷为中转地至中近东、非洲的运输服务，在特殊情况下，还有经马赛至非洲，经曼谷至印度、经香港至澳洲等联运线，但这些线路货运量较小。

4. 陆桥运输

陆桥运输指以横贯大陆的铁路、公路运输系统作为中间桥梁，把大陆两端的海运系统连接起来，形成跨越大陆、联结海洋的运输组织形式。在国际多式联运中，陆桥运输起着非常重要的作用。它是远东—欧洲国际多式联运的主要形式。

严格地讲，陆桥运输也是一种海陆联运形式，只是因为它在国际多式联运中的独特地位，故将其单独作为一种运输组织形式。

目前国际上陆桥运输的组织形式包括以下几种。

（1）大陆桥运输。它是指以横贯大陆上的铁路、公路运输系统作为中间桥梁，把大陆隔断的海洋连接起来形成的海陆联运的连贯运输。大陆桥运输主要形式是国际集装箱过境运输，它是国际集装箱多式联运的一种特殊形式。大陆桥运输采用海陆联运方式，全程由海运段和陆运段组成。这种方式比单纯采用海运缩短路程，但增加了装卸次数。所以某地域大陆桥运输能否发展主要取决于它与全程海运相比在运输费用、运输时间等方面的综合竞争力。广义的大陆桥运输还包括小路桥运输和微型路桥运输。

（2）小陆桥运输。从运输组织方式上看它与大陆桥运输并无大的区别，只是其运送的货物的目的地为沿海港口。目前，北美小陆桥运送的主要是日本经北美太平洋沿岸到大西洋沿岸和墨西哥湾地区港口的集装箱货物，当然也承运从欧洲到美国西海岸及海湾地区各港口的大西洋航线的转运货物。北美小陆桥在缩短运输距离、节省运输时间上的效果是显著的。以日本—美东航线为例，从大阪至纽约全程水运（经巴拿马运河）航线距离 9700 海里，运输时间 21～24 天。而采用小陆桥运输，运输距离仅 7400 海里，运输时间 16 天，可节省 1 周左右的时间。

（3）微型陆桥运输。微型陆桥运输与小陆桥运输基本相似，只是其交货地点在内陆地区。如日本到美国内陆地区的货物，在西海岸港口上陆后，直接由陆上运输运到美国内陆地区的城市。这样就免去收货人到港口去办报关、提货等进口手续，方便了货主。

（4）半陆桥运输。从东南亚各国（包括孟加拉、缅甸、泰国）到西亚（包括巴基斯坦、伊朗）运输货物，利用东印度的加尔各答到西印度孟买的铁路为陆桥的运输便是半陆桥运输。这条集装箱海陆连线，可以节约绕道印度半岛的航程。由于其运输路线短，又是通过印度半岛，所以称为“半陆桥”。

第二节　运输方式的选择与路线的确定

一、选择运输方式的影响因素

在现代物流管理中，根据客户的要求以及承运的货物种类，选择合适的运输方式，在预定的时间内高效率、低成本地将货物运达目的地，是运输管理的基本内容。

运输方式的选择可根据上面介绍过的各种运输方式的特点进行感性的、经验性的选择，但要进行理性的、科学的选择还得要掌握影响运输方式选择的因素及其数量化方法。

选择运输方式的判断标准主要包括以下一些要素：货物的性质、运输时间、交货时间的适应性、运输成本、批量的适应性、运输的机动性和便利性、运输的安全性和准确性等。

对于货主来说，运输的安全性和准确性、运输费用的低廉性以及缩短运输总时间等因素是其关注的重点。从不同行业看，制造业重视运输费用的低廉性，批发业和零售业重视运输的安全性和准确性、运输总时间的缩短等因素。

上述各种选择要素中，主要考虑以下 5 个方面的要素。

1．物品种类

在考虑运输物品的种类时，应以物品的形状、单件重量、单件体积、物品的危险性和易腐性，尤其要从物品对运费的负担能力等方面考虑。

2．运输数量

有些运输方式不适用于批量非常小的货物运输，而有的则只适用于小批量货物运输。因此，一次运输的批量不同，所选择的运输方式也会不同，通常对于大批量的运输可以选择水路运输或铁路运输。

3．运输距离

运输距离的长短也直接影响到运输方式的选择。通常中短距离运输比较适合于选择公路运输。

4．运输时间

运输时间的长短，从起点到终点的运输速度，往往是主要的选择条件。为此，一般都愿意选一家公司直运，而不愿由几家公司联运，并力求避开拥挤的场站。在某些情况下，当托运人和收货人谁都不想增加货物库存时，他们也会寻求速度慢的运输。此时，运输车辆被当作活动仓库，形成在途库存。

5．运输价格

通常应根据物品价格来选择其所能负担运费能力的运输方式。目前，许多货主并不愿选择提供最低运价的运输公司，而宁愿按包括运费在内的总物流费用来选择运输公司。

二、运输方式的选择方法

上述 5 种运输方式选择的影响因素不是互相独立的，而是紧密相连、互为影响的。

一般情况下，运输方式的选择，只考虑两个基本因素：一是运输的速度问题，二是运输的费用问题。从物流运输功能来看，速度快是物流运输服务的基本要求。但是速度快的运输方式，其费用往往很高。但在考虑运输的经济性时，不能只从运输费用本身来判断，还要考虑因速度加快，缩短物品的备运时间，使物品的库存减少，从而减少了物品的库存费用等因素。因此，运输方式或运输工具的选择应该是在综合考虑上述各种因素后，寻求运输费用与保管费用最低的运输方式或运输工具。

1. 综合评价选择法

物流运输系统的目标是实现物品迅速安全和低成本的运输。然而，运输的快捷性、准确性、安全性和经济性之间是相互制约的。若重视运输速度、准确性、安全性，则运输成本就会增加；反之，若运输成本降低，则运输的其他目标就可能难以全面实现。因此，在选择运输方式时，应综合考虑运输的各种目标要求。

综合评价选择法的基本步骤如下：

① 确定可供选择的运输方式集 j（j=1，2，3，…，m）；

② 确定运输方式选择的评价因素集 F_i（i=1，2，3，…，n）；

③ 确定各评价因素的权重 W_i；

④ 确定每种运输方式的综合评价值 V_j，并以其值最大者为选择对象。

综合评价值按以下公式确定：

$$V_j = \sum_{i=1}^{n} W_i F_i \quad (j = 1,2,3,\cdots,m) \tag{5-1}$$

举例说明，见例 5-1。

例 5-1

假设某件产品运输有铁路、公路两种运输方式可选，货主列出了影响运输方式选择的评价因素为运输时间、运输时间适应性、运输费用、运输能力、货损货差、用户服务。各评价因素及其权重的评分如表 5-1 所示。请根据综合评价选择法确定货主应选择的运输方式。

表 5-1　运输方式选择的评分表

因素	权重	各因素评分		因素	权重	各因素评分	
		铁路运输	公路运输			铁路运输	公路运输
运输时间	8	7	5	运输能力	6	6	2
运输时间适应性	5	5	7	货损货差	7	5	4
运输费用	8	8	4	用户服务	5	6	9

解：

由表 5-1，根据公式 5-1，可以计算出铁路运输的综合评价值 V_1=246，公路运输的综合评价值 V_2=192。可见，铁路运输的综合性能较好，货主应选择铁路运输方式托运。

2. 考虑竞争因素法

对于买方来说，良好的运输服务，如较短的运输时间和较好的运输一致性，意味着可以降低库存水平和保持较确定的运作时间表。为了能获得所期望的运输服务，从而降低成本，买方对运输供应商所能提供的鼓励是对该供应商给予更多的惠顾。由于提供较好服务的供应商能获得买方更大的购买份额，并且能从因交易额扩大而得到的更多利润中支付由于提供更好的运输服务而增加的成本，所以这必将激励运输供应商去寻求更适合于买方需要的运输服务方式，而不是单纯的追求降低成本。这样，运输方式的选择就成了供应商和买方共同的决策。

在市场中，一个供应商为了争取买方而采取更佳的运输方式时，参与竞争的其他供应商必然会做出竞争反应,形成博弈。例 5-2 说明的是不考虑运输服务供应商的竞争对手的情况下，买方向能提供更佳运输服务的供应商转移更多交易份额的程度。

例 5–2

某制造商分别从两个供应商处购买了共 3000 个零件，每个零件单价 100 元。目前这 3000 个零件由两个供应商平均提供，如供应商缩短运输时间，则可以多得到交易份额，每缩短一天，便可以从总交易中多得 5%的份额，即 150 个零件。供应商从每个零件可赚得占零件价格（不包括运输费用）20%的利润。

于是供应商 A 考虑，如将运输方式从铁路转到公路运输或航空运输是否有利可图?各种运输方式的运输费率和运输时间如表 5-2 所示。

表 5-2 不同运输方式下的运输费率和时间

运输方式	运费率（元/件）	运输时间（天）
铁路	2.50	7
公路	6.00	4
航空	10.35	2

解:

步骤 1:

建立基础数据表。如图 5-1 所示。

	A	B	C	D	E	F	G
1	总需求量(个)	零件单价(元)					
2	3000	100					
3							
4	运输方式	运输费率(元/件)	运输时间(天)	销售量(个)	毛利(元)	运输成本(元)	净利润(元)
5	铁路	2.5	7				
6	公路	6	4				
7	航空	10.35	2				

图 5-1 基础数据表

操作视频

步骤 2:

计算销售量。在单元格 D5 输入“=A2/2”、D6 输入“=A2/2+(C5–C6)*0.05*A2”、D7 输入“=A2/2+(C5–C7)*0.05*A2”。如图 5-2 所示。

	A	B	C	D	E	F	G
1	总需求量(	零件单价(元)					
2	3000	100					
3							
4	运输方式	运输费率(元/件)	运输时间(天)	销售量(个)	毛利(元)	运输成本(元)	净利润(元)
5	铁路	2.5	7	1500	30000	3750	26250
6	公路	6	4	1950	39000	11700	27300
7	航空	10.35	2	2250	45000	23287.5	21712.5

图 5-2 计算净利润

步骤 3:

计算毛利润。在单元格 E5 输入“=D5*B$2*0.2”，按住填充柄向下拖至 E7。如图 5-2 所示。

步骤 4:

计算运输成本。在单元格 F5 输入“=B5*D5”，按住填充柄向下拖至 F7。如图 5-2 所示。

步骤 5:

计算净利润。在单元格 G5 输入“=E5–F5”，按住填充柄向下拖至 G7。如图 5-2 所示。

结果分析:

由图 5-2 可以看出，公路运输的净利润最大。所以，如果制造商对能提供更好运输服务的供应商给予更多交易份额的承诺兑现，则供应商 A 应当选择公路运输。

在实际业务中，除了可以选择单一运输方式之外，还可以选择多式联运。与选择单一运输方式相比，多式联运下运输方式的选择要复杂很多，除了单一运输方式所需考虑的因素和条件外，还需考虑运输方式的转换费用、转换点、转换延迟时间、转入运输方式和转出运输方式、多式联运货物容器的应用等。此时进行运输方式选择时，可以采取将货运进行分段、建立多目标函数以及通过数学模型求解的方式实现。

三、运输路线的确定

运输网络由节点和线组成，点与点之间由线连接，线代表点与点之间运行的成本（距离、时间或时间和距离加权的组合）。最常见的问题是找到运输工具在运输网络上的最佳路线以尽可能地缩短运输时间或运输距离，从而在降低运输成本的同时改善客户服务。因此，运输路线的确定是运输决策的一个重要领域。尽管路线选择问题种类繁多，但可以将其归纳为几个基本类型。

1. 起讫点不同的单一问题

对分离的、单个始发点和终点的网络运输路线选择问题，最简单和直观的方法是最短路线法。

举例说明，见例 5-3。

例 5–3

图 5-3 所示的是一张公路网络示意图，其中 A 是始发点，H 是终点，B，C，D，E，F，G 是网络中的节点，节点与节点之间以线路连接，线路上标明了两个节点之间的距离（公里）。要求确定一条从起点 A 到终点 H 的最短的运输路线。

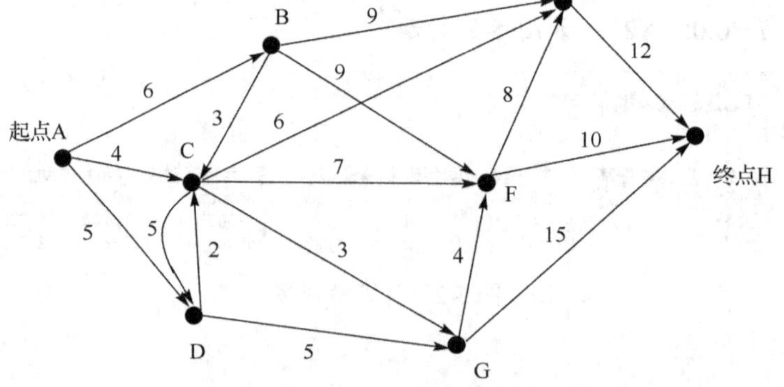

操作视频

图 5-3 公路网络示意图

解：

步骤 1:

建立基础数据表。如图 5-4 所示。

步骤 2:

建立运算模型。在单元格 F2 输入“节点”，G2 输入“净流量”，H2 输入“需求量”，在单元格 F3:F10 分别输入“A、B、C、D、E、F、G、H”，在单元格 G3 输入“=SUMIF($A$3:$A$19,F3,$C$3:$C$19)–SUMIF($B$3:$B$19,F3,$C$3:$C$19)”，按住填充柄向下拖至 G10；在单元格 H3:H10 分别输入“=”、I3 输入“1”、I10 输入“–1”、I4:I9 分别输入“0”。如图 5-5 所示。

	A	B	C	D
1				
2	从	到	是否走	距离
3	A	B		6
4	A	C		4
5	A	D		5
6	B	C		3
7	B	E		9
8	B	F		9
9	C	D		5
10	C	E		6
11	C	F		7
12	C	G		3
13	D	C		2
14	D	G		5
15	E	H		12
16	F	E		8
17	F	H		10
18	G	F		4
19	G	H		15

图 5-4　基础数据表

G3　fx =SUMIF($A$3:$A$19,F3,$C$3:$C$19)-SUMIF($B$3:$B$19,F3,$C$3:$C$19)

	F	G	H	I	J	K	L	M	N
1									
2	节点	净流量	需求量						
3	A	0	=	1					
4	B	0	=	0					
5	C	0	=	0					
6	D	0	=	0					
7	E	0	=	0					
8	F	0	=	0					
9	G	0	=	0					
10	H	0	=	-1					

图 5-5　创建运算模型

步骤 3:

设置目标函数。在单元格 G13 输入“最短路径”、在 H13 输入“=”、在 I13 输入“=SUMPRODUCT(C3:C19,D3:D19)”。点击“工具”菜单，选择“规划求解”，在“规划求解参数”对话框中的“设置目标单元格(E)”处输入“$I$13”，并选择“最小值”，在“可变单元格(B)”处输入“$C$3:$C$19”，添加约束条件“$C$3:$C$19=整数”、“$G$3:$G$10=$I$3:$I$10”，如图 5-6 所示。

步骤 4:

规划求解。在“规划求解参数”对话框中单击“选项”按键，在“规划求解选项”对话框中，选定“采用线性模型”和“假定非负”，如图 5-7 所示。单击“确定”按键，得到计算结果，如图 5-8 所示。

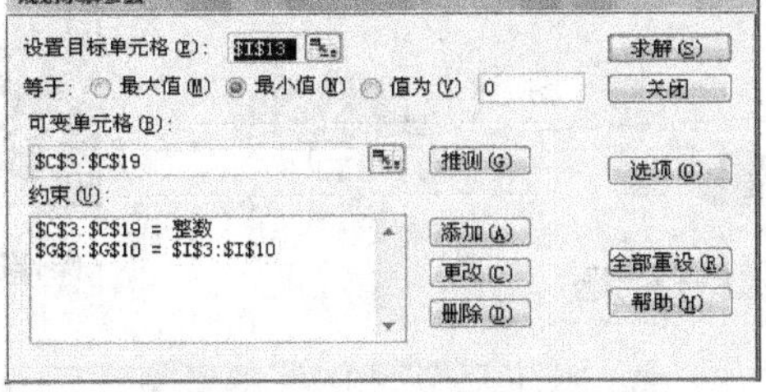

图 5-6　规划求解参数对话框

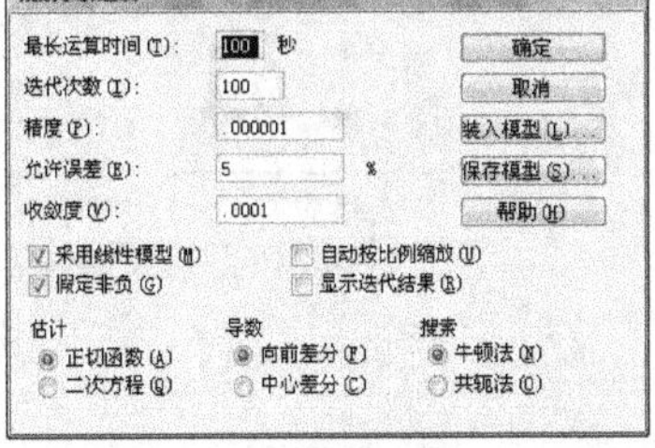

图 5-7　规划求解选项对话框

结果分析:

由图 5-8 可以看出，最短路径为：A→C→F→H，总距离 21 公里。

	A	B	C	D	E	F	G	H	I
1									
2	从	到	是否走	距离		节点	净流量		需求量
3	A	B	0	6		A	1	=	1
4	A	C	1	4		B	0	=	0
5	A	D	0	5		C	0	=	0
6	B	C	0	3		D	0	=	0
7	B	E	0	9		E	0	=	0
8	B	F	0	9		F	0	=	0
9	C	D	0	5		G	0	=	0
10	C	E	0	6		H	-1	=	-1
11	C	F	1	7					
12	C	G	0	3					
13	D	C	0	2			最短路径	=	21
14	D	G	0	5					
15	E	H	0	12					
16	F	E	0	8					
17	F	H	1	10					
18	G	F	0	4					
19	G	H	0	15					

图 5-8　计算结果

2．多起讫点问题

如果有多个货源地可以服务多个目的地，那么我们面临的问题是，要指定各目的地的供货地，同时要找到供货地、目的地之间的最佳路径。该问题经常发生在多个供应商、工厂或仓库服务于多个客户的情况下。如果各供货地能够满足的需求数据有限，则问题会更复杂。解决这类问题常常可以运用一类特殊的线性规划算法，即运输方法求解。

举例说明，见例 5-4。

例 5-4

某制造商与 3 个位于不同地点的供应商签订合同，分别为制造商的 3 个工厂供应原材料。如图 5-9 所示，图中指明了各运输线路上每吨货物的运输费率（以美元/吨为单位计算）。求每个供应商供货的工厂及供货数量。

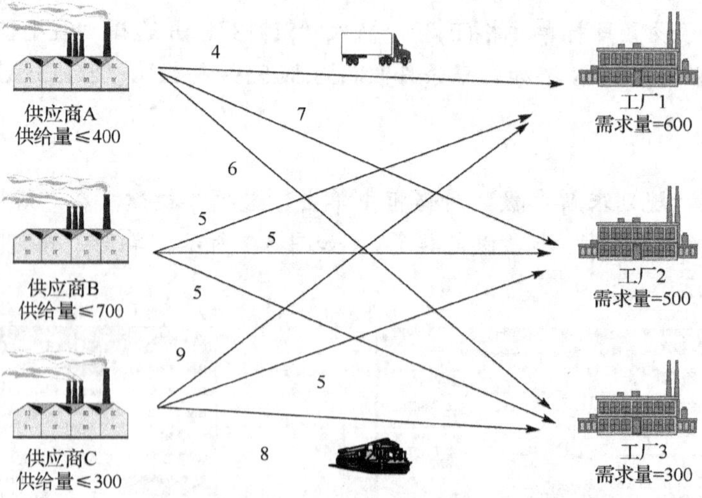

图 5-9　多起讫点路径问题

操作视频

解：

步骤 1：

建立基础数据表。如图 5-10 所示。

	A	B	C	D	E
1		工厂1	工厂2	工厂3	供应量
2	供应商A	4	7	6	400
3	供应商B	5	5	5	700
4	供应商C	9	5	8	300
5	需求量	600	500	300	

图 5-10　基础数据表

步骤 2:

建立供需关系表。复制区域 A1:E1 到 A7:E7，复制 A2:A5 到 A8:A11，在单元格 B11 输入“=SUM(B8:B10)”、按住填充柄向右拖至 D11，在单元格 E8 输入“=SUM(B8:D8)”、按住填充柄向下拖至 E10。如图 5-11 所示。

步骤 3:

建立目标函数。在单元格 A13 输入“目标函数”，B13 输入“=SUMPRODUCT(B2:D4, B8:D10)。如图 5-12 所示。

B11　=SUM(B8:B10)

	A	B	C	D	E
6					
7		工厂 1	工厂 2	工厂 3	供应
8	供应商 A				0
9	供应商 B				0
10	供应商 C				0
11	需求	0	0	0	

图 5-11　供需关系表

B13　=SUMPRODUCT(B2:D4, B8:D10)

	A	B	C	D	E
7		工厂1	工厂2	工厂3	供应量
8	供应商A				0
9	供应商B				0
10	供应商C				0
11	需求量	0	0	0	
12					
13	目标函数	0			

图 5-12　建立目标函数

步骤 4:

规划求解。单击“工具”菜单，选择“规划求解”，在弹出的“规划求解参数”对话框中的“设置目标单元格(E)”中输入“$B$13”，选择“最小值”，在“可变单元格(B)”中输入“$B$8:$D$10”，添加约束条件“$B$11:$D$11=$B$5:$D$5”、“$B$8:$D$10=整数”、“$B$8:$D$10>=0”、“$E$8:$E$10=$E$2:$E$4”。如图 5-13 所示。单击“求解”，得到规划结果，如图 5-14 所示。

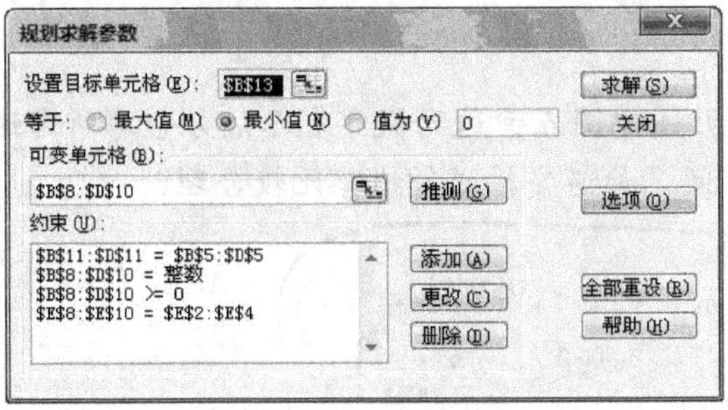

图 5-13　规划求解参数

	A	B	C	D	E
7		工厂1	工厂2	工厂3	供应量
8	供应商A	400	0	0	400
9	供应商B	200	200	300	700
10	供应商C	0	300	0	300
11	需求量	600	500	300	
12					
13	目标函数	6600			

图 5-14　规划求解结果

结果分析:

由图 5-14 可看出，计算结果为:

从供应商 A 运输 400 吨到工厂 1;

从供应商 B 运输 200 吨到工厂 1;

从供应商 B 运输 200 吨到工厂 2;

从供应商 B 运输 300 吨到工厂 3;

从供应商 C 运输 300 吨到工厂 2。

该运行线路计划的成本最低，为 6600 美元。

3. 起讫点重合的问题

物流管理人员经常遇到的一个路线选择问题是始发点就是终点的路线选择。例如，配送车辆从仓库送货至零售点，然后返回仓库，再重新装货；当地的配送车辆从零售店送货至顾客，再返回；接送孩子上学的学校巴士的运行路线；送报车辆的运行路线；垃圾收集车辆的运行路线等。这类问题求解的目标是寻求访问各点的次序，以求运行时间或距离最小化。始点和终点相重合的路线选择问题通常被称为 TSP（旅行推销商）问题，有许多方法可求解此类问题。这里介绍两种，一种是简单的“扫描法”，另一种是复杂些，但准确性更高的“节约法”。

（1）扫描法

扫描法是 Gillett 和 Miller 于 1974 年提出的求解车辆路线问题（Vehicle Routing Problem，VRP）的方法，此方法属于先分群再排路线的方式。其基本步骤如下。

① 在地图或方格图中确定所有分仓库的位置。

② 自中心仓库开始沿任一方向向外画一条直线。

③ 沿顺时针或逆时针方向旋转该直线直到与某分仓库相交，相交时考虑在线路上增加该分仓库运货任务时，是否超过车辆的载货容量（先使用容量最大的车辆），如果未超过，线路增加该分仓库，并继续旋转直线到下一分仓库。否则执行步骤④。

④ 构成一条送货线路。

⑤ 从不包含在上一条线路中的分仓库开始，继续旋转直线，重复步骤③直到所有的分仓库的送货任务都已安排在不同线路中。

⑥ 应用 TSP 问题的求解算法，排定各线路中分仓库的先后顺序，使各线路的路径最短。

举例说明，见例 5-5，根据扫描法的思想，用 EXCEL 求解路径问题。

例 5–5

已知某运输公司的送货点如图 5-15 所示，图中圆点旁边的数字表示该分仓库所需送货量，运输公司的送货车辆载货容量为 10000 件。问：如何安排送货线路比较合理？

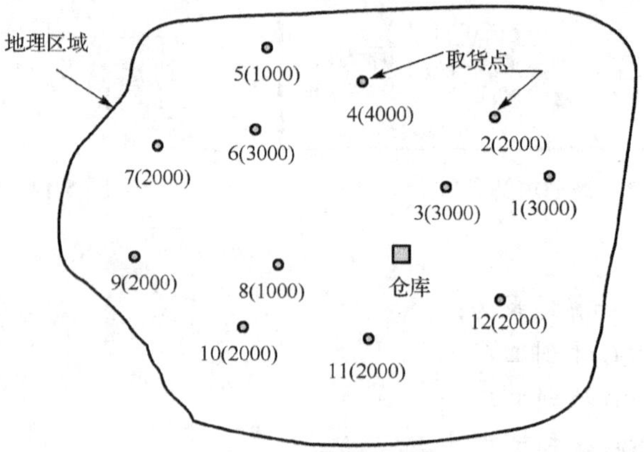

图 5-15 送货点的数据

操作视频

解:

步骤 1:

建立基础数据表。如图 5-16 所示。

步骤 2:

计算累加量。在单元格 C1 输入“送货累加量”、在 C2 输入“=B2”，在 C3 输入“=IF(C2+B3<=10000,C2+B3,B3)”，按住填充柄向下拖至 C13。如图 5-17 所示。

	A	B
1	客户点排列顺序	送货量
2	1	3000
3	2	2000
4	3	3000
5	4	4000
6	5	1000
7	6	3000
8	7	2000
9	8	1000
10	9	2000
11	10	2000
12	11	2000
13	12	2000

图 5-16　基础数据表

C13　fx =IF(C12+B13<=10000, C12+B13, B13)

	A	B	C	D
1	客户点排列顺序	送货量	送货量累加	
2	1	3000	3000	
3	2	2000	5000	
4	3	3000	8000	
5	4	4000	4000	
6	5	1000	5000	
7	6	3000	8000	
8	7	2000	10000	
9	8	1000	1000	
10	9	2000	3000	
11	10	2000	5000	
12	11	2000	7000	
13	12	2000	9000	

图 5-17　计算累加量

步骤 3:

计算换车点。在单元格 D1 输入“换车点”、在 D2 输入“1”，在 D3 输入“=IF(C2+B3<=10000,0,1)”，按住填充柄向下拖至 D13。如图 5-18 所示。

结果分析:

由图 5-18 可以看出，1、2、3 三个客户为一辆车，共运货 8000 件；4、5、6、7 四个客户为一辆车，共运货 10000 件；8、9、10、11、12 五个客户为一辆车，共运货 9000 件。如图 5-19 所示。

D13　fx =IF(C12+B13<=10000, 0, 1)

	A	B	C	D
1	客户点排列顺序	送货量	送货量累加	换车点
2	1	3000	3000	1
3	2	2000	5000	0
4	3	3000	8000	0
5	4	4000	4000	1
6	5	1000	5000	0
7	6	3000	8000	0
8	7	2000	10000	0
9	8	1000	1000	1
10	9	2000	3000	0
11	10	2000	5000	0
12	11	2000	7000	0
13	12	2000	9000	0

图 5-18　计算换车点

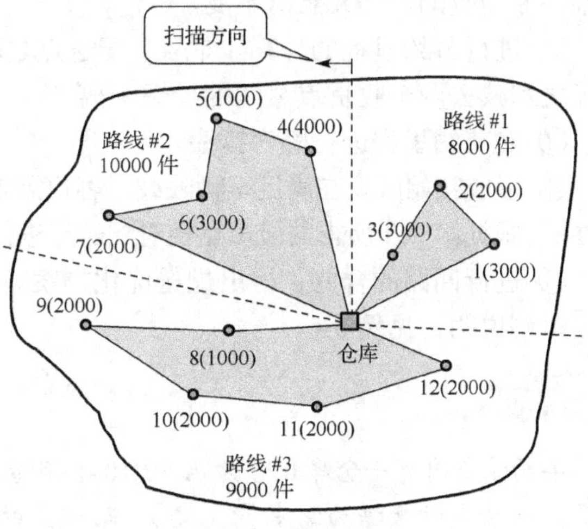

图 5-19　扫描法的解

（2）节约法

节约法最早是由 Clarke-Wright 所提出来的，能够对站点不多的 VRP 问题（车辆路线问题）进行快速求解，其结果与最优解比较接近，而且节约法的一个重要特点是其能够包含实际应用中许多重要的约束条件，如时间窗口条件、最长驾驶时间条件、司机休息时间条件等，因此一直以来是求解 VRP 问题的一个有效的方法。

假设中心仓库用两辆车分别向分仓库 i 和 j 送货，随后返回，如图 5-20(a)所示，这时的路线里程为：

$$D1=c_{oi}+c_{io}+c_{oj}+c_{jo} \quad (5\text{-}2)$$

但如果使用一辆车辆由 o–i–j–o 进行一次巡回送货，如图 5-20(b)所示，其总行驶线路里程将变为：

$$D2=c_{oi}+c_{ij}+c_{jo} \quad (5\text{-}3)$$

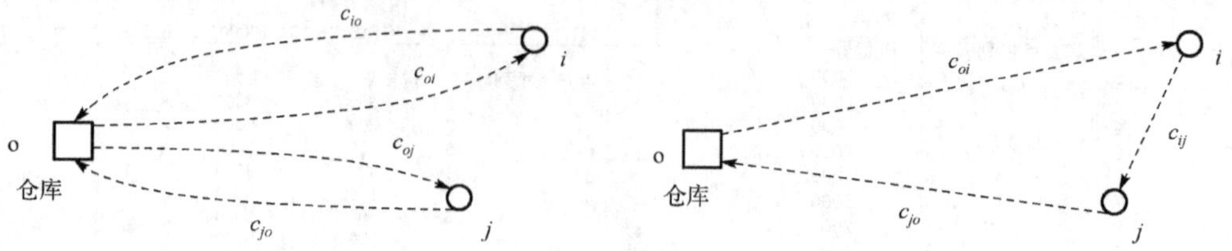

(a) 分别进行送货的线路　　　　(b) 合并后的送货线路

图 5-20　通过合并线路节约行驶里程

显然，后一种送货方案比前一种可减少的行驶里程为：

$$\Delta D_{ij} = c_{io} + c_{oj} - c_{ij} \quad (5\text{-}4)$$

这一减少的行驶里程 ΔD_{ij} 称为节约里程。

节约法的具体步骤如下。

① 计算各配送点间最短路径，一般的方法有 Floyd 算法、Dijkstra 算法等。Floyd 算法思想是逐步试着在原直接路径中考虑其他顶点作为中间点,如增加中间点后得到的路径较原路径长度减小,则以此新路径长度代替原值而修改矩阵元素；若增加中间点后的路径比原路径更长,就维持原相应的矩阵元素值不变。

② 进行节约里程的计算。即两个配送点之间的节约里程为送货点到这两个收货点的最短路径之和减去两个收货点之间的最短距离。

③ 对节约里程进行降序排序。

④ 形成初始解。在满足车辆限载、客户需求量大小、时间限制、客户所在地理位置等所有条件下，根据第一步所得的最短路径对配送点进行一对一直达式配送，得到所需配送车辆和行程。

⑤ 进行回路的合并，得出配送优化方案。

举例说明，见例 5-6。

例 5-6

某物流公司有一仓库（P）为 A～J 10 个销售点送货，仓库及销售点的位置及需求量如图 5-21 所示。括号内的数据为需求量（吨），路线上的数字表示运输距离（公里）。这时，为使行驶距离尽量短，应该如何安排配送路线？假设能利用的车辆载重量是 2 吨和 4 吨两种（后者的单位运输费率比前者稍高），并限制车辆一次运行的初步距离在 30 公里内。

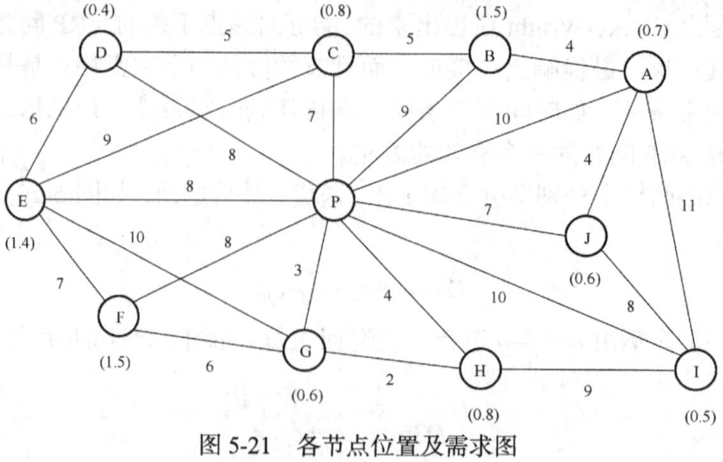

图 5-21　各节点位置及需求图

操作视频

解：

步骤 1:

建立基础数据表。如图 5-22 所示。图中，当两点间没有直达路径时，可认为两点间距离无穷大，这里设为 100 公里足以解决问题。

	A	B	C	D	E	F	G	H	I	J	K	L
1	节点	P	A	B	C	D	E	F	G	H	I	J
2	P	0	10	9	7	8	8	8	3	4	10	7
3	A	10	0	4	100	100	100	100	100	100	11	4
4	B	9	4	0	5	100	100	100	100	100	100	100
5	C	7	100	5	0	5	9	100	100	100	100	100
6	D	8	100	100	5	0	6	100	100	100	100	100
7	E	8	100	100	9	6	0	7	10	100	100	100
8	F	8	100	100	100	100	7	0	6	100	100	100
9	G	3	100	100	100	100	10	6	0	2	100	100
10	H	4	100	100	100	100	100	100	2	0	9	100
11	I	10	11	100	100	100	100	100	100	9	0	8
12	J	7	4	100	100	100	100	100	100	100	8	0

图 5-22 基础数据表

步骤 2:

建立 Floyd 算法迭代过程表。把区域 A1:L12 复制到 A16:L27。在单元格 B17 输入“MIN($B2:$L2+TRANSPOSE(B$2:B$12))”并按组合键“Ctrl+Shift+Enter”（输入数组公式），按住填充柄向右拖至 L17、再向下拖至 L27。如图 5-23 所示。

B17 {=MIN($B2:$L2+TRANSPOSE(B$2:B$12))}

	A	B	C	D	E	F	G	H	I	J	K	L
16	节点	P	A	B	C	D	E	F	G	H	I	J
17	P	0	10	9	7	8	8	8	3	4	10	7
18	A	10	0	4	9	18	18	18	13	14	11	4
19	B	9	4	0	5	10	14	17	12	13	15	8
20	C	7	9	5	0	5	9	15	10	11	17	14
21	D	8	18	10	5	0	6	13	11	12	18	15
22	E	8	18	14	9	6	0	7	10	12	18	15
23	F	8	18	17	15	13	7	0	6	8	18	15
24	G	3	13	12	10	11	10	6	0	2	11	10
25	H	4	14	13	11	12	12	8	2	0	9	11
26	I	10	11	15	17	18	18	18	11	9	0	8
27	J	7	4	8	14	15	15	15	10	11	8	0

图 5-23 Floyd 算法迭代过程表

步骤 3:

建立结果判断函数。在单元格 A14 输入“结果判断”，B14 输入“=AND(B2:L12=B17:L27)”并按组合键“Ctrl+Shift+Enter”。如图 5-24 所示。

B14 {=AND(B2:L12=B17:L27)}

	A	B	C	D	E
13					
14	结果判断	FALSE			

图 5-24 结果判断函数

步骤 4:

进行迭代，求两点间最短距离。复制区域 B17:L27，选择菜单“选择性粘贴（S）/数值（V）”到区域 B2:L12，重复复制区域 B17:L27，将数值粘贴到区域 B2:L12 直到结果判断单元格 B14 由“FALSE”变为“TRUE”，结束迭代，得到两点间最短距离表。如图 5-25 所示。

	A	B	C	D	E	F	G	H	I	J	K	L
1	节点	P	A	B	C	D	E	F	G	H	I	J
2	P	0	10	9	7	8	8	8	3	4	10	7
3	A	10	0	4	9	14	18	18	13	14	11	4
4	B	9	4	0	5	10	14	17	12	13	15	8
5	C	7	9	5	0	5	9	15	10	11	17	13
6	D	8	14	10	5	0	6	13	11	12	18	15
7	E	8	18	14	9	6	0	7	10	12	18	15
8	F	8	18	17	15	13	7	0	6	8	17	15
9	G	3	13	12	10	11	10	6	0	2	11	10
10	H	4	14	13	11	12	12	8	2	0	9	11
11	I	10	11	15	17	18	18	17	11	9	0	8
12	J	7	4	8	13	15	15	15	10	11	8	0
13												
14	结果判断	TRUE										

图 5-25 两点间最短距离

步骤 5:

计算节约里程。复制区域 A1:L1 到 A30:L30、复制 A2:A12 到 A31:A41，在单元格 A29 输入“节约里程”，D32 输入“=$B3+D$2−D3”，按住填充柄填充至 D32:L41 右上半部分的三角形中，即可计算供需间节约的里程。如图 5-26 所示。

D32 fx =$B3+D$2-D3

	A	B	C	D	E	F	G	H	I	J	K	L
29	节约里程											
30	节点	P	A	B	C	D	E	F	G	H	I	J
31	P											
32	A			15	8	4	0	0	0	0	9	13
33	B				11	7	3	0	0	0	4	8
34	C					10	6	0	0	0	0	1
35	D						10	3	0	0	0	0
36	E							9	1	0	0	0
37	F								5	4	1	0
38	G									5	2	0
39	H										5	0
40	I											9
41	J											

图 5-26 供需点间节约的里程

步骤 6:

建立节约里程表并排序。在单元格 B43 输入“连接线”、C43 输入“节约里程”，根据图 5-26 填写相应的信息（里程节约“0”的部分略去）。如图 5-27(a)所示。选择区域 B44:C67、选择菜单“数据/排序”、在如图 5-27(b)所示的弹出对话框中，“主要关键字”选择“节约里程”、选“降序”，按“确定”按键后出现按节约里程由大到小的排序表。如图 5-27(c)所示。

	B	C
43	连接线	节约里程
44	A-B	15
45	A-C	8
46	A-D	4
47	A-I	9
48	A-J	13
49	B-C	11
50	B-D	7
51	B-E	3
52	B-I	4
53	B-J	8
54	C-D	10
55	C-E	6
56	C-J	1
57	D-E	10
58	D-F	3
59	E-F	9
60	E-G	1
61	F-G	5
62	F-H	4
63	F-I	1
64	G-H	5
65	G-I	2
66	H-I	5
67	I-J	9

(a)未排序的节约里程表

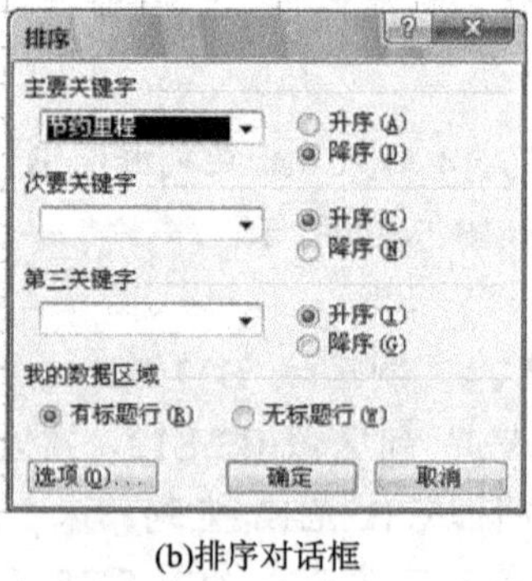

(b)排序对话框

	B	C
43	连接线	节约里程
44	A-B	15
45	A-J	13
46	B-C	11
47	C-D	10
48	D-E	10
49	A-I	9
50	E-F	9
51	I-J	9
52	A-C	8
53	B-J	8
54	B-D	7
55	C-E	6
56	F-G	5
57	G-H	5
58	H-I	5
59	A-D	4
60	B-I	4
61	F-H	4
62	B-E	3
63	D-F	3
64	G-I	2
65	C-J	1
66	E-G	1
67	F-I	1

(c)排序的节约里程表

图 5-27 节约里程表

步骤 7:

进行运输线路安排。由于 4 吨货车与 2 吨货车相比，单位运输费率高出不多，所以应尽可能选用 4 吨货车。

按照节约里程由大到小的顺序，根据图 5-27(c)的数据，参考位置图 5-21，可以看出，首先应连接 A-B、A-J，A、B、J 三点的总需求量为 2.8（0.7+1.5+0.6）吨，对于载重 4 吨的货车来说，还剩 0.9 吨的载货能力，与 A、B、J 相临的有 2 个点：C（0.8）、I（0.5），取需求量大的 C 点，这时 A、B、J、C 四点总的需求量为 3.6 吨，接近 4 吨货车的满载。所以，第一条运输线路为：P-J-A-B-C-P，使用一辆 4 吨的货车。

再看图 5-27(c)，除 A、B、J、C 四点外，最大节约里程的连线依次为：48、49、50、51 行的 D-E、A-I、E-F、I-J，所以连接 D、E、F 三点，三点总需求量为 3.3 吨，再加上相临的 G 点，共 3.9 吨。所以，第二条运输线路为：P-D-E-F-G-P，使用一辆 4 吨的货车。

最后剩余的 2 点 H（0.8）、I（0.5）共 1.3 吨，组成第三条运输线路，使用一辆 2 吨的货车。

结果分析：

共有三条线路，如图 5-28 所示。

线路 1：P-J-A-B-C-P，线路总长 27 公里，共需货物 3.6 吨，使用一辆 4 吨的货车。

线路 2：P-D-E-F-G-P，线路总长 30 公里，共需货物 3.9 吨，使用一辆 4 吨的货车。

线路 3：P-H-I-P，线路总长 23 公里，共需货物 1.3 吨，使用一辆 2 吨的货车。

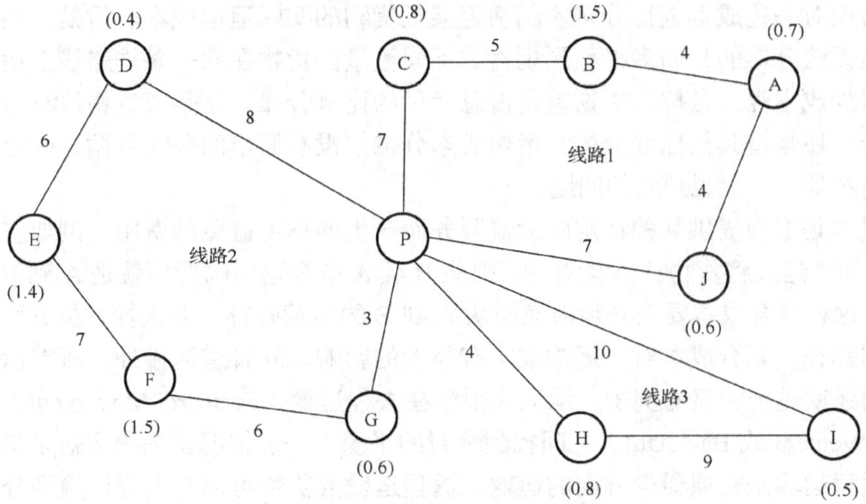

图 5-28　配送路线安排

第三节　运输成本控制

一、运输成本概述

1．运输成本的概念

运输成本是指为完成运输活动所发生的一切相关费用，包括支付的运输费用及与运输行政管理和维护运输工具有关的费用。

2．运输成本的构成

（1）固定成本与可变成本

运输成本包括许多成本，如人工成本、燃油成本、维护成本、端点成本、线路成本、管理成本及其他成本。这些成本可以人为地分成随服务量或运量变化的可变成本和不随服务量或运量变化的固定成本。当然，如果考察的时期足够长，运量足够大，所有的成本都是可变的。但为了对运输服务进行定价，就有必要将在承运人"正常"运量范围内没有变化的成本视作固定成本，其他成本视作可变成本。具体而言，固定成本包括获取路权的成本和维护成本，端点设施成本、运输设备成本和承运人管理成本。可变成本通常包括线路运输成本，如燃油和人工成本、设备维护成本、装卸成本、取货和送货成本。以上并非对固定成本和可变成本的固定不变的划分，因为"固定"与"可变"只是相对而言，所有的成本都有固定特征与可变特征，如随考察的范围不同，固定成本和可变成本的分类也有所不同。

（2）公共成本或联合成本

合理的运价与提供服务的成本密切相关。公共成本指承运人代表所有的托运人或某个分市场的托运人支付的费用。如端点站、路桥费或管理部门收取的费用，通常是按照装运数量分摊给托运人，具有一般管理费用的特征。所以，企业除了要区分固定成本与可变成本外，还需要人为地对一些成本进行分摊才能确定某批货物的实际运输成本。但是，在很多情况下运输成本是无法分摊的，如多种不同规格、不同重量的货物在同一条铁路线上运输，每件货物该分摊多少成本呢？是按照货物重量占总运量的比例分摊，还是按货物体积占总货运体积的比例分摊，还是按其他标准分摊？运输成本分摊并没有简单的公式可循，确定每批货物的运输成本仍然是一个主观判断的问题。

联合成本是指为提供某种特定的运输服务而产生的不可避免的费用，例如空车返回的空车费用等。如承运人将货物从 A 运往 B，则从 B 至 A 空车返回的费用就是 A 到 B 运输的"联合"成本。这种联合成本要么必须由最初从 A 到 B 的运输弥补，要么找一位有回程货物的托运人以得到弥补。联合成本对于运输成本有很大的影响。除管道运输外，所有承运人都要考虑的返程问题就是个明显的例子。承运人很难在去程运输（Forward Movement）和返程运输（Return Movement 或 Backhaul）之间找到绝对的平衡。一般情况是去程运输是交通繁忙方向的运输，返程运输是交通稀少方向的运输。返程运输的货物可以与去程运输平分运输的总成本中返程运输应承担的部分，这会使每批返程货物的运输成本比去程运输高。返程运输也可以看成是去程运输的副产品，因为返程是去程运输的结果，这样，就将所有的或大部分成本分摊到去程运输中，返程成本可以看成零，或只将那些与返程运输直接相关的成本分摊到返程运输上。

3. 影响运输成本的因素

运输成本通常受 7 个因素的影响，尽管这些因素并不是运费表上的组成部分，但在承运人制定运输费率时，都必须对每一个因素加以考虑，这 7 个因素分别是输送距离、载货量、货物的疏密度、装载能力、装卸搬运、承担责任的程度以及运输供需因素。一般来说，上述的顺序也反映了每一个因素的重要程度，其具体的影响程度如下。

（1）输送距离

输送距离是影响运输成本的主要因素，因为它直接对劳动力、燃料和维修保养等变动成本发生作用。如图 5-29 所示，它显示了距离和成本的一般关系，并说明了以下两个要点：第一，成本曲线不是从原点开始的，因为它的存在与距离无关，与货物的提取和交付活动所产生的固定费用有关；第二，单位成本曲线是随距离减少而增长的，这种特征被称作递减原则。

（2）载货量

第二个因素是载货量，它之所以会影响运输成本，是因为与其他许多物流活动一样，大多数运输活动中存在着规模经济，这种关系如图 5-30 所示，它说明了每单位重量的运输成本随载货量的增加而减少。之所以产生这种现象，是因为提取和交付活动的固定费用以及行政管理费用可以随载货量的增加而被分摊。但是这种关系受到运输工具（如卡车）最大尺寸的限制，一旦该车辆满载，就会对下一辆车重复这种关系。这种关系对管理部门产生的启示是，小批量的载货应整合成更大的载货量，以期实现规模经济。

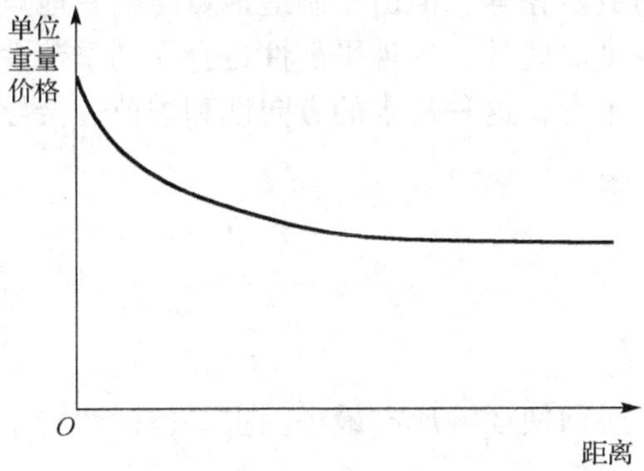

图 5-29　距离与运输成本间的关系

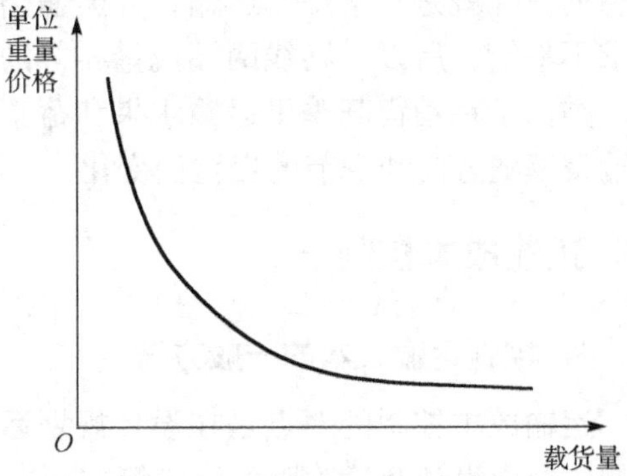

图 5-30　单位重量价格与载货量间的关系

（3）货物的疏密度

第三个经济因素是货物的疏密度，它把重量和空间因素结合起来考虑。这个因素之所以重要，是因为运输成本通常表示为每单位重量所花的数额，如每吨金额数等。在重量和空间方面，单独的一辆运输卡车更多地受到空间限制，而不是重量限制，即使该产品的重量很轻，车辆一旦装满，也不可能再增加装运数量。既然运输车辆实际的疏密度和燃料成本主要不受重量的影响，那么货物的疏密度越高，所能装载的重量或数量就越多，这些产品所承担的每单位重量的运输成本也就相对越低。如图 5-31 所示，说明每单位重量的运输成本随货物的疏密度的增加而下降的关系。

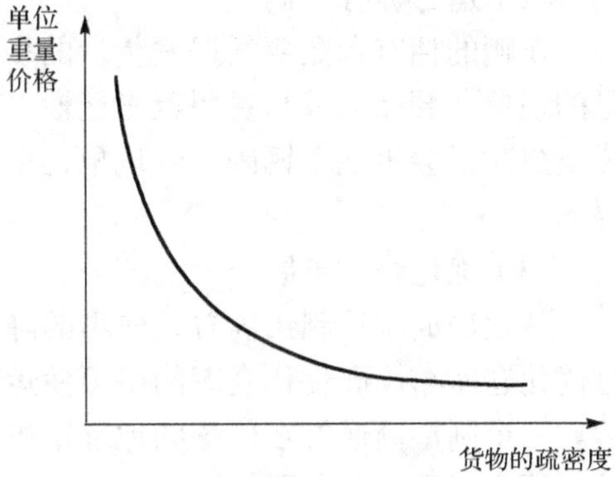

图 5-31　疏密度与运输成本间的关系

（4）装载能力

装载能力这一因素是指产品的具体尺寸及对其运输工具（铁路列车、拖车或集装箱）的空间利用程度的影响。由于有些产品具有古怪的尺寸和形状以及超重或超长等特征，不利于进行装载，并会造成运输空间的浪费。因此，尽管装载能力与产品密度正相关，也存在这样的情况，即具有相同密度的产品，其装载能力差异很大。一般来说，具有标准形状的产品要比形状古怪的产品更容易装载。装载能力还受到装运规模的影响，大批量的产品往往能够相互嵌套，便于装载，而小批量的产品则有可能难以装载。

（5）装卸搬运

卡车、铁路机车或船舶等的运输可能需要特别的装卸搬运设备。此外，产品在运输和储存时实际所采用的成组方式（例如，用带子捆扎、装箱或装在托盘上等）也会影响到搬运成本。

（6）责任

责任与货物的特征有关，主要关系到货物损坏风险和事故索赔。因此，承运人必须通过向保险公司投保来预防可能发生的索赔，否则有可能要承担任何可能损坏的赔偿责任。托运人可以通过改善保护性包装或通过减少货物灭失损坏的可能性，来降低风险，最终降低运输成本。

（7）运输供需因素

运输供需市场因素也会影响到运输成本。如前面提到的去程运输和返程运输问题。于是理想的情况就是“平衡”运输，即运输路线两端的流量相等。但由于制造地点与消费地点的需求不平衡，所以，路线两端流量相等的情况很少见。此外，这种平衡性也会受到季节性影响，类似于在销售旺季里运输水果和蔬菜的情况，于是，这种需求的方向性和季节性会导致运输费率随方向和季节的变化而变化。

二、运输成本控制

1. 控制运输成本的一般方法

运输成本控制的要点是在设计规划运输系统时必须使运输成本最小。主要包括运输车辆选择、仓库设计及运输服务设定等方面。

（1）合理选择运输工具

选择运输工具时应根据不同货物的形状、价格、运输批量、交货日期、到达地点等情况，选取适当的运输工具。因为运输工具的经济性和快捷性、安全性、便利性之间有相互制约的关系，所以，在控制运输成本时，必须对运输工具所具有的特性进行综合评价，才能做出合理的选择策略。

（2）适当拥有车辆

车辆的拥有台数要根据发货量的多少确定。拥有台数过少，发货量多时，会出现车辆不足的现象，要么以较高费用租车运输，要么放弃承运，损失利益。相反，拥有台数过多，发货量少时，会出现车辆闲置的现象，造成浪费。所以，对运输部门来讲，适当拥有车辆是重要的。

（3）优化仓库布局

从运输成本控制角度看，成本的降低是由于使用了仓库以达到最大的集运而取得的。通过优化仓库布局即优化仓库网络可使运输成本最小化。建立仓库合理化的基本经济原则是集运。一个制造商通常在广泛的地理市场区域中销售产品，如果客户的订货是少量的、多频次的，那么集运的潜力可以使建立一个仓库在经济上合理化。

（4）开展集运方式

运输成本控制的一个焦点是保留与大批量运输联系在一起的运输经济性。装运量越大，单位费率就越低。从运作的角度看，有三种可以取得有效货物集运的方法：自发集运、计划输送和共同输送。在日常运作中，有效集运能够实现的程度对于控制运输成本是至关重要的。

（5）推行直运战略

任何一个物流系统都必须考虑服务水平与成本这两项重要因素。直接运送战略似乎在服务及成本上都处于不利地位。因为直接运送比由当地的仓库送货至顾客要慢；而且，由于通常顾客的订购量都很小，因此运送成本也较高。

不过，直接运送是否真有这些缺点，还取决于某些其他因素。在某些情况下，远地的工厂能比附近的仓库在运送方面更有效（或效益更好）。譬如，美国堪萨斯市有一家生产冰淇淋的工厂，从堪萨斯市直接空运冰淇淋到东部各地比从纽约市用卡车装运更为迅速。另外，直接运送成本虽高，但不一定多于当地存货的费用。

2. 控制运输成本的定量方法

（1）线性规划法

近年来，在交通运输、物资等部门，广泛采用线性规划这一方法组织合理运输、控制运输成本、以提高运输经济效益。

（2）表上作业法

一般线性规划问题的求解方法比较复杂，但运输这种类型的线性规划，其约束方程组的系数矩阵具有特殊结构，可以用简便的表上作业法来进行求解。

（3）网络分析法

网络分析法是系统工程的一个重要组成部分，又称统筹法、关键路线法或计划评审法。

网络分析法是一种科学的组织管理技术，其基本原理就是将组成系统和各项任务的各个阶段和先后顺序通过网络形式、统筹规划，从任务的总进度着眼，区分轻重缓急，进行统一安排。使这一系统能以最少的时间、人力、物力、财力及资源消耗，更好地完成工程或任务，并取得最大的经济效益。

思考与练习

1. 运输的基本原理是什么？
2. 影响运输作业的关键因素有哪些？
3. 选择运输方式的方法有哪些？
4. 某物流公司计划从 A 地出发把产品运往销售地 H。有下列运输网络可以选择，如表 5-3 所示，表中的距离是每条线路上的运输距离，该公司应如何规划线路使得运输路径最短。

表 5-3　节点间距离

	A	A	A	B	B	B	B	C	C	D	E	E	F	G	G
终点	B	C	D	C	F	D	G	E	F	G	H	F	H	F	H
距离	6	4	5	3	9	5	6	8	3	5	12	5	9	4	13

5. 多式联运有哪些形式？
6. 控制运输成本的方法有哪些？

案例分析

蒙牛物流管理：打造快速物流系统

物流运输是乳品企业的重大挑战之一。蒙牛目前的触角已经伸向全国各个角落，其产品远销中国香港、澳门等地区，甚至还出口东南亚。蒙牛要如何突破配送的瓶颈，把产品销售到更广阔的市场呢？另外一个重要的问题是，巴氏奶和酸奶的货架期非常短，巴氏奶仅10天，酸奶也不过21天左右，而且对冷链的要求非常高。从牛奶挤出运送到车间加工，直到运到市场销售，整个过程中巴氏奶贮存温度都必须保持在0～4摄氏度之间，酸奶则必须保持在2～6摄氏度之间。这对运输的时间控制和温度控制提出了更高的要求。为了能在最短的时间内、有效的存储条件下，以最低的成本将牛奶送到卖场、超市的货架上，蒙牛采取了以下措施。

1．缩短运输半径

对于酸奶这样的低温产品，由于其保质日期较短，加上消费者对新鲜度的要求很高，一般产品超过生产日期三天以后送达卖场、超市，卖场、超市就会拒绝该批产品，因此，对于这样的低温产品，蒙牛要保证在2～3天内送到销售终端。

为了保证产品及时送达，蒙牛尽量缩短运输半径。在成立初期，蒙牛主打常温液态奶，因此奶源基地和工厂基本上都集中在内蒙古，以发挥内蒙古草原的天然优势。当蒙牛的产品线扩张到酸奶后，蒙牛的生产布局也逐渐向黄河沿线以及长江沿线伸展，使牛奶产地尽量接近市场，以保证低温产品快速送达至卖场、超市等销售终端。

2．合理选择运输方式

目前，蒙牛产品的运输方式主要有两种，汽车和火车集装箱。在保证产品质量的原则下，尽量选择费用较低的运输方式。

对于路途较远的低温产品运输，为了保证产品能够快速的送达消费者手中，保证产品的质量，蒙牛往往采用成本较为高昂的汽车运输。例如，北京销往广州等地的低温产品，全部采用汽车运输，虽然成本较铁路运输高出很多，但在时间上能有保证。

为了更好地了解汽车运行的状况，蒙牛还在一些运输车上装上了GPS系统。GPS系统可以跟踪了解车辆的情况，比如是否正常行驶、所处位置、车速等。蒙牛管理人员在网站上可以查看所有安装此系统的车辆信息。GPS的安装，给物流以及相关人员包括客户带来了方便，避免了有些司机在途中长时间停车而影响货物未及时送达或者产品途中变质等情况的发生。

而像利乐包、利乐砖这样保质期比较长的产品，则尽量依靠内蒙古的工厂供应，因为这里有最好的奶源。产品远离市场的长途运输问题就依靠火车集装箱来解决。与公路运输相比，更能节省费用。

在火车集装箱运输方面，蒙牛与中铁集装箱运输公司开创了牛奶集装箱“五定”班列这一铁路运输的新模式。“五定”即“定点、定线、定时间、定价格、定编组”，“五定”班列定时、定点，一站直达有效地保证了牛奶运输的及时、准确和安全。

2003年7月20日，首列由呼和浩特至广州的牛奶集装箱“五定”班列开出，将来自于内蒙古的优质牛奶运送到了祖国大江南北，打通了蒙牛的运输“瓶颈”。目前，蒙牛销往华东华南的牛奶80%依靠铁路运到上海、广州，然后再向其他周边城市分拨。现在，通过“五定”列车，上海消费者在70个小时内就能喝上草原鲜奶。

3．全程冷链保障

低温奶产品温度必须全过程都保持2～6摄氏度之间，这样才能保证产品的质量。蒙牛牛奶在“奶牛—奶站—奶罐车—工厂”这一运行序列中，采用低温、封闭式的运输。无论在茫茫草原的哪个角落，“蒙牛”的冷藏运输系统都能保证将刚挤下来的原奶在 6 个小时内送到生产车间，确保牛奶新鲜的口味和丰富的营养。出厂后，在运输过程中，则采用冷藏车保障低温运输。在零售终端，蒙牛在其每个小店、零售店、批发店等零售终端投放冰柜，以保证其低温产品的质量。

4．使每一笔单子做大

物流成本控制是乳品企业成本控制中一个非常重要的环节。蒙牛减少物流费用的方法是尽量使每一笔单子变大，形成规模后，在运输的各个环节上就都能得到优惠。比如利乐包产品走的铁路，每年运送货物达到一定量后，在配箱等方面可以得到很好的折扣。而利乐枕产品走的汽运，走 5 吨的车和走 3 吨的车，成本要相差很多。

此外，蒙牛的每一次运输活动都经过了严密的计划和安排，运输车辆每次往返都会将运进来的外包装箱、利乐包装等原材料和运出去的产成品做一个基本结合，提高车辆的使用率。

案例思考题

1．为了能保质、高效的运送牛奶，蒙牛采取了哪些措施，成效如何?

2．查找其他牛奶生产企业（如伊利）资料，与蒙牛做对比，看看其他牛奶生产企业的运输有何特点。

Chapter 6

第6章 仓储设施与库存管理

引导案例 惠普喷墨打印机的库存之争

喷墨系列打印机于1988年上市，此后成为惠普公司最成功的产品，销售额稳步上升，1990年就销售了60万台，约4亿美元。随着销售额的上升，库存也不断上升，惠普的配送中心的货盘上充满了喷墨打印机。糟糕的是，欧洲分公司声称，为了保护各种产品的供货让客户满意，要进一步增加库存水平。每个季度，来自欧洲、亚太地区和北美三地的生产部、物料部和配送部的代表们聚在一起，但他们相互冲突的目标，阻止了他们在同一话题上达成共识。

惠普公司温哥华分部物料部门的特殊项目经理布伦特看出惠普当时主要存在的两个问题。第一个问题是找出一种好方法，既能随时满足顾客对各种产品的需求，又可尽量减少库存；第二个问题更棘手，是要在各部门之间，就正确的库存水平达成一致意见，这需要开发一个设置和实施库存目标的方法，并让所有部门进行签字确定，以便采纳。

由以上的案例可以看到库存最基本的作用和由此而产生的矛盾。一方面，人们设置库存的目的是防止短缺，如同蓄水池，但这样便占用了企业大量的资金，减少了企业的利润；另一方面，库存能保持生产的连续性，缓解供需矛盾，提高客户满意度，甚至有些时候，库存还有“居奇”的作用，使企业盈利。因此，如何进行有效的仓储与库存管理，以最低的总成本提供令人满意的客户服务是本章要解决的问题。

第一节 仓储概述

一、仓库的功能与结构

在物流系统中，仓储是一个不可或缺的构成要素。仓储业是随着物资储备的产生和发展而产生并逐渐发展起来的。仓储是商品流通的重要环节之一，也是物流活动的重要支柱。在社会分工和专业化生产的条件下，为保持社会再生产过程的顺利进行，必须储存一定量的物资，以满足一定时期内社会生产和消费的需要。仓储是指通过仓库对暂时不用的物品进行储存和保管。“仓”即仓库，为存放物品的建筑物和场地，可以是房屋建筑、洞穴、大型容器或特定的场地等，具有存放和保护物品的功能。“储”即储存、储备，表示收存以备使用，具有收存、保管、交付使用的意思。

早期的仓储作业都是通过人工操作来完成的，由于缺乏“物流”的理念指导，仓库往往被看作是完成市场营销过程所必须的一种贮存设施，是材料与产品供应线上的一个静止单位。人们没有注意到仓储活动在物流系统中的作业潜力，更没有根据顾客的需求对仓库的产品进行分类。忽视了仓库所具有的储存效率和搬运效率。尽管存在上述缺点，但早期的仓库毕竟在生产与消费之间架起了相互沟通的桥梁。

第二次世界大战以后，随着预测技术和生产技术的提高，广泛建立仓库的需要减少了。同时制造过程中延误时间的递减，也使生产越来越容易调整。尽管季节性的生产仍然需要仓储，但支持制造过程所需的仓储总量已经减少。而销售环境的变化，又使得批发商必须储存愈来愈多的产品，导致仓库成了批发商向零售商提供适时而又经济的存货分类场所。这样，通过批发商和一体化的零售商的努力，仓储作业的工艺流程和技术水平得到很大的提高。与此同时，与批发行业关联的仓储效率的提高，很快又在制造行业中得到推广，使得仓储活动成为 JIT（准时制生产方式，Just In Time，JIT）和无储存生产战略的一个综合组成部分。在这个时期，对那些经营日益庞大的企业来讲，如何提高仓库的使用效率，如何在多个地点进行原材料和产品的储存和配送，如何降低仓库的存储水平和产品的运输成本，已成为企业必须考虑的问题。

在 20 世纪 60 年代到 70 年代，仓储的注意力主要集中在新技术的应用上，以寻求更好的方法来代替传统的手工操作。该时期出现了许多新的储存和搬运技术、工艺，而伴随技术水平的提高又影响到了仓储管理的每一个环节。在 20 世纪 80 年代到 90 年代，由于工业化水平的提高，仓储系统搬运技术的机械化、自动化得到很大发展。

1. 仓库的功能

以系统的观点来看待仓库，仓库应该具备如下功能。

（1）储存和保管的功能

仓库具有一定的空间，用于储存物品，并根据储存物品的特性配备相应的设备，以保持储存物品的完好性。例如，储存挥发性溶剂的仓库，必须设有通风设备，以防止空气中挥发性物质含量过高而引起爆炸。贮存精密仪器的仓库，需防潮、防尘、恒温，因此，应设立恒温、恒湿等设备。在仓库作业时，一个基本要求，就是防止搬运和堆放时碰坏、压坏物品。从而要求搬运机具和操作方法要不断改进和完善，使仓库真正起到贮存和保管的作用。

（2）调节供需的功能

创造物资的时间效用是物流的两大基本职能之一，物流的这一职能是由物流系统中的仓库来完成的。现代化大生产的形式多种多样，从生产和消费的连续性来看，每种产品都有不同的特点，有些产品的生产是均衡的，而消费是不均衡的；有些产品的生产是不均衡的，而消费却是均衡不断地进行的。要使生产和消费协调起来，就需要仓库发挥“蓄水池”的调节作用。

（3）调节货物运输能力

不同运输工具的运输能力不同。船舶的运输能力很大，海运船一般是万吨级，内河船舶也有几百吨至几千吨级的。火车的运输能力较小些，每节车皮能装运 30～60 吨，一列火车的运量最多达几千吨。汽车的运输能力很小，一般每辆车装载量为 4～10 吨。因此不同运输工具之间的运输衔接是很困难的，这种运输能力的差异，也是通过仓库进行调节和衔接的。

（4）流通配送加工的功能

现代仓库的功能已处在由保管型向流通型转变的过程之中，即仓库由贮存、保管货物的中心向流通、销售的中心转变。仓库不仅要有贮存、保管货物的设备，而且还要增加分拣、配套、包装、流通加工、信息处理等设备。这样，既扩大了仓库的经营范围，提高了物资的综合利用率，又方便了消费者，提高了服务质量。

（5）信息传递功能

在处理仓储活动有关的各项事务时，需要依靠计算机和互联网，通过电子数据交换（EDI）和条形码等技术来提高仓储物品信息的传输速度，及时而又准确地了解仓储信息，如仓库利用水平、进出库的频率、仓库的运输情况、顾客的需求以及仓库人员的配置等。

（6）产品生命周期的支持功能

美国物流管理协会对物流的定义是“物流是供应链流程的一部分，通过高效率、高效益地计划、实施、控制正反向流动以及产品的储存、服务和相关信息从起点到消费地的过程，以满足消费者需求”。从这个定义可以看出现代物流包括了产品整个生命周期中的生产、流通和服务过程。因此，仓储系统应对产品生命周期提供支持。

（7）逆向物流支持功能

随着强制性质量标准的贯彻和环保法规约束力度的加大，必然导致退货和再循环回收等逆向物流的产生。逆向物流与传统供应链方向相反，是要将最终顾客持有的不合格产品、废旧物品回收到供应链上的各个节点。作为供应链中的重要一环，在逆向物流中，仓库承担了退货管理中心的职能，负责及时准确定位问题商品，通知所有相关方并发现退回商品的潜在价值，为企业增加预算外（或抢救性）收入、改进退货处理流程、控制可能发生的偏差和评估绩效等提供支持。

2. 仓库的结构

（1）一般仓库的结构

一般仓库的基本结构分为生产作业区、辅助作业区和行政生活区三大部分。

① 生产作业区

生产作业区是现代仓库的主体部分，是商品仓储的主要活动场所。主要包括储货区、铁路专线、道路、码头、装卸平台等，以下介绍前三个场所。

A. 储货区是存储保管、收发整理商品的场所，是生产作业区的主体区域。储货区主要由保管区和非保管区两大部分组成。保管区是用于存储商品的区域，非保管区包括各种装卸设备通道、待检区、收发作业区、集结区等。

现代仓库已由传统的储备型仓库转变为以收发作业为主的流通型仓库，其各组成部分的合理构成比例通常为：合格品存储区面积占总面积的 40%～50%；通道占总面积的 8%～12%；待检区及出入库收发作业区占总面积的 20%～30%；集结区占总面积的 10%～15%；待处理区和不合格品隔离区占总面积的 5%～10%。

为适应商品快速周转的需要，现代仓库在总体规划布置时应注意适当增大生产作业区中收发货作业区面积和检验区面积。

B. 库区铁路专用线应与国家铁路、码头、原料基地相连接，以便机车能直接进入库区内进行货运。库内的铁路线最好是贯通式，一般应顺着库长方向铺设，并使岔线的直线长度达到最大限度，其股数应根据货场和库房宽度及货运量来决定。

C. 仓库道路的布局是根据商品流向的要求，综合考虑地形、面积、各个库房建筑物、货场的位置等因素后，再决定道路的走向和形式。汽车道主要用于起重搬运机械调动及防火安全，同时也要保证仓库和行政区、生活区之间的畅通。仓库道路分为主干道、次干道、人行道和消防道等。

② 辅助作业区

辅助作业区是为仓储业务提供各项服务的设备维修车间、车库、工具设备库、油库、变电室等。值得注意的是，油库的设置应远离维修车间、宿舍等易出现明火的场所，周围须设置相应的消防设施。

③ 行政生活区

它是行政管理机构办公和职工生活的区域，具体包括办公楼、警卫室、化验室、宿舍和食堂等。为便于业务接洽和管理，行政管理机构一般设置在仓库的主要出入口，并与生产作业区用隔墙分开。这样既方便工作人员与作业区的联系，又避免非作业人员对仓库生产作业的影响和干扰。此外，仓库的消防管道应以环行系统布置于仓库全部区域，在消防系统管道上需装有室内外消火栓。消火栓应沿道路设置，并靠近十字路口，一般其间隔不超过 100 米，距离墙壁不少于 5 米。根据当地气候，消火栓可建成地下式或地上式。

（2）几种典型的布置

仓库的布置取决于仓库的运作流程，目前有 4 种较为典型的布置形式，即 U 型布置、直进穿越式布置、模块化干线布置和多层楼房仓库。

① U 形布置

图 6-1 即为 U 形布置图，产品从进货开始，然后进入仓库中的存储位置，经过拣货后又流动到出货码头。

因为 U 形布置中物流移动路线合理，进出口码头相邻可使码头资源充分利用，也便于进行越库作业。这种布置也有利于向三个方向扩建。由于 U 形布置方式优点突出，所以是仓库设计中的首选形式。

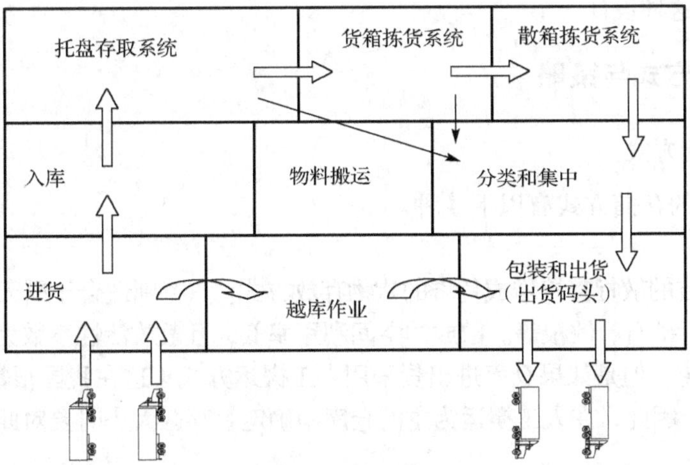

图 6-1　U 形布置图

② 直进穿越式布置

图 6-2 为直进穿越式布置图。这种布置非常适合纯粹的越库作业，也便于解决高峰时刻同时进出货的问题。这种布置的主要缺点是不能使用 ABC 分类的储存方式进行储存。

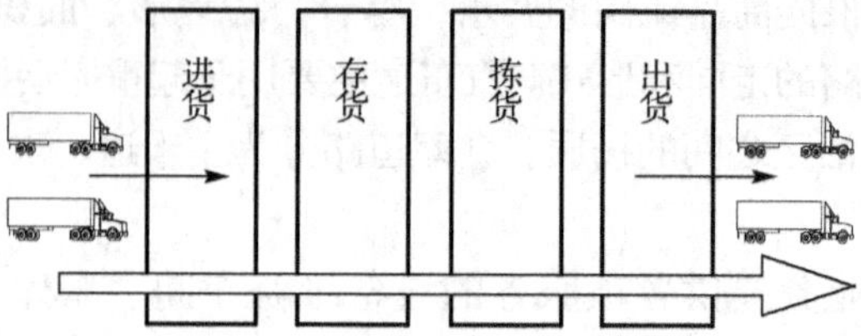

图 6-2　直进穿越式布置图

③ 模块化干线布置

图 6-3 是模块化干线布置示意图。这种布置适合于大型仓库和物流中心，也就是在仓库中可以专门设立越库作业模块、连续补货模块以及周转速度较慢的模块等。

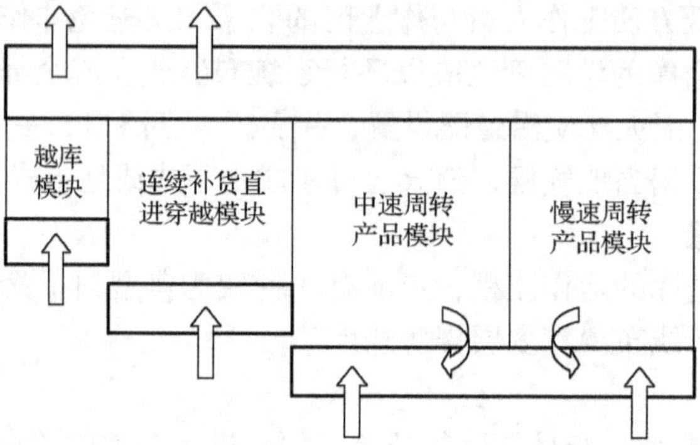

图 6-3　模块化干线布置示意图

④ 多层楼房仓库

因为仓库中有大量货物搬运操作，而在楼层间搬移货物复杂程度很高，会遇到意想不到的困难，所以一般情况下不用多层楼房设计。只在土地资源十分短缺的国家和地区（如日本和西欧等）才采用这种设计。

二、货物的存储方式与策略

1. 货物的存储方式

货物在仓库中的存储方式有以下 4 种。

（1）散放

散放是将无包装的散货直接堆成货堆的货物存放方式。它特别适合于露天存放的没有包装的大宗货物，如煤炭、矿石、散粮等。散放的空间利用率低，且散放活性系数为 0，极不利于搬运作业，应当尽量避免。但是如果仓库进出货采用人工搬运方式（这在我国很常见），收发货暂存区域就会存在散放，因此，在人工搬运为主的仓库中确定暂存区大小时要对此予以考虑。

（2）堆码

仓库存放的物品多种多样，包装材料及规格也是多种多样的，散装货物更是形状各异，因此堆码有多种形式，常用的方式有：重叠式、纵横交错式、压缝式、栽柱式、宝塔式、通风式等，如图 6-4 所示。货物堆垛方式的选择主要取决于货物本身的性质、形状、体积、包装等。一般情况下多平放（卧放），使重心降低。

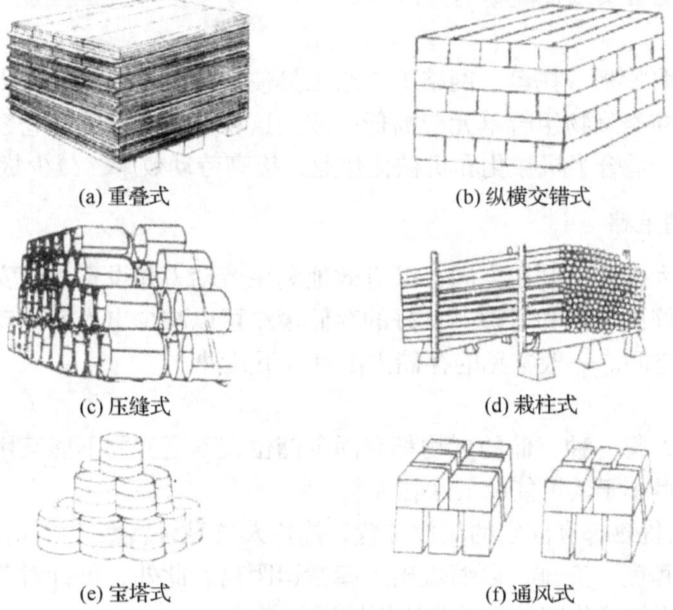

(a) 重叠式　(b) 纵横交错式　(c) 压缝式　(d) 栽柱式　(e) 宝塔式　(f) 通风式

图 6-4　各种堆垛形式

① 重叠式

重叠式又称直叠式，货物逐件、逐层向上整齐地码放。这种方式稳定性较差，易倒垛，一般适合袋装、箱装、平板式的货物。

② 纵横交错式

纵横交错式即每层货物都改变方向向上堆放。采用这种方式码货，货垛的稳定性较好，但操作不便，一般适合管材、捆装、长箱装货物。

③ 压缝式

压缝式即上一层货物跨压在下一层两件货物之间。如果每层货物都不改变方向，则形成梯形形状。如果每层都改变方向，则类似于纵横交错式。

④ 栽柱式

码放货物前在货垛两侧栽上木桩或钢棒，形成 U 形货架，然后将货物平放在桩柱之间，码了几层后用铁丝将相对两边的桩柱拴连，再往上摆放货物。这种方式一般适合棒材、管材等长条形货物。

⑤ 宝塔式

宝塔式堆垛与压缝式堆垛类似，但压缝式堆垛是在两件物体之间压缝上码，宝塔式堆垛则在四件物体之中心上码逐层缩小，例如电线电缆。

⑥ 通风式

采用通风式堆垛时，两两相邻的货物之间都留有空隙，以便通风防潮、散湿散热。这种方式一般适合箱装、桶装以及裸装货物。

（3）货架存储

货架存储即直接使用通用或专用的货架进行货物堆码，这是现代仓库存储的主要方式，它很好地解决了空间利用和先进先出两个问题。货架的形式多样，要根据具体货物特性和库存出入量选择合适的货架以及配套的搬运方式。

（4）成组堆码

成组堆码即采取货板、托盘、网格等成组工具使货物的堆存单元扩大，一般以密集、稳固、多装为原则，同类货物组合单元应高低一致。这种方法可以提高仓容利用率，实现货物的安全搬运和堆存，适合半机械化和机械化作业，提高劳动效率，减少货损货差。

2．货物的存储策略

存储作业要最大限度地利用空间，最有效地利用劳动力和设备，最安全和经济地搬运货物，对货物进行良好的保护和管理。良好的存储策略可以减少出入库移动距离，缩短作业时间，充分利用存储空间。一般常见的存储方法有以下几种。

（1）定位存放

这种存储方法，每一种存储的货物都有固定储位，不同货物不能互用储位，因此每一项货物的储位容量不得小于其可能的最大在库量。

① 优点：每项货物都有固定的储放位置，拣货人员容易熟悉货物储位。货物的储位可按周转率大小（畅销程度）安排，以缩短出入库搬运距离。此外，可针对各种货物的特性作储位的安排调整，将不同货物特性间的相互影响减至最小。

② 缺点：储位划分必须按各项货物的最大在库量设计，因此储区空间平时的使用效率较低。

总之，定位存放容易管理，所使用的总搬运时间较少，但却占用较多的存储空间。此方法较适用于库房空间大和存放的商品量少而品种多的情况。

（2）随机存放

这种存储方法，货物的存储位置是随机指定的，而且可以经常改变。也就是说，任何货物可以被存放在任何可利用的位置。货物一般是由存储人员按习惯来存放，且通常可按货物入库的时间顺序存放于靠近出入口的储位。

① 优点：由于储位可共用，因此库容只需按所有库存货物最大在库量设计即可，储区空间的使用效率较高。

② 缺点：A. 货物的出入库管理及盘点工作的困难程度较高；B. 周转率高的货品可能被储放在离出入口较远的位置，增加了出入库的搬运距离；C. 具有相互影响特性的货物可能相邻存放，造成对货物的伤害或发生危险。

一个良好的储位系统中，采用随机存储能使货架空间得到最有效的利用，使储位数目得以减少。有模拟研究显示，随机存放与定位存放比较，可节省35%的移动存储时间，增加30%的存储空间，但较不利于货物的分拣作业。因此随机存放较适用于库房空间有限、存储物资种类少或体积较大的情况。

（3）分类存放

这种存储方法，所有的存储货物按照一定特性加以分类，每一类货物都有固定存放的位置，而同属一类的不同货物又按一定的规则来指派储位。分类存放通常按产品相关性、流动性、产品尺寸、重量、产品特性来分类。

① 优点：便于周转率大的货物的存取，具有定位储放的各项优点；各分类的存储区域可根据货物特性进行再设计，有助于货物的存储管理。

② 缺点：储位必须按各种货物最大在库量设计，因此储区空间的平均使用效率低。

分类存放较定位储放具有弹性，但也有与定位存放同样的缺点，因而较适用于具有以下特征的货物：产品相关性大，经常被同时订购；货物周转率差别大；产品尺寸相差大。

（4）分类随机存放

每一类货物有固定存放的储区，但在各类储区内，每个储位的指派是随机的。

① 优点：具有分类储放的部分优点，又可节省储位数量，提高储区利用率。

② 缺点：货物出入库管理及盘点工作的困难程度较高。

分类随机存放兼具分类存放及随机存放的特点，需要的存储空间量介于两者之间。

（5）共同存放

进出仓库时刻相同时，不同的货物可共用相同储位的方式称为共同存放。

① 优点：所占用的存储空间及搬运时间较经济。

② 缺点：共同存放在管理上较复杂。

三、站台

站台是车辆停靠处、装卸货物处、暂存处，利用站台能够方便地将货物装入车辆或从车辆中取出，实现物流网络中线与节点的衔接转换。

1．站台的主要形式

站台主要有高站台和低站台。

（1）高站台。站台高度与车辆货台高度相同，一旦车辆停靠后，车辆货台与站台处于同一平面，有利于装卸作业车辆进行水平装卸，提高装卸效率，使装卸合理化。

（2）低站台。站台和仓库地面高度相同，有利于站台与仓库之间货物的搬运。但低站台与车辆之间的装卸作业不如高站台方便，但是如果采用传送装置装卸货物，由于传送装置安装需有一定高度，采用低站台，传送装置安装后可与车辆货台保持同等高度。此外，采用低站台也有利于叉车作业。

2．站台工具

（1）可移动式楔块。当装卸货品时，可置于卡车或拖车的车轮旁起固定作用，以避免装卸货物期间车轮意外地滚动造成危险。如图 6-5 所示。

（2）升降平台。升降平台是一种多功能起重装卸机械设备，广泛用于无装卸设备的货台及流动装卸场所，是与叉车配合使用的货物装卸辅助设备。如图 6-6 所示。借助该设备，叉车能直接驶入汽车集装箱内部进行装卸作业。只需单人操作，不需动力电源，即可实现货物的安全快速装卸；既可减轻劳动强度，又能提高装卸作业效率，加快物料流通速度，获取更大经济效益。

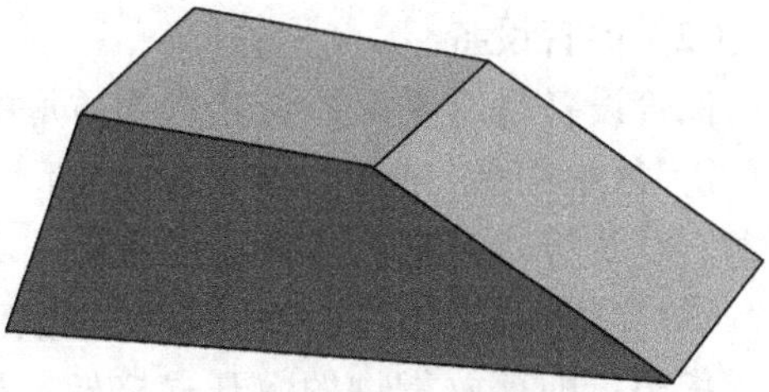

图 6-5　可移动式楔块

（3）汽车升降尾板。是装置于配送车尾部的特殊平台。如图 6-7 所示。当装卸货物时，可运用此平台将货物装上卡车或卸至站台。广泛用于邮政、金融、石化、商业、食品、物流、制造等各行业，可大幅度提高运输及装卸效率，节省成本，是现代化物流运输的必备设备之一。

图 6-6　升降平台

图 6-7　汽车升降尾板

第二节　仓储设备

一、仓储设备的分类及作用

仓储设备是指仓储作业中使用的设备，能够满足储存和保管货物需要的技术装置和机具。

1．仓储设备的分类

仓储设备具体可分为装卸搬运设备、保管设备、计量设备、养护检验设备、通风保暖照明设备、消防安全设备、劳动防护设备以及其他用途设备和工具等。

（1）装卸搬运设备

装卸搬运设备是用于货物的出入库、库内堆码以及翻垛作业。这类设备对改进仓储管理，减轻劳动强度，提高收发货效率具有重要作用。

仓库中所使用的装卸搬运设备通常可以分成 3 类。

① 装卸堆垛设备。包括：桥式起重机、轮胎式起重机、门式起重机、叉车、堆垛机、滑车、跳板以及滑板等。

② 搬运传送设备。包括：电平搬运车、皮带输送机、电梯以及手推车等。

③ 成组搬运工具。包括：托盘、网格等。

（2）保管设备

保管设备是用于保护仓储货物质量的设备。主要可归纳为以下 2 种。

① 苫垫用品。起遮挡雨水和隔潮、通风等作用。包括：苫布（油布、塑料布等）、苫席、枕木、石条等。苫布、苫席用在露天堆场。

② 存货用具。包括各种类型的货架、货橱。

货架：即存放货物的敞开式格架。根据仓库内的布置方式不同，货架可采用组合式或整体焊接式两种。整体式的制造成本较高，不利于货架的组合变化，因此较少采用。货架在批发、零售量大的仓库，特别是立体仓库中起很大的作用，既便于货物的进出，又能提高仓库容积利用率。

货橱：即存放货物的封闭式格架。主要用于存放比较贵重的或需要特别养护的货物。

（3）计量设备

计量设备用于货物进出时的计量、点数，以及存货期间的盘点、检查等。如：地磅、轨道秤、电子秤、电子记数器、流量仪、皮带秤、天平仪以及磅秤、卷尺等。随着仓储管理现代化水平的提高，现代化的自动计量设备将会得到更多的应用。

（4）养护检验设备

养护检验设备是指商品进入仓库验收和在库内保管、测试、化验以及防止商品变质、失效的机具、仪器。如：温度仪、测潮仪、吸潮器、烘干箱、风幕（设在库门处，以隔绝内外温差）、空气调节器、商品质量化验仪器等。在规模较大的仓库这类设备使用较多。

（5）通风保暖照明设备

通风保暖照明设备需根据商品保管和仓储作业的要求而设置。

（6）消防安全设备

消防安全设备是仓库必不可少的设备。包括：报警器、消防车、手动抽水器、水枪、消防水源、砂土箱、消防云梯等。

（7）劳动防护设备

劳动防护设备主要用于确保仓库职工在作业中的人身安全。

（8）其他设备和工具。

2．仓储设备的作用

仓储设备是构成仓储系统的重要组成因素，是完成仓储作业各项任务的必备条件，影响着仓储活动的每一个环节，在仓储活动中处于十分重要的地位，离开仓储设备，仓储系统就无法正常运行从而导致服务水平及运行效率极其低下。

（1）仓储设备是提高仓储系统效率的主要手段

一个完善的仓储系统离不开现代化仓储设备的应用。仓储设备的研制开发，为现代仓储业的发展做出了积极的贡献。实践证明，先进的仓储设备和先进的仓储管理是提高仓储能力，推动现代仓储业迅速发展的两个关键因素，二者缺一不可。

（2）仓储设备是反映仓储系统水平的主要标志

仓储设备与仓储活动密切相关，在整个仓储活动的过程中伴随着存储保管、存期控制、数量管理、质量养护等功能作业环节及其他辅助作业，这些作业的高效完成需要不同的仓储设备。因此其水平的高低直接关系到仓储活动各项功能的完善和有效实现，决定着物流系统水平的高低。

（3）仓储设备是构筑仓储系统的主要成本因素

现代仓储设备是资金密集型的设备，费用相当可观。同时，为了维持系统的正常运转，发挥设备效能，还需要持续不断地投入大量的资金。仓储设备的费用对系统的投入产出分析有着重要的影响。

二、计量设备

计量设备是对物品的重量、长度、数量、容积等量值进行度量的器材、仪器的总称。在仓库中使用的计量设备的种类很多，根据计量方法的不同可分为：重量计量设备，如各种磅秤、地重秤、电子秤；流体容积计量设备，如液面液位计、流量计；长度计量设备，如检尺器、长度计量仪；个数计量设备，如自动计数器、自动计数显示装置。

仓库中应用的各种计量设备都必须具有稳定性、灵敏性、正确性和不变性的特点。稳定性是指计量设备的计量感应部分在受力后，能够离开平衡位置，但在所受的力撤销后能够回到原来平衡位置的特性。灵敏性即计量设备的灵敏度，是指计量设备能感应出来的最小荷重变化。正确性是指计量设备每次对不同物品的计量的结果误差在所允许的范围内。不变性是指对同一物体进行反复称重，每次所计量的结果误差在所允许的范围内。

在仓库接收、分发等作业中，使用最广泛的是重量计量设备。重量计量是统计货物进出量、储存量的基础，也是计算仓库损耗量、作业能力与作业效率的基础。

1．电子秤

电子秤是进行质量计量的电子称重设备。它一般由承重和传力机构、称重传感器、测量显示仪以及电源组成。与传统的机械秤不同，电子秤具有如下特点：结构简单、体积小、重量轻、受安装地点的限制小；没有作为支点的刀垫和刀口，没有机械磨损，稳定可靠、维修方便且寿命长；反应速度快，称重数据可以储存、远距离传输以实现安全报警和作业自动化；有足够的精度，称重值能用数码显示，避免了人为的读数误差等。

2．地上衡和地中衡

地上衡是一种磅秤，一般放置于地面即可工作，也可根据用户的需要，浅基坑安装。如图 6-8 所示。它主要适用于仓库、车间、工地、码头等场地。地中衡则是一种地下磅秤，是将磅秤的台面安装在车辆行驶的路面上，使通过的车辆能够迅速称重。如图 6-9 所示。

图 6-8　地上衡

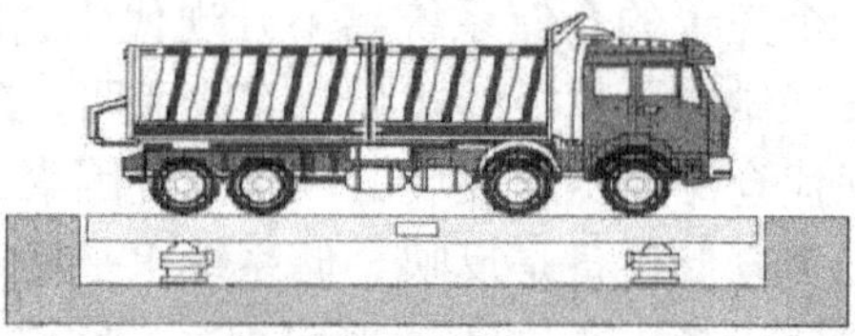

图 6-9　地中衡

3．轨道衡

轨道衡是有轨式的地下磅秤，在有轨车辆通过时可以称出车辆的总重量。如图 6-10 所示。

4．电子吊秤

电子吊秤是在吊装货物的过程中就可以对货物进行直接称重的计量装置。它不仅具有称重准确、计量速度快、数字显示直观及可打印称重结果等多种功能，而且可以提高生产效率、降低计量费用、减轻劳动强度，有较高的实用价值。目前应用较为广泛且精度较高的电子吊秤是电子吊钩式电子吊秤。

电子吊钩秤具有使用方便、可随用随挂、灵活性强等优点。一般可分为整体式和分离式两种形式。如图 6-11 所示。整体式电子吊钩秤的数字显示部分与秤体相连，数字在秤体上显示；分离式电子吊钩秤的数字显示部分与秤体分开，采用无线数据传输方式将信号传输到地面，由地面接收后显示出数字。

图 6-10　轨道衡

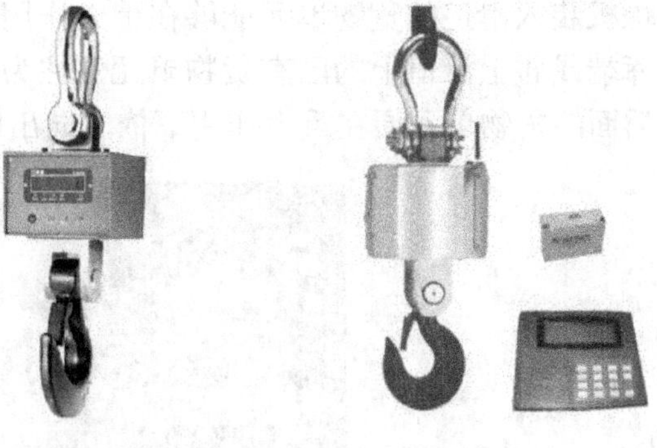

(a)整体式　　(b)分离式

图 6-11　电子吊秤

5. 自动检重秤

自动检重秤是一种对不连续成件载荷进行自动称量的仪器。它主要由输送机、称重传感器和显示控制器组成。如图 6-12 所示。它能按照预先设定的重量大小对被称产品的重量进行检验，当被称产品重量不在设定的范围内时，自动检重秤能够自动检出，并从生产流程中将该产品剔除，同时发出报警信号。

为了保证包装产品的标称重量与实际重量相符，自动检重秤能够对批量包装产品进行全部检测，避免不合格的产品进入流通领域，从而保护消费者的利益。同时，自动检重秤为生产者提供了保证产品质量的手段，能够获得大量有价值的信息，能够随时掌握产品包装精度、生产能力等流程状态，能够及时控制产品欠重和超重现象的发生。

图 6-12　自动检重秤

自动检重秤的功能是对产品的重量进行连续检测，因此它除了可以检验产品重量外，还可以检验产品件数和按照重量对产品进行分类。

三、货架

货架是专门用来存放成件物品的保管设备。货架在仓库中占有非常重要的地位，随着物流量的大幅度增加，为实现仓库的现代化管理，改善仓库的功能，不仅要求货架数量多，而且要求货架具有多种功能，并能实现机械化、自动化。

在四种主要存储方式中，散放和堆码所涉及的设备较少，因为这两种存储方式主要是利用货物自身的形状随意地或按一定的形式堆放在一定的区域，不需特定的设施设备进行包装或固定。所以，下面要介绍的存储设备主要是针对货架存储方式，它需要根据不同的货物类别、形状、重量等因素选择不同的存储设备，即选用不同的货架。由于要存储的货物的形状、重量、体积和包装形式等千差万别，所以货架也需要有多种类型。

1．重力式货架

重力式货架的特点是每一个货格就是一个具有一定坡度的滑道。如图 6-13 所示。由叉车或堆垛机装入滑道的货物单元能够在重力作用下，自动地由入库端向出库端滑动，直至滑道的出库端或碰上滑道上的已有货物单元停住为止。位于滑道出库端的第一个货物单元被取走后，后面的货物单元便在重力作用下依次向出库端移动。

图 6-13　重力式货架

重力式货架的每个滑道只能存放一种货物，货物进入后始终处于流动状态，存取迅速，先进先出。故重力式货架适宜于少品种、大批量货物的存储。

重力式货架的滑道根据其滑动原理和结构的不同，可分为滚道式、气囊式和气膜式 3 种。为防止货物单元滑到出库端时与端挡或与前面货物产生冲击或碰撞，在滚道式滑道上一般每隔一定距离要安装一个限速器，以降低货物单元的滑行速度从而减小碰撞时所产生的冲击力。同时，为保证出货作业的顺利完成，在出货端都设有停止器。气囊式和气膜式滑道则是通过脉冲式充气和放气，使货物单元在滑道上时动时停，从而保证货物以平稳的速度滑到出库端。

重力式货架的优点是能充分利用仓库的面积，缺点是滑道越长，货架的下“死角”也越大，从而造成仓库的容积不能充分利用。由于重力式货架的进货端和出货端处在不同区域，对货架进行补货时不会影响出货，所以在配送仓库的分拣区及工厂装配车间中应用广泛。

2．托盘式货架

托盘式货架是最常用的选取式货架，可以自由选取存放在货架任意位置的托盘货物。如图 6-14 所示。目前这类货架都采用自行组合方式，易于拆卸和移动，可按物品堆码的高度任意调整横梁位置，故又称为可调式托盘货架。

托盘式货架存储的货物出入库存取不受货物先后顺序的限制，能满足先进先出的要求。其储物形态为托盘，适用于叉车存取，但货架撑脚需加装叉车防撞装置。货架高度受限，一般在 6 米以下。托盘式货架利用率高，存取灵活方便，辅以计算机管理或控制，基本能达到现代化物流系统的要求。

3．贯通式货架

贯通式货架又称“驶入式货架”或“通廊式货架”，在相同的空间内比通常的托盘货架几乎多一倍的贮存能力。因为取消了位于各排货架之间的巷道，将货架合并在一起，使同一层、同一列的货物互相贯通。托盘或货箱搁置于由货架立柱伸出的悬壁横梁上，叉车或起重机可直接进入货架每列巷道内。如图 6-15 所示。对于必须强调先入先出的货物，在通道一端由一台入库起重机将货物单元装入货架，而在另一端由出库起重机取货，依次取完为止，再入货。

图 6-14　托盘式货架

图 6-15　贯通式货架

贯通式货架存储密度高，货架高度可达 10 米，适于存储少品种多批量的货物，出入库存取货物受先后顺序的限制，不适合太长或太重的货物。由于贯通式货架的巷道较窄，司机的视线较差，叉车进出巷道作业时容易与货架相碰。

4．悬臂式货架

悬臂式货架又称树枝形货架，由中间立柱向单侧或双侧伸出悬臂而成。如图 6-16 所示。悬臂可以是固定的，也可以是可调节的，一般用于存储长料货物，如圆钢、型材、木板和地毯等。此种货架可采用起重机起吊作业，也可采用侧面叉车或长料堆垛机作业。

悬臂式货架具有结构稳定、载重能力好、空间利用率高等特点。悬臂式货架立柱多采用 H 型钢或冷轧型钢，悬臂采用方管、冷轧型钢或 H 型钢，悬臂与立柱间采用插接式或螺栓连接式，底座采用冷轧型钢或 H 型钢，与立柱间采用螺栓连接。

5．阁楼式货架

阁楼式货架可充分利用仓储空间，适用于库房较高、货物较轻、人工存取且储货量大的情况，特别适用于通过对现有旧仓库进行技术改造，提高仓库的空间利用率。货架的底层部分不仅是保管货物的场所，而且是上层建筑承重梁的支柱。如图 6-17 所示。货架可设计成多楼层（通常 2～3 层），配有楼梯、扶手和货物提升电梯等。适用于五金、汽配、电子元件等的分类存储。

图 6-16　悬臂式货架

图 6-17　阁楼式货架

6．水平移动式货架

水平移动式货架将货架本体放置在轨道上，在底部设有行走轮或驱动装置，靠动力或人力驱动使货架沿轨道横向移动。如图 6-18 所示。因一组货架只需一条通道，大大减少了货架间的巷道数，所以在相同的空间内，移动式货架的储货能力要比货格式货架高得多。

图 6-18　水平移动货架

在不进行出入库作业时，各货架之间没有通道相隔，紧密排列，全部封闭，并可全部锁住，确保货物安全，同时又可防尘、防光；当进行存取货物时，移动货架，使相应的货架开启成为人员或存取设备的通道。

为了减小运行阻力，移动货架一般采用钢轮支承，在钢轨上移动。对于载重较轻的或较矮的货架，可以采用人力驱动方式；对于载重较大的货架，必须采用动力驱动，并设置必要的安全保护装置。水平移动式货架在进行存取作业时，需不断移动货架，所以存取货时间要比一般货架长，故常用于出入库作业频率很低的轻小货物的存储。

7．垂直旋转式货架

垂直旋转式货架类似垂直提升机，在两端悬挂有成排的货格，货架可正转也可以反转。如图 6-19 所示。货架的高度在 2～6 米之间，正面宽 2 米左右，单元货位载重 100～400 千克，回转速度每分钟 6 米左右。

垂直旋转式货架属于拣选型货架，占地空间小，存放品种多，最多可达 1200 种左右。货架货格的小格可以拆除，这样可以灵活地存储各种尺寸的货物。在货架的正面及背面均设置拣选台面，可以方便地安排出入库作业。在旋转控制上用开关按钮即可轻松地操作，也可利用计算机操作控制，形成联动系统，将指令要求的货物经最短的路程送至要求的位置。

垂直旋转式货架主要适用于多品种、拣选频率高的货物，如果取消货格，用支架代替，也可以用于成卷货物的存取。

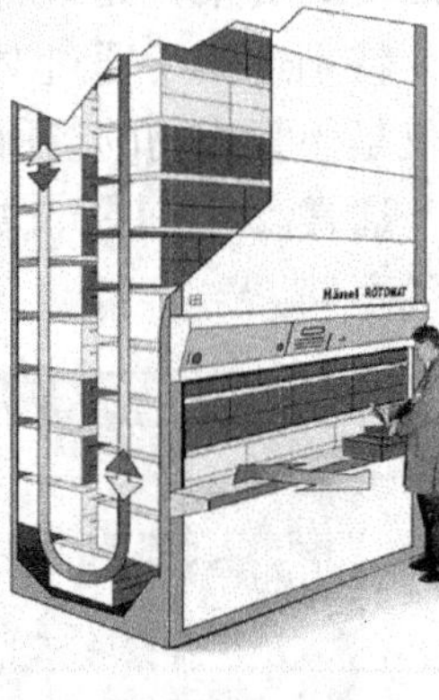

图 6-19　垂直旋转式货架

8．水平旋转式货架

水平旋转式货架的原理与垂直旋转式货架相似，只是货格在水平方向回转。如图 6-20 所示。水平旋转式货架是由多个独立的货柜构成，用一台链式输送机将这些货柜串联起来，每个货柜下方都有支承滚轮，上部都有导向滚轮。链式输送机运转时，带动货柜运动。需要拣取某种货物时，操作人员只需在控制台上发出指令，货柜便自动转到拣货点并停止，拣货人员就可从中拣选货物。

水平旋转式货架旋转时动力消耗大，不适于拣选频率高的作业，所放置货物主要是各种包装单位的货物。水平式货架也可采用较大长度的货架，以增大存储容量，但由于动力消耗大，拣选等待时间长，不适于随机拣选，在需要成组拣选或按顺序拣选时可以采用。水平旋转式货架规模越大、长度越长，其拣选功能越向分货功能转化，适用于作为小型分货式货架使用。

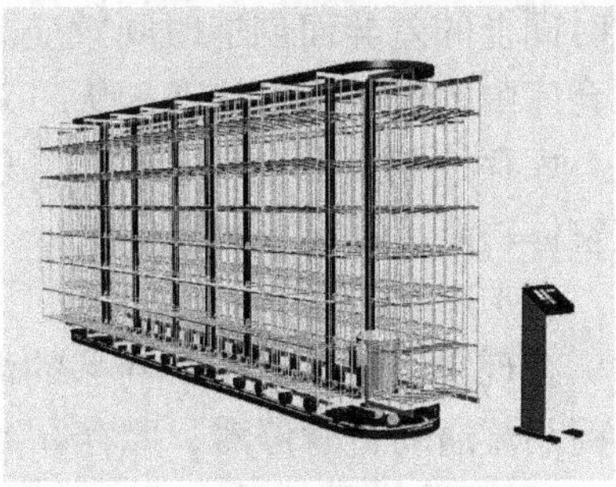

图 6-20　垂直旋转式货架

第三节　库存管理

一、库存及库存成本

在供应链体系中，始终存在着两种最基本的流动：从最终消费者的需求开始，各节点企业根据下游需求信息逐级向上游企业订货的订单信息流动；从订单的终点出发，各节点企业根据订单信息逐级向下游节点供货的物品转移流动。市场不确定性，使得在这个双向的流动过程中每个节点都可能有风险存在；同时，物品在某些环节或节点流动时，都可能发生正常或非正常的滞留，从而在整个供应链上出现了不同功能的仓库，来解决物料从原材料、在制品、半成品、成品直到最终消费者的转换和流动过程中可能出现的风险和滞留问题。图 6-21 展示了供应链物流过程中的这种库存结构。库存成本过高是供应链物流过程中普遍存在的现象，因而，库存管理是物流过程中一个比较突出的问题。

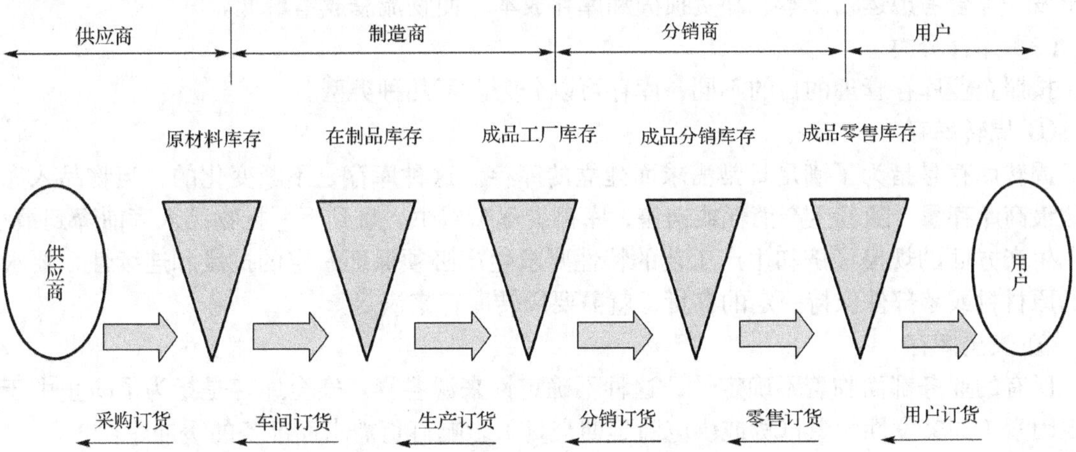

图 6-21　供应链物流过程中的库存结构

1. 库存概述

（1）库存的概念

库存（Inventory）是企业生产经营过程中一个不可缺少的重要环节，是企业物流的基本功能。它具有整合需求和供给、维持各项活动顺畅进行的功能，并通过克服产品生产与消费在时间上的差异而创造时间效应。库存有狭义和广义两层含义。从狭义角度看：库存指物品在仓库中的暂时闲置状态；从广义角度看：库存表示用于将来目的的物品的暂时闲置状态。

库存控制是否合理，库存管理是否得当，对加快物流速度，降低物流成本，发挥物流系统整体功能，都起着重要作用。

（2）库存的功能

在现实经济生活中，商品的流通并不是始终处于运动状态，作为存储的表现形态的库存是商品流通的暂时停滞，库存在商品流通过程中有其内在的功能。

① 调节供需矛盾、消除生产与消费之间的时间差

不同产品的生产和消费情况是不同的。有些产品的生产时间相对集中，而消费则是常年相对均衡的，如粮食、水果等农产品的生产（收获）有很强的季节性，但其消费在一年之中是均衡消费的；有些产品的生产是均衡的，但消费则是不均衡的，如服装、取暖设备等产品一年四季都在生产，但其消费有明显的季节性。为了维护正常的生产秩序和消费秩序，尽可能地消除供求之间、生产与消费之间这种时间上的不协调性，就需要库存的调节作用。库存能够很好地平衡供求关系、生产与消费关系，起到缓冲供需矛盾的作用。

② 创造商品的"时间效用"

时间效用就是同一种商品在不同的时间销售或消费，可以获得不同的经济效果或支出。如为了避免商品价格上涨造成损失或为了从商品价格上涨中获利而建立的投机库存，就是利用了库存的这一功能。

③ 降低物流成本

对于生产企业而言，保持合理的原料和产品库存，可以抵消或避免因上游供应商原材料供应不及时而需要进行紧急订货而增加的物流成本，也可以消除或避免下游销售商由于销售波动进行临时订货而增加的物流成本。当然通过库存管理来降低物流成本，必须从整条供应链出发，综合考虑运输成本、缺货损失和库存成本，使物流总成本最低。

（3）库存分类

按照企业库存管理的目的不同，库存可以分为以下几种类型。

① 周转库存

周转库存是指为了满足日常需求而建立的库存。这种库存是不断变化的，当物品入库时到达最高库存量，随着生产消耗或销售，库存量逐渐减少，直到下一批物品入库前降到最小。

生产方面的规模经济和生产工艺的特性要求生产必须保证一定的批量和连续性，要求企业的原材料或零部件保持一定的存货，就需要周转库存来满足。

② 安全库存

所有的业务都面临着不确定性，这种不确定性来源各异。安全库存是指为了防止由于不确定因素（如突发性大量订货或供应商延期交货）影响订货需求而准备的缓冲库存。

③ 加工和运输过程库存

加工库存是指处于加工或等待加工而处于暂时储存状态的商品。大量的库存可能积聚于生产设备上，特别是在装配操作上。

运输过程的库存是指处于运输状态（在途）而暂时处于存储状态的商品。不同的运输方式其速度和费用也不同。如速度最快的空运，其在途时间短，存货相应较小，但运输费用却很高，而铁路或水运的运输费用较低，但在途时间较长，因此会产生较高的存货成本。

④ 季节性库存

季节性库存是指为了满足特定季节中出现的特定需求而建立的库存，或指对季节性生产的商品在出产的季节大量存储所建立的库存。

⑤ 促销库存

促销库存是指为了应付企业促销活动产生的预期销售增加而建立的库存。

⑥ 时间效用库存

时间效用库存是指为了避免商品价格上涨造成损失，或者为了从商品价格上涨中获利而建立的库存。

⑦ 沉淀库存或积压库存

沉淀库存或积压库存是指因商品品质变坏或损坏，或者是因没有市场而滞销的商品产生的库存，还包括超额储存的库存。

2．库存成本

成本的降低是优化物流系统的一个关键所在。库存成本分为 3 种类型：采购成本，库存持有成本和缺货成本。

（1）采购成本

采购成本包括订货成本和购买成本。订货成本是为了订购货物而产生的成本，它的大小基本上与每批产品的订购数量无关，而只与订货次数有关。一般包括订货过程中所发生的人员外出、与供应商谈判、相应手续费、与定单处理有关的费用以及收货入库等费用。购买成本是为了获得产品的所有权和使用权而花费的费用，其大小与产品的数量成正比关系，而且购买成本会因所购买产品的市场价格的变化而变化。

（2）库存持有成本

库存持有成本是指在一定时期内随存储产品的数量而改变的成本，它大致上与所持有的平均库存量成正比。通常库存持有成本用单位时间内（每天、每周、每月、每年等）产品价值的百分比来表示。一般而言，它包括库存占用资金成本、库存服务成本、库存空间占用成本和库存风险成本。如图 6-22 所示。

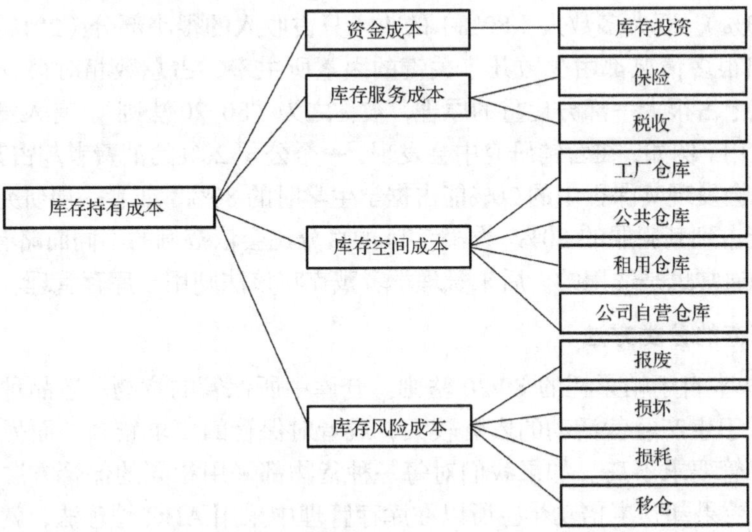

图 6-22　库存持有成本标准模型图

① 资金成本

资金成本，也叫利息或机会成本，是指将库存占用的资金投入到其他途径所能够得到的回报，即“能用在其他值得做的项目上但却用在库存上的资本的潜在价值”。资金成本通常在库存持有成本中占绝大部分，可达到 80%以上，但却是最具主观性的一项。

② 库存服务成本

库存服务成本由税收以及保护库存产品而产生的火灾和盗窃保险组成。

③ 库存空间成本

库存空间成本，是指产品存储占用建筑内的立体空间，以及把产品运进运出仓库所发生的成本。空间成本因企业使用仓库种类的不同而不同。

④ 库存风险成本

库存风险成本，反映了库存的现金价值下降的可能性，而这些往往是不可控的。

（3）缺货成本

缺货成本包括失销成本和延期交货成本，是指由于库存不足，无法满足顾客的需求所造成的业务损失、企业信誉的下降以及利润的减少等。

缺货成本的高低与储备量的大小有关，储备量大时，缺货的次数和数量相对就较少，缺货成本可能较低，但库存持有成本必然升高；储备量小时，缺货成本可能很高，但库存持有成本却可能降低。由于客户的反应随机性很大，缺货成本的具体衡量比较困难。

二、定性库存管理方法

库存控制的目的是为了实现对企业整体运营进行有效的监控和管理，以维护顾客服务水平和库存投资的最佳平衡。要以较小的库存投资保持较高的顾客服务水平，就需要采取科学的库存控制方法。

1. 帕累托定律（80-20 法则）

1879 年一个叫 Velfredo Pareto 的意大利男子在研究社会财富分配时，收集了许多国家的收入统计资料，得出收入与人口关系的规律为：占人口比重不大（20%）的少数人的收入占收入的大部分（80%），而大多数人（80%）的收入只占收入的很小部分（20%），所以分布不平等。由此他提出很多情况都由少数几个关键的因素所主宰，占总数相对很少的一部分却在总的影响力或价值上占很大一部分比重的原理，被称之为“80-20 法则”。有人发现这个法则在很多情况下都很适用。例如，在营销研究中会发现，一个公司 20%的消费者却占其销售额的 80%，或者一所大学也会发现其课程中的 20%能占据学生学时的 80%，或者一项研究也能发现一个城市人口的 20%能占到其犯罪的 80%。尽管实际的百分比会依范例的不同而略有不同，但 80-20 法则的一些变化通常也是适用的。后来管理学者戴克将该法则用于库存管理。

2. ABC 库存的分类方法

ABC 分析法来自于帕累托的 80/20 法则。仓库中所保管的货物一般品种繁多，有些货物的价值较高，对于生产经营活动的影响较大，或者对保管的要求较高。而另外一些品种的货物价值较低，保管要求不高。如果我们对每一种货物都采用相同的保管方法，可能投入的人力物力很多，而效果却是事倍功半。所以在库存管理中采用 ABC 管理法，就是要区别对待不同的货物，做到突出重点，以有效地节约人力、物力和财力。

一般 ABC 分类采取如下标准：

A 类：数量占库存物资总数的 15%～20%、金额占库存总金额的 65%～80%左右的物资；

B 类：数量占库存物资总数的 30%～40%、金额占库存总金额的 15%～20%左右的物资；

C 类：数量占库存物资总数的 40%～55%、金额占库存总金额的 5%～15%左右的物资。

将所有的库存货物根据其在一定时限内的价值重要性和保管的特殊性的不同，按大小顺序排列，根据各个品种的累计金额和累计数量统计，并计算出相对于总金额和总数量的比率，按顺序在图中标出对应的点，连成曲线图即为 ABC 分类曲线（如图 6-23 所示）。

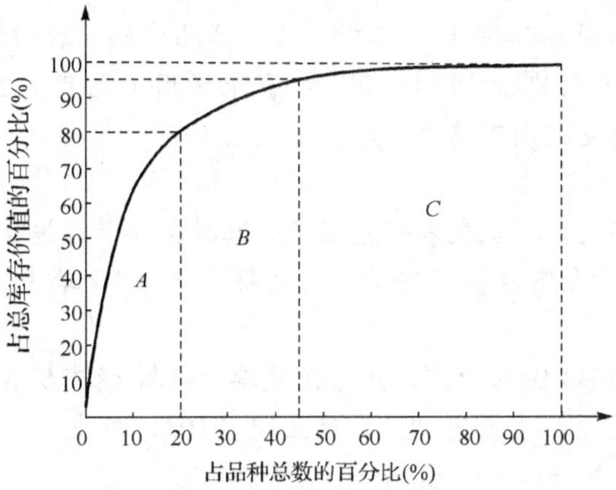

图 6-23　ABC 分类曲线图

对库存物资进行 ABC 分类后，企业可针对不同类别的物资，视情况采取不同的控制策略。如表 6-1 所示。

表 6-1　库存控制策略

级别	控制程度	库存量计算	库存记录	安全库存量	库存检查
A 级	严加控制	详细计算	详细记录	少量	经常检查
B 级	一般控制	根据历史记录确定	有记录	较多	偶尔检查
C 级	稍加控制	不计算，低了就进货	无记录	大量	不检查

举例说明，见例 6-1。

例 6-1

某仓库产品共 10 个类别，已知它们的需求预测数量和单价情况。如表 6-2 所示。试用 ABC 分类法对产品进行分类，以便于更好地控制。

表 6-2　某仓库库存情况一览表

序号	产品代码	年需求（件）	单价（元）
5	X-30	50000	0.08
2	X-23	200000	0.12
9	K-9	6000	0.10
3	G-11	120000	0.06
8	H-40	7000	0.12
1	N-15	280000	0.09

续表

序号	产品代码	年需求（件）	单价（元）
7	Z-83	15000	0.07
4	U-6	70000	0.08
6	V-9	15000	0.09
10	W-2	2000	0.11

解：

步骤 1:

建立基础数据表。如图 6-24 所示。其中，在“产品代码”后增加一列“按需求量排序”，在“单价（元）”后增加一列“年需求费用（元）”，在单元格 E3 输入“=C3*D3”、按住填充柄向下拖至 E12。

操作视频

步骤 2:

按年需求量排序。将光标移至表内任意位置，选择菜单“数据/排序”，在排序对话框中的“主要关键字”处，选择“年需求量（件）”，并选择“降序”，单击“确定”。

步骤 3:

填写序号。在单元格 B3 输入“1”，并选择菜单“编辑/填充/序列”，在序列对话框中，选择“列”、“等差序列”类型，步长值“1”、终止值“10”，单击“确定”。如图 6-25 所示。

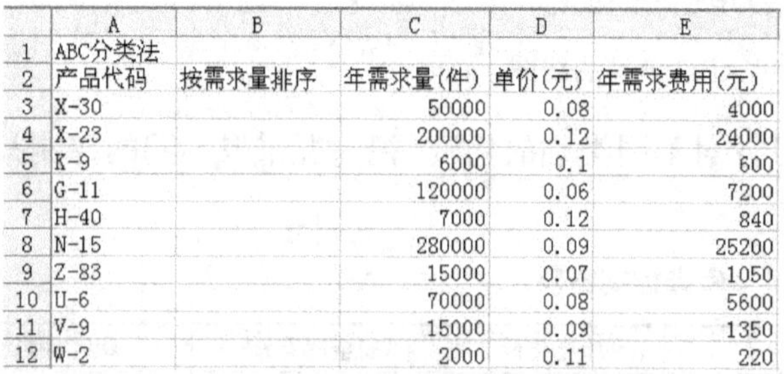

	A	B	C	D	E
1	ABC分类法				
2	产品代码	按需求量排序	年需求量(件)	单价(元)	年需求费用(元)
3	X-30		50000	0.08	4000
4	X-23		200000	0.12	24000
5	K-9		6000	0.1	600
6	G-11		120000	0.06	7200
7	H-40		7000	0.12	840
8	N-15		280000	0.09	25200
9	Z-83		15000	0.07	1050
10	U-6		70000	0.08	5600
11	V-9		15000	0.09	1350
12	W-2		2000	0.11	220

图 6-24　ABC 分类法基础数据表

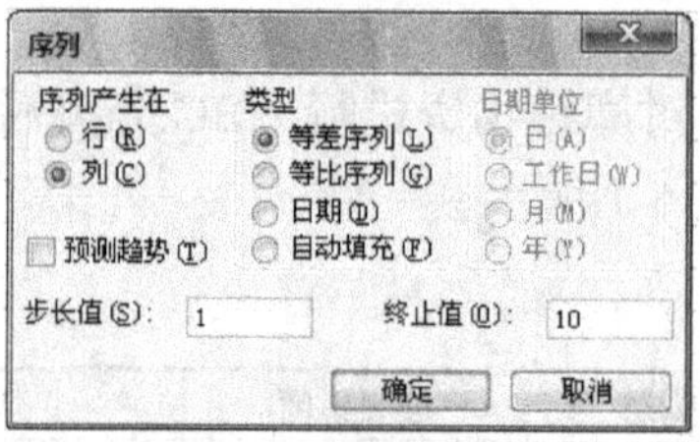

图 6-25　序列对话框

步骤 4:

计算年累计费用。在单元格 F2 输入“年需求费用累计（元）”，F3 输入“=E3”，F4 输入“=F3+E4”、按住填充柄向下拖至 F12。

步骤 5:

计算年费用累计百分比。在单元格 A13 输入“总计”，E13 输入“=SUM(E2:E12)”，G2 输入“占总费用累计百分比（%）”，G3 输入“=F3/$E$13*100”、按住填充柄向下拖至 G12。

步骤 6:

计算种类累计百分比。在单元格 B13 输入“=COUNT(B3:B12)”，H2 输入“占产品各类百分比（%）”，H3 输入“=B3/$B$13*100”、按住填充柄向下拖至 H12。如图 6-26 所示。

步骤 7:

绘制 ABC 分类曲线图。单击“图表向导”图标、在弹出的对话框中“标准类型”中选择折线图、点击“下一步”按键，在“图表数据源”对话框中，单击“系列产生在”区域的“行”、选择表格中的 H3:H12；单击“列”、选择表格中的 G3:G12，单击“下一步”按键，在“图表标题”输入“ABC 分类线——80-20 分类线”、在“分类（X）轴（C）”输入“产品种类累计百分比（%）”、在“分类（Y）轴（V）”输入“总需求量累计百分比（%）”、单击完成。如图 6-27 所示（图中 2 条垂线的画法可参考例 3-2）。

	A	B	C	D	E	F	G	H
1	ABC分类法							
2	产品代码	按需求量排序	年需求量(件)	单价(元)	年需求费用(元)	年需求费用累计(元)	占总费用累计百分比(%)	占产品种类百分比(%)
3	N-15	1	280000	0.09	25200	25200	36.0	10
4	X-23	2	200000	0.12	24000	49200	70.2	20
5	G-11	3	120000	0.06	7200	56400	80.5	30
6	U-6	4	70000	0.08	5600	62000	88.5	40
7	X-30	5	50000	0.08	4000	66000	94.2	50
8	V-90	6	15000	0.09	1350	67350	96.1	60
9	Z-83	7	15000	0.07	1050	68400	97.6	70
10	H-40	8	7000	0.12	840	69240	98.8	80
11	K-9	9	6000	0.1	600	69840	99.7	90
12	W-2	10	2000	0.11	220	70060	100.0	100
13	总计	10			70060			

图 6-26　计算结果

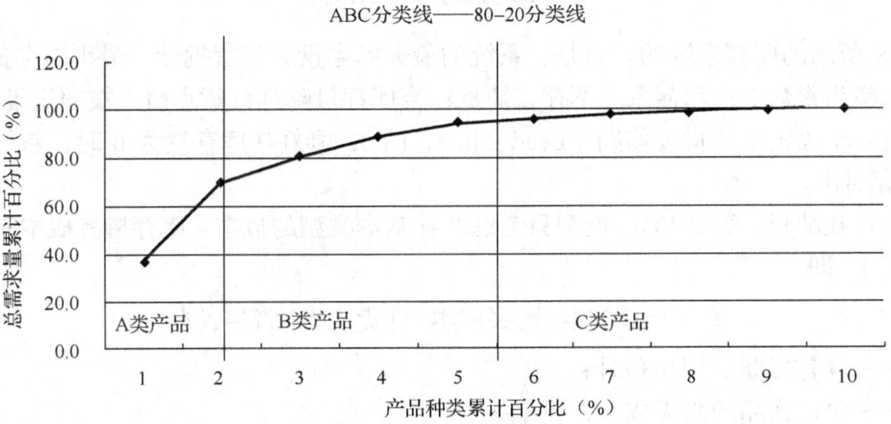

图 6-27　ABC 分类曲线

结果分析：

由图 6-26、6-27 可以看出，产品的分类和所占比例。如表 6-3 所示。

表 6-3　ABC 分类汇总表

类别	产品代码	种类百分比（%）	每类费用（元）	费用百分比（%）
A	N–15，X–23	20	49200	70
B	G–11，U–6，X–30	30	16800	24
C	V–90，Z–83，H–40，K–9，W–2	50	40600	6

三、确定性库存控制模型

1. 基本经济订货批量模型

对于需求速率稳定、多周期连续性的需求，控制其库存水平需要确定补货的频率和定期补货的数量。这是一个成本平衡的问题，也就是说要找到采购订货成本和库存持有成本之间最佳的结合点。早在“二战”前的 1913 年，福特·哈里斯（F. W. Harris）在韦斯廷豪斯工作时，就认识到了这个问题。他所建立的最佳订货量模型，就是众所周知的基本经济订货批量（Economic

Order Quantity，EOQ）公式，是目前实践中的许多拉动式库存政策的基础。图 6-28 为 EOQ 模型的示意图，图中描述了三个库存周期，Q 为订货量，每一周期都从 Q 个单位为开始。

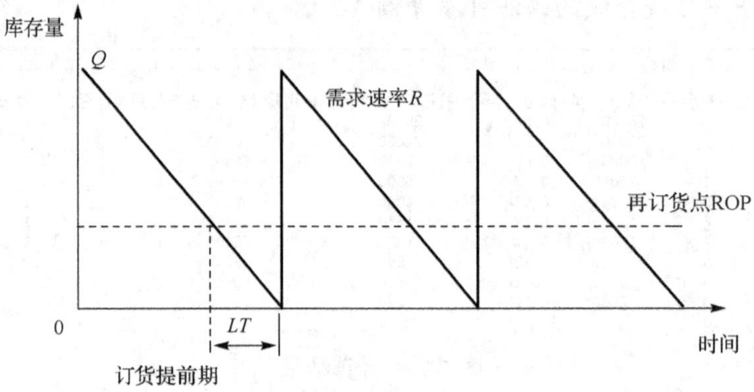

图 6-28　EOQ 模型示意图

图 6-28 所示的库存系统的特点是：系统的最大库存量为订货批量，最小库存量为 0；对库存的需求率为常数 R；库存系统不存在缺货；当库存量降到订货点时，按固定批量 Q 发出订单；经过一个固定的订货提前期（Lead Time，LT），刚好在库存变为 0 时，新的一批数量为 Q 的订货到达。

由于不存在缺货，简单 EOQ 模型只考虑两种基本类型的成本：库存持有成本和采购成本（购买+订货）。即

库存年总成本=购买成本+订货成本+储存成本

假设，D ——年需求量，以单位计；

P ——单位物品的购买成本，元/件；

C ——每次的订货成本，元/次；

Q ——批量或订货量，以单位计；

H ——每单位物品每年的储存成本，元/年，

$H=PF$，F 为以单位成本系数表示的年储存成本；

TC ——每年总成本。

根据以上假设，可将总成本用如下公式表示：

$$\mathrm{TC}=D\cdot P+C\cdot D/Q+Q\cdot H/2 \tag{6-1}$$

如图 6-29 所示：

为获得使总成本最低的最优订货批量 Q^*，将总成本 TC 看作以 Q 为自变量的函数，将 TC 函数对 Q 微分，并令其等于零：

$$\frac{d(\mathrm{TC})}{dQ}=\frac{H}{2}-\frac{C\cdot D}{Q^2}=0$$

可求出最优的 Q^* 为

$$Q^*=\sqrt{\frac{2C\cdot D}{H}}=\sqrt{\frac{2C\cdot D}{P\cdot F}} \tag{6-2}$$

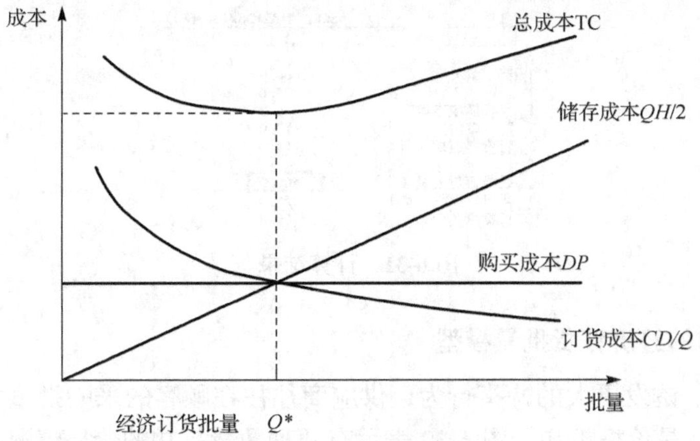

图 6-29　经济订货批量

因此，两次订货之间的最佳间隔为

$$t^* = \frac{Q^*}{D} = \sqrt{\frac{2C}{D \cdot H}} \tag{6-3}$$

每年订货次数为

$$N^* = \frac{1}{t^*} = \frac{D}{Q^*} \tag{6-4}$$

在 EOQ 模型中，订货点（ROD）只与年需求量 D、全年制度工作日 m 和提前期 LT 有关，计算公式为

$$\mathrm{ROP} = \frac{D}{m} \times \mathrm{LT} \tag{6-5}$$

举例说明，见例 6-2。

例 6–2

某公司以单价 10 元的价格每年购入某种产品 8000 个。每次订货费用为 30 元，单位维持库存费用按库存货物价值的 30%计算。若每次订货的提前期为 2 周，试求经济订货批量、最低年总成本、年订购次数和订货点。

解：

步骤 1：

建立基础数据表，如图 6-30 所示。

	A	B
1		
2	需求量D（个/年）	8000.0
3	订购成本C（元/次）	30.0
4	年存储成本率F	0.3
5	物质单价P（元/个）	10.0
6	订货提前期（天）	14.0

图 6-30　已知数据模型

步骤 2：

计算经济订货批量。在单元格 A8 输入“经济订货批量（个）”，B8 输入“=SQRT(2*B2*B3/(B4*B5))”，A9 输入“年订货次数（次）”，B9 输入“=B2/B8”，A10 输入“订货点（个）”，B10 输入“=B2*B6/365”。如图 6-31 所示。

操作视频

结果分析：

由图 6-31 可以看出，经济订货批量 EOQ 等于 400 个；年订货次数 20 次；订货点为 307 个（取整数）。

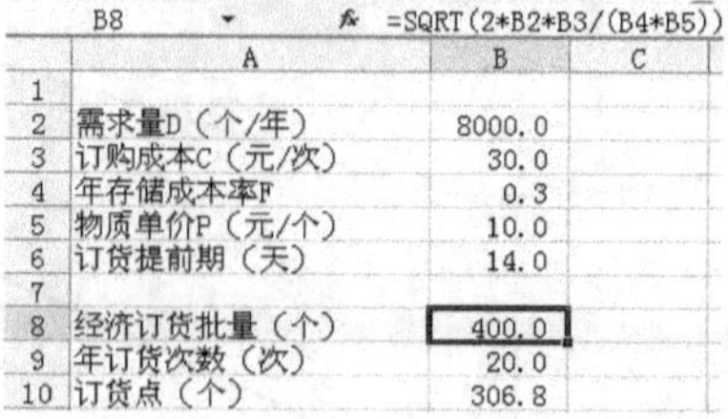

B8 =SQRT(2*B2*B3/(B4*B5))

	A	B	C
1			
2	需求量D（个/年）	8000.0	
3	订购成本C（元/次）	30.0	
4	年存储成本率F	0.3	
5	物质单价P（元/个）	10.0	
6	订货提前期（天）	14.0	
7			
8	经济订货批量（个）	400.0	
9	年订货次数（次）	20.0	
10	订货点（个）	306.8	

图 6-31　计算结果

2．有价格折扣的经济订货批量模型

为了刺激需求，诱发更大的购买行为，供应商往往在顾客的采购批量大于某一数值时提供优惠的价格，这就是价格折扣。图 6-32 表示有两种数量折扣的价格情况。当采购批量小于 Q_1 时，单价为 P_1；当采购批量大于或等于 Q_1 而小于 Q_2 时，单价为 P_2；当采购批量大于或等于 Q_2 时，单价为 P_3。$P_3 < P_2 < P_1$。

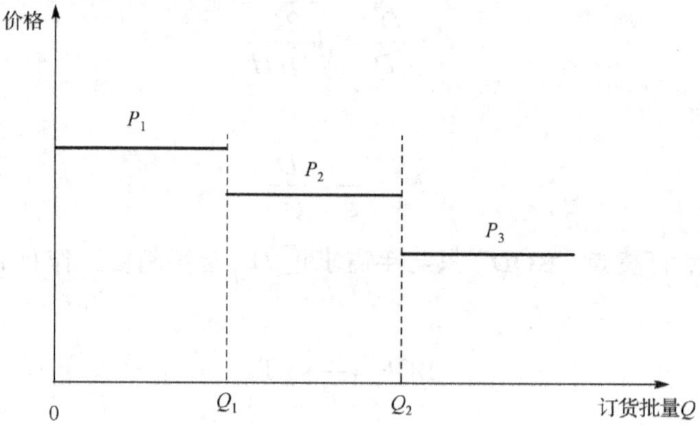

图 6-32　有数量折扣的价格曲线

在价格有折扣时求最优订货批量的步骤如下：

① 计算通常的最优订货批量；

② 如果上一步计算出的 Q 落在最低价格的范围内，则该 Q 为最优 Q^*；如果上一步计算出的 Q 落在其他范围内，则以订货量 Q 和该价格范围内的单价计算总成本；

③ 计算所有更低的数量折扣区间的折扣点所对应的总成本；

④ 比较上述总成本，最低总成本所对应的订购批量即有价格折扣的 EOQ。

举例说明，见例 6-3。

例 6–3

一家大型医院的行政部每年需采购大约 816 箱消毒液。订货费用为每次 12 元，持有费用为每箱每年 4 元，订货时可享受价格优惠。如表 6-4 所示。

表 6-4　有价格折扣的价格表

订货范围（箱）	单价（元/箱）
1～49	20

续表

订货范围（箱）	单价（元/箱）
50～79	18
80～99	17
100 及以上	16

解：

步骤 1：

建立基础数据表。如图 6-33 所示。

	A	B	C	D	E
1					
2	需求量D(箱)	816.0			
3	订购成本C(元)	12.0			
4	年存储成本H(元/年)	4.0			
5	物品单价P(元/件)	1≤x≤49	50≤x≤79	80≤x≤99	x≥100
6		20.0	18.0	17.0	16.0

图 6-33　基础数据表

操作视频

步骤 2：

计算 EOQ 及总成本。在单元格 A7 输入“经济订货批量 EOQ（箱）”，A8 输入“按 EOQ 订货的总成本（元）”，合并单元格 B7:E7 并输入“=SQRT(2*B2*B3/B4)”，合并 B8:E8 并输入“=B2*C6+B2*B3/B7+B7/2*B4”。如图 6-34 所示。

B8　▾　fx　=B2*C6+B2*B3/B7+B7/2*B4

	A	B	C	D	E
1					
2	需求量D(箱)	816.0			
3	订购成本C(元)	12.0			
4	年存储成本H(元/年)	4.0			
5	物品单价P(元/件)	1≤x≤49	50≤x≤79	80≤x≤99	x≥100
6		20.0	18.0	17.0	16.0
7	经济订货批量EOQ(箱)	70.0			
8	按EOQ订货的总成本（元）	14967.9			

图 6-34　计算 EOQ 及总成本

步骤 3：

计算按低于 EOQ 订货价格订货的总成本。在单元格 A9 输入“按低于 EOQ 订货价格的数量订货（元）”，在 D9 输入“=B2*D6+B2*B3/LEFT(D5,2)+LEFT(D5,2)/2*B4”，E9 输入“=B2*E6+B2*B3/RIGHT(E5,3)+RIGHT(E5,3)/2*B4”。如图 6-35 所示。

E9　▾　fx　=B2*E6+B2*B3/RIGHT(E5,3)+RIGHT(E5,3)/2*B4

	A	B	C	D	E
1					
2	需求量D(箱)	816.0			
3	订购成本C(元)	12.0			
4	年存储成本H(元/年)	4.0			
5	物品单价P(元/件)	1≤x≤49	50≤x≤79	80≤x≤99	x≥100
6		20.0	18.0	17.0	16.0
7	经济订货批量EOQ(箱)	70.0			
8	按EOQ订货的总成本（元）	14967.9			
9	按低于EOQ订货价格的数量订货（元）			14154.4	13353.9

图 6-35　计算结果

结果分析：

由图 6-35 可以看出，EOQ 为 70 箱，70 箱落在 50～79 的订货范围内，应按 18 元的单价购进，总成本为 14967.9 元。由于存在更低的价格，所以需要继续以单价 17 元和 16 元计算总成本，并做出比较。计算按 17 元/箱订 80 箱的总成本为 14154.4 元，按 16 元/箱订 100 箱的总成本为 13353.9 元，由此可见，订货 100 箱时的总成本最低，所以 100 箱是最优订购批量。

3. 分批进货的经济订货批量模型

在连续补充库存的过程中，有时不可能瞬间完成大批量进货，而是分批、连续进货，甚至是边补充库存边消耗库存，直到库存量最高。这时不再继续进货，而只是向需求者供货，直到库存量降至安全库存量，又开始新一轮的库存周期循环。如图 6-36 所示。分批连续进货的经济批量，仍然是使存货总成本最低的经济订购批量。

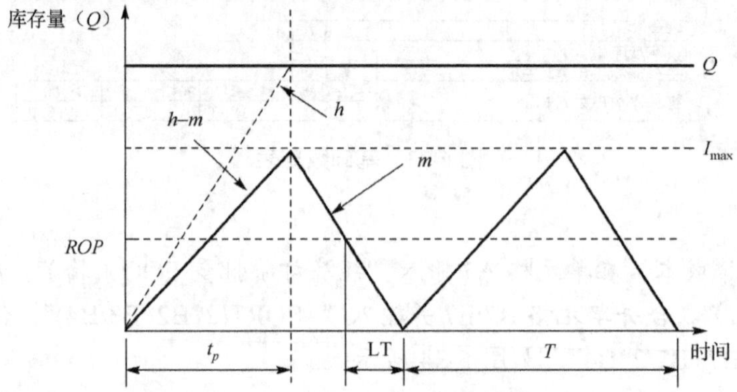

图 6-36　分批连续进货的经济订货批量

设一次订购量为 Q，商品分批进货率为 h，库存商品耗用率为 m，且 $h>m$。一次连续补充库存直至最高库存量需要的时间为 t_p，当停止进货后，库存按照耗用率 m 下降消耗，当库存减少到 0 时，新一轮进货开始。

首先，在停止进货前，库存水平随时间以（$h-m$）的速率上升，最大库存水平 $I_{\max}=(h-m)\cdot t_p$；其次，在每一个周期，进货数量 $Q=h\cdot t_p$；因此，最大库存水平 $I_{\max}=(h-m)\cdot Q/h=(1-m/h)\cdot Q$。注意，平均库存水平为最大库存的一半，即 $I_{\max}/2$。

因此，总成本为：

$$\mathrm{TC}=D\cdot P+C\cdot D/Q+I_{\max}\cdot H/2=D\cdot P+C\cdot D/Q+(1-m/h)\cdot Q\cdot H/2$$

按照基本 EOQ 的求解方法，对上式求导并令其等于零，得最优的订货量为：

$$Q^*=\sqrt{\frac{2C\cdot D}{\left(1-\frac{m}{h}\right)\cdot H}} \tag{6-6}$$

举例说明，见例 6-4。

例 6–4

甲仓库 B 种商品年需要量为 5000 千克，一次订购成本为 100 元，B 商品的单位价格为 25 元，年单位商品的保管费率为单价的 20%，每天进货量为 100 千克，每天耗用量为 20 千克，要求计算在商品分批连续进货条件下的经济订货批量、每年的库存总成本、每年订货的次数和订货间隔周期。

解：

步骤 1：

建立基础数据表。如图 6-37 所示。

操作视频

步骤 2：

进行问题求解。在单元格 A9 输入“经济订货批量（千克）”，B9 输入“=SQRT(2*B2*B3/((1−B7/B6)*B4*B5))”，A10 输入“年总成本（元）”，B10 输入“=B2*B5+B2*B3/B9+(1−B7/B6)*B9*B4*B5/2”，A11 输入“年订货次数（次）”，B11 输入“=B2/B9”，A12 输入“订货间隔（天）”，B12 输入“=365/B11”。如图 6-38 所示。

	A	B
1		
2	年需求量D（千克/年）	5000.0
3	订购成本C（元/次）	100.0
4	年存储成本率F	0.2
5	商品单价P（元/千克）	25.0
6	每天进货率h（千克/天）	100.0
7	每天消耗率m（千克/天）	20.0

图 6-37 已知数据模型

B12 =365/B11

	A	B
1		
2	年需求量D（千克/年）	5000.0
3	订购成本C（元/次）	100.0
4	年存储成本率F	0.2
5	物质单价P（元/千克）	25.0
6	每天进货率h（千克/天）	100.0
7	每天消耗率m（千克/天）	20.0
8		
9	经济订货批量（千克）	500.0
10	年总成本（次）	127000.0
11	年订货次数（次）	10.0
12	订货间隔(天)	36.5

图 6-38 求解结果

结果分析：

由图 6-38 可以看出，经济订货批量为 500 千克，年总成本为 127000 元，年订货 10 次，订货间隔 36.5 天。

四、不确定性库存控制模型

对企业来说，需求不确定条件下的库存管理更为重要。由于需求的变化以及不确定的物流运输环境造成提前期的变化，如何保持适量的库存以预防缺货的产生，满足客户的需求，是不确定条件下库存管理需要解决的问题。

在需求不确定的情况下，最优订货量的获得十分复杂，它是订货成本、库存持有成本和缺货成本的总期望值最小时的订货批量。

在需求不确定条件下，再订货点公式需要调整，除了期望的库存需求量外，还应加上安全库存量。

$$\mathrm{ROP} = \overline{d} \cdot \overline{\mathrm{LT}} + \mathrm{SS} \tag{6-7}$$

式中，$\overline{d}$——提前期内的平均需求率；

$\overline{\mathrm{LT}}$——平均提前期水平；

SS——安全库存量。

需求在多数情况下服从正态分布，确定安全库存的前提是需求变化的标准差已知，不妨设为 σ_d，为使订货点满足安全库存的需求，需事先设定一个服务水平，然后根据服务水平确定标准差的分位数 z。表 6-5 是标准正态曲线下从$-\infty$到$+z$ 的累积概率，从中可以查到服务水平下的分位数，例如，如果设定了 95%的服务水平，那么，查表可知标准差的分位数 z=1.64。

标准差的分位数与标准差的乘积即为安全库存水平，于是

$$\mathrm{SS} = z \cdot \sigma_d \tag{6-8}$$

加上提前期内的需求，即得订货点

$$\mathrm{ROP} = \overline{d} \cdot \overline{\mathrm{LT}} + z \cdot \sigma_d \tag{6-9}$$

如果提前期内的需求数据不完备，式（6-8）就不再适用，就需要从每天的需求数据中进行统计推断，此时，安全库存为

$$\mathrm{SS} = z \cdot \sqrt{\mathrm{LT}} \cdot \sigma_d \tag{6-10}$$

订货点为

$$\mathrm{ROP} = \overline{d} \cdot \overline{\mathrm{LT}} + z \cdot \sqrt{\mathrm{LT}} \cdot \sigma_d \tag{6-11}$$

举例说明，见例 6-5。

例 6–5

一家城建公司近期抽取了有关砂土需求的样本数据，统计结果表明：提前期内对砂土的需求服从日平均值为 15 吨、标准差为 5 吨的正态分布，订货提前期为 4 天。如果管理者愿意承担的缺货风险不超过 3%，试计算这家公司对砂土应设置的安全库存和订货点。

解：

缺货风险不超过 3%意味着服务水于为 97%，查表（见表 6-5 正态分布累积概率表）

表 6-5　正态分布累积概率 $\Phi(z) = \int_{-\infty}^{z} \frac{1}{\sqrt{2\pi}} \mathrm{e}^{-u^2/2} \mathrm{d}u$

z	0.00	0.01	0.02	0.03	0.04	0.05	0.06	0.07	0.08	0.09
0.0	0.5000	0.5040	0.5080	0.5120	0.5160	0.5199	0.5239	0.5279	0.5319	0.5359
0.1	0.5398	0.5438	0.5478	0.5517	0.5557	0.5596	0.5636	0.5675	0.5714	0.5753
0.2	0.5793	0.5832	0.5871	0.5910	0.5948	0.5987	0.6026	0.6064	0.6103	0.6141
0.3	0.6179	0.6217	0.6255	0.6293	0.6331	0.6368	0.6404	0.6443	0.6480	0.6517
0.4	0.6554	0.6591	0.6628	0.6664	0.6700	0.6736	0.6772	0.6808	0.6844	0.6879
0.5	0.6915	0.6950	0.6985	0.7019	0.7054	0.7088	0.7123	0.7157	0.7190	0.7224
0.6	0.7257	0.7291	0.7324	0.7357	0.7389	0.7422	0.7454	0.7486	0.7517	0.7549
0.7	0.7580	0.7611	0.7642	0.7673	0.7703	0.7734	0.7764	0.7794	0.7823	0.7852
0.8	0.7881	0.7910	0.7939	0.7967	0.7995	0.8023	0.8051	0.8078	0.8106	0.8133
0.9	0.8159	0.8186	0.8212	0.8238	0.8264	0.8289	0.8355	0.8340	0.8365	0.8389
1.0	0.8413	0.8438	0.8461	0.8485	0.8508	0.8531	0.8554	0.8577	0.8599	0.8621
1.1	0.8643	0.8665	0.8686	0.8708	0.8729	0.8749	0.8770	0.8790	0.8810	0.8830
1.2	0.8849	0.8869	0.8888	0.8907	0.8925	0.8944	0.8962	0.8980	0.8997	0.9015
1.3	0.9032	0.9049	0.9066	0.9082	0.9099	0.9115	0.9131	0.9147	0.9162	0.9177
1.4	0.9192	0.9207	0.9222	0.9236	0.9251	0.9265	0.9279	0.9292	0.9306	0.9319
1.5	0.9332	0.9345	0.9357	0.9370	0.9382	0.9394	0.9406	0.9418	0.9430	0.9441
1.6	0.9452	0.9463	0.9474	0.9484	0.9495	0.9505	0.9515	0.9525	0.9535	0.9535
1.7	0.9554	0.9564	0.9573	0.9582	0.9591	0.9599	0.9608	0.9616	0.9625	0.9633
1.8	0.9641	0.9648	0.9656	0.9664	0.9672	0.9678	0.9686	0.9693	0.9700	0.9706
1.9	0.9713	0.9719	0.9726	0.9732	0.9738	0.9744	0.9750	0.9756	0.9762	0.9767
2.0	0.9772	0.9778	0.9783	0.9788	0.9793	0.9798	0.9803	0.9808	0.9812	0.9817
2.1	0.9821	0.9826	0.9830	0.9834	0.9838	0.9842	0.9846	0.9850	0.9854	0.9857
2.2	0.9861	0.9864	0.9868	0.9871	0.9874	0.9878	0.9881	0.9884	0.9887	0.9890
2.3	0.9893	0.9896	0.9898	0.9901	0.9904	0.9906	0.9909	0.9911	0.9913	0.9916
2.4	0.9918	0.9920	0.9922	0.9925	0.9927	0.9929	0.9931	0.9932	0.9934	0.9936
2.5	0.9938	0.9940	0.9941	0.9943	0.9945	0.9946	0.9948	0.9949	0.9951	0.9952
2.6	0.9953	0.9955	0.9956	0.9957	0.9959	0.9960	0.9961	0.9962	0.9963	0.9964
2.7	0.9965	0.9966	0.9967	0.9968	0.9969	0.9970	0.9971	0.9972	0.9973	0.9974
2.8	0.9974	0.9975	0.9976	0.9977	0.9977	0.9978	0.9979	0.9979	0.9980	0.9981
2.9	0.9981	0.9982	0.9982	0.9983	0.9984	0.9984	0.9985	0.9985	0.9986	0.9986
z	0.0	0.1	0.2	0.3	0.4	0.5	0.6	0.7	0.8	0.9
3	0.9987	0.9990	0.9993	0.9995	0.9997	0.9998	0.9998	0.9999	0.9999	1.0000

可得，z=1.88。

根据式（6-10），安全库存为

$$SS = z \cdot \sqrt{LT} \cdot \sigma_d = 1.88 \times \sqrt{4} \times 5 = 18.8(吨)$$

根据式（6-11），订货点为

$$ROP = \overline{d} \cdot \overline{LT} + z \cdot \sqrt{LT} \cdot \sigma_d = 15 \times 4 + 18.8 = 78.8(吨)$$

思考与练习

1. 仓库的功能是什么？

2. 某小型仪表厂生产 17 种产品，每种产品的类别和销售额如表 6-6 所示。将这些产品按销售额排序，计算各产品占总销售额的累计百分比和占总品种数量的累计百分比；绘出产品类别和销售总额的曲线，分出 80/20 区域和 A、B、C 区域，并加以说明。

表 6-6　产品类别和销售额

产品编号	年销售额（美元）	产品编号	年销售额（美元）
C-125	107040.00	A-221	2400.50
C-176	69282.50	C-225	1599.20
A-023	27028.56	C-185	1132.80
D-191	19060.50	D-193	902.70
A-121	5602.20	D-204	737.20
D-198	4488.00	C-186	691.60
D-212	4240.56	A-123	520.00
C-052	3700.10	C-041	420.00
A-145	3190.60		

3. 简述货架的主要类型。

4. 库存的概念是什么？

5. 库存成本由哪几部分构成？

6. 库存管理策略有哪些？

7. 简述常用的库存控制方法。

案例分析

安科公司 ABC 分类法的应用

一、公司概况

安科公司是一家专门经营进口医疗用品的公司，2001 年该公司经营的产品有 26 个品种，共有 69 个客户购买其产品，年营业额为 5800 万元人民币。对于安科公司这样的贸易公司而言，因其进口产品交货期较长、库存占用资金大，库存管理显得尤为重要。

二、ABC 分类法在安科公司的应用

安科公司按销售额的大小，将其经营的 26 种产品排序，进行 ABC 分类。排序在前 3 位

的产品占到总销售额的97%，因此，把它们归为A类产品；第4、5、6、7类产品共占到总销售额的2%，把它们归为B类；其余的19种产品共占销售额的1%，将其归为C类。其库存物品统计如表6-7所示。

表6-7 安科公司医疗用品库存ABC分类表

类别	库存物品	销售价值（万元）	销售价值	占总库存比例
A	3种	5625	97	11.5
B	4种	116	2	15.4
C	19种	59	1	73.1

在此基础上，安科公司对A类的3种产品实行连续性检查策略，即每天检查其库存情况。但由于该公司每月的销售量不稳定，所以每次订货的数量不相同，另外，为了防止预测的不准确及工厂交货的不准确，该公司还设定了一个安全库存量，根据案例资料显示，该类产品的订货提前期为2个月，即如果预测在6月份销售的产品，应该在4月1日下订单给供应商，才能保证产品在6月1日出库。该公司对A类产品的库存管理方案如下：

安全库存=下一个月预测销量的1/3

订货时间为：当实际的存货数量+在途产品数量=下两个月的销售预测数量+安全库存时，就下订单，这时：

订货数量=第三个月的预测数量

安科公司对B类产品的库存管理，采用周期性检查策略。每个月检查库存并订货一次，目标是每月检查时应有以后两个月的销售数量在库里（其中一个月的用量视为安全库存），另外在途还有一个月的预测量。每月订货时，再根据当时剩余的实际库存数量，决定需订货的数量，这样就会使B类产品的库存周转率低于A类。

对于C类产品，该公司则采用了定量订货的方法。根据历史销售数据，得到产品的半年销售量，为该种产品的最高库存量，并将其两个月的销售量作为最低库存。一旦库存达到最低时，就订货，将其补充到最高库存量。这种方法比前两种更省时间，但是库存周转率更低。

安科公司在对产品进行ABC分类以后，又对其客户按照购买量进行了分类。发现在69个客户中，前5位的客户购买量占全部购买量的75%，将这5个客户定为A类客户；到第25位客户时，其购买量已达到95%。因此，把第6到第25位的客户归为B类，其他的客户归为C类。对于A类客户，实行供应商管理库存，与供应商保持密切联系，随时掌握库存状况；对于B类客户，以需求预测作为订货的依据；而对于C类客户，有的是新客户，有的一年也只购买一次，因此，只在每次订货数量上多加一些，或者用安全库存进行调节。

三、ABC分类法库存管理的效果

对于安科公司这种经营进口产品且产品种类繁多、各产品的需求量变化幅度较大的企业来说，库存管理显得尤为重要，甚至关系到企业的生死存亡，所以，必须采取适当的措施对库存实施控制与管理。安科公司实施ABC分类库存管理的效果主要体现在以下方面。

（1）降低了库存管理成本，减少了库存占用资金，提高了主要产品的库存周转率。

（2）避免了缺货损失、过度超储等情况。

（3）提高了服务水平，增强了客户的满意程度。

（4）树立了良好的企业形象，增强了企业的竞争力。

四、结论

当今的企业环境，零库存是一种理想状态，但对于大量、大批生产型或流通型企业来说，难以做到。所以，必须对库存实施控制与管理，应用定量和定性相结合的分析方法对企业进行全面的分析，采用适当的库存管理方法，使库存管理成本降至最低。目的只有一个，那就是长期使企业的利益最大化。

案例思考题

1．ABC 分类法的分依据是什么？

2．安科公司是如何实施 ABC 分类库存管理的？

Chapter 7

第7章 物流配送

引导案例 沃尔玛配送中心的成功

沃尔玛配送中心的运作流程是：供应商将商品的价格标签和UPC条形码（统一产品码）贴好，运到沃尔玛的配送中心；配送中心根据每个商店的需要，对商品就地筛选，重新打包，从“配区”运到“送区”。

由于沃尔玛的商店众多，每个商店的需求各不相同，这个商店也许需要这样一些种类的商品，那个商店则有可能又需要另外一些种类的商品，沃尔玛的配送中心根据商店的需要，把产品分类放入不同的箱子当中。这样，员工就可以在传送带上取到自己所负责的商品。

第一节 现代物流配送

配送在英语中的原词是Delivery，是交货送货的意思。在日本工业标准JIS中，将配送定义为“将货物从物流结点送交收货人”，也强调了送货的含义。

一、物流配送的特点及作用

1. 配送的特点

① 配送是从物流据点至用户的一种特殊送货形式。其特殊性表现为：从事送货的是专职流通企业，而非生产企业；配送是“中转”型送货，用户需要什么送什么，而工厂送货一般是直达型送货（直接送到用户手中），生产什么送什么。

② 配送不是单纯的运输或输送，而是运输与其他活动共同构成的组合体。而且配送所包含的那部分运输，在整个运送过程中是处于“二次运输”、“支线运输”、“终端运输”的位置。

③ 配送不是广义概念的组织物资订货、签约、进货及对物资处理分配的供应，而是以供给者送货到户式的服务性供应，是一种“门到门”的服务。

④ 配送是在全面配货基础上，完全按用户要求（包括种类、品种搭配、数量、时间等方面的要求）所进行的运送，是“配”和“送”的有机结合形式。

2. 配送的作用

① 完善了输送及整个物流系统。配送环节处于支线运输，灵活性、适应性、服务性较强，能将支线运输与小搬运统一起来，使运输过程得以优化和完善。

② 提高了末端物流的经济效益。采取配送方式，可以做到经济地进货，采取将各种货物配齐集中起来向用户发货和将多个用户的小批量货物集中在一起进行发货等方式，以提高物流经济效益。

③ 通过集中库存，可使企业实现低库存或零库存。生产企业可以解放出大量储备资金，改善财务状态，降低成本。

④ 简化手续、方便用户。用户只需要向配送中心一处订购，就能达到向多个生产企业采购的目的，减少订货等一系列费用开支。

⑤ 提高了供应保证程度。降低了用户因缺货而影响生产的风险。

二、物流配送的模式

配送是物流过程的终端环节，从物流本身的运行规律来看，尽管各种配送服务作业的内容是一致的，但由于物流运作组织的主体和服务对象不同，也就是说，配送所服务的企业性质、使命与目标不同，其配送运行方式就完全不同，因此就产生了不同的配送运行模式。根据目前配送运行情况，可将配送活动的组织与运行分为企业自营物流配送、企业共同物流配送和第三方物流配送三种模式。

1. 自营物流配送模式

自营物流配送模式是指企业物流配送的各个环节由企业自己筹建并组织管理，实现对企业内部及外部货物配送的模式。自营物流配送模式的运作如图 7-1 所示。

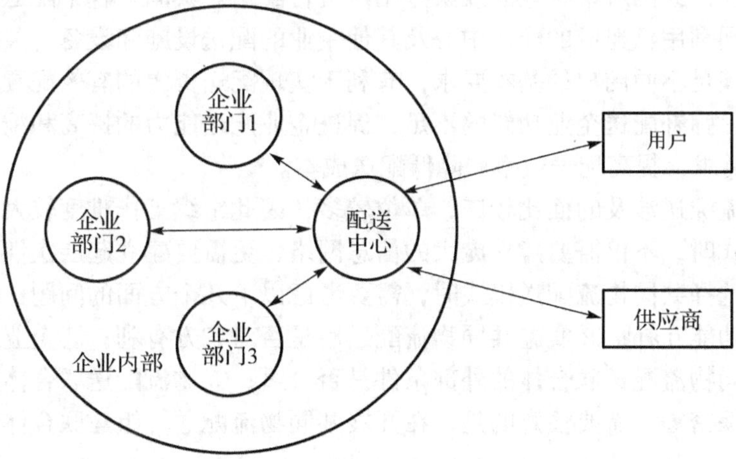

图 7-1 自营物流配送模式

这种物流配送模式有利于企业供应、生产和销售的一体化作业，使企业对供应链有较强的控制能力，系统化程度相对较高，既可满足企业内部原材料、半成品及成品的配送需要，又可满足企业对外进行市场拓展的需求。其不足之处表现在：企业为建立配送体系的一次性投资较大，占用资金较多，容易导致企业资金链的中断；对企业的物流配送管理能力提出较高要求，一个现代化的物流配送中心不但需要物流配送管理系统的支持，还需要有专业化的物流管理人员，在企业物流配送规模较小时，配送的成本和费用也相对较高。

一般而言，采取自营物流配送模式的企业大都是规模较大的集团公司。有代表性的是连锁企业的物流配送，基本上都是通过组建自己的物流配送体系来完成企业的配送业务，包括对内部各场、店的配送和对企业外部顾客的配送。

2. 共同物流配送模式

共同物流配送是物流配送企业之间为了提高配送效率以及实现整体配送合理化而相互进行协作或相互提供物流便利的联合配送形式。共同物流配送是经长期的发展和探索优化出的一种追求合理化物流配送的物流配送形式，也是日本、美国等一些发达国家采用较为广泛、影响面较大的一种先进的物流配送模式。如图 7-2 所示。

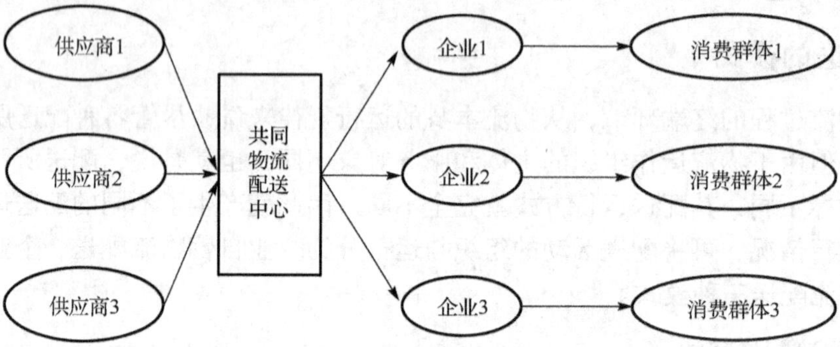

图 7-2　共同物流配送模式

其标准的运作模式是：在核心企业（或调控中心）的统筹调度下，各个物流配送企业分工协作，联合行动，共同对某一地区或某些用户进行配送。其间，各个配送企业可建造共同仓库，也可以共同利用已建成的配送中心及其他企业的配送设施和设备。共同物流配送的优势在于可以同时满足不同用户的基本要求，有利于实现配送资源的有效配置，发挥物流配送企业的整体优势，弥补配送企业功能的不足，促进企业配送能力的提高和配送规模的扩大，更好地满足客户需求，提高配送效率，降低配送成本。

由于共同物流配送涉及的面比较广，单位较多，因此组织工作难度较大。在选择、实施这种物流配送模式时，不仅需要建立庞大的信息网络，更需要建立起层次性的管理系统。因此，在决定是否选择共同物流配送模式时，需要考虑以下几个方面的问题：①参与共同物流配送的企业是否功能互补；②实施共同物流配送后是否对各方有利；③企业间是否能够协调一致；④组建共同物流配送联合体的外部条件是否合适；⑤物流配送联合体的技术问题，如信息沟通、资料保密等。需要注意的是，在开展共同物流配送、组建联合体的过程中，要避免行政干预。

共同物流配送在实施过程中可以分为以下步骤：①选择联合对象；②组建谈判小组，做好谈判准备；③签订合作意向书及合同，并进行公证；④组建领导班子，拟定管理模式；⑤正式运作。

共同物流配送是物流共同化发展的产物，促进了物流活动分工和协作，推动了物流结构的调整和物流资源的优化配置，可以说共同物流配送是物流配送发展的总体趋势。但其不足之处表现在：在配送组织费用分摊方面存在难度；存在泄漏商业机密的可能；企业间共同物流配送难以实施；实行共同物流配送的企业间难以磨合。

3. 第三方物流配送模式

第三方就是为交易双方提供部分或全部配送服务的一方。第三方物流配送模式就是指交易双方把自己需要完成的配送业务委托给第三方来完成的一种物流配送运作模式。随着物流产业的不断发展以及第三方物流配送体系的不断完善，第三方物流配送模式已成为工商企业和电子商务网站进行货物配送的首选模式和方向。在发达国家，第三方物流配送所占的比例是比较大的，因为第三方物流公司有现成的、高效的物流解决方案，优于客户自己进行配送。所以，客户都非常愿意把物流配送业务外包给第三方物流公司，从而使双方构成一种不可以分割的供应链关系。如图 7-3 所示。

图 7-3 第三方物流配送模式

三、配送模式的选择

企业选择何种配送模式主要取决于以下几个因素：配送对企业的重要性、企业的配送能力、市场规模与地理范围、服务保障及配送成本等。一般来说，企业配送模式的选择方法主要有矩阵图决策法和比较决策法。

1. 矩阵图决策法

矩阵图决策法主要是通过两个不同因素的组合，利用矩阵图来选择配送模式的决策方法。其基本思路是选择决策因素，然后通过组合形成不同区域或象限再进行决策。这里主要围绕配送对企业的重要性和企业配送的能力来进行分析。如图 7-4 所示。

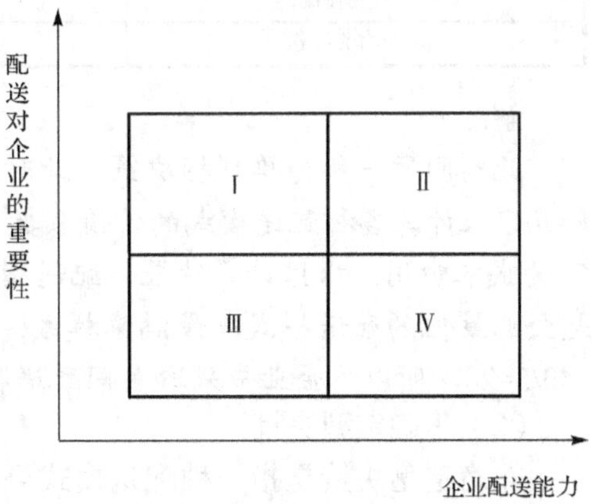

图 7-4 矩阵图决策法

在实际经营过程中，企业根据自身的配送能力和配送对企业的重要性组成了四个区域。一般来说，企业可按下列思路来进行选择和决策。

① 在状态Ⅰ下，配送虽对企业的重要程度较高，但企业的配送能力较低，此时，企业可采取的策略是寻求配送伙伴来弥补自身在配送能力上的不足。可供选择的模式有三种：第一种是加大投入，完善配送系统，提高配送能力，采用自营配送模式；第二种是进行一些投入，强化配送能力，采用共同配送模式；第三种是采取第三方物流配送模式，将配送业务完全委托专业的配送企业来进行。一般说来，在市场规模较大且相对集中以及投资额较小的情况下，企业可采取自营配送模式；若情况相反，则可采取第三方物流配送模式。

② 在状态Ⅱ下，配送对企业的重要性程度较高，企业也有较强的配送能力，在配送成本

较低和地理区域较小但市场相对集中的情况下，企业可以采取自营配送模式，以提高顾客的满意度和配送效率，与营销保持一致。

③ 在状态Ⅲ下，企业的配送能力较弱，且不存在较大的配送需求，此时，企业宜采取第三方物流配送模式，将企业的配送业务完全或部分委托给专业的配送企业，而将主要精力放在企业最为擅长的生产经营方面，精益求精，以获得更大的收益。

④ 在状态Ⅳ下，配送在企业战略中不占据主要地位，但企业有较强的配送能力，此时，企业可向外拓展业务，以提高资金和设备的利用能力，既可以采用共同配送模式，也可以采用互用模式。若企业在该方面具有较强竞争优势时，也可以适当地调整业务方向，向社会化的方向发展，成为专业的配送企业。

2. 比较决策法

比较决策法是企业通过对配送活动的成本和收益等进行比较而选择配送模式的一种方法。一般有确定型决策、非确定型决策和风险型决策。

（1）确定型决策

确定型决策是指一种配送模式只有一个确定的结果，只要比较各个方案的结果，即可做出选择何种配送模式的决策。

举例说明，见例 7-1。

例 7-1

某一企业为扩大生产销售，要建立配送系统，现有三种候选配送模式，需选择最优的配送模式。各配送模式所需的配送成本与可能实现的销售额如表 7-1 所示。

表 7-1 配送模式确定型决策表

配送模式	配送成本（万元）	预计销售额
自营物流配送	10	220
第三方物流配送	8	180
共同物流配送	5	140

解：

此类问题一般为单目标决策，此时企业可以运用价值分析来进行选择，即直接利用公式 $V=F/C$ 来计算各种配送模式的价值系数。式中，V 为价值系数，F 为功能（此例为预计销售额），C 为成本费用。根据计算结果，配送模式的价值系数越大，说明该种模式的配送价值越大，是企业最佳的配送模式或最满意模式。此例中，$V_{自营}=220/10=22$；$V_{第三方}=180/8=22.5$；$V_{共同}=140/5=28$，所以，企业应采取共同配送模式。

（2）非确定型决策

非确定型决策是指一种配送模式可能出现几种情况，但又无法知道其概率时所进行的决策。其条件是：决策者期望的目标明确、存在着不以决策者意志为转移的两种以上的状态、具有两个或两个以上可供选择的配送模式、不同模式在不同状态下相应的损益值可以获得。非确定型决策作为一种决策方法，虽带有较大的主观随意性，但也有一些公认的决策准则可供企业在选择模式时参考。

① 按乐观准则来决策。首先从每种模式中选择一个最小成本看作必然发生的自然状态；

然后在这些最小成本的模式中，再选择一个最小成本的模式作为满意方案。这种决策方法一般适用于把握较大和风险较小的情况。

② 按悲观准则来决策。首先从每种方案中选择一个最大成本作为评价模式的基础，实际上是对每个局部模式持悲观态度，从不利的角度出发，把最大成本作为必然发生的自然状态，将非确定型问题变为确定型问题来处理；然后，再从这些最大成本中选择成本最小的模式。在现实经济生活中，这种决策方法一般适用于把握性小、风险较大的情况。

③ 按折中准则或赫维斯准则来决策。赫维斯认为，决策者不应极端行事，而应在两种极端情况中求得平衡。具体的方法是根据决策者的估计，确定一个乐观系数α，其取值范围为 $0<\alpha<1$。给最好的结果和最坏的结果分别赋予相应的权数 α 和（$1-\alpha$），中间结果不予考虑。计算折中成本值的公式为：

$$\text{折中成本}=\alpha\times\text{最小成本值}+(1-\alpha)\times\text{最大成本值} \tag{7-1}$$

④ 按等概率准则或拉普拉斯准则来决策。拉普拉斯认为，在非确定型决策中，各种自然状态发生的概率是未知的，无论按最好还是最坏的结果进行决策，都缺乏依据。解决的方法是给每种可能出现的结果都赋予相同的权数，若有几种自然状态，则每种自然状态发生的概率都相等，且其和为 1。然后根据计算出各个方案（配送模式）在各种自然状态下的加权平均值及决策（指标）的性质进行决策。

⑤ 按最小后悔值准则（也称沙万奈准则）来决策。这种决策方法以每种模式在不同自然状态下的最小成本值作为理想目标。如果在该状态下，没有采用这一理想模式，而采用了其他模式，从而会使成本增加，就会感到“后悔”，这样每个自然状态下的其他模式成本值与其理想值之差形成的损失值，就称为“后悔值”；然后按模式选出最大后悔值，在最大后悔值中再选出后悔值最小的，其对应的模式就是企业所要选择的模式，这种决策方法是较为保险的一种决策。

举例说明，见例 7-2。

例 7-2

某企业计划通过提高配送效率，满足客户对配送的要求，来扩大经营规模。现可供选择的配送模式有三种，由于在未来几年内，企业对用户要求配送的程度无法做出准确的预测，只能大体估计为三种情况，且估算出在三种自然状态下三种模式在未来几年内的成本费用，如表 7-2 所示。但不知道这三种情况的发生概率，问如何决策？

表 7-2　配送模式成本费用表

配送模式 / 配送要求	成本（万元）		
	自营物流配送	共同物流配送	第三方物流配送
配送要求高	90	70	65
配送要求一般	50	35	45
配送要求低	10	13	30

解：

步骤 1：

建立基础数据表。如图 7-5 所示。

操作视频

步骤 2:

按乐观准则决策。合并单元格 B7:D7、输入“乐观准则”，在单元格 A8 输入“最小成本”，A9 输入“选中方案”，B8 输入“=MIN(B3:B5)”、按住填充柄向右拖至 D8，合并 B9:D9、输入“=IF(B8=MIN(B8:D8),B2,IF(C8=MIN(B8:D8),C2,D2))”。如图 7-6 所示。

	A	B	C	D
1		成本（万元）		
2		自营物流配送	共同物流配送	3PL配送
3	配送要求高	90	70	65
4	配送要求一般	50	35	45
5	配送要求低	10	13	30

图 7-5 基础数据模型

B9 =IF(B8=MIN(B8:D8),B2,IF(C8=MIN(B8:D8),C2,D2))

	A	B	C	D	E	F	G
6							
7		乐观准则					
8	最小成本	10	13	30			
9	选中方案	自营物流配送					

图 7-6 按乐观准则决策

步骤 3:

按悲观准则决策。合并单元格 B11:D11、输入“悲观准则”，在单元格 A12 输入“最大成本”、A13 输入“选中方案”，B12 输入“=MAX(B3:B5)”、按住填充柄向右拖至 D12，合并 B13:D13、输入“=IF(B12=MIN(B12:D12),B2,IF(C12=MIN(B12:D12),C2,D2))”。如图 7-7 所示。

B13 =IF(B12=MIN(B12:D12),B2,IF(C12=MIN(B12:D12),C2,D2))

	A	B	C	D	E	F	G
10							
11		悲观准则					
12	最大成本	90	70	65			
13	选中方案	3PL配送					

图 7-7 按悲观准则决策

步骤 4:

按折中准则决策。合并单元格 B15:D15、输入“折中准则”，在单元格 A16 输入“乐观系数α”，A17 输入“折中成本”，A18 输入“选中方案”，合并单元格 B16:D16、输入“0.6”（这里设乐观系数α=0.6），B17 输入“=$B$16*B5+(1−$B$16)*B3”、按住填充柄向右拖至 D17，合并 B18:D18、输入“=IF(B17=MIN(B17:D17),B2,IF(C17=MIN(B17:D17),C2,D2))”。如图 7-8 所示。

B18 =IF(B17=MIN(B17:D17),B2,IF(C17=MIN(B17:D17),C2,D2))

	A	B	C	D	E	F	G
14							
15		折中准则					
16	乐观系数α	0.6					
17	折中成本	42	35.8	44			
18	选中方案	共同配送					

图 7-8 按折中准则决策

步骤 5:

按等概率准则决策。合并单元格 B20:D20、输入“等概率准则”，在单元格 A21 输入“平均成本”、A22 输入“选中方案”，B21 输入“=SUM(B3:B5)/3”、按住填充柄向右拖至 D21，合并 B22:D22、输入“=IF(B21=MIN(B21:D21),B2,IF(C21=MIN(B21:D21),C2,D2))”。如图 7-9 所示。

B22 =IF(B21=MIN(B21:D21),B2,IF(C21=MIN(B21:D21),C2,D2))

	A	B	C	D	E	F	G
19							
20		等概率准则					
21	平均成本	50	39.3	46.7			
22	选中方案	共同配送					

图 7-9 按等概率准则决策

步骤 6:

按最小后悔值准则决策。合并单元格 B24:E24、输入“最小后悔值准则”，合并单元格 B25:D25、输入“后悔值”，在单元格 E25 输入“理想成本”，A26 输入“配送要求高”，A27

输入“配送要求一般”，A28 输入“配送要求低”，A29 输入“最大后悔值”，A30 输入“选中方案”，E26 输入“=MIN(B3:D3)”、按住填充柄向下拖至 E28，B26 输入“=B3−$E$26”、按住填充柄向右拖至 D26，B27 输入“=B4−$E$27”、按住填充柄向右拖至 D27，B28 输入“=B5−$E$28”、按住填充柄向右拖至 D28，B29 输入“=MAX(B26:B28)”、按住填充柄向右拖至 D29，合并单元格 B30:D30，输入“=IF(B29=MIN(B29:D29),B2,IF(C29=MIN(B29:D29),C2,D2))”。如图 7-10 所示。

B30　fx =IF(B29=MIN(B29:D29),B2,IF(C29=MIN(B29:D29),C2,D2))

	A	B	C	D	E	F	G
23							
24		最小后悔值准则					
25			后悔值		理想成本		
26	配送要求高	25	5	0	65		
27	配送要求一般	15	0	10	35		
28	配送要求低	0	3	20	10		
29	最大后悔值	25	5	20			
30	选中方案	共同配送					

图 7-10　按最小后悔值准则决策

结果分析：

从上面介绍的五种准则可以看出，同一问题按不同的准则来决策，决策结果不同。因此，企业在用不确定型决策方法来选择配送模式时，还应考虑其他方面的因素。

（3）风险型决策

风险型决策是指在目标确定的情况下，依据预测得到不同状态下的结果及出现的概率所进行的决策。因为自然状态并非决策所能控制，所以决策的结果在客观上具有一定风险，故称为风险型决策。风险型决策通常采用期望值准则。一般是先根据预测时的结果及出现的概率计算期望值，然后根据指标的性质及计算期望值结果进行决策。产出类性质的指标，一般选择期望值大的方案；投入类性质的指标，一般选择期望值小的方案。

四、配送方案的选择

配送中心的一个主要功能就是集散功能。在一个大的物流系统中，配送中心将分散在各个生产企业的产品集中在一起，通过分拣、配货、装配等环节向多家用户进行发送。对配送中心而言，就面临着从哪个生产企业进货、进哪种货、进多少货、向哪个客户配送等问题。解决这些问题的方案较多，因而选择最优方案就变得十分复杂。由于线性规划法能够把固定成本以最优的方式考虑进去，所以在配送方案选择上较为适用。使用线性规划法对某配送方案描述如下：

某几家工厂生产数种产品，其中这些工厂的生产能力已知，每个消费区对每种产品的需求量已知。产品经由配送中心运往消费者，满足需求。各个配送中心能承受的总年吞吐量有上限和下限的要求。配送中心可能的位置已知，但最终使用哪个地点则需做出选择，以达到总分拨成本最低的目标。配送中心成本表示为固定成本（实际用地所承担的费用）加上线性可变成本，运输成本被看作是线性可变成本。

这样，问题就转化为应决定使用哪个配送中心位置；在每个选定位置，配送中心的规模有多大；各个配送中心该服务哪些消费区；各种产品的运输模式是怎样的。所有这些都要在工厂生产能力和分拨系统配送中心布局的约束条件下，实现以最小的分拨成本满足需求的目标要求。

举例说明，见例 7-3。

例 7–3

假设问题如图 7-11 所示。现有三个顾客需要两种产品，配送中心 1 的货物搬运处理成本为 2 美元/吨，处理能力为每年 11 万吨。配送中心 2 的货物搬运处理成本为 1 美元/吨，处理能力无限制，不存在维持配送中心运营的最低数量限制。有两个工厂为配送中心提供产品。每个工厂都可以生产其中任何一种产品，但每种产品的单位生产成本是不同的。

工厂 1 的生产能力有限制（可生产 6 万吨产品 1，5 万吨产品 2）。工厂 2 生产任意一种产品都没有生产能力限制。

要求用线性规划法求出：使用哪个配送中心，怎样将顾客需求分配给他们，各工厂应该向每个配送中心供多少货？

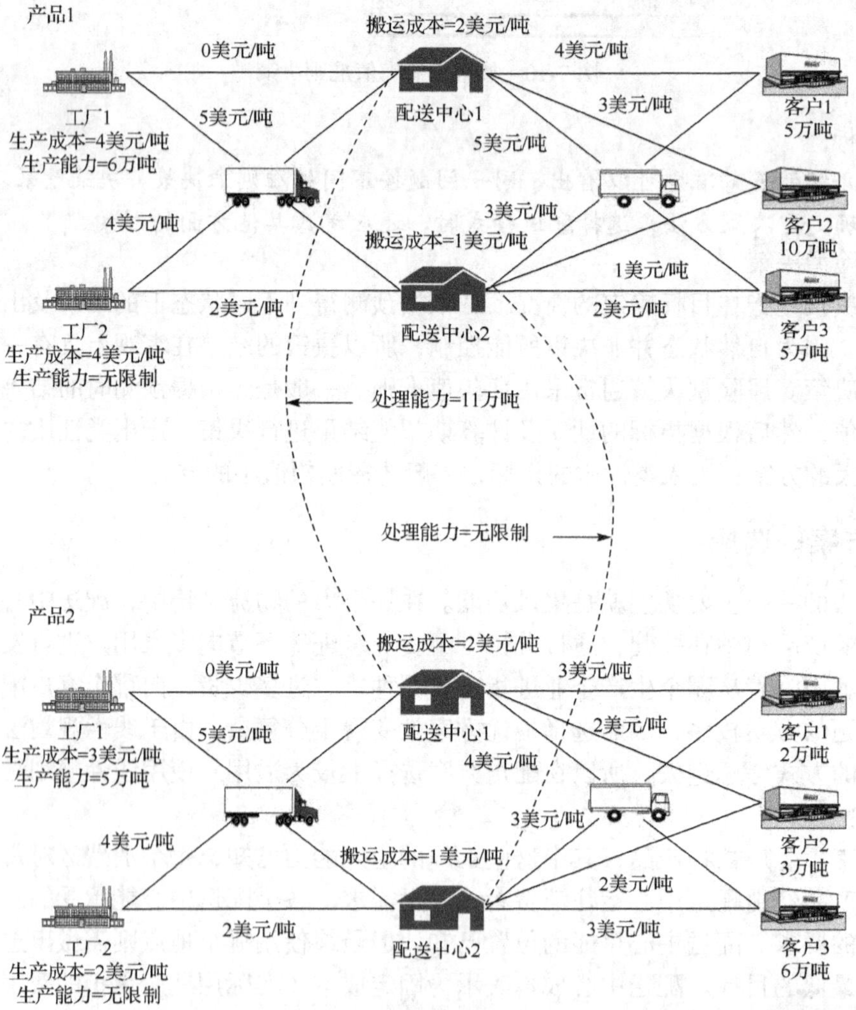

图 7-11 用线性规划法求解配送分配问题

操作视频

解:

步骤 1:

建立工厂向配送中心供货关系表。如图 7-12 所示。

步骤 2:

设定工厂生产能力。在单元格 E3 输入“供应量”，F3 输入“生产能力”，E4 输入“=C4+D4”，E5 输入“=C5+D5”，F4 输入“60000”，B6 输入“接收量”，C6 输入“=C4+C5”，D6 输入“=D4+D5”，E9 输入“供应量”，F9 输入“生产能力”，E10 输入“=C10+D10”，E11 输入“=C11+D11”，F10 输入“50000”，B12 输入“接收量”，C12 输入“=C10+C11”，D12 输入“=D10+D11”，B13 输入“总接收量”，C13 输入“=C6+C12”。如图 7-13 所示。

	A	B	C	D
1		变量		
2		产品1		
3			配送中心1	配送中心2
4		工厂1		
5		工厂2		
6		供应量	0	0
7				
8		产品2		
9			配送中心1	配送中心2
10		工厂1		
11		工厂2		

图 7-12　工厂向配送中心供货表

E4　fx =C4+D4

	A	B	C	D	E	F
1		变量				
2		产品1				
3			配送中心1	配送中心2	供应量	生产能力
4		工厂1			0	60000
5		工厂2			0	
6		接收量	0	0		
7						
8		产品2				
9			配送中心1	配送中心2	供应量	生产能力
10		工厂1			0	50000
11		工厂2			0	
12		接收量	0	0		
13		总接收量	0			110000

图 7-13　工厂生产能力

步骤 3:

设定产品到配送中心成本。包括：运输成本、搬运成本和生产成本。在单元格 C16 输入“=SUMPRODUCT(C4:D5,C18:D19)+SUMPRODUCT(C10:D11,C18:D19)”，C21 输入“=SUMPRODUCT(C6:D6,C23:D23)+SUMPRODUCT(C12:D12,C23:D23)”，C25 输入“=SUMPRODUCT(E4:E5,C27:C28)+SUMPRODUCT(E10:E11,D27:D28)”。如图 7-14 所示，图中其余部分为手工输入，这里不再赘述。

步骤 4:

建立工厂到配送中心成本关系表。在单元格 C32 输入“=C18+C23+C27”，D32 输入“=D18+D23+C27”，C33 输入“=C19+C23+C28”，D33 输入“=D19+D23+C28”，C34 输入“=C18+C23+D27”，D34 输入“=D18+D23+D27”，C35 输入“=C19+C23+D28”，D35 输入“=D19+D23+D28”。如图 7-15 所示。

	A	B	C	D
14				
15	产品到配送中心成本			
16		运输成本	0	
17			配送中心1	配送中心2
18		工厂1	0	5
19		工厂2	4	2
20				
21		搬运成本	0	
22			配送中心1	配送中心2
23			2	1
24				
25		生产成本	0	
26			产品1	产品2
27		工厂1	4	3
28		工厂2	4	2

图 7-14　产品到配送中心成本

	A	B	C	D
29				
30	工厂到配送中心成本			
31			配送中心1	配送中心2
32	产品1	工厂1	6	10
33		工厂2	10	7
34	产品2	工厂1	5	9
35		工厂2	8	5

图 7-15　工厂到配送中心成本关系表

步骤 5:

建立配送中心向客户供货关系表。在单元格 K4 输入“=I4+J4”、按住填充柄向下拖至 K6，L4 输入“50000”，L5 输入“100000”，L6 输入“50000”，I7 输入“=SUM(I4:I6)”，J7 输入“=SUM(J4:J6)”，K11 输入“=I11+J11”、按住填充柄向下拖至 K13，L11 输入“20000”，L12

输入“30000”，L13 输入“60000”，I14 输入“=SUM(I11:I13)”，J14 输入“=SUM(J11:J13)”。如图 7-16 所示。

步骤 6:

建立配送中心与客户关系表。在单元格 I18 输入“=SUMPRODUCT(I4:J6,I20:J22)”，I24 输入“=SUMPRODUCT(I11:J13,I26:J28)”。如图 7-17 所示。

	H	I	J	K	L
1					
2	产品1				
3		配送中心1	配送中心2		需求量
4	客户1			0	50000
5	客户2			0	100000
6	客户3			0	50000
7	供应量	0	0		
8					
9	产品2				
10		配送中心1	配送中心2		需求量
11	客户1			0	20000
12	客户2			0	30000
13	客户3			0	60000
14	供应量	0	0		

图 7-16　配送中心向客户供货关系表

	H	I	J
16	配送中心到客户运输成本		
17			
18	产品1	0	
19		配送中心1	配送中心2
20	客户1	4	2
21	客户2	3	1
22	客户3	5	2
23			
24	产品2	0	
25		配送中心1	配送中心2
26	客户1	3	3
27	客户2	2	2
28	客户3	4	3

图 7-17　配送中心与客户关系表

步骤 7:

建立目标函数。在单元格 A38 输入“目标函数”，B38 输入“=SUMPRODUCT (C4:D5, C32:D33)+SUMPRODUCT(C10:D11,C34:D35)+SUMPRODUCT(I4:J6,I20:J22)+SUMPRODUCT (I11:J13,I26:J28)”。

步骤 8:

设置规划求解参数。选择菜单栏“工具/规划求解”，打开“规划求解参数”对话框，单击“设置目标单元格(E)”对应的参数框、选择单元格“$B$38”、选择最小值；单击“可变单元格(B)”对应的参数框，选择单元格区域“$C$4:$D$5”、“$C$10:$D$11”、“$I$4:$J$6”、“$I$11:$J$13”；在“约束(U)”区域，单击“添加”按键，在弹出的“添加约束”对话框分别添加“$C$12=$I$14”、“$C$13<=110000”、“$C$6=$I$7”、“$D$12=$J$14”、“$D$6=$J$7”、“$E$10 ≤ $F$10”、“$E$4 ≤ $F$4”、“$K$11=$L$11”、“$K$12=$L$12”、“$K$13=$L$13”、“$K$4=$L$4”、“$K$5=$L$5”、“$K$6=$L$6”。如图 7-18 所示。

步骤 9:

设置规划求解选项。在如图 7-18 中，单击“选项”按键，打开“规划求解选项”对话框，选定“采用线性模型”和“假定非负”，如图 7-19 所示。

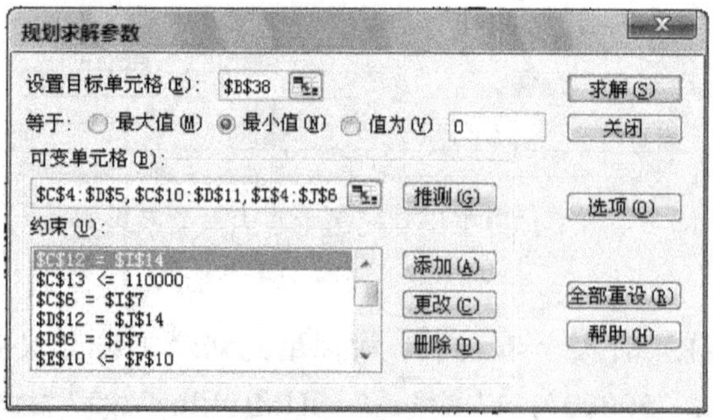

图 7-18　规划求解参数设置对话框

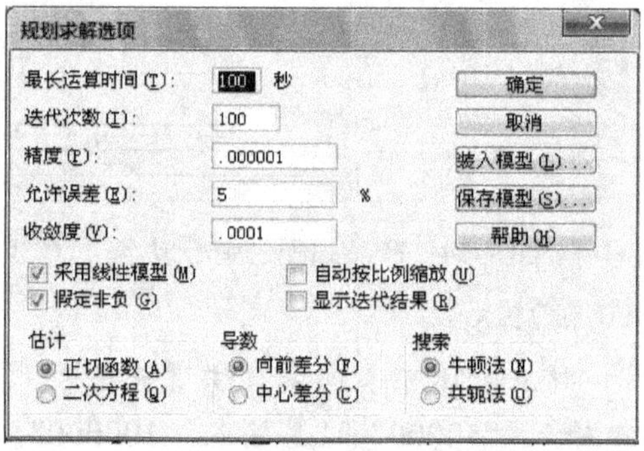

图 7-19　规划求解选项设置对话框

步骤 10:

规划求解。在如图 7-19 中，单击“确定”按键。返回“规划求解参数”对话框，单击“求解”按键即可求解，如图 7-20 所示。

	A	B	C	D	E	F	G	H	I	J	K	L
1		变量										
2		产品1						产品1				
3			配送中心1	配送中心2	供应量	生产能力			配送中心1	配送中心2		需求量
4		工厂1	0	0	0	60000		客户1	0	50000	50000	50000
5		工厂2	0	200000	200000			客户2	0	100000	100000	100000
6		接收量	0	200000				客户3	0	50000	50000	50000
7								供应量	0	200000		
8		产品2										
9			配送中心1	配送中心2	供应量	生产能力		产品2				
10		工厂1	20000	0	20000	50000			配送中心1	配送中心2		需求量
11		工厂2	0	90000	90000			客户1	20000	0	20000	20000
12		接收量	20000	90000				客户2	0	30000	30000	30000
13		总接收量	20000			110000		客户3	0	60000	60000	60000
14								供应量	20000	90000		
38	目标函数	2550000										

图 7-20 规划求解结果

结果分析:

如图 7-20 所示，应选工厂 2 给配送中心 2 供应 200000 吨产品 1，工厂 1 给配送中心 1 供应 20000 吨产品 2，工厂 2 给配送中心 2 供应 90000 吨产品 2；配送中心 2 分别给客户 1、客户 2、客户 3 供应 50000 吨、100000 吨、50000 吨产品 1，配送中心 1 给客户 1 供应 20000 吨产品 2，配送中心 2 给客户 2 供应 30000 吨产品 2、给客户 3 供应 60000 吨产品 2；总成本为 2550000 美元。

第二节 自动分拣系统

货物在从生产工厂流向顾客的过程中，总是伴随着货物数量和货物集合状态的变化。因此，有必要将集装化的货物单元解体，重新分类，集成新的供货单元。分拣作业就是根据顾客的订货要求，迅速、准确地将货物从其储位拣取出来，并按一定方式进行分类、集中，等待配装送货的作业过程。在配送作业的各环节中，分拣作业是非常重要的一环，它是整个配送作业系统的核心。在配送搬运成本中，分拣作业的搬运成本约占 90%，分拣时间约占整个配送中心作业时间的 30%～40%。因此，合理规划分拣作业系统，对提高配送中心的作业效率和服务水平具有决定性的影响。

从各国的物流实践来看，大体积、大批量需求的货物多采用直达、直送的供应方式，因此配送的主要对象是中、小件的货物，即分拣多为多品种、小体积、小批量的物流作业。这就使得分拣作业的工艺特别复杂，特别是对于客户多、货物品种多、需求批量小、需求频率高、送达时间要求准的配送服务，分拣作业的速度和质量直接影响到整个配送中心的作业效率和服务质量。

一、分拣作业

分拣是指为进行输送、配送，把很多货物按不同品种、不同的地点和单位分配到所设置的场地的作业。分拣作业过程包括四个环节：行走、拣取、搬运和分类。分拣方法包括“人到货”和“货到人”2 种。

（1）“人到货”的分拣方法

这种方法也称“摘果式”分拣法，这是一种传统的分拣方法，这种方法是分拣货架不动，即货物不运动，拣货员带着流动的集货货架或容器到分拣货架，即拣货区拣货，然后将货物送到静止的集货点，如图 7-21 所示。

图 7-21 “摘果式”拣货方式

这种作业系统结构简单，柔性化程度高，可以不用机械设备和计算机支持。但所需的作业面积较大、补货困难、劳动强度大。在“人到货”的拣选方式中，最短路径的确定可通过运筹学的方法进行求解。但是，如果每个定单的最短拣选路径的确定都要通过计算机运算，这对于实时系统来说是不切实际的，由此，产生了很多近似的方法。巷道式货架拣选路径如果订单大而少，所需货种很多，可采用封闭式的路径，找到所需的货位，避开不需拣选货位，如图 7-22(a)所示。如果订单多、货种少，可采用图 7-22(b)所示的并行路径。

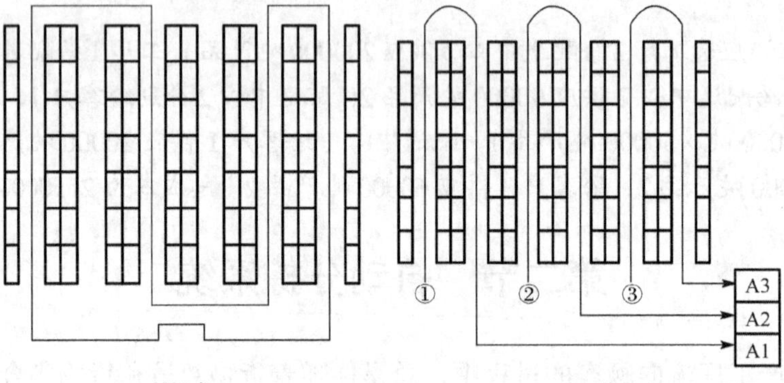

图 7-22 “人到货”拣选路径

（2）“货到人”的分拣方法

这种方法也称“播种式”分拣法，这种作业方法是人不动，托盘（或分拣货架）带着货物来到分拣人员面前，再由不同的分拣人员拣选，拣出的货物集中在集货点的托盘上，然后由搬运车辆送走，如图 7-23 所示。

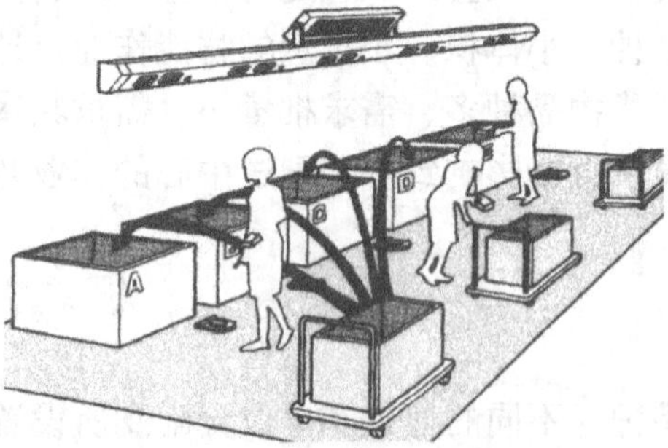

图 7-23 “播种式”拣货方式

采用这种方法，分拣人员不用行走，分拣效率高、工作面积紧凑、补货容易、空箱和空托盘的清理也容易进行，也可以优化分拣人员的工作条件与环境。其不足之处在于投资大，分拣周期长。

无论人员或机械拣取货物，都必须首先确认被拣货物的品名、规格、数量等内容是否与分拣信息传递的指示一致。在拣货信息被确认后，拣取过程由人工或自动化设备完成。在出货频率不是很高，且货物的体积小、批量少、搬运的重量在人力范围所及的情况下，可采用人工拣取方式或电子辅助分拣；对于出库频率很高的货物，应采用自动分拣系统；对于体积大、质量也大的货物，可以利用叉车等搬运机械辅助作业。

二、自动化分拣系统

当货物数量较大并要求迅速、正确分拣时，往往需要投入大量人力，因此很多大企业纷纷采用各种类型的分拣系统来完成分拣这一烦琐而又枯燥的工作。特别是第二次世界大战以后近几十年，分拣技术发展很快，分拣系统规模越来越大，分拣能力越来越高，应用范围也越来越广，分拣系统已经成为物流系统中的重要组成部分。

按分拣的手段不同，可将分拣系统分为人工分拣、机械分拣和自动分拣 3 大类。

① 人工分拣基本上是靠人力搬运，把所需的货物分门别类地送到指定的地点，或利用最简单的器具和手推车等，这种分拣方式劳动强度大，分拣效率最低。

② 机械分拣是以机械为主要输送工具，以人工进行拣选，其输送工具用得最多的是输送机，有链条式输送机、传送带、辊道输送机等，也称“输送机分拣”。这种方法是用设置在地面上的输送机传送货物，在各分拣位置配备作业人员通过标签、色标、编号等进行拣选（把货物取出），再放到手边的简易传送带或场地上。也有用“箱式托盘分拣”，即在箱式托盘中装入分拣的货物，用叉车等机械移动箱式托盘，作业人员把货物放到分拣的位置，或再利用箱式托盘进行分配。使用较多的是在箱式托盘下面装车轮的滚轮箱式托盘。这种分拣方式可以减轻劳动强度，提高分拣效率，并且投资较少。

③ 自动分拣是从货物进入分拣系统开始直至到达指定的分配位置为止，都是按照人们的指令由自动分拣装置来完成。这种装置主要是指自动分拣机。自动分拣机由接受分拣指示信息的控制装置、计算机网络、搬运装置、分支装置、贮存装置等构成。除了用键盘或其他方式向控制装置输入分拣指示信息以外，其他作业全部由机械自动完成，因此，分拣处理能力强，分拣分类数量也较大。

自动分拣机种类很多，分类方法也不尽相同，按照它的用途、性能、结构和工作原理，一般分为带式、托盘式、翻板式、浮出式、悬挂式、滚柱式等多种类型（后面将做详细介绍）。

虽然各种分拣机在具体结构上有所不同，但分拣的工作过程基本相同。货物到达分拣点以前，先要经过输送、信号设定、合流、主传送带等工作过程。到达分拣点时，发出指令把货物传送到分拣机，由分拣机的瞬时动作将货物分拣到指定的滑道。

为了把货物按要求分拣出来，并送到指定地点，一般需要对分拣过程进行控制。通常是把分拣的指示信息存在货物或分拣机上。当货物到达时，将其识别并挑出，再开动分支装置，让其分流。控制方式分为外部记忆和内部记忆两种方式。外部记忆是把分拣指示标贴在分拣货物上，工作时用识别装置将其区分，然后做相应的操作。内部记忆是在自动分拣机的货物入口处设置控制盘，利用控制盘，操作者在货物上输入分拣指示信息，这个货物到达分拣位置时，分拣机接受到信息，开启分支装置。

在决定分拣系统时，控制方式的选择是一个需要考虑的重要因素，它对分拣系统的能力和成本有很大的影响。目前比较常用的分拣控制技术是扫描识别技术，在货物的固定位置上贴有某种标识，货物到达分拣位置时，扫描仪对标识进行扫描识别，然后按预先设定的程序运行，使货物按指定路线运送到指定的滑道，完成分拣作业。

三、分拣机的类型

在流通领域中常用的自动分拣机大体上有 6 种类型，即滚柱式、浮出式、倾斜式、交叉带式、滑块式和挡板式。

1．滚柱式分拣机

滚柱式分拣机是用于对货物输送、存储与分路的分拣机械设备。按处理货物流程需要，可以布置成水平形式，也可以和提升机联合使用。

滚柱式分拣机的每组滚柱（一般由 3～4 个滚柱构成，与货物宽度或长度相当）均各自具有独立的动力，可以根据货物的存放和分路要求，由计算机控制各组滚柱的转动或停止，如图 7-24 所示。在货物输送过程中需要积放、分路的位置均设置了光电传感器进行检测。当货物输送到需分路的位置时，光电传感器给出检测信号，由计算机分析，控制货物下面的那组滚柱停止转动，并控制推送器动作，将货物推入相应路径的支线，实现货物的分拣工作。

滚柱式分拣机一般适用于包装良好、底面平整的箱装货物，其分拣能力高，但结构复杂，价格较高。

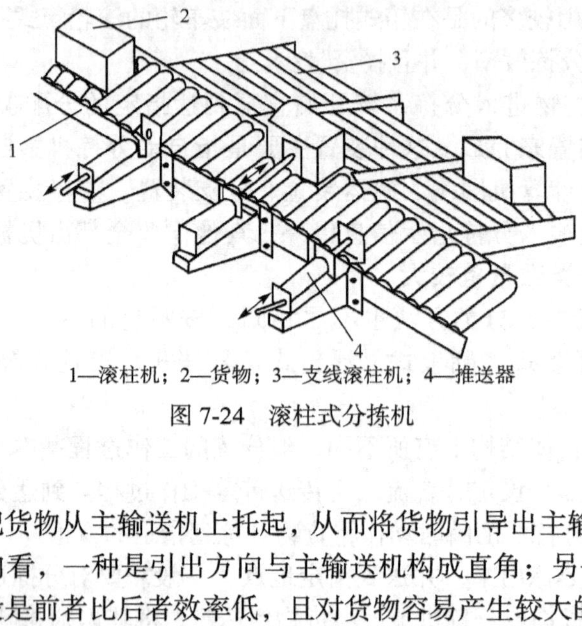

1—滚柱机；2—货物；3—支线滚柱机；4—推送器

图 7-24　滚柱式分拣机

2．浮出式分拣机

浮出式分拣机是把货物从主输送机上托起，从而将货物引导出主输送机的一种结构形式。从引离主输送机的方向看，一种是引出方向与主输送机构成直角；另一种是呈一定夹角（通常是 30～45 度）。一般是前者比后者效率低，且对货物容易产生较大的冲击力。

浮出式分拣机大致有以下 2 种形式。

（1）胶带浮出式分拣机

这种分拣结构用于辊筒式主输送机上，将有动力驱动的两条或多条胶带或单个链条横向安装在主输送辊筒之间的下方，如图 7-25 所示。当分拣机结构接受指令启动时，胶带或链条向上提升，接触货物底面把货物托起，并将其向主输送机一侧移出。

（2）辊轮浮出式分拣机

这种分拣机主要由辊筒式输送机和两排旋转的滚轮组成，滚轮设置在辊筒下面，每排由 8～10 个滚轮组成，如图 7-26 所示。滚轮也可设计成单排，主要根据被分拣物的重量来决定单排或双排。滚轮接收到分拣信号后立即跳起，使两排滚轮的表面高出辊筒主输送机 10 毫米，并根据信号要求向某侧倾斜，使原来保持直线运动的货物在一瞬间转向，实现分拣。

图 7-25 胶带浮出式分拣机

图 7-26 辊筒浮出式分拣机

浮出式分拣机由于分拣滑道多，输送线长，所以上料输送带往往多于 1 条（一般有 5 条左右）。主传送机的速度为 100～120 米/分钟，比上料输送带的速度要快很多。

浮出式分拣机适用于包装质量较高的纸制货箱，一般不允许在纸箱上使用包装带，分拣能力可达 7500 箱/小时。该类分拣机的优点是在两侧分拣、冲击小、噪声低、耗电少、运行费用低，并可设置较多的分拣滑道。但它对分拣货物包装形状要求较高，对重物或轻薄货物不能分拣，同时，也不适用于木箱、软性包装货物的分拣。

3．倾斜式分拣机

这种分拣机大致分为以下 2 种形式。

（1）翻板式分拣机

翻板式分拣机是用途较为广泛的板式传送分拣机械设备，它由一系列相互连接的翻板、导向杆、牵引装置、支承装置等组成，如图 7-27 所示。货物进入分拣机时，光电传感器检测其尺寸，当货物到达指定格口时，符合货物尺寸的翻板即受控倾翻，驱使货物滑入相应的格口中。每块翻板都可由倾翻导轨控制向两侧倾翻，每次有几块翻板翻转，取决于货物的长短。而且，货物翻落时，翻板顺序翻转，可使货物顺利地进入滑道，这样就能够充分利用分拣机的长度尺寸，从而提高分拣效率。

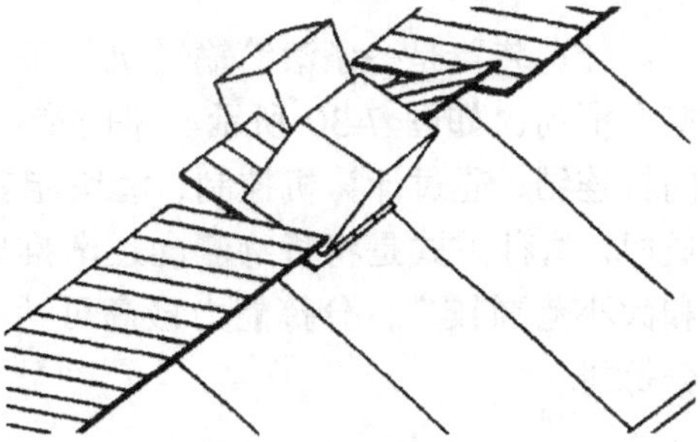

图 7-27 翻板式分拣机

翻板分拣机的适用范围大，可分拣箱类、袋类等货物。它的分拣能力可达 5400 箱/小时。但该分拣机分拣席位较少，且只能直线运行，占用场地较大。

（2）托盘式分拣机

托盘式分拣机是一种使用广泛的机型，它主要由托盘小车、驱动装置、牵引装置等构成，如图 7-28 所示。其中，托盘小车形式多种多样，有平托盘小车、U 形托盘小车、交叉带式托盘小车等。这种分拣机是由一系列的盘子组成，盘子为铰接式结构，可向左或向右倾斜。装载货物的盘子行走到一定位置时，盘子倾斜，将货物翻至旁边的滑道中，为减轻货物倾倒时的冲击力，有的分拣机能控制货物以抛物线形倾倒出来。这种分拣机对分拣货物的形状和大小没有严格要求，但以不超出盘子为限。对于长形货物可以跨越两只盘子放置，倾倒时两只盘子同时倾斜。这种分拣机通常采用环状连续输送，占地面积较小，又由于是水平循环，使用时可以分成数段，每一段设一个分拣信号输入装置，以便货物输入，而分拣排出的货物在同一滑道排出，这样就可提高分拣能力。

4．交叉带式分拣机

传统的平托盘小车、U 形托盘小车利用盘面倾翻时货物的重力卸货，其结构简单，但存在上货位置不准、卸货时间过长的缺点，结果造成高速分拣时不稳定以及格口宽度尺寸过大。

交叉带式托盘小车取消了传统的盘面倾翻、利用重力卸货的方法，在车体上设置了一条可以双向转动的短传送带（交叉带），用它来承接从上货机来的货物，由链牵引运行到相应的格口，再由交叉带运转，将货物强制卸落在左侧或右侧的格口中，如图 7-29 所示。

图 7-28　托盘式分拣机

图 7-29　交叉带式分拣机

5．滑块式分拣机

传送装置是一条滚筒输送机，每个滚筒上有一枚用硬质材料制成的导向滑块，能沿滚筒横向滑动，如图 7-30 所示。平时滑块停止在输送机的侧边，滑块的下部有销子与滚筒下导向杆连结，通过计算机控制，滑块能有序地向输送机的对面一侧滑动，从而将货物引出主输送机。这种方式是将货物侧向逐渐推出，并不冲击货物，货物不易损伤。其分拣货物的形状和大小范围较广，分拣能力最高可达 1200 件/小时，准确率达 99.9%，是当代最新型的高速分拣机。

6．挡板式分拣机

挡板式分拣机是利用一个挡板（挡杆）挡住在输送机上向前移动的货物，将货物引导到一侧的滑道排出，如图 7-31 所示。挡板的形式是挡板一端作为支点，可作旋转。挡板动作时，像一堵墙似地挡住货物的前移，利用输送机对货物的摩擦力推动，使货物沿着挡板表面移动，从主输送机上排出至滑道。平时挡板处于主输送机一侧，可让货物继续前移；如挡板作横向移动或旋转，则货物就排向滑道。

图 7-30　滑块式分拣机

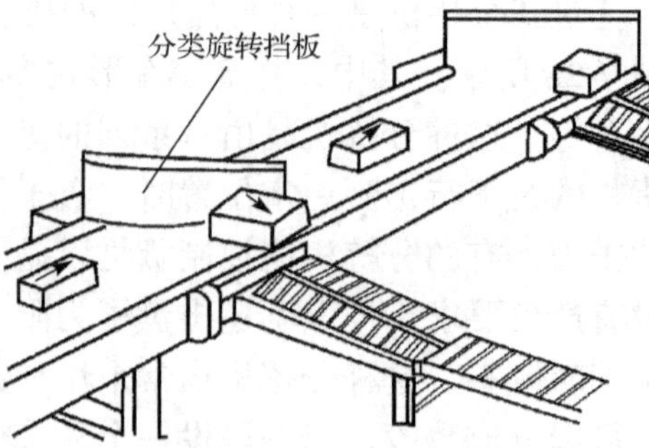

图 7-31　挡板式分拣机

挡板一般是安装在输送机的两侧，不与输送机的输送平面接触，即使在操作时也只接触货物而不触及输送机的输送表面，因此适用于大多数形式的输送机。就挡板本身而言，也有不同形式，如有直线型、曲线型，也有的在挡板工作面上装有滚筒或光滑的塑料材料，以减少摩擦阻力。

第三节 配送中心

配送中心是以执行实物配送为主要职能的流通型结点。在配送中心中，需要进行零星集货、批量进货等资源搜集工作和对货物的分整、配备等工作，因此它也具有集货中心、分货中心的职能。为了能有效、高水平地配送，配送中心往往还有比较强的流通加工能力。此外，配送中心还必须执行货物配备后送达到户的使命，这是和分货中心只管分货不管送达的主要区别。如果说集货中心、分货中心、加工中心的职能还是较为单一的话，那么，配送中心功能则较全面、完整。即配送中心实际上是集货中心、分货中心、加工中心功能的综合，并增加了“配”与“送”的功能。

配送中心作为物流中心的一种主要形式，有时也和物流中心等同起来。

一、配送中心的定义

2001年8月1日颁布实施的中华人民共和国国家标准物流术语（GB/T 18354—2001）中关于配送中心是这样定义的：

从事配送业务的物流场所或组织，应基本符合下列要求：

（1）主要为特定的用户服务；

（2）配送功能健全；

（3）完善的信息网络；

（4）辐射范围小；

（5）多品种、小批量；

（6）以配送为主，储存为辅。

日本《市场用语词典》对配送中心的解释是：“是一种物流据点，它不以贮藏仓库这种单一的形式出现，而是发挥配送职能的流通仓库。也称作基地、据点或流通中心。配送中心的目的是降低运输成本、减少销售机会的损失，为此建立设施、设备并开展经营、管理工作。”

二、配送中心的功能

1. 采购功能

配送中心必须首先采购所要供应配送的货物，才能及时、准确、无误地为其用户即生产企业或商业企业供应物资。配送中心应根据市场的供求变化情况，制定并及时调整统一的、健全的采购计划，并由专门的人员与部门组织实施。

2. 存储功能

配送中心的服务对象是众多的生产企业和商业网点（如连锁店和超级市场），配送中心需要按照用户的要求及时将各种配装好的货物送交到用户手中，满足生产和消费需要。为了顺利有序地完成向用户配送货物的任务，并更好地发挥保障生产和消费需要的作用，配送中心通常要兴建现代化的仓库并配备一定数量的仓储设备，存储一定数量的货物。某些地域性的大型配送中心和开展“代理交货”配送业务的配送中心，不但要在配送货物的过程中存储货物，而且它所存储的货物数量更大，品种更多。由于配送中心所拥有的存储货物的能力使得存储功能成为配送中心中仅次于配组功能和集散功能的一项重要功能。

3．配组功能

由于每个企业用户对货物的品种、规格、型号、数量、质量、送达时间和地点等的要求不同，配送中心就必须按各个用户的要求对货物进行分拣和配组。配送中心的这一功能是其与传统仓储企业的明显区别之一，也是配送中心的最重要的特征之一。

4．分拣功能

配送中心的客户之间彼此差别很大，不仅各自的性质不同，而且经营规模也大相径庭。因此，在订货或进货时，不同的用户对于货物的种类、规格、数量会提出不同的要求。针对这种情况，为了有效地进行配送，即为了同时向不同的用户配送多种货物，配送中心必须采取适当的方式对货物进行拣选，并在此基础上，按照配送计划进行分装和配装。这样，在货物流通实践中，配送中心就又增加了分拣货物的功能，发挥分拣中心的作用。

5．分装功能

从配送中心的角度来看，它往往希望采用大批量的进货来降低进货价格和进货费用。但是企业用户为了降低库存、加快资金周转、减少资金占用，往往采取小批量进货的方式。为了满足用户的要求，即用户的小批量、多批次进货，配送中心就必须进行分装。

6．集散功能

在一个大的物流系统中，配送中心凭借其特殊的地位和各种先进的设备构成了完善的物流管理系统，从而能够将分散在各个生产企业的产品集中在一起，通过分拣、配货、装配等环节向多家用户进行发送。同时，配送中心也可以把各个用户所需要的多种货物有效地组合或装配在一起，形成经济、合理的批量，来实现高效率、低成本的货物流通。另外，配送中心在建设选址时也充分考虑了其集散功能，一般选择货物流通发达、交通较为便利的中心城市或地区，以便充分发挥配送中心作为货物集散地的功能。配送中心集散功能如图 7-32 所示。

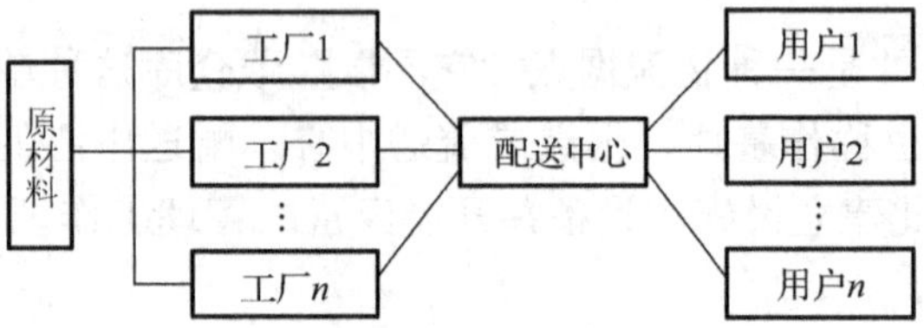

图 7-32　配送中心集散功能示意图

7．加工功能

配送中心能够按照用户提出的要求并根据合理配送货物的原则，将组织购进的货物加工成一定的规格、尺寸和形状。这种加工功能是现代配送中心服务职能的具体体现。

货物加工是某些配送中心的一项重要业务。配送中心具备加工功能，积极开展加工业务，既方便了用户，又有利于提高物质资源的利用率和配送效率。此外，对于配送活动本身来说，客观上则起着强化其整体功能的作用。

三、配送中心的类型

由于各自的服务对象、组织形式和服务功能不尽相同，数量众多的配送中心可以按不同的标准分为若干不同的类型。

1．按经济功能划分

（1）供应型配送中心

供应型配送中心是专门为某些客户组织供应服务的，特别是制造企业，属于为供应链提供服务的配送中心。如代替零件加工厂送货的零件配送中心等。供应型配送中心的设施和工艺结构需要根据其配送的特点和要求进行专门设计和配置，可以进行远距离和多品种货物的配送。

（2）销售型配送中心

以销售经营为主要目的，以开展配送为主要手段而组建起来的配送中心称为销售型配送中心。这种配送中心的服务对象和配送的货物是以零售店和零售商品为主，本质上，该配送中心的物流活动是服务于或从属于经营活动的。销售配送中心大体有三种类型：第一种是生产企业为把自己的产品直接销售给消费者和扩大市场份额而设立的配送中心，如美国加工业的 KEEBLER 芝加哥配送中心；第二种是流通企业将其作为本身经营的一种方式，为了扩大销售或合作而建立起来的配送中心，如沃尔玛的配送中心；第三种是流通企业和生产企业联合的协作性配送中心，这种配送中心类似于国外的“公用型”配送中心。

（3）储存型配送中心

储存型配送中心是以传统的仓库为基础延伸至配送的形式，具有很强的储存功能的一种配送中心类型。它是利用仓库原有的设备和设施开展活动的，一般来讲，大范围配送的配送中心，需要有较大的库存，在配货要求不高的情况下，多为储存型配送中心。如瑞士 GIBA-GEIGY 公司的配送中心拥有世界上规模居于前列的储存库，可储存 4 万个托盘。

（4）代理型配送中心

代理型配送是在供货合同基础上，代理方按合同要求为需求方及时提供货源，代理方取得佣金的一种现代流行的物流配送方式。如美国的麦当劳、日本的伊藤洋华堂均采用代理型配送方式，合作长达几十年。

2．按物流机能划分

（1）流通型配送中心

流通型配送中心是仅以暂存或随进随出方式进行配货、送货的配送中心，它基本上没有长期储存功能。这种配送中心的典型运作方式是，大量货物整批购进，然后按一定批量零出，采用大型分拣机，进货时直接进入分拣机传送带，分送到各客户货位或直接分送到配送汽车上，货物在配送中心仅做少许停留。

（2）加工型配送中心

加工型配送中心是能使货物在流通的过程中得到进一步加工的配送中心，可以达到提高原材料利用率、提高运输效率、方便用户等多重目的。这类配送中心可以在货物流通的同时实现商品品质和价值的增值。

3. 按服务地理范围划分

（1）城市配送中心

城市配送中心是指只能向城市内的客户提供配送服务的配送中心。由于在城市范围内，运距比较短，所以这类配送中心的工具主要是汽车，因此可以将货物直接送达最终用户，实现“门到门”运输。虽然城市配送中心的辐射范围小，但是高度的灵活性和快速的反应能力，使得这类配送中心往往与零售经营相结合，在从事小批量、多品种和多客户的配送上占有优势。

（2）区域配送中心

区域配送中心是以较强的辐射能力和库存能力，向省（州）、市、全国乃至全球范围内的客户进行配送的配送中心。它在运输上多采用联运的模式，通过多种运输工具进行配送。这种配送中心的覆盖范围广、规模大、客户多，因此往往是配送给下一级的城市配送中心，也包括配送给营业所、商店、批发商和企业用户，虽然它也从事小批量的配送，但不是其主要形式。这种配送中心在国外很常见，如沃尔玛的区域配送中心。

此外还有一种专业配送中心。专业配送中心大体上有两个含义：一是配送对象、配送技术基本上属于某一专业范畴，在某一专业领域具有一定综合性的配送中心。它可以集合这个专业领域的多种物资进行配送，而且品种、规格和质量等要求相对稳定，在多数情况下以制造业为服务对象。专业配送中心的第二个含义是，以配送作为其专业化职能，基本不从事配送以外的其他业务。

四、配送中心作业流程

配送中心的作用在于“化零为整”和“化整为零”，使产品能够快速流转。物流配送的作业流程是配送中心为完成配送任务所必须制定的配送组织程序。制定和选择科学的配送流程，对配送场所规划、配送设置与设备选择、配送线路确定、提高配送效率等起着重要作用。任何配送流程的制定，都是为了更好地实现配送中心的功能和作用。

1. 配送中心的一般作业流程

不同功能的配送中心和不同商品的配送，其作业流程和作业环节会有所区别，但都是在配送中心一般作业流程的基础上对相应作业环节进行扩展和调整。所以，一般作业流程也是配送中心典型的作业流程。其主要特点是，有较大的储存、分拣、配货场所和装备，理货、分类、配货的功能较强，但是流通加工功能相对较弱。

采用这种作业流程的配送中心主要以中、小件杂货配送为主，包括保质期较长的食品配送中心。由于货物品种繁多，为保证客户生产的连续性，配送中心需要有一定的储存量，属于有储存功能的配送中心，其作业流程如图 7-33 所示。

2. 转运型配送中心的作业流程

转运型配送中心的作业流程与不带存储库的流通型配送中心的作业流程相同，这种作业流程的最大特点就是，配送中心没有大量库存，专以配送为职能，只有为一时配送准备的暂时性库存。暂存地点设在配货场地中，在配送中心不单设存储区。实际上，在配送中心内部，货物暂存和配货作业是同时进行的。使用这种配送流程的配送中心其主要场所都用于理货和配货，例如配送生鲜食品的配送中心通常采取这种作业流程，其流程如图 7-34 所示。

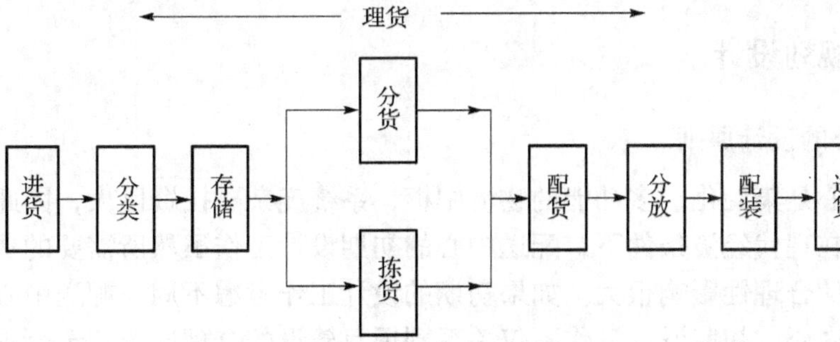

图 7-33 配送中心的一般作业流程

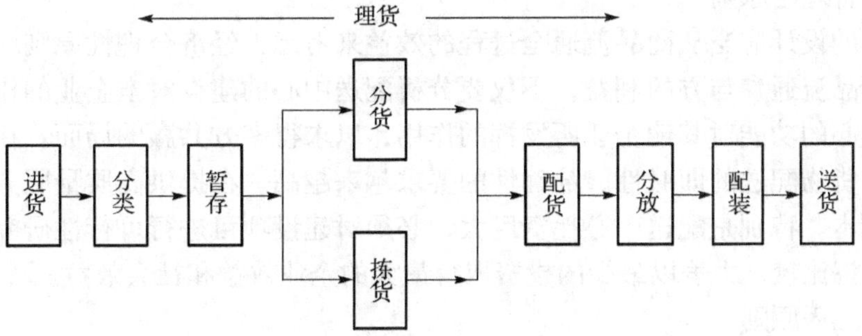

图 7-34 转运型配送中心作业流程

3. 加工型配送中心的作业流程

加工型配送中心的作业流程以流通加工为主，因此，存储作业和加工作业居于主要地位。在这种流程中，一般按少品种或单一品种、大批量进货，品种很少或无须分类存放，通常也不单独设立拣货、配货等环节，而是按照客户的要求进行加工，加工后直接按客户要求配装，分放到指定的分放区域。

加工配送型配送中心的作业流程有多个模式，随加工方式不同而有所区别。典型的加工配送中心的作业流程如图 7-35 所示。

4. 批量转换型配送中心作业流程

批量转换型配送中心以中转货物为其主要职能，产品以单一品种、大批量方式进货，在配送中心转换成小批量，然后分别配送到不同的客户。由于这种作业流程非常简单，基本不存在分类、拣货、分货、配货、配装等工序。但是，大批量进货，使得配送中心的储存区域变大，对储存能力要求较高，所以储存工序及装货工序最为重要。采用这种流程的配送中心包括不需再进行加工的煤炭、水泥、油料等货物的配送中心。其流程如图 7-36 所示。

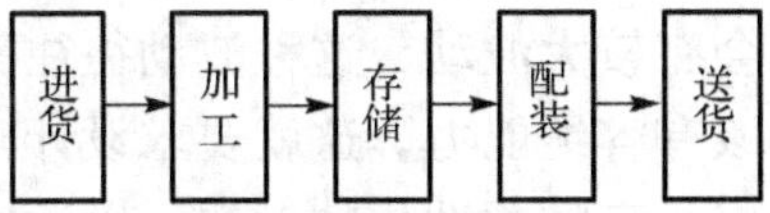

图 7-35 加工型配送中心作业流程

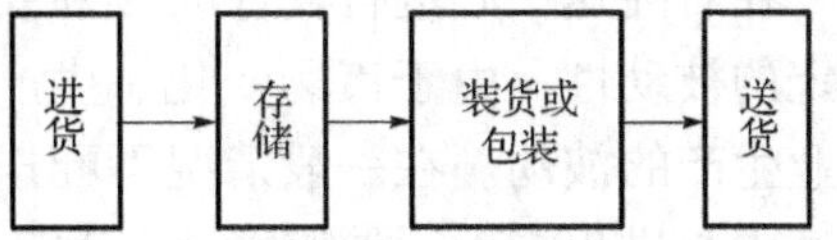

图 7-36 批量转换型配送中心作业流程

五、配送中心规划设计

1. 配送中心的设计原则

物流配送中心是集约化、多功能的物流中枢，系统庞杂、投资巨大，因此，正确的决策是至关重要的。在现代经济条件下，配送中心的初期设计工作虽然所需要的费用不多，但是对整个项目建设的合理性影响很大。如果初期的设计工作考虑不周，配送中心一旦建成就很难再改变。配送中心的初期设计工作不仅关系到项目建设的合理性，甚至会影响到配送中心建成后的运营状况，因此在规划设计时，必须切实掌握以下设计原则。

（1）经济合理性原则

配送中心的设计应当从商品流通全过程的效益来考虑，经济合理性原则就是要看其是否有利于各个商品流通参与方的利益，不仅要分析配送中心的建设对本企业的作用和效益，还要考虑配送中心的功能对其他企业所发挥的作用，以求得多方共赢的局面。在激烈的市场竞争中，用户对货物配送的即时性、准确性的要求越来越高。在提供高质量服务的同时，又必须考虑物流成本。特别是配送中心耗资巨大，必须对建设项目进行可行性研究，并作多个方案的技术、经济比较，力争以最少的投资取得最大的企业效益和社会效益。

（2）系统工程原则

现代物流配送系统不是一个孤立的系统，它是一个与社会环境紧密相连的、开放性的系统，受到环境、经济、科学技术等因素的制约，在设计时要统筹兼顾、全面安排、周全考虑；同时还受其本身条件的限制，因为配送中心的工作包括收验货、搬运、储存、装卸、分拣、配货、送货、信息处理以及生产商和连锁商场之间的链接。如何使它们之间十分均衡、协调地运转是极为重要的。这就要求人们不但要考虑社会环境的影响，还要注意配送中心各层次和环境的协调，将系统内外的因素结合起来，综合分析，统一考虑，才能保证配送中心功能的有效实现。

（3）软件先进、硬件适度的原则

近年来，随着科学技术的迅速发展，在物流领域出现了许多先进的实用技术，如立体仓库、自动分拣等，这些技术大大加速了货物的流转，提高了经济效益和现代化管理水平。但在对配送中心进行设计时，是否采用某种先进技术，不能一概而论，而应对经济、技术、使用条件、成本等方面进行综合论证，认真做出正确的选择。要切合实际，合理地选择、组织和使用各种先进物流设备，充分发挥配送中心多功能、高效率的特点。根据我国的现实状况，对于配送中心的建设，应贯彻软件先进、硬件适度的原则，即要瞄准国际先进水平，加强计算机管理信息系统与控制软件的管理和研究开发，而物流设施和机械设备等硬件则要根据实际情况，选择足以满足物流作业要求的设施设备即可。

（4）柔性化原则

在对配送中心进行设计时必须要有柔性化的考虑，这主要是因为流通相对于生产而言有一定的被动性，由于市场变化、生产涨落，流通量也必然会有较大波动，这种波动往往高于企业生产的波动。在一般情况下配送中心对于这种波动应该有容纳能力。这就要求设计时对配送中心进出能力、储存能力、加工能力、转运能力等做出一定的柔性化的考虑，以适应配送中心在不同时期储存不同数量、不同品种的物资。

（5）动态原则

规划配送中心时，无论是建筑物、信息处理系统的设计，还是机械设备的选择，都要考虑到有较强的应变能力，以适应物流量的扩大、运作范围的拓展。例如在规划设计第一期工程时，应将第二期工程纳入总体规划，并充分考虑到扩建时的业务工作需要。

（6）标准化原则

配送中心的设计必须与已形成的标准系统相匹配，这些标准是设计的基础。配送中心只是物流系统的一个环节，而且是衔接环节，所以在设计时必须考虑全系统的统一和标准化。

（7）战略性原则

配送中心的设计，应具有战略眼光，一是要考虑全局，二是要考虑长远，即局部要服从全局，当前利益要服从长远利益，既要考虑目前的实际需要，又要考虑日后发展的可能。

2．配送中心规划设计的主要内容

（1）物流动线和人流动线模式设计

物流动线和人流动线是指货物和人员在配送中心的作业区与作业区之间，以及作业区内的空间移动路线。一般说来，配送中心的物流动线由其内部物流通道、出入口方位、从进货到发货的主要作业流程以及核心功能区的位置所决定。

（2）仓储区作业空间设计

仓储区作业空间设计要遵循以下几项原则：①适应储存的作业流程，使物流方向合理、运输距离最短、作业次数最少、仓库利用率高、运输通畅、便于保管；②有利于提高仓库经济效益，因地制宜，减少土方工程量，平面布置与竖向布置相适应，发挥设备效能，合理利用空间；③符合安全、卫生要求，有一定的防火通道，设有防火与防盗设施，符合卫生要求，考虑通风、照明和绿化情况。

（3）拣货作业区设计

拣货作业是配送中心内最费时的工作，布置合理的拣货区，能大幅度地提高整个配送中心的效率，这也是拣货区空间设计的关键所在。

（4）集货作业区设计

集货区货位设计，一般以发往地区为货区单位进行堆放，同时考虑发货装载顺序和物流动线和人流动线的畅通性，在空间条件允许的情况下以单排为宜，否则，可能造成装车时在集货区查找货物比较困难，以至于影响搬运工作，降低装载作业效率。

（5）配送中心辅助设施规划

一个完整的物流配送中心所包含的设施可以分为三大类：物流作业区域设施、辅助作业区域设施、厂房建筑与外围设施。因此，配送中心的系统规划除了前面所介绍的仓储、分拣等主要物流作业区域的规划外，还包括辅助作业区域设施的规划以及厂房建筑设施的规划。

（6）进出站台设计

配送中心的各项作业中，进出货是重要的作业项目，而站台的吞吐能力将是影响此项作业的关键因素之一。因此，完善的站台规划及设施兴建，将可大幅提升进出货作业的顺畅性。

（7）厂区建筑外围设施规划

为配合配送中心的整体运作与使用，需要考虑厂房建筑结构的主要形式，以及相关的水电、动力、土木、空调与安全消防等厂房建筑的外围设施。由于一些设施必须待主要物流作

业区域与外围辅助区域基本规划完成后才能进行，因此在系统设计阶段，仅就实际具有作业空间区域的设施进行初步规划，并预估各区域所需的作业面积，其程序与辅助作业区域的设施规划相同。

思考与练习

1．配送的特点和作用是什么？
2．简述3种不同的配送模式。
3．配送模式的选择方法有哪些？
4．分拣方法有哪2种不同的形式？
5．什么是配送中心？
6．配送中心规划设计的主要内容是什么？

案例分析

零售连锁店"7-11"的物流配送系统

1．"7-11"的发展历程

所谓"7-11"指的是美国零售业的"7-11"连锁店，其营业时间从早晨7时到晚上11时。实际上，经过近70年的发展，虽然名字依然是"7-11"，但其已经发展成为24小时营业店，是世界知名的最大的连锁零售商店之一，在全球20多个国家拥有2.1万家左右的连锁店。目前，仅在中国台湾地区就有2690家，美国5756家，泰国1521家，日本是最多的，有8478家。

美国南方公司成立于1927年，最初并没有什么骄人业绩，自从其1945年推出"7-11"便利连锁店以后，由于这种零售业贴近生活，营业时间长，店址多选在居民区，为消费者购物提供了诸多方便，因而受到欢迎。便利商店很快就风行开来，南方公司也因而获得高速发展。

南方公司的销售额在20世纪40年代每年不过几十万美元，1959年增至近1亿美元，1969年又增至9亿美元，1979年达38亿美元，1984年销售额突破100亿美元达到120亿美元，1985年进一步增至127亿美元（这是当时的最高销售额）。南方公司"7-11"便利连锁店的成功，引起了美国和世界各国零售企业界的广泛注意，"7-11"的招牌很快就在美国本土和全球许多城市中打出。

到20世纪80年代末，全美的便利商店总数已有10万家以上，年销售额1000多亿美元。亚洲、欧洲和拉丁美洲许多国家的大大小小城市，都有不少办得很有生气和特点的便利商店，其中最为成功的，则非日本伊藤洋华堂集团下辖的日本"7-11"公司莫属了。成立于1973年的日本"7-11"公司，1991年销售额已有1万亿日元，1996年增到1.7万亿日元，店铺数量约7000家。

20世纪80年代以来，在美国兴建大型商店的浪潮来势汹涌，诸如超大卖场（平均面积近20000平方米）、超级中心（平均面积10000平方米）、会员制仓储商店（平均面积9000平方米）、超级商店（平均面积3000平方米）、大专卖店（平均面积2500平方米）以及折扣商店（平均面积5000平方米以上）等，得到美国消费者的青睐，而面积只有一两百平方米的便利商店则被冷落了。

美国“7-11”便利连锁店的销售额从80年代后期起大幅减少，1987年以后销售额下降到80亿美元甚至更少，更为严重的是，1989年到1992年的4年间，南方公司连续出现巨额亏损，到1990年亏损2.8亿美元。1990年1月，美国“7-11”公司被日本“7-11”公司购并（后者购买了前者70%的股份）。1992年以后，南方公司和美国便利商店业一样，走出了低谷，重又踏上发展之途，美国便利商店业的销售额1993年增至1216亿美元，比上年增长8.5%。1994年又增长了8.7%，达1322亿美元。全行业1992年获纯利（税前）22亿美元，1994年的纯利已达32亿美元。便利商店经营状况之所以好转，首先得力于美国经济复苏，同时也受益于美国消费潮流的改变。美国消费者不再只钟情于大商店，便利商店毕竟更靠近他们，购物也更方便，因此，便利商店重新获得了消费者的欢心。

1993年，南方公司在连续4年严重亏损后，首次获得7200万美元的纯利，1994年和1995年分别增为9200万美元和2.4亿美元。被日本同行购并后的南方公司，从改变经营观念着手，采取了以下几项改进措施。

（1）改装店铺。仅1994年一年就改装了1200多家店铺，加宽店内通道，增强照明亮度，降低天花板高度，改变商品陈列布局，增加店内导购标志，并使其更为醒目。南方公司的所有店铺到1996年底已全部改装完毕。店外引入新型加油设备，1/3的店铺经销高档名牌汽油，以提高商店档次。

（2）增加商品品种，特别是新鲜食品，如三明治、色拉、面包圈、甜点心等。仅1994年一年就增加了1500种商品。

（3）提高服务水平，一方面是改善服务态度等，另一方面是采用技术装备，1994年一年导入了4500台ATM，加大了信用卡交易力度。

（4）将订货权授予分店店长。

（5）关闭亏损的店铺（南方公司的店铺数已从最多时的7818家减到1996年的5422家）。

（6）改善连锁店系统的通信能力。

（7）扩大店面，降低售价，摆脱过去店小货贵的不良形象。

（8）使商品配送更为科学合理。

研究“7-11”成功的历史，就会发现，和其他成功的连锁零售业一样，“7-11”背后都有一个完善的配送系统来支撑其正常运转。“7-11”从一开始采用的就是在特定区域高密度集中开店的策略，在物流管理上也采用集中的物流配送方案，这一方案每年大概能为“7-11”节约相当于商品原价10%的费用。

一间普通的“7-11”连锁店一般只有100～200平方米大小，却要提供2000～3000种食品，不同的食品肯定来自多个供应商，运送和保存的要求也各有不同，每一种食品又不能短缺或过剩，而且还要根据顾客的不同需要随时调整货物的品种，这些都对连锁店的物流配送提出了很高的要求。如何来运作和管理便利店的这种物流配送系统，就成为便利店是否成功的关键。

2．“7-11”的物流配送体系

“7-11”便利连锁店的物流管理模式先后经历了三个发展阶段。

最初阶段，“7-11”并没有设立自己的专业配送中心，它的货物配送依靠批发商来完成，批发商直接将商店所订货物送入便利店。早期日本“7-11”的产品生产商都有自己特定的批发商，相当于中国的总经销商，而且每个批发商一般都只代理一家生产商，这个批发商就是联系“7-11”和其生产商间的纽带，也是“7-11”和生产商间传递货物、信息和资金的通道。生产商把自己的产品交给批发商以后，对产品的销售就不再过问，所有的配送和销售都由批发商来完成。对于“7-11”而言，批发商就相当于自己的配送中心，它所要做的就是把生产商生产的产品迅速有效地运送到“7-11”手中。为了自身的发展，批发商需要最大限度地扩大自己的经营，尽力向更多的便利店送货，并且要对整个配送和定货系统做出规划，以满足“7-11”的需要，如图 7-37 所示。

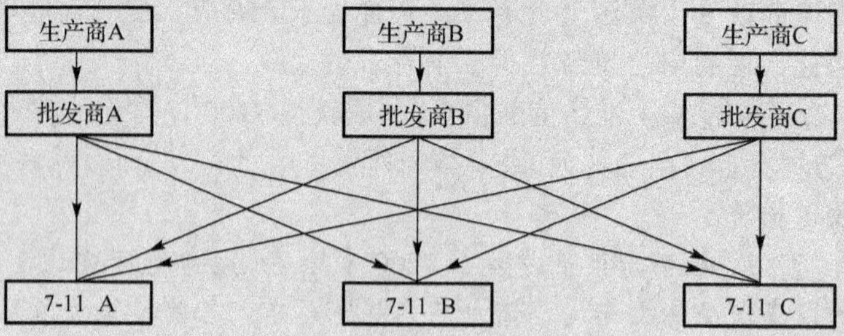

图 7-37　早期的“7-11”集货配送体系

第二阶段，随着“7-11”连锁业务的迅速拓展，这种分散化的由各个批发商分别送货的方式无法满足规模日渐扩大的“7-11”便利店的需要，“7-11”开始和批发商及合作生产商构建统一的集约化的配送和进货系统。在这种系统之下，“7-11”改变了以往由多家批发商分别向各个便利点送货的方式，改由一家在一定区域内的特定批发商统一管理该区域内的同类供应商，然后向“7-11”统一配货，这种方式称为集约化配送。集约化配送有效地降低了批发商的数量，减少了配送环节，为“7-11”节省了物流费用，如图 7-38 所示。

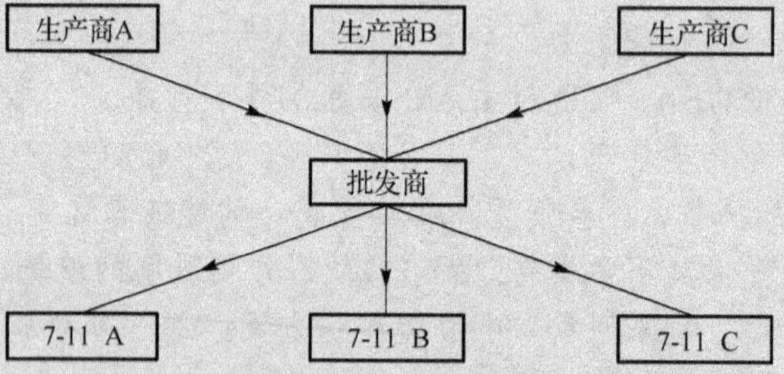

图 7-38　后期的“7-11”集货配送体系

第三阶段，集中批发商或者集约批发商的发展为“7-11”自己建立配送中心提供了经验和业务基础，“7-11”由此创立了配送中心，代替了特定批发商，分别在不同的区域统一集货、统一配送。配送中心有一个电脑网络配送系统，分别与生产商及“7-11”店铺相连。为了保证不断货，配送中心一般会根据以往的经验保留 4 天左右的库存，同时，中心的电脑系统每天都会定期收到各个店铺发来的库存报告和要货报告，配送中心把这些报告集中分析，最后形成一张张向不同供应商发出的订单，由电脑网络传给生产商，而生产商则会在预定时间内向配送中心派送货物。“7-11”配送中心在收到所有货物后，对各个店铺所需要的货物分别打包，等待发送。第二天一早，派送车就会择路向自己区域内的店铺送货。整个配送过程就这样每天循环往复，为“7-11”连锁店的顺利运行打下了坚实的基础。

配送中心的优点还在于“7-11”从批发商手中夺回了配送的主动权，“7-11”能随时掌握在途商品、库存货物等数据，对财务信息和生产商的其他信息也能及时掌握。有了自己的配送中心，生产商原来让给批发商的利润空间就有可能成为“7-11”价格谈判的筹码，同时集中式采购也为价格谈判创造了条件。“7-11”和生产商之间定期会有一次定价谈判，以确定未来一段时间内大部分商品的价格，其中包括生产商的运费和其他费用。一旦确定价格，“7-11”就省下了每次和供应商讨价还价这一环节，少了口舌之争，多了平稳运行，“7-11”为自己节省了时间也节省了费用。

随着店铺的扩大和商品的增多，“7-11”的物流配送越来越复杂，配送时间和配送种类的细分势在必行。以台湾地区的“7-11”为例，全省的物流配送就细分为出版物、常温食品、低温食品和鲜食食品四个类别的配送，各区域的配送中心需要根据不同商品的特征和需求量每天作出不同频率的配送，以确保食品的新鲜度，以此来吸引更多的顾客。新鲜、即时、便利和不缺货是“7-11”的配送管理的最大特点，也是各家“7-11”店铺的最大卖点。在台湾的“7-11”总共拥有2690家连锁店，现在已经开通网上购物，利用庞大的连锁体系，在任何地点网上下单，再到离自己最近的店面取货付款，对于消费者而言，省去运费负担，缩短了接货时间。

和台湾地区的配送方式一样，日本“7-11”也是根据食品的保存温度来建立配送体系的。日本“7-11”对食品的分类是：冷冻型（–20 摄氏度），如冰激凌等；微冷型（5 摄氏度），如牛奶、生菜等；恒温型，如罐头、饮料等；暖温型（20 摄氏度），如面包、饭食等。不同类型的食品会用不同的方法和设备配送，如各种保温车和冷藏车。由于冷藏车在上下货时经常开关门，容易引起车厢温度的变化和冷藏食品的变质，“7-11”还专门用一种两仓式货运车来解决这个问题，一个仓中温度的变化不会影响到另一个仓，需冷藏的食品就始终能在需要的低温下配送了。

除了配送设备，不同食品对配送时间和频率也会有不同要求。对于有特殊要求的食品如冰激凌，“7-11”会绕过配送中心，由配送车早中晚三次直接从生产商门口拉到各个店铺。对于一般的商品，“7-11”实行的是一日三次的配送制度，早上3时到7时配送前一天晚上生产的一般食品，早上8时到11时配送前一天晚上生产的特殊食品如牛奶，新鲜蔬菜也属于其中，下午3时到6时配送当天上午生产的食品，这样一日三次的配送频率在保证了商店不缺货的同时，也保证了食品的新鲜度。为了确保各店铺供货的万无一失，配送中心还有一个特别配送制度来和一日三次的配送相搭配。每个店铺随时都会碰到一些特殊情况造成缺货，这时只能向配送中心打电话告急，配送中心则会用安全库存对店铺紧急配送，如果安全库存也已告罄，中心就转而向供应商紧急要货，并且在第一时间送到缺货的店铺手中。

3．评述

研究“7-11”成功的历史，就会发现，和其他成功的连锁零售业一样，“7-11”背后有一个完善的配送系统来支撑其正常运转。“7-11”属于便利型连锁店，可以说，这是零售商业中经营难度最大、竞争最为激烈的业态形式，但“7-11”却获得了长足的发展，成为著名的商业品牌。“7-11”的发展并不是一帆风顺的，它也曾随着经济大环境和商业业态的变迁起落涨跌，但它是成功者，是一个逐步发展为全球性的跨国连锁商店。“7-11”的一些独具匠心的经营策略和技巧是非常值得我国零售商业经营者学习的。

案例思考题

1．你如何理解“7-11”由赢利至亏损，又到再赢利的发展过程？原因是什么？影响这一变化过程的因素是什么？哪些因素是可控的，哪些又是不可控的呢？

2．南方公司在 1993 年由亏转盈后，从改变经营观念着手，采取了 8 项改进措施。你如何评价这些改进措施？其核心点应当是什么？

3．“7-11”早期经营中的最大特点是每天长达 16 小时的营业时间，但这无疑要加大营业成本。延时商店在国内各地都已出现，你认为这种经营方式在我国有发展前途吗？

4．“7-11”过细的分类配送，在其他商业连锁企业中也不多见，同样这也会造成配送成本的提高。但是，新鲜、即时、便利和不缺货是“7-11”配送管理的最大特点，也是各家“7-11”店铺的最大卖点。对此，你是如何看待的？

Chapter 8

第 8 章　包装与集装单元化

引导案例　Oeangate 多样化的物流服务

德国 Eurokai 的第三方物流公司 Oeangate 为在中欧、南欧和东欧国家从事电子产品的生产企业和食品、服装、鞋类的零售业提供合同物流服务。Oeangate 向零售消费者（每年从亚洲进口大批货物）提供的最普遍的增值服务是加速进口运输的速度，以加快库存周转，从亚洲通过苏伊士运河运往欧洲的集装箱船停靠到意大利南部港口，在那里卸下一部分集装箱货物，并通过卡车迅速运送到消费者指定的地点。其拖船上货物继续通过海运运往北欧港口，然后由 Oeangate 通过传统的运输方式运往消费地。在意大利卸下的货物运转速度快，用来满足紧急订单，而通过低成本、全水路运输的货物在前批紧急订单卖完之后，也能抵达消费地。通过这种方式，可以使客户的库存效率提高 10%。

第一节　物流包装

包装是在流通过程中为了保护产品、方便储运、促进销售，按一定技术方法采用容器、材料及辅助物等将物品包装并予以适当的封装和标志的工作的总称。简言之，包装是包装物及包装操作的总称。在社会生产过程中，包装是生产过程的最后一道工序也是物流过程的第一道工序，同时也是实现商品价值和使用价值的重要手段之一，是产品生产和消费的桥梁。由此可见，包装在物流体系中占有极为重要的地位。

一、包装概述

1. 包装的发展

从远古的原始社会、农耕时代，到科学技术十分发达的现代社会，包装随着人类的进化、商品的出现、生产的发展和科学技术的进步而逐渐发展，并不断地发生一次次重大突破。从总体上看，包装大致经历了原始包装、传统包装和现代包装三个发展阶段。

（1）原始包装

人类使用包装的历史可以追溯到远古时期。早在距今一万年左右的原始社会后期，随着生产技术的提高，生产得到发展，有了剩余物品须储存和进行交换，于是开始出现原始包装。最初，人们用葛藤捆扎猎获物，用植物的叶、贝壳、兽皮等包裹物品，这是原始包装发展的胚胎。以后随着劳动技能的提高，人们以植物纤维等制作最原始的篮、筐，用火煅烧石头、泥土制成泥壶、泥碗和泥罐等，用来盛装、保存食物、饮料及其他物品，使包装的方便运输、储存与保管功能得到初步完善。这是古代包装，即原始包装。

（2）传统包装

约在公元前 5000 年，人类就开始进入青铜器时代。公元前 2000 多年前的中国夏代，人类已能冶炼铜器，商周时期青铜冶炼技术进一步发展。春秋战国时期，人们掌握了铸铁炼钢技术和制漆涂漆技术，铁制容器、涂漆木制容器大量出现。在古代埃及，公元前 3000 年就开始吹制玻璃容器。因此，用陶瓷、玻璃、木材、金属加工各种包装容器已有千年的历史，其中许多技术经过不断完善发展，一直使用到今天。

16 世纪欧洲陶瓷工业开始发展；美国建成了玻璃工厂，开始生产各种玻璃容器。至此，以陶瓷、玻璃、木材、金属等为主要材料的包装工业开始发展，近代传统包装开始向现代包装过度。

（3）现代包装

自 16 世纪以来，由于工业生产的迅速发展，特别是 19 世纪的欧洲产业革命，极大推动了包装工业的发展，从而为现代包装工业和包装科技的产生和建立奠定了基础。

20 世纪中后期开始，国际贸易飞速发展，包装已为世界各国所重视，大约 90%的商品需经过不同程度、不同类型的包装，包装已成为商品生产和流通过程中不可缺少的重要环节。电子技术、激光技术、微波技术广泛应用于包装工业，包装设计实现了计算机辅助设计（CAD），包装生产也实现了机械化与自动化生产。

2. 包装的概念

我国国家技术监督局发布的《中华人民共和国国家标准物流术语》将包装定义为："包装是指为在流通过程中保护产品、方便储运、促进销售，按一定技术方法而采用的容器、材料及辅助材料等的总体名称。包装也指为了达到上述目的而采用容器、材料、辅助材料的过程中施加一定技术方法等的操作活动。"

在流通领域中，包装大致可分为销售包装和运输包装两类，前者主要目的在于美化、宣传商品，以扩大销售量，包装是连同商品一起出售给消费者的；后者主要目的在于方便装卸、储运，使商品在整个物流过程中完好无损。

二、包装容器技术

在现代物流中，由于货物的品种、状态、理化特性各不相同，对仓储、搬运要求各异，因此，物流包装容器、物流包装保护技术、物流包装设备种类繁多，功能各异，以满足各类物品的包装要求。

包装容器技术包括包装材料和包装容器。

1. 包装材料

为了满足不同物品的包装运输要求，包装材料也多种多样，主要有以下几类：

① 纸及纸制品：牛皮纸、玻璃纸、植物羊皮纸、沥青纸、板纸、瓦楞纸板等；

② 塑料及塑料制品：聚乙烯、聚丙烯、聚苯乙烯、聚氯乙烯、钙塑材料等；

③ 木材及木制品；

④ 金属：镀锡薄板、涂料铁、铝合金等；

⑤ 玻璃、陶瓷；

⑥ 复合材料。

2．包装容器

（1）包装袋

包装袋是柔性包装的代表，包装袋材料是挠性材料，有较高的韧性、抗拉强度和耐磨性。一般包装袋结构是筒管状结构，一端预先封死，在包装结束后再封装另一端，包装操作一般采用充填操作。包装袋广泛适用于运输包装、商业包装、内装、外装，因而使用较为广泛。包装袋一般分成：集装袋、一般运输包装袋和小型包装袋（或称普通包装袋）三种类型。集装袋适于运输包装，一般运输包装袋适于外包装及运输包装，小型包装袋适于内装、个装及商业包装。

（2）包装盒

包装盒是介于刚性和柔性包装两者之间的包装技术。包装材料有一定挠性，不易变形，有较高的抗压强度，刚性高于袋装材料。包装结构是规则几何形状的立方体，也可裁制成其他形状，如圆盒状、尖角状，一般容量较小，有开闭装置。包装操作一般采用码入或装填，然后将开闭装置闭合。包装盒整体强度不大，包装量也不大，不宜做运输包装，适于做商业包装、内包装，可包装块状及异种异形物品。

（3）包装箱

包装箱是刚性包装技术中的重要一类。包装材料为刚性或半刚性材料，有较高强度且不易变形。包装结构和包装盒相同，只是容积、外形都大于包装盒，两者通常以容量 10 升为分界。包装操作主要为码放，然后将开闭装置闭合或将一端固定封死。包装箱整体强度较高，抗变形能力强，包装量也较大，适合做运输包装、外包装，包装范围较广，主要用于固体杂货包装。主要包装箱有：瓦楞纸箱、木箱、塑料箱和集装箱四种。

（4）包装瓶

包装瓶是瓶颈尺寸有较大差别的小型容器，是刚性包装中的一种，包装材料有较高的抗变形能力，刚性、韧性要求一般也较高，个别包装瓶介于刚性与柔性材料之间，瓶的形状在受外力时虽可发生一定程度变形，但外力一旦撤除，仍可恢复原来瓶形。包装瓶的瓶颈口径远小于瓶身，且在瓶颈顶部开口；包装操作是填灌操作，然后将瓶口用瓶盖封闭。包装瓶包装量一般不大，适合美化装潢，主要做商业包装、内包装使用。主要包装液体、粉状货物。

包装瓶按外形可分为圆瓶、方瓶、高瓶、矮瓶、异形瓶等若干种。瓶口与瓶盖的封盖方式有螺纹式、凸耳式、齿冠式、包封式等。

（5）包装罐（筒）

包装罐是罐身各处横截面形状大致相同，罐颈短，罐颈内径比罐身内颈稍小或无罐颈的一种包装容器，是刚性包装的一种。包装材料强度较高，罐体抗变形能力强。包装操作是装填操作，然后将罐口封闭，可做运输包装、外包装，也可做商业包装、内包装用。包装罐（筒）主要有 3 种：小型包装罐、中型包装罐和集装罐。其中，小型包装罐一般是做销售包装、内包装，中型包装罐一般做化工原材料、土特产的外包装，集装罐是典型的运输包装，适合包装液状、粉状及颗粒状货物。

三、包装保护技术

1. 通用包装技术

（1）充填方法

将内装物按要求的数量装入包装容器的操作称为充填。充填是包装过程的中间工序，在此之前是容器准备工序（如容器的成形加工、清洗消毒、按序排列等），在此之后是封口、贴标、打印等辅助工序。在充填过程中，精密地计量内装物是很重要的。

① 固体内装物充填方法。固体内装物按其形态可分为粉末、颗粒和块状 3 类；按其黏度可分为非黏性、半黏性和黏性 3 类。

A. 非黏性内装物，如大米、砂糖、干果等，它们可以自由流动，倾倒在水平面上可以自然堆积成圆锥形的堆，容易充填在容器内；B. 半黏性内装物，如面粉、奶粉、洗衣粉等，充填时易在储料斗中搭桥或积成拱状，致使充填困难，需要采用特殊装置；C. 黏性内装物，如红糖粉、某些化工原料，充填较因难，它们不仅自身结团，而且易粘在料斗壁上。还应当注意，有些本来松散的粉末或颗粒内装物，当温度上升或受潮后也具有黏性，因此，充填过程中必须控制环境的温度和湿度。

固体内装物充填方法有称重法、容积法和计数法 3 种。A. 称重法是将内装物用秤进行计重，然后充填到容器中的包装方法。对于一些中、小块形状不一的商品，一般采用称重法。B. 容积法一般采用定量杯（槽）或通过机械元件（如螺杆、星型定量阀门等）的传动来达到既定量，完成包装全过程。它适用于不易吸潮和表观密度无变化的干粉、粒状商品，尤其对小颗粒状商品更为适宜。C. 计数法有机械计数与电子计数，对大小一致的块状商品（如药片、面包等），大多采用计数法。

② 液体内装物充填方法。液体内装物的充填，又称为灌装。其方法按原理可分为重力灌装、等压灌装、真空灌装和机械压力灌装 4 大类。

A. 重力灌装方法是利用液体自身重力充填容器的方法；B. 等压灌装适用于含气液体，如啤酒、汽水等，生产时采用加压的方法使液体内含有一定的气体，而在灌装时为了减少气体的溢出和灌装的顺利进行，必须先在空瓶中充气，使瓶内气压与储液缸内气压相等，然后再进行液体灌装；C. 真空灌装是将容器中的空气抽出后灌装液体的方法，如灌装果汁、糖浆、牛奶、酒精等，它不适于容易变形的软性包装容器，如软塑料瓶、椭圆形的金属罐等；D. 机械压力灌装是对粘度大的半流体内装物，如牙膏、香脂、油墨等，采用机械压力进行充填的方法。

（2）装箱方法

箱常用于物流包装，箱的种类和形式较多，如按材质分有木板箱、胶合板箱、纤维板箱、硬纸板箱、瓦楞纸箱、钙塑瓦楞纸箱和塑料周转箱等，其中尤以瓦楞纸箱最常见。装箱可采用手工操作、半自动或全自动机械操作 3 种方式，其方法有装入式装箱法、套入式装箱法和裹包式装箱法等。

① 装入式装箱法是将内装物沿垂直方向或水平方向装入箱内的方法，所用设备称为立式或卧式装箱机。图 8-1 为水平装箱过程示意图。

② 套入式装箱法用于较贵重的大件商品，如电冰箱、洗衣机等。它是将纸箱制成两件：一件比内装物稍高，箱坯撑开后先将上口封住，下口无翼片和盖片；另一件是浅盘式的盖，

开口朝上且无翼片和盖片，其尺寸略小于前者，可以插入其中形成倒置箱盖。装箱时先将浅盘式盖放在装箱台板上，里面放置防震垫，重的内装物还可以在箱下放置木托盘，接着将内装物放入浅盘上，上面也放置防震垫。然后将高的那一件从内装物上部套入，直至将浅盘插入其中，最后进行捆扎。如图 8-2 所示。

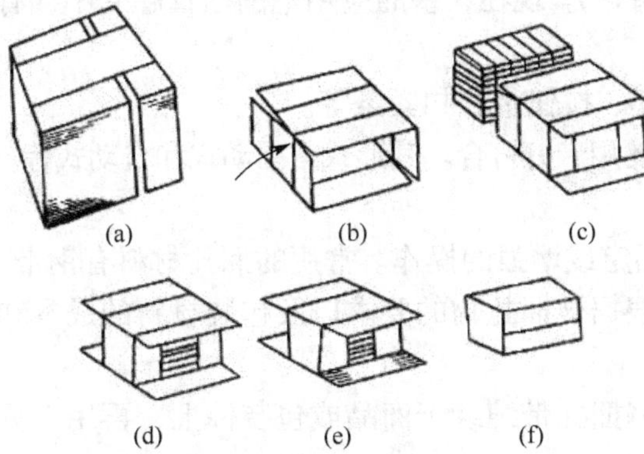

图 8-1　水平装箱过程示意图

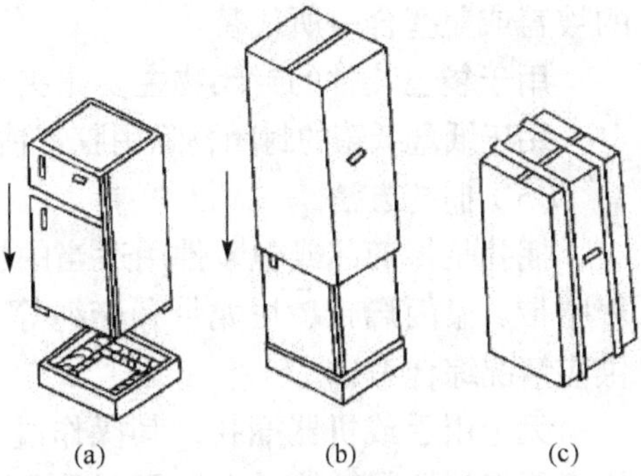

图 8-2　套入式装箱过程示意图

（3）裹包方法

裹包是用一层或多层柔性材料包覆商品或包装件的操作。它主要用于销售包装，有时也用于运输包装，如用收缩或拉伸薄膜将托盘与商品裹包在一起。

裹包方法与裹包方式密切相关。常见的裹包方法有折叠式和扭结式 2 种，而裹包方式有手工式、半自动式和全自动机械式 3 种。

① 折叠式裹包的基本方法是：从卷筒材料上切下一定长度的材料，将材料裹在被包装物上，用搭接方式包成筒状，然后折叠两端并封紧。根据产品的性质和形状、表面装潢的要求以及机械化程度，折叠的形式和接缝的位置有多种变化，如两端折角式、侧面接缝折角式、两端搭接式、两端多褶式和斜角式等。图 8-3 为两端折角式裹包的操作顺序。

② 扭结式裹包方法是用一定长度的包装材料将一定的产品裹成圆筒形，其搭结接缝不需要粘结或热封，只要将开口端部分向规定方向扭转形成扭结即可。如图 8-4 为双端扭结式裹包顺序。

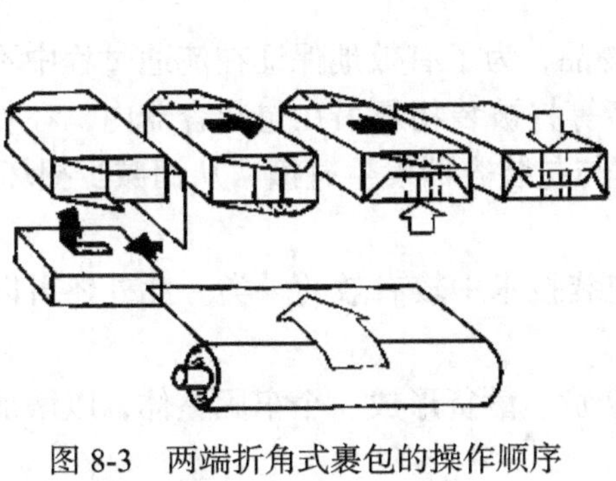

图 8-3　两端折角式裹包的操作顺序

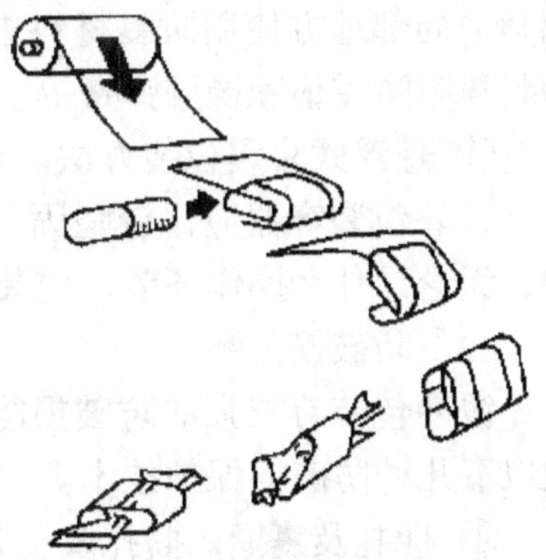

图 8-4　双端扭结式裹包顺序

（4）封口方法

封口是指将商品装入包装容器后，封上容器开口部分的操作，封口方法有如下 2 种。

① 黏合法。黏合是用黏合剂将相邻两层包装材料表面结合在一起的方法。它工艺简单，生产率高，结合力大，密封性好，适用性广，已用于纸、布、木材、塑料、金属等各种包装的黏合。

② 用封闭物封口法。用于瓶、罐类包装件的封闭物主要是盖（如螺丝盖、快旋盖、易开盖、滚压盖等）和塞（如软木塞、橡胶塞和塑料塞等）。现在，塞的应用范围已日趋变小，有的被盖或盖塞合一所代替。

用于袋包装件的封闭物主要是夹子、带环的套、按钮带和扣紧条等。

用于纸盒纸箱的封闭物除用胶带粘合外，还有的用卡钉钉合。其形式有手动式和自动式等。

（5）捆扎方法

捆扎是将商品或包装件用适当的材料扎紧、固定或增强的操作。常用的捆扎材料有钢带、聚脂带、聚丙烯带、尼龙带和麻绳等。选用时要根据被捆扎物的要求以及包装材料的成本和供应情况综合考虑。

无论用手或机器捆扎，其操作过程相同。先将捆扎带缠绕于商品或包装件上，再用工具或机器将带拉紧，然后将带两端重叠连接。

捆扎带两端连接方式有铁皮箍压出几道牙痕连接、用铁皮箍切出几道牙痕并间隔地向相反方向弯曲连接、用热粘合连接以及引结连接等。

2. 特殊包装技术

（1）防震包装

防震包装又称缓冲包装，在各种包装方法中占有重要的地位。产品从生产出来到开始使用要经过一系列的运输、保管、堆码和装卸过程，置于一定的环境之中。在任何环境中都会有力作用在产品之上，并使产品发生机械性损坏。为了防止产品遭受损坏，就要设法减小外力的影响。防震包装是指为减缓内装物受到冲击和振动，保护其免受损坏所采取的一定防护措施的包装。防震包装主要有以下 3 种方法。

① 全面防震包装方法。全面防震包装方法是指内装物和外包装之间全部用防震材料填充进行防震的包装方法。

② 部分防震包装方法。对于整体性好的产品和有内装容器的产品，仅在产品或内包装的拐角或局部地方使用防震材料进行衬垫即可。所用包装材料主要有泡沫塑料防震垫、充气型塑料薄膜防震垫和橡胶弹簧等。

③ 悬浮式防震包装方法。对于某些贵重易损的物品，为了有效地保证在流通过程中不被损坏，外包装容器应比较坚固，然后用绳、带、弹簧等将被装物悬吊在包装容器内，在物流中，无论是什么操作环节，内装物都被稳定悬吊而不与包装容器发生碰撞，从而减少损坏。

（2）防破损包装

缓冲包装有较强的防破损能力，因而是防破损包装技术中较有效的一类。此外还可以采取以下几种防破损保护技术。

① 捆扎及裹紧。捆扎及裹紧技术的作用，是使杂货、散货形成一个牢固整体，以增加整体性，便于处理及防止散堆来减少破损。

② 集装。利用集装，减少与货体的接触，从而防止破损。

③ 选择高强度保护材料。通过外包装材料的高强度来防止内装物受外力作用破损。

（3）防锈包装

① 防锈油防锈蚀包装。大气锈蚀是空气中的氧、水蒸气及其他有害气体等作用于金属表面引起电化学作用的结果。如果使金属表面与引起大气锈蚀的各种因素隔绝（即将金属表面保护起来），就可以达到防止金属大气锈蚀的目的。

防锈油包装技术就是根据这一原理将金属涂封防止锈蚀的油。用防锈油封装金属制品，要求油层要有一定厚度，油层的连续性好，涂层完整。不同类型的防锈油要采用不同的方法进行涂覆。

② 气相防锈包装。气相防锈包装技术就是用气相缓蚀剂（挥发性缓蚀剂），在密封包装容器中对金属制品进行防锈处理的技术。气相缓蚀剂是一种能减慢或完全停止金属在侵蚀性介质中的破坏过程的物质，它在常温下即具有挥发性，在密封包装容器中，在很短的时间内挥发或升华出的缓蚀气体就能充满整个包装容器内的每个角落和缝隙，同时吸附在金属制品的表面上，从而起到抑制大气对金属锈蚀的作用。

（4）防霉腐包装

在装运食品和其他有机碳水化合物货时，货物表面可能生长霉菌，在流通过程中如遇潮湿，霉菌生长繁殖迅速，甚至伸延至货物内部，使其腐烂、发霉、变质，因此要采取特别防护措施。

包装防霉烂变质的措施，通常是采用冷冻包装、真空包装或高温灭菌方法。冷冻包装的原理是减慢细菌活动和化学变化的过程，以延长储存期，但不能完全消除食品的变质；高温杀菌法可消灭引起食品腐烂的微生物，可在包装过程中用高温处理防霉。有些经干燥处理的食品包装，应防止水汽浸入以防霉腐，可选择防水汽和气密性好的包装材料，采取真空和充气包装。

真空包装法也称减压包装法或排气包装法。这种包装可阻挡外界的水汽进入包装容器内，也可防止在密闭着的防潮包装内部存有的潮湿空气，在气温下降时结露。采用真空包装法，要注意避免过高的真空度，以防损伤包装材料。

防止运输包装内货物发霉，还可使用防霉剂。防霉剂的种类甚多，用于食品的必须选用无毒防霉剂。机电产品的大型封闭箱，可酌情开设通风孔或迎风窗等相应的防霉措施。

（5）防虫包装

防虫包装技术，常用的是驱虫剂，即在包装中放入有一定毒性和嗅味的药物，利用药物在包装中挥发的气体杀灭和驱除各种害虫。也可采用真空包装、充气包装、脱氧包装等技术，使害虫无生存环境，从而防止虫害。

（6）危险品包装技术

危险品有上千种，按其危险性质，交通运输及公安消防部门规定分为10大类，即爆炸性物品、氧化剂、压缩气体和液化气体、自燃物品、遇水燃烧物品、易燃液体、易燃固体、毒害品、腐蚀性物品、放射性物品等，有些物品同时具有两种以上危险性。

① 对有毒品的包装要在外包装明显部位张贴有毒的警示标志。防毒的主要措施是包装严密，不漏气、不透气。对有机农药一类的商品，应装入沥青麻袋，缝口严密不漏。如用塑料袋或沥青纸袋包装的，外面应再用麻袋或布袋包装等。②对有腐蚀性的商品，要注意避免商品和包装容器的材质发生化学变化。③金属类的包装容器，要在容器壁涂上涂料，防止腐蚀性商品对容器的腐蚀。④对于易燃、易爆商品，如有强烈氧化性的，遇有微量不纯物或受热即急剧分解引起爆炸的产品。防爆炸包装的有效方法是采用塑料桶包装，然后将塑料桶装入

铁桶或木箱中，每件净重不超过50千克，并应有自动放气的安全阀，当桶内达到一定气体压力时，能自动放气。

（7）特种包装

① 充气包装。充气包装是采用二氧化碳气体或氮气等不活泼气体置换包装容器中空气的一种包装技术方法，也称为气体置换包装。这种包装方法是根据好氧性微生物需氧代谢的特性，在密封的包装容器中改变气体的组成成分，降低氧气的浓度，抑制微生物的生理活动、酶的活性和鲜活商品的呼吸强度，达到防霉、防腐和保鲜的目的。

② 真空包装。真空包装是将物品装入气密性容器后，在容器封口之前抽真空，使密封后的容器内基本没有空气的一种包装方法。一般的肉类商品、谷物加工商品以及某些容易氧化变质的商品都可以采用真空包装。真空包装不但可以避免或减少脂肪氧化，而且抑制了某些霉菌和细菌的生长，同时在对其进行加热杀菌时，由于容器内部气体已排除，因此加速了热量的传导，提高了高温杀菌效率，也避免了加热杀菌时，由于气体的膨胀而使包装容器破裂。

③ 收缩包装。收缩包装就是用收缩薄膜裹包物品（或内包装件），然后对薄膜进行适当加热处理，使薄膜收缩而紧贴于物品（或内包装件）的包装技术方法。收缩薄膜是一种经过特殊拉伸和冷却处理的聚乙烯薄膜，由于薄膜在定向拉伸时产生残余收缩应力，这种应力受到一定热量后便会消除，从而使其横向和纵向均发生急剧收缩，同时使薄膜的厚度增加，收缩率通常为30%～70%，收缩力在冷却阶段达到最大值，并能长期保持。

④ 拉伸包装。拉伸包装是20世纪70年代开始采用的一种包装技术，它是由收缩包装发展而来的，拉伸包装是依靠机械装置在常温下将弹性薄膜围绕被包装物拉伸、紧裹，并在其末端进行封合的一种包装方法。由于拉伸包装不需进行加热，所以消耗的能源只有收缩包装的1/20。拉伸包装可以捆包单件物品，也可用于托盘包装之类的集合包装。

⑤ 脱氧包装。脱氧包装是继真空包装和充气包装之后出现的一种新型除氧包装方法。脱氧包装是在密封的包装容器中，使用能与氧气起化学作用的脱氧剂与之反应，从而除去包装容器中的氧气，以达到保护内装物的目的。脱氧包装方法适用于某些对氧气特别敏感的物品，如那些即使有微量氧气也会促使品质变坏的食品包装中。

四、包装设备

按照加工的方式不同，大致可以将包装设备分为以下几种：切割机、充填机、灌装机、缝合机、裹包机、贴标机、捆扎机等。

1. 主要的包装设备

（1）计量充填机

将产品按要求的数量装入包装容器中的操作称为计量充填。计量充填技术主要用于销售包装，在运输包装中也有应用，如用专用运输工具运输散装水泥、石油等。

实际生产中，由于产品的性质、状态和要求的计量精确度和充填方式等因素的不同，出现了各式各样的计量充填机械。通常按计量充填的原理不同，将计量充填机分为容积式充填机、称重式充填机、计数式充填机3种类型。

① 容积式充填机。

容积式充填机是将精确体积的物料装进每一个容器，而不考虑物料密度或重量，常用于那些比重相对不变的物料，或用于那些体积要求比质量要求更重要的物料。根据计量原理不同有固定量杯式、螺杆式、计量泵式等多种。固定量杯式充填机是较为常用的一种充填机。如图 8-5 所示。

② 称重式充填机。

称重式充填机是按规定的重量计量产品，并进行充装的机械。按计量方式不同有杠杆式、簧片式、电阻应变片式、电子称式、连续式、全自动式等多种。实际应用较广的是连续式称量机，它采用连续称量检测和自动调节技术，确保在连续运转的输送机上得到稳定的质量流率，然后进行等分截取，以得到各个相同的定量。其特点是计量速度高，计量精度较低，多用于粮食、化肥之类的货物，这类货物多采用散装长途运输，到达目的地之后再装袋出售的方式。如图 8-6 所示。

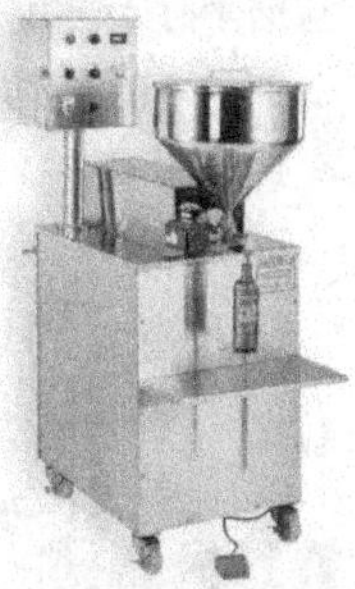

图 8-5 固定量杯式充填机

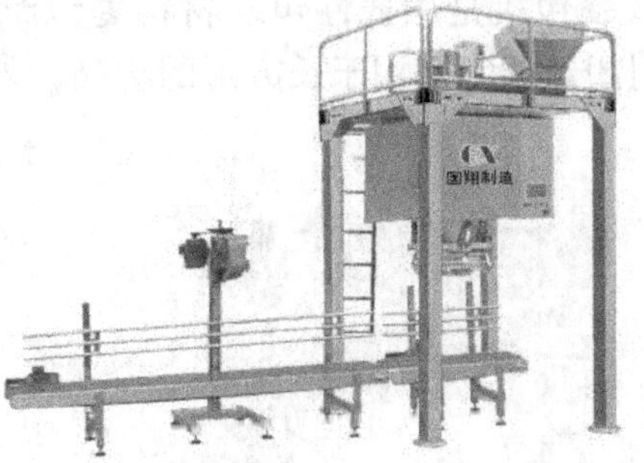

图 8-6 连续式称重充填机

③ 计数式充填机。

计数式充填机是把精确个数的产品装进每一个容器的计量充填机械，多用于被包装物呈规则排列的产品包装。如图 8-7 所示。根据其计数原理不同分为长度式、容积式、堆积式等几种计数形式。

（2）灌装机

灌装机主要用于在食品领域中对啤酒、饮料、乳品、酒类、植物油和调味品的包装，还包括洗涤剂、矿物油和农药等化工类液体产品的包装。包装所用容器主要有桶、瓶、听、软管等。按照灌装产品的工艺可分为常压灌装机、真空灌装机、加压灌装机等。灌装机通常与封口机、贴标志机等连接使用。灌装机的计量方法有定位法、定量法和定时法 3 种，它们均有相应的控制装置。如在进料口上方安置与储槽相连的计量装置，借助装置内沿液体方向安装的孔板来测量。图 8-8 为自动液体灌装机。

图 8-7 计数充填机

图 8-8 自动液体灌装机

（3）封口机

封口机是指在包装容器内盛装产品后对容器进行封口的机器。不同的包装容器有不同的封口方式，如塑料袋多采用接触式加热加压封口或非接触式的超声波熔焊封口；麻袋、布袋、编织袋多采用缝合的方式封口；瓶类容器多采用压盖或旋转封口；罐类容器多采用卷边式封口；箱类容器多采用钉封或胶带粘封。图 8-9 为龙门式封口机。

（4）裹包机

裹包机是用薄型挠性材料（如玻璃纸、塑料膜、拉伸膜、收缩膜等）裹包产品的包装设备，广泛应用于食品、烟草、药品、日用化工品及音像制品等领域。裹包机种类繁多、功能各异，按裹包方式分可分为折叠式裹包机、接缝式裹包机、覆盖式裹包机、贴体式裹包机、拉伸式裹包机、缠绕式裹包机等。

折叠式裹包机是用挠性包装材料裹包产品，将末端伸出的裹包材料按一定的工艺方式进行折叠封闭。通常适用于长方形的物品，外观整齐，视觉效果好。图 8-10 是转塔折叠式裹包机。

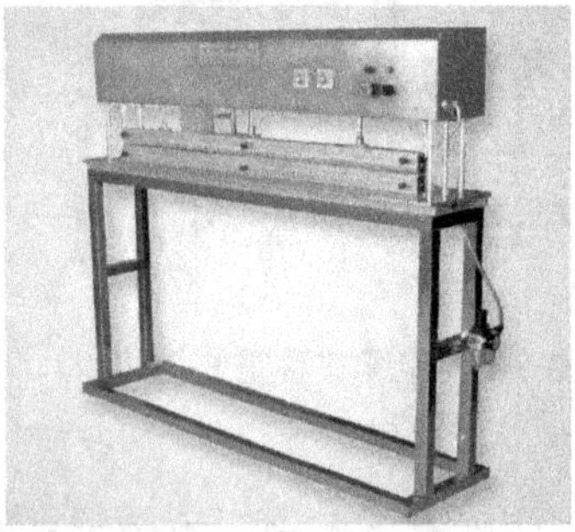

图 8-9　龙门式封口机

图 8-10　转塔折叠式裹包机

（5）捆扎机

捆扎机是利用带状或绳状捆扎材料将一个或多个包件捆扎在一起的机器，属于外包装设备，目前我国生产的捆扎机基本上多采用塑料带作为捆扎材料，利用热熔搭接的方法使紧贴包件表面的塑料带两端加压黏合，从而达到捆紧包件的目的。图 8-11 为自动捆扎机。

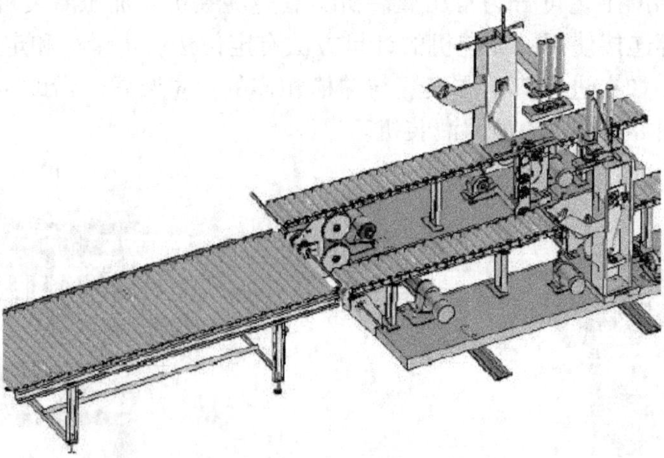

图 8-11　自动捆扎机

（6）装箱机与纸箱包装机

对于啤酒、饮料等商品，灌装之后必须进行运输包装，才能进入流通领域。这个装箱工作，可以选择装箱机，也可以选择纸箱包装机，两者过程不同，但都能达到相同的目的。图 8-12 是自动装箱机，8-13 是自动纸箱包装机。

图 8-12　自动装箱机

图 8-13　自动纸箱包装机

2．典型的自动包装线

（1）全自动称重包装生产线

全自动称重包装生产线广泛应用于石油化工、化肥、粮食、饲料、医药、冶金等多行业的粒料、粉料、块料、液体等产品的称重包装。生产线主要由给料机构、称重单元、显示控制系统、执行机构及机构结构件等组成，系统结构紧凑合理，安装简便，一般具有秤重传感器精度高、智能化秤重控制仪显示、双速或三速给料、单/双称重斗、毛重式/净重式计量、故障自诊断等特点，能够针对各种生产现场和生产能力作相应调整，满足用户的需求。图 8-14 为敞口袋式全自动包装码垛生产线示意图。

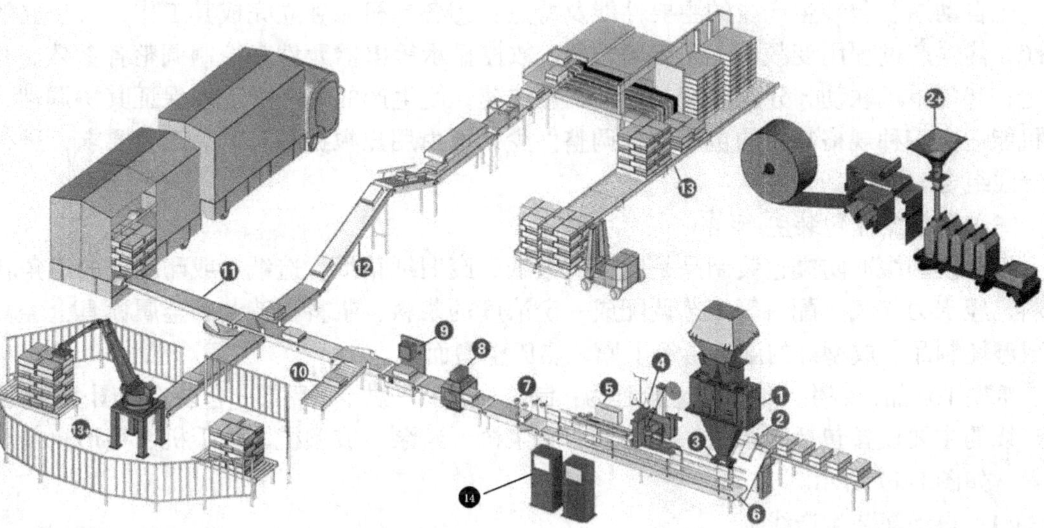

1．自动称重秤　2．自动供袋　2+．F.F.S 塑料膜自动制袋灌装机　3．夹袋装置　4．折边缝包机　5．热缝合机　6．输送机　7．倒袋机　8．金属检测机　9．重量复检机　10．输送剔除机 11．车载输送机　12．倾斜输送机　13．自动码垛机　13+．机器人码垛机　14．电气仪表及控制柜

图 8-14　敞口袋式全自动包装码垛生产线

（2）全自动瓶装包装生产线

全自动瓶装包装生产线是由数片、塞纸、旋盖、铝箔封口、不干胶贴标等单机组成的瓶装生产线。如图 8-15 所示。生产线适用于各片形包装，如圆形片、球形片、软硬胶囊及各种异形片的包装，也能完成空瓶进瓶、物料计数灌装直至成品包装全过程。全自动瓶装包装生产线能有效地减轻操作人员的劳动强度，提高劳动生产率及实现产品的标准化。

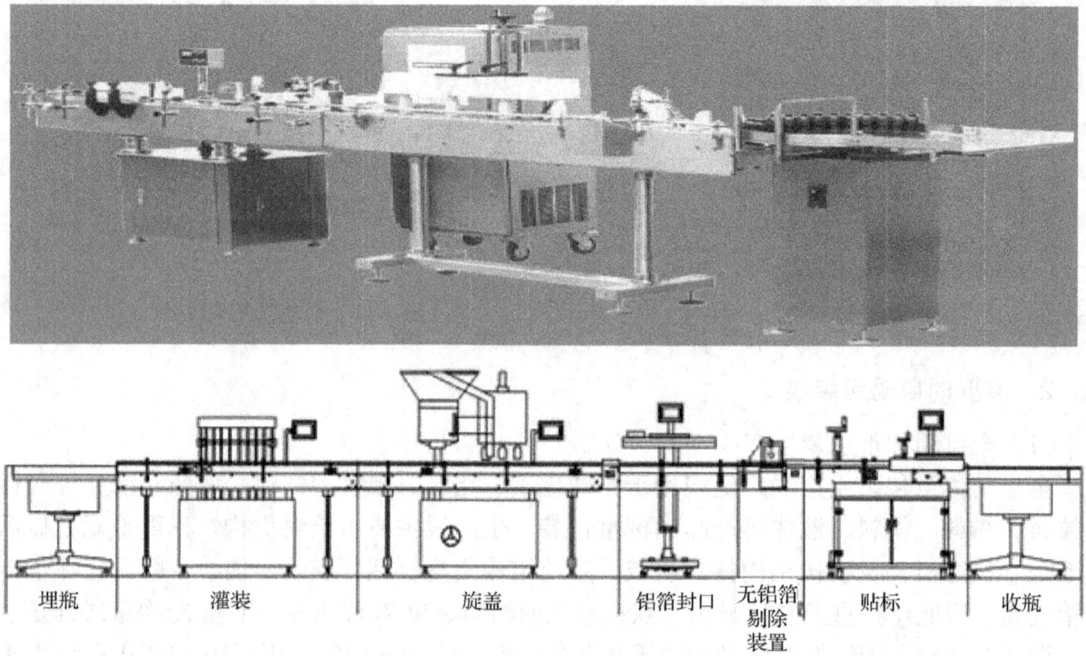

图 8-15　全自动瓶装包装生产线

全自动瓶装包装生产线的主要性能及特点：①各单机能独立完成其工作，有独立的操作系统，其生产过程用变频器、无级调速器、数控显示等电器元件来控制调整各参数，并显示设定；②各单机联动，分离快捷，并且调整快速，使生产的每一个工序保证其协调性；③各单机能适应多种规格料瓶的包装，且调整件少，可由用户根据各自产品工艺要求，进行多种生产线组合。

（3）纸模工业包装生产线

纸浆模塑缓冲防震包装制品是以废旧报纸、废旧纸箱纸、造纸厂或印刷厂的边角料等为原料，经水力碎浆、配料等工艺调配成一定浓度的浆料，浆料在特制的金属模具上经真空吸附成湿坯制品，成型好的湿坯再经干燥、热压整型而成。

纸模工业品包装生产线的工艺流程为：制浆—成型—烘干—整形—包装。如图 8-16 所示。生产线的主要设备包括碎浆机、搅拌器、磨浆机、浆泵、成型机、烘干机、整形机及配套模具等。如图 8-17 所示。

（4）自动灌装生产线

自动灌装生产线由刷瓶机、回转式定位冲瓶机、高精度灌装机、质检灯、输送线、动力头、压盖机（或其他封口设备）、烘干机、胶带封箱机组成。如图 8-18 所示，也可根据用户的需要组合安装其他不同的设备。

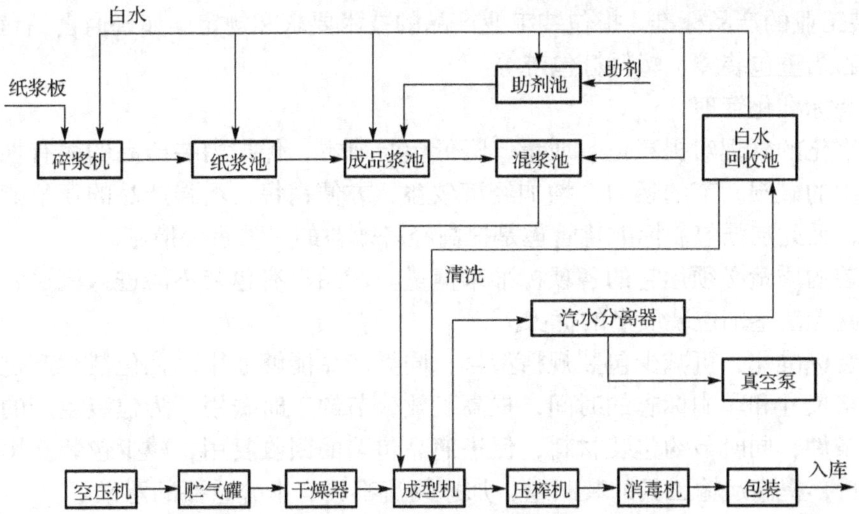

图 8-16　纸模工业品包装生产线的工艺流程图

图 8-17　纸模工业包装生产线

图 8-18　自动灌装生产线

此自动灌装线主要用于白酒、葡萄酒、酱油、食醋及其他液体的灌装生产（葡萄酒、黄酒、酱油、食醋等容易起泡沫的液体可换成负压真空灌装机）。该线具有自动化程度高、生产效率高、操作简单、节省人力、使用寿命长等优点。

五、包装标准化与合理化

1．包装标准化

所谓包装的标准化是指对包装的类型、规格、包装材料、结构、造型等给予统一的规定。在物流过程中，货物的运输、堆码、储存等活动都要对包装的外观规格提出统一要求。

（1）包装标准

包装标准就是对包装标志，包装所用的材料规格、质量、包装的技术要求，包装件的试验方法等的技术规定。

包装标准可分 3 类。

① 包装基础标准和方法标准。这是包装工业基础性的通用标准。如包装通用术语、包装的尺寸系列、运输包装件试验方法等。

② 工农业产品的包装标准。这是指对产品包装的技术要求或规定。其中：一种是产品质量标准中对包装、运输、储存等的规定；另一种是单独制订的包装标准，如洗衣粉包装箱、针织内衣包装与标志、铝及铝合金加工产品的包装、标志、运输和储存的规定等。

③ 包装工业的产品标准。指包装工业产品的技术要求和规定。如普通食品包装纸、纸袋纸、高压聚乙烯重包装袋、塑料打包带等。

（2）包装标准化管理

包装标准化的管理对提高包装质量，降低包装成本，保护内装产品的固有性质，减少其在流通过程中的破损，节约运力，增加经济效益，方便销售，增强产品的竞争能力等都有着重要的作用，因此加强包装标准化管理是提高经济效益的一项重要措施。

产品包装的质量必须用它的各项标准来衡量。产品没有包装不能进入流通领域，有了包装而无标准就无法鉴别包装质量的优劣。

实现包装标准化，可减少包装规格型号，同类产品能够通用，在包装生产过程中，减少机器更换规格尺寸和印刷标志的时间，提高工效，节约工时费用。为包装生产的连续化、机械化提供了条件，同时节约包装材料，促进商品包装的回收复用，减少包装费用。而且对于保护产品质量，提高运输工具的装载量，加速物流都具有十分重要的意义。

2. 包装合理化

包装合理化，一方面指包装总体的合理化，用整体物流效益与微观包装效益进行统一衡量；另一方面指包装材料、包装技术、包装方式的合理组合与运用。

（1）包装合理化的要求

① 防止包装不足。包括包装强度不足；包装材料水平不足；包装容量层次与容积不足；包装成本过低，不能保证有效的包装。

② 防止包装过剩。包括包装物强度设计过高；包装选择过高；包装技术过高，体积过大；包装成本过高。

③ 用科学方法确定最优包装。包括确定包装形式，选择包装方法，都应与物流诸因素的变化相适应。必须考虑到装卸、保管、输送变化的要求，确定最优包装。

（2）包装合理化的途径

① 包装的轻薄化。

由于包装只是起保护作用，对产品使用价值没有任何意义，因此在强度、寿命、成本相同的条件下，更轻、更薄、更短、更小的包装，可以提高装卸搬运的效率。而且轻薄短小的包装一般价格比较便宜，如果是一次性包装也可以减少废弃包装材料的数量。

② 包装的单纯化。

为了提高包装作业的效率，包装材料及规格应力求单纯化，包装形状和种类应单纯化，包装规格也应标准化。

③ 包装的标准化。

包装的规格和托盘、集装箱关系密切，也应考虑到和运输车辆、搬运机械的匹配，从系统的观点制订包装的尺寸标准。

④ 包装的机械化。

为了提高作业效率和包装现代化水平，各种包装机械的开发和应用非常重要。

⑤ 包装的绿色化。

包装的绿色化是指无公害、少污染的符合环保要求的各类包装物品。主要包括纸包装、可降解塑料包装、生物包装和可食性包装等，它们是包装经营发展的主流。

第二节 集装单元化

一、集装单元化概述

现代物流的特征之一是物料的集装单元化，它在现代物流中占有重要的地位，集装单元化程度的高低是判断一个国家物流是否发达的重要标志之一。

1. 集装单元化的概念

在货物的储运过程中，为便于装卸和搬运，用集装器具或采用捆扎方法将货物组成标准规格的单元件货，称为货物的集装单元化。被集装单元化的货物称为单元货物（Unit Load）。用于集装货物的工具称为集装单元器具，它必须具备两个条件：①能使货物集装成一个完整、统一的重量或体积单元；②具有便于机械装卸搬运的结构，如托盘有叉孔，集装箱有角件吊孔等，这是它与普通货箱和容器的主要区别。

从包装角度来看，集装按一定单元将杂散物品组合包装，是属于大型包装的形态。在多种类型的产品中，小件杂散物很难像机床、构件等产品那样进行单件处理，由于其杂、散且个体体积、重量都不大，所以，需要进行一定程度的组合，才能有利于销售、物流和使用。从这一点上说，商品的外包装、粉粒体物料的纸袋及液体和气体的容器等也是一种集装单元。但一般物流技术上所称的集装单元化，是指固体物料（如机械零部件）和商品运输包装的集装单元化，如零件堆放在集装盘内或洗衣皂纸箱堆码在托盘上等。

集装是在材料学和装卸技术两个方面都有了突破性进展之后才出现的，它用大单元实现组合，是整个包装技术的一大进展。从运输角度来看，集装所组合的组合体往往又正好是一个装卸运输单位，非常利于装卸和运输，因而，在这个领域，集装被看成是一个运输体（货载），称单元组合货载或称集装货载。

2. 集装单元化的类型

集装单元化有若干种类型，通常使用的集装单元主要有下列几种。

① 托盘类。以平托盘为主体，从平托盘发展到柱式托盘、箱式托盘、轮式托盘和专用托盘。

② 集装箱系统。是由大型容器发展而来，集装箱配置半挂车又演变成配置大型的台车。集装箱是当前集装单元发展的最高阶段。集装箱系统和托盘类是集装单元化的两大支柱。

③ 捆扎型。是用绳索、钢丝或打包铁皮把小件的货物扎成一捆或一叠，这是简单的集装单元化，如成捆的型钢、木材和成扎的铝锭等。

④ 其他容器。包括柔性集装袋、集装网络和罐式集装箱等。

3. 集装单元化的作用

集装单元化技术是物流管理硬技术（设备、器具等）与软技术（为完成装卸搬运、储存、运输等作业的一系列方法、程序和制度等）的有机结合。集装单元化是物流现代化的标志。随着科学技术的发展，生产技术得到了发展，各种交通工具和交通设施以及交通网络也得到了不断发展，同时由于市场的扩大，为大量生产提供了良好的环境，而大量生产的产品要输送到各地，因此，大批量、长距离输送显得越来越重要。要实现大批量、长距离的输送必须依靠集装单元化技术，目前世界各国大都采用了集装单元化技术进行物流活动。集装单元化的主要作用有以下几点：

① 通过标准化、通用化、配套化和系统化以实现物流功能作业的机械化、自动化；

② 物品移动简单，减少重复搬运次数，缩短作业时间和提高效率，装卸机械的机动性增高；

③ 改善劳动条件，降低劳动强度，提高劳动生产率和物流载体利用率；

④ 物流各功能环节中便于衔接，容易进行货物的数量检验，清点交接简便，减少差错；

⑤ 货物包装简单，节省包装费用，降低物流功能作业成本；

⑥ 容易高堆积，减少货物堆码存放的占地面积，能充分灵活地运用空间；

⑦ 能有效地保护货物，防止物品的破损、污损和丢失。

二、集装单元化系统

1．集装系统的概念

集装系统是以集装方式进行物流全过程的各项活动并对此进行综合、全面管理的物流形式。集装系统有时简称集装或集装化，这是许多活动综合的总称。既是一种包装形式，又远远超出包装的范畴；既是一种运输或储存形式，又不完全只起运输或储存的作用。它贯穿了物流的全过程，在全过程中发挥作用。

集装系统有效地将分散的物流各项活动联结成一个整体，是物流系统化中的核心内容和主要方式。集装系统能在多方面起作用，因而许多人已将其看成是干线物流的发展方向。

2．集装系统的基本要素

（1）工具要素

集装系统的工具主要是各种集装工具及配套工具，如集装箱、托盘、集装网络、集装袋、滑板、散装罐等。这些工具的主要作用是将零杂货物组合成单元货物，并以这些工具为承托物，以单元货物为整体进行物流活动。

这些工具以不同形式进行集装，适用于不同对象的货物，再加上各集装工具有不同的类型和尺寸，所以，基本上可以覆盖全部物质资源。换句话说，集装系统可以适用于全部物流对象。与这些集装工具配套的，还有一些辅助性工具，主要有：①集装站、场站、码头。它们是衔接集装运输的节点，如火车集装装运站、集装处理场、集装码头等，在集装站、场站、码头中的活动主要是集装的存放及装卸；②集装装卸设施，主要包括集装箱吊车、托盘叉车、集装箱半挂车、散装管道装卸设施、散装输送传送设备等；③集装运输设备，主要包括集装箱船、集装箱列车、散装罐车等；④集装储存设施，主要包括集装箱堆场、托盘货架、集装货载、立体仓库等设施。

（2）管理要素

集装系统的管理和一般的工厂管理、商业管理区别甚大，整个系统是依靠有效的管理才能形成内在的、有机的联系。由于集装的范畴很广，从地域上讲，集装货载的运输可能遍及全国甚至全球，因此，管理有很强的特殊性。管理的主要内容有：①托盘、集装箱的周转管理。托盘、集装箱、集装罐等集装工具一旦发运，如何回收、复用、返空是管理中的一个大问题，因此，管理上采取集装箱网络、托盘联营等方式，可以比较有效地解决此问题；

②集装联运经营管理。集装的整个物流过程涉及若干种运输方式、若干部门和场站，因此，必须进行一种有效的协作才能使集装箱联运顺利实现；③集装信息。集装信息是管理中的重要部分，也是集装系统的独立要素。

（3）支撑要素

集装系统的支撑要素主要包括体制、法律、制度等，这里不做详细论述。

三、托盘

托盘是一种用于机械化装卸、搬运和堆存货物的集装工具。中国国家标准《物流术语》对托盘（Pallet）的定义是：用于集装、堆放、搬运和运输的放置作为单元负荷的货物和制品的水平平台装置。作为与集装箱类似的一种集装设备，托盘现已广泛应用于生产、运输、仓储和流通等领域，被认为是 20 世纪物流产业中两大关键性创新之一。

1. 托盘的特点

托盘和集装箱在许多方面是优点、缺点互补，因而往往在难以利用集装箱的地方可利用托盘，而托盘难以完成的工作可由集装箱完成。托盘主要有以下几个特点。

① 自重量小。因而用于装卸、运输托盘本身所消耗的劳动较小，无效运输及装卸相比集装箱为小。

② 返空容易，返空时占用运力很少。由于托盘造价不高，又很容易互相代用，互以对方托盘抵补，所以无须像集装箱那样必有固定归属者，无须返空，即使返空也比集装箱容易。

③ 装盘容易。不需像集装箱那样深入到箱体内部，装盘后可采用捆扎、裹包等技术处理，使用时简便。

④ 装载量有限。装载量虽较集装箱小，但也能集中一定数量，比一般包装的组合量大的多。

⑤ 保护性差。保护性比集装箱差，露天存放困难，需要有仓库等配套设施。

托盘包装在国际贸易中已经使用了很多年，被认为是经济效益较高的运输包装方法之一，它不仅可以简化包装，降低成本，使包装可靠，减少损失，而且易于实现机械化，节省人力，实现高层码垛，充分利用空间。

2. 托盘的种类

托盘的结构是在两层铺板间夹以纵梁，或一层铺板加装支腿，或其上面加装立柱、档板而构成的货盘。一般从结构上可分为平托盘、柱式托盘、箱式托盘、轮式托盘和专用托盘等。如图 8-19、图 8-22 所示。

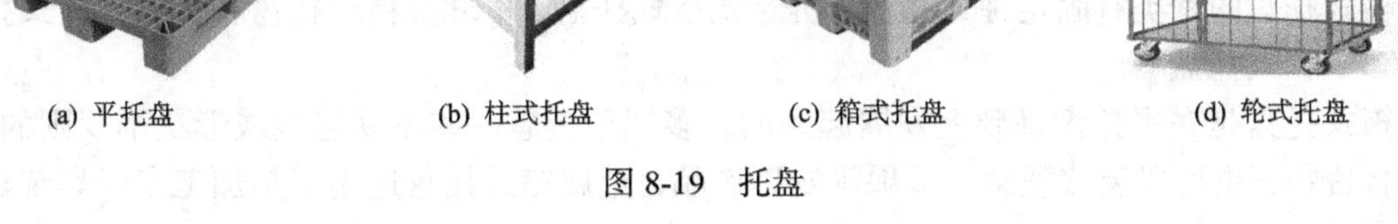

(a) 平托盘　(b) 柱式托盘　(c) 箱式托盘　(d) 轮式托盘

图 8-19　托盘

（1）平托盘

一般所称的托盘，主要是指平托盘，平托盘在托盘中使用量最大，可以说是托盘中的通用型托盘。木制平托盘的基本构造如图 8-20 所示。平托盘又进一步按 3 个条件进行分类。

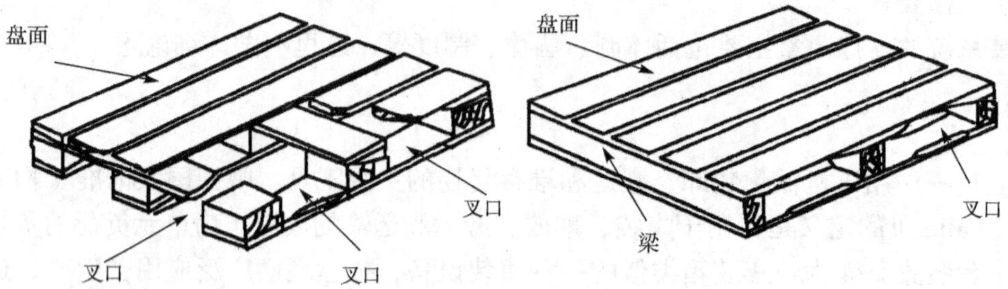

图 8-20　木制平托盘的基本构造

① 按台面分类。按承托货物台面分成单面形、单面使用形、双面使用型和翼型四种。

② 按叉车叉入方式分类。分为单向叉入型、双向叉入型、四向叉入型 3 种。使用四向叉入型托盘，叉车可从四个方向进叉，因而叉运较为灵活。单向叉入型只能从一个方向叉入，因而在叉车操作时较为困难。如图 8-21 所示。

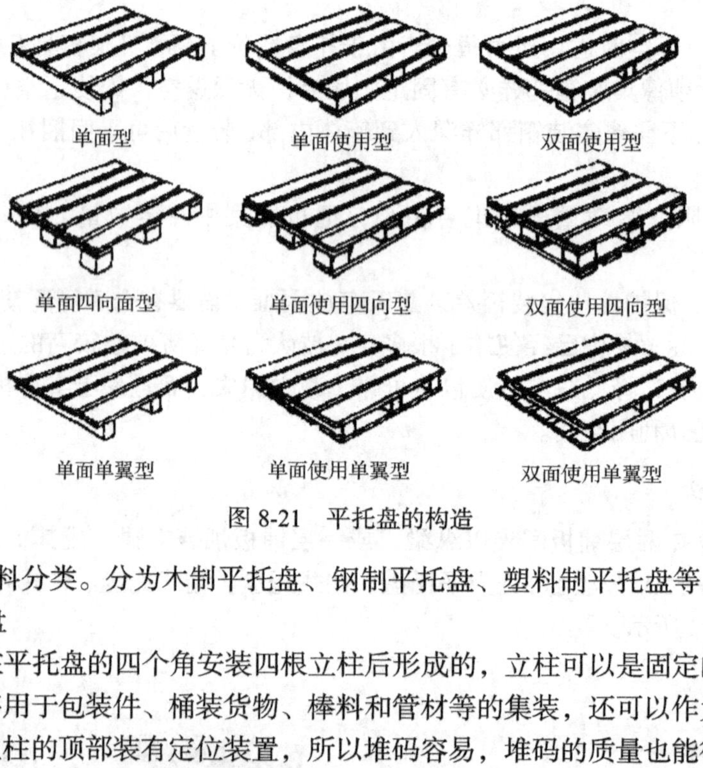

图 8-21　平托盘的构造

③ 按制造材料分类。分为木制平托盘、钢制平托盘、塑料制平托盘等。

（2）柱式托盘

柱式托盘是在平托盘的四个角安装四根立柱后形成的，立柱可以是固定的，也可以是可拆卸的。柱式托盘多用于包装件、桶装货物、棒料和管材等的集装，还可以作为可移动的货架、货位。该托盘因立柱的顶部装有定位装置，所以堆码容易，堆码的质量也能得到保证；而且多层堆码时，因上部托盘的载荷通过立柱传递，下层托盘货物可不受上层托盘货物的挤压。

柱式托盘的种类有固定柱式托盘、拆装式柱式托盘、可套叠柱式托盘和折叠式柱式托盘。

（3）箱式托盘

箱式托盘是在平托盘基础上发展起来的，多用于装载一些不易包装或形状不规则的散件或散状货物，也可以装载蔬菜、瓜果等农副产品，金属箱式托盘还用于热加工车间集装热料。

这种托盘的下部可叉装、上部可吊装，可使用托盘搬运车、叉车、起重机等作业；并可进行码垛，码垛时可相互堆叠多层；空箱可折叠。箱壁可以是平板或网状构造物，可以有盖或无盖。

（4）轮式托盘

轮式托盘是在平托盘、柱式托盘或箱式托盘的底部装上脚轮而成，既便于机械化搬运，又宜于短距离的人力移动。适用于企业工序间的物料搬运，也可在工厂或配送中心装上货物运到商店，直接作为商品货架的一部分。

（5）专用托盘

专用托盘是一种集装特定货物（或工件）的储运工具。它和通用托盘的区别在于它具有适合特定货物（或工件）的支承结构。图 8-22 为油桶专用托盘。

图 8-22 油桶专用托盘

3．托盘的标准化

以托盘作为仓储货物集装单元化的装载工具，可始终用机械装备如叉车等来装卸、搬运、保管货物。在这几个物流环节中，同一托盘连续使用，不需更换。如果托盘规格不统一，在各作业环节间不能通用与互换，势必会造成因更换托盘而增加人力、时间与资金投入，造成不必要的麻烦与浪费。因此要实行托盘化，必须做到托盘规格的统一，即托盘标准化。

但是由于托盘规格的标准影响着不同地区和国家集团的经济利益，在托盘问题上的利益平衡，在短时期内几乎难以做到，一些已在某些地区和国家推行的托盘规格已不可能相互妥协与退让。这样，ISO 统一全球联运托盘的规格存在很大的困难，最终只能对已在相关地区和国家推行的 1200 毫米×1000 毫米、1200 毫米×800 毫米、1219 毫米×1016 毫米（即 48 英寸×40 英寸）、1140 毫米×1140 毫米、1100 毫米×1100 毫米和 1067 毫米×1067 毫米等 6 种托盘的规格在 ISO6780《联运通用平托盘主要尺寸及公差》中采取兼容并包的态度，将这 6 种托盘的规格并列成为全球通用的国际标准。

当前，中国的托盘规格相当混乱。除机械工业系统使用 JB 3003—81 规定的 800 毫米×1000 毫米和 500 毫米×800 毫米两种规格的托盘外，1996 年，中国交通部科研院又提出将 ISO 6780：1988《联运通用平托盘主要尺寸及公差》等效采用为中国托盘的国家标准。以后，原国家技术监督局以 GB/T 2934—1996 标准系列文号批准并发布了这个等效标准，其中包括了 1200 毫米×1000 毫米、1200 毫米×800 毫米、1140 毫米×1140 毫米及 1219 毫米×1016 毫米等 4 个托盘规格。中国的托盘标准选的是 1000 毫米×1200 毫米和 1100 毫米×1100 毫米这两种规格。

四、集装箱

1．集装箱概述

（1）集装箱的概念

集装箱是指具有一定强度、刚度和规格专供周转使用的大型装货容器。使用集装箱转运货物，可直接在发货人的仓库装货，运到收货人的仓库卸货，中途更换车、船时，无须将货物从箱内取出换装。因此集装箱是一种重大的发明。集装箱最大的成功在于其产品的标准化以及由此建立的一整套运输体系。

（2）集装箱的特点

① 能长期的反复使用，具有足够的强度。

② 途中转运不用移动箱内货物，就可以直接实现物流功能的转换。

③ 可以进行快速装卸，并可从一种运输工具方便地转换到另一种运输工具。

④ 货物的装满和卸空很方便。

⑤ 容积大，装货量大。

⑥ 规格标准化，在港口和船上可以层叠摆放，节省大量空间。

2. 集装箱的种类

集装箱种类繁多，从运输家用物品的小型折叠式集装箱直到 40 英尺标准集装箱，以及航空集装箱等，不一而足。常见的国际货运集装箱类型如下。

（1）按用途分类

集装箱按箱内所装货物一般分为以下 10 种。

① 通用干货集装箱（Dry Cargo Container）。这种集装箱也称为杂货集装箱，以装运杂货为主，通常用来装运文化用品、日用百货、医药、纺织品、工艺品、化工制品、五金交电、电子机械、仪器及机器零件等。干货集装箱占集装箱总数的 80%，除了冷冻货、活的动物、植物之外，在尺寸、重量等方面适合集装箱运输的货物，均可使用干货集装箱。如图 8-23 所示。这种集装箱通常为封闭式，在一端或侧面设有箱门。

② 保温集装箱（Keep Constant Temperature Container）。它们是为了运输需要冷藏或保温的货物的集装箱。如图 8-24 所示。所有箱壁都采用导热率低的隔热材料制成，可分为冷藏集装箱和保温集装箱 2 种。

图 8-23 通用干货集装箱

图 8-24 保温集装箱

冷藏集装箱是专门用来运输那些要求一定低温的新鲜水果、肉、水产品等食品的集装箱。目前国际上采用的冷藏集装箱有内藏式和外置式 2 种。内藏式集装箱的箱内装备有冷冻机。外置式集装箱的箱内没有冷冻机，而只有隔热结构，在箱的前壁设有冷气吸入口和排气口，由专门的冷藏装置供给冷气。两种冷藏集装箱各有优缺点。集装箱运输时间较长时，采用外置式较为合适；反之，运输期较短时，则采用内藏式较好。

保温集装箱适于装载对温度变化十分敏感的货物，如精密仪器、油漆、石蜡等。也适于装载在运输途中不允许温度上升而需要通风的货物，如水果罐头、糖果、葱头等蔬菜类食品，其特点是能隔绝外部温度变化的影响。在一般情况下，箱内温度保持不变。集装箱前壁和箱门上各有几个通风窗口，一般直径 215 毫米，并装有百叶窗以供开闭。

③ 罐式集装箱（Tank Container）。它是专门用来装运酒类、油类（如动植物油）、液体食品以及液体化学品等货物的集装箱。如图 8-25 所示。它还可以装运其他液体的危险货物。这种集装箱有单罐和多罐数种，罐体四角由支柱、撑杆构成整体框架。

④ 台架式集装箱（Platform Based Container）。它是没有箱顶和侧壁，甚至连端壁也去掉而只有底板和四个角柱的集装箱。如图 8-26 所示。这种集装箱可以从前后、左右及上方进行装卸作业，适合装载长大件和重货件，如重型机械、钢材、钢管、木材、钢锭等。台架式的集装箱没有水密性，怕水湿的货物不能装运，或用帆布遮盖装运。

图 8-25　罐式集装箱

图 8-26　台架式集装箱

⑤ 平台集装箱（Platform Container）。这种集装箱是在台架式集装箱上再简化而只保留底板的一种特殊结构集装箱。如图 8-27 所示。平台的长度和宽度与国际标准集装箱的箱底尺寸相同，可使用与其他集装箱相同的紧固件和起吊装置。这一集装箱的采用打破了过去一直认为集装箱必须具有一定容积的概念。这种集装箱适合装载超重超长货物，如装运汽车。

⑥ 敞顶集装箱（Open Top Container）。这是一种没有刚性箱顶的集装箱，但有由可折叠式或可折式顶梁支撑的帆布、塑料布或涂塑布制成的顶篷，其他构件与通用集装箱类似。如图 8-28 所示。这种集装箱适于装载大型货物和重货，如钢铁、木材，特别是像玻璃板等易碎的重货，利用吊车从顶部吊入箱内不易损坏，而且也便于在箱内固定。

图 8-27　平台集装箱

图 8-28　敞顶集装箱

⑦ 汽车集装箱（Car Container）。它是一种运输小型轿车用的专用集装箱，其特点是在简易箱底上装一个钢制框架，通常没有箱壁（包括端壁和侧壁）。如图 8-29 所示。这种集装箱分为单层的和双层的两种。

⑧ 动物集装箱（Pen Container or Live Stock Container）。这是一种装运鸡、鸭、鹅等活家禽和牛、马、羊、猪等活家畜用的集装箱。如图 8-30 所示。箱顶和侧壁采用玻璃钢制成，能

遮蔽阳光，便于清扫和保持卫生。侧壁安装有上折页的窗口，窗下备有饲养槽，可以定时给家禽或牲畜投喂食物。两端壁开有箱门，采用钢制框架，装有铁丝网，通风良好，箱门可以全部打开和锁闭。一般强度较低，在车船上只装载一层。

图 8-29 汽车集装箱

图 8-30 动物集装箱

⑨ 服装集装箱（Garment Container）。这种集装箱的特点是在箱内上侧梁上装有许多根横杆，每根横杆上垂下若干条皮带扣、尼龙带扣或绳索，成衣利用衣架上的钩，直接挂在带扣或绳索上。如图 8-31 所示。这种服装装载法属于无包装运输，它不仅节约了包装材料和包装费用，而且减少了人工劳动，提高了服装的运输质量。

图 8-31 服装集装箱

（2）按箱体材料分类

集装箱按其主体材料构成可分为以下 4 类。

① 钢集装箱。

钢集装箱的外板采用钢板，结构部件也均采用钢材。这种集装箱的最大优点是强度大、结构牢，焊接性和水密性好，而且价格低廉。缺点是重量大，易腐蚀生锈。由于自重大，降低了装货量，而且每年一般需要进行两次除锈涂漆，使用期限较短，一般为 11～12 年。

② 铝集装箱。

通常说的铝集装箱，并不是纯铝制成的，而是各主要部件使用适量的各种轻铝合金，故又称铝合金集装箱。一般都采用铝镁合金，这种铝合金集装箱的特点是重量轻，不生锈，外表美观，弹性好，加外力后容易变形，外力除去后一般就能复原。因此最适合于在有箱格结构的全集装箱船上使用。此外，铝集装箱加工方便，加工费低，一般外表需要涂其他涂料，维修费用低，使用年限长，一般为 15～16 年。

③ 玻璃钢集装箱。

它是用玻璃纤维和合成树脂混合在一起制成薄薄的加强塑料，用粘合剂贴在胶合板的表面上形成玻璃钢板而制成的集装箱。玻璃钢集装箱的特点是强度大、刚性好。玻璃钢的隔热性、防腐性、耐化学性都比较好，能防止箱内产生结露现象，有利于保护箱内货物不遭受湿损。玻璃钢板可以整块制造，防水性好，还容易清洗。此外，这种集装箱还有不生锈、容易着色的优点，故外表美观。维修简单，维修费用也低。玻璃钢集装箱的主要缺点是重量较大，与一般钢集装箱相差无几，价格也较高。

④ 不锈钢集装箱。

不锈钢是一种新的集装箱材料，它的优点是强度大，不生锈，外表美观；在整个使用期内无须进行维修保养，故使用率高，耐蚀性能好。其缺点是价格高，初始投资大；材料少，大量制造有困难，目前一般都用作罐式集装箱。

（3）按结构分类

集装箱按结构可分为以下 3 类。

① 内柱式和外柱式集装箱。

这里的“柱”指的是集装箱的端柱和侧柱。内柱式集装箱即侧柱和端柱位于侧壁和端壁之内；反之则是外柱式集装箱。如图 8-32 所示。一般玻璃钢集装箱和钢集装箱均没有侧柱和端柱，故内柱式和外柱式集装箱均指铝集装箱而言。内柱式集装箱的优点是外表平滑，美观，受斜向外力不易损坏，印刷标记时比较方便。外板和内衬板之间隔有一定空隙，防热效果较好，能减少货物的湿损。外柱式集装箱的优点是受外力作用时，外力由侧柱或端柱承受，起到了保护外板的作用，使外板不易损坏。由于集装箱内壁面平整，有时也不需要有内衬板。

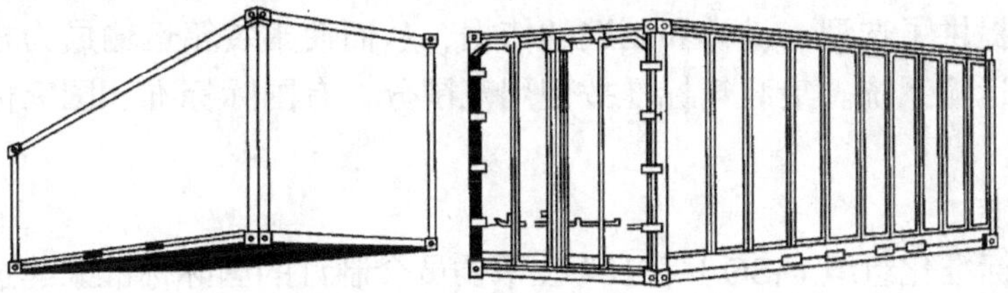

(a) 内柱式　　(b) 外柱式

图 8-32　内柱式和外柱式集装箱

② 折叠式和固定式集装箱。

折叠式集装箱是侧壁、端壁和箱门等主要部件能很方便地折叠起来，反复使用时可再次撑开的一种集装箱。反之，各部件永久固定的组合在一起的称固定式集装箱。如图 8-33 所示。折叠式集装箱主要用在货源不平衡的航线上，为了减少回空时的舱容损失而设计的。目前，使用最多的还是固定式集装箱。

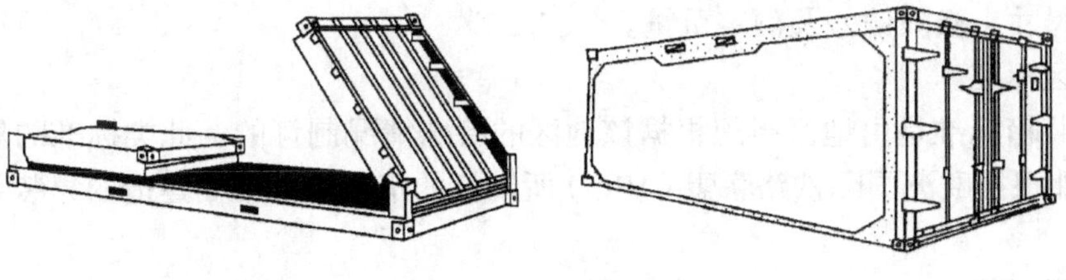

(a) 折叠式　　(b) 固定式

图 8-33　折叠式和固定式集装箱

③ 预制骨架式和薄壳式集装箱。

预制骨架式集装箱的骨架由许多预制件组合起来，并由它承受主要载荷，外板和骨架用铆接或焊接的方式连为一体，称之为预制骨架式集装箱。通常是铝质和钢质的预制骨架式集装箱，外板采用铆接或焊接的方式与骨架连接在一起；而玻璃钢的预制骨架式集装箱，其外板用螺栓与骨架连接。薄壳式集装箱则把所有构件结合成一个钢体，优点是重量轻，受扭力作用时不会引起永久变形，所以集装箱的结构一般或多或少都采用薄壳理论进行设计。

（4）按外部尺寸分类

目前国际标准集装箱的宽度均为8英尺，高度有8英尺，8英尺6英寸和小于8英尺三种；长度有40英尺，30英尺，20英尺和10英尺四种。

此外，还有一些国家颁布的各自标准下所使用的集装箱，以及一些集装箱运输的先驱者，主要是美国的海陆公司和麦逊公司，根据本公司的具体条件，制订的本公司使用的集装箱标准。

3．集装箱标准

集装箱运输的初期，集装箱的结构和规格各不相同，影响了集装箱在国际上的流通，亟须制定集装箱的国际通用标准，以利于集装箱运输的发展。集装箱标准化，不仅能提高集装箱作为共同运输单元在海、陆、空运输中的通用性和互换性，而且能够提高集装箱运输的安全性和经济性，促进国际集装箱多式联运的发展。同时，集装箱的标准化还给集装箱的载运工具和装卸机械提供了选型、设计和制造的依据，从而使集装箱运输成为相互衔接配套、专业化和高效率的运输系统。集装箱标准按使用范围分，有国际标准、国家标准、地区标准和公司标准4种。

（1）国际标准

指根据国际标准化组织（ISO）第104技术委员会制订的国际标准来建造和使用的国际通用的标准集装箱。

集装箱标准化历经了一个发展过程。ISO/TC104技术委员会自1961年成立以来，对集装箱国际标准作过多次补充、增减和修改，现行的国际标准为第1系列共13种，其宽度均一样（2438毫米）、长度有四种（12192毫米、9125毫米、6058毫米、2991毫米）、高度有四种（2896毫米、2591毫米、2438毫米、2438毫米）。

（2）国家标准

各国政府参照国际标准并考虑本国的具体情况，而制订的本国集装箱标准。

我国现行国家标准《集装箱外部尺寸和额定重量》（GB1413—85）中规定了集装箱各种型号的外部尺寸、极限偏差及额定重量。

（3）地区标准

此类集装箱标准是由地区组织根据该地区的特殊情况制订的，此类标准的集装箱仅适用于该地区。如根据欧洲国际铁路联盟（VIC）所制订的集装箱标准而建造的集装箱只适用于欧洲地区。

（4）公司标准

某些大型集装箱船公司，根据本公司的具体情况和条件而制订的集装箱标准，这类集装箱主要在该公司运输范围内使用。如美国海陆公司的35ft集装箱。

4．集装箱的标记

为了便于对集装箱在流通和使用中识别和管理，便于单据编制和信息传输，所以国际标准化组织制定了集装箱标记，此标准即《集装箱的代号、识别和标记》（ISO6346—1981(E)）。ISO规定的标记有必备标记和自选标记两类，每一类标记中又包括标识标记和作业标记。

（1）必备标记

① 识别标记。

它包括箱主代号，顺序号和核对数字。

A. 箱主代号。国际标准化组织规定，箱主代号由四个大写的拉丁文字母表示，前三位由箱主自己规定，第四个字母一律用 U 表示。

B. 顺序号。又称箱号，由 6 位阿拉伯字母组成。如有效数字不是 6 位时，则在有效数字前用“0”补足 6 位。如“053842”。

C. 核对号。核对号是用来核对箱主代号和顺序号记录是否准确的依据。它位于顺序号后，以一位阿拉伯数字加一方框表示。

核对号是由箱主号的四位字母与顺序号的 6 位数字通过以下方式换算而得。具体换算步骤如下。

A. 将表示箱主号的 4 位字母转换成相应的数字，字母与数字的对应关系如表 8-1 所示。

表 8-1 箱主号字母数字的转换表

字母	A	B	C	D	E	F	G	H	I	J	K	L	M
数字	10	12	13	14	15	16	17	18	19	20	21	23	24
字母	N	O	P	Q	R	S	T	U	V	W	X	Y	Z
数字	25	26	27	28	29	30	31	32	34	35	36	37	38

B. 将前四位字母对应的数字加上后面顺序号的数字，共计十位数字。例如中国远洋运输公司的某箱为例，箱主号与顺序号为 COSU800121 对应的数字为 13—26—30—32—8—0—0—1—2—1。

C. 采用加权系数进行计算，其计算公式为：

$$S=\sum_{i=0}^{9}C_i\times 2^i \tag{8-1}$$

式中，C_i 为十个数字中的第 i 个。

$$S=13\times2^0+26\times2^1+30\times2^2+32\times2^3+8\times2^4+0\times2^5+0\times2^6+1\times2^7+2\times2^8+1\times2^9=1721$$

D. 将 S 除以模数 11，余数即为核对数。仍以 COSU800121 为例，S=1721，除以 11 后余数为 5，故其核对数为 5，外加方框表示：COSU800121[5]。

② 作业标记。

它包括以下 3 个内容。

A. 额定重量和自重标记。额定重量即集装箱总重，自重即集装箱空箱质量（或空箱重量），ISO688 规定应以千克（kg）和磅（lb）同时表示。

B. 空陆水联运集装箱标记。由于该集装箱的强度仅能堆码两层。因而国际标准化组织对该集装箱规定了特殊的标志，该标记为黑色，位于侧壁和端壁的左上角，并规定标记的最小尺寸为：高 127 毫米，长 355 毫米，字母标记的字体高度至少为 76 毫米。

C. 登箱顶触电警告标记。该标记为黄色底黑色三角形，一般设在罐式集装箱和位于登顶箱顶的扶梯处，以警告登顶者有触电危险。

（2）自选标记

① 识别标记。

A. 国家和地区代号。如中国用 CN，美国用 US。

B．尺寸代号。由两位阿拉伯数字组成，用于表示集装箱的尺寸大小。

C．类型代码。由两阿拉伯数字组成，说明集装箱的类型，类型代码可从有关手册中查得。

例如，“CN22G1”，其中“CN”是集装箱登记所在国的代号，表示中国；其中“22”是集装箱尺寸代号，表示箱长为 20 英尺（6068 毫米）、箱宽为 8 英尺（2438 毫米）、箱高为 8 英尺 6 英寸（2591 毫米）；“G1”是集装箱类型代码，表示上方有透气罩的通用集装箱。

一个典型的集装箱标记如图 8-34 所示。

标识标记（必备标记）		
JBJU	001436	3
作业标记（必备标记）		
MAX GROSS	30480	kg
	67200	lb
TARE	3705	kg
	8170	lb
NET	26775	kg
	59030	lb
标识标记（自选标记）		
CN	20	G2

图 8-34　集装箱标记示例

② 作业标记。

A．超高标记。该标记为在黄色底上标出黑色数字和边框，通常位于集装箱每侧的左下角其他主要标记的下方，距箱底约 0.6 米处。凡高度超过 2.6 米的集装箱应贴上此标记。

B．国际铁路联盟标记。凡符合《国际铁路联盟条列》规定的集装箱，可以获得此标记。该标志是在欧洲铁路上运输集装箱的必要通行标志。

5．集装箱的装箱操作与管理

（1）集装箱的选定

在选用集装箱时，必须考虑以下问题。

① 运输线上的外界环境和特殊要求。

A．国际多式联运中，在经过欧洲大陆，集装箱如从卸货港经过陆上运输进入另一国时，必须满足《国际公路运输海关公约》（TIR 条约）的规定。该条约规定了有关公路上运行的车辆或该车辆上装载的集装箱，在国境上进行换装和通过国境线的货物，必须办理海关手续。

B．澳大利亚政府有关部门规定，集装箱上所使用的木材，如未经防虫处理不得使用。在澳大利亚航线上使用的集装箱，该集装箱上所用的木材必须经防虫处理。

C．集装箱在多式联运中，有时其温湿度相差较大，对于运输某些温湿度十分敏感的货物，要尽量选用绝热性能良好的集装箱，或在箱内铺设具有吸湿性的衬垫材料，保证货物不受损坏。

② 装货作业上的要求。

根据货物的特性，必须用木材来固定货物时，应尽量避免选用玻璃钢集装箱和箱底无木制底板的金属底集装箱，以免钉钉子后破坏集装箱的水密性。

③ 装卸机械上的要求。

有些重货只能使用机械装卸，而在拆箱地点又无装货平台时，就需要使用开顶集装箱，利用吊车进行装载，但必须注意开顶集装箱无水密性。

④ 降低回空的条件。

有些航线上可能会造成某些专用集装箱回空，所以应尽可能选用回程时也能装载另一种货物的集装箱，避免集装箱回空运输。

（2）装载方法和固定方法的考虑

集装箱货一般分为整箱货和拼箱货，整箱货是指货批量能装满一个集装箱以上的货物，整箱货由货主装箱后将集装箱运到集装箱场，这种装箱方式称为托运人装箱方式；拼箱货是指货批量不能装满一个集装箱的零星小批量货，通常由货运站负责装箱，这种装箱方式是承运人装箱方式。

在集装箱内装货的方法是，预先将货物的量和集装箱的容积计算清楚，使货物能装满箱底，然后对装货的高度加以调整。最好做到货物与货物之间、货物与集装箱之间不留空隙。在不得已而产生空隙时，就需要使用木材、垫舱板、气垫、橡胶垫等材料进行填堵，把货物和集装箱形成一体，达到安全运输目的。货物装箱完毕，无论是否满箱，都要对箱门口货物进行绑扎固定，以防开箱时货物倒出伤人。

由于装箱货物的种类、卸货地点不同，因此在装箱前应根据具体条件来考虑其装载方法和固定方法。

一般要把握以下几个原则和方法。

① 对于运输时间长、外界运输环境差的货物，要考虑箱内会不会发生水滴而产生水湿事故，固定货物的强度是否满足运输形式中技术状态的要求。

② 装货物时应该考虑卸货的先后顺序。对于后卸的货物应该装在集装箱的内部，先卸的货装在外部。

③ 装货物时应该考虑重量的配置：在装箱时尽可能使重量均匀地分布于集装箱底板上，以免底板集中受力或偏心受力。此外，当货物是重物时，难以避免负荷集中分布时，可采用衬垫等方式使负荷分散。在使用大型国际集装箱时，要将叉车驶入集装箱内装卸货物，要求底板有一定的强度，其强度大体上满足两吨叉车装载两吨货物驶入，重量超过上述情况的设备应避免使用。

④ 在同一集装箱中配载不同货物时，要注意货物的性质、重量、包装对其他货物的有害影响。货重在箱内应均匀分布，不允许偏载。要按货物标定的“不可例置”、“平放”、“竖放”等标志装箱。箱内堆垛时，要采用全自动起升叉车在箱内作业。装拼箱货时，要注意轻压重，包装强度弱的压包装强度大的，清洁货压污货，同形状和同包装货放在一起，有异味、潮湿等货物用塑料薄膜包妥后与其他货隔开。有尖角棱刺的货物应另加保护以免损伤其他货物。

⑤ 装货物时，应该适当兼顾拆箱卸货的便利性，因为有时在装箱地由于有较高的技术和良好的机械设备，货物能很顺利装入箱内，但如在偏僻的地区拆箱卸货，既没有装卸经验，又无装卸设备时，货物难以取出。

⑥ 固定货物时应该考虑拆卸固定用具的便利性。因为，有时在固定货物时，装货地可能很容易固定了，但在卸货地却无法拆卸固定用具。

（3）装载量的确定

为使集装箱能达到最大的装载量，必须进行精确计算。装载技术的好坏，有时会影响到装载件数，装箱前必须要正确地掌握装载量。

五、其他集装方式

除了集装箱、托盘这两种应用面广、适用种类多的主要集装方式外，还有若干种能发挥特殊作用的集装方式。

1. 集装袋

（1）集装袋概述

集装袋是一种袋式集装容器，它的主要特点是柔软、可折叠、自重轻、密闭隔绝性强。

集装袋的制作材料是高强度纺织材料，为保护基材，提高强度、整体性及加强密封性能，在表面上涂以橡胶或塑料材料复合而成。主要的基本材料是聚丙烯纺织材料，也有天然纤维帆布材料，表面涂覆材料有 EVA 塑料、乳胶、聚丙烯及聚氯乙烯等。

采用集装袋，有利于粉粒体、液体等难于处理的物品的物流，而且可提高装卸效率，降低费用和减少货物损失。由于集装袋体轻又可折叠，所以与同样用途的金属容器相比，易于整个物流过程的处理，在返空、清洗、存放方面更有优势。

常用的集装袋是重复使用型的，其中尤以圆筒形使用得最广（如图 8-35(a)、(b)所示）。近几年，由于方形集装袋有较高的装载效率，能保证运输的稳定性，同容量的方形集装袋比圆形集装袋的高度可以降低 20%左右，所以方形集装袋发展非常迅速（如图 8-35(c)所示）。圆锥形集装袋主要用来装载粒度比较小而排料困难的物料（如图 8-35(d)所示）。一次使用型集装袋多为圆形，其构造强度虽比重复使用型小得多，但足以保证一次使用的强度要求。在实际使用中往往不止使用一次，大多数可使用 5 次左右。

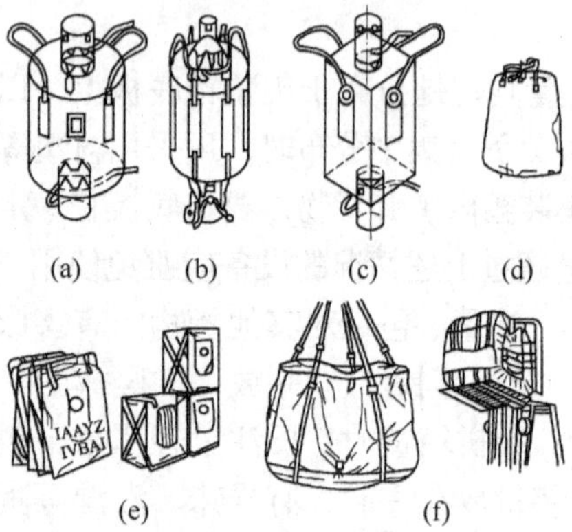

图 8-35　集装袋

集装袋还有其他多种形式，但多属于专用性质。例如，图 8-35(e)是一种存放服装的折叠式集装袋；图 8-35(f)为单元型集装袋，它可集装各种袋装品，形成一个整体进行搬运，也可和托盘、集装箱等单元化器具配合，进行集装单元化运输。它的特点是结构简单，制造容易，不易破损，密封性能好，不易混入水分和杂质，重量轻，空回时可以折叠，所占空间很小，价格低廉，在某些条件下比使用托盘更为经济实用。与传统的麻袋、纸袋搬运散装物料相比，集装袋可提高装卸效率 2～4 倍。

（2）集装袋的种类

① 按集装袋形状，集装袋可分为圆筒形和方形两种，一般以圆筒形居多。

② 按适装物品形状，集装袋可分为粉粒体集装袋和液体集装袋两种。两种集装袋在构造及材质上均有区别。

③ 按吊带设置方式，集装袋有顶部吊带、底部托带和无吊带三种。顶部吊带在顶部袋口处，底部托带是指 4 根吊带从底部托过，从上部吊运。顶部吊带集装袋和底部托带集装袋在装卸时可叉可吊，而无吊带集装袋只能依靠叉车装卸。

④ 按装卸料方式，集装袋可分为上部装料下部卸料两个口、上部装料并卸料一个口两种。

⑤ 按集装袋的材质，集装袋可分为涂胶布袋、涂塑布袋、交织布袋三种。

（3）集装袋的使用

集装袋使用领域很广，目前主要用于水泥、粮食、石灰、化肥、树脂类等易变质、易受污染并污染别的物品的粉粒状物的装运。在液体物品方面，适用于装运液体肥料、表面活性剂、动植物油、酱油、醋等。

2．货捆

货捆是依靠捆扎将货物组合成大单元的集装方式。许多条形及柱形强度比较高的、无须防护的材料，如钢材、木材、各种棒、柱建材，还有能进行捆扎组合的铝锭、其他金属锭等，采用两端捆扎或四周捆扎的方式，可以组合成各种各样的捆装整体。

目前集装的捆扎方式一般有带式捆扎、网罩紧固、加框紧固以及收缩或拉紧薄膜加固等方法。如果还要预防因长距离输送和中转装卸等发生散货，针对这种情况的对策还可以考虑以下一些方法。

① 在每个上部接触面，喷上极稀薄的橡胶糊以防止滑动。

② 在每个单位部件的中间部分，垫入一块薄布，把部件分割开，以增加个装的摩擦阻力。

③ 增高货堆的外围高度，降低中心部位，形成围绕中心的倾斜面，使堆积的个装向货架中心部位倾斜。

④ 用经过延伸加工的热收缩性塑料膨胀薄膜，做成摩擦外套，用这种薄膜，裹紧堆装的部件。

图 8-36 是常见的几种紧固式样。

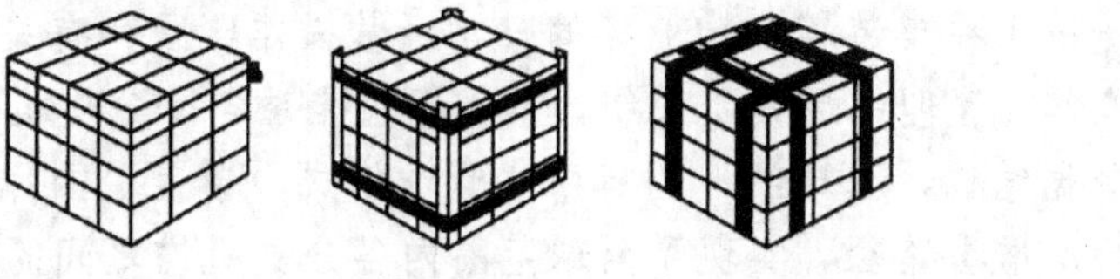

(a) 带式捆扎

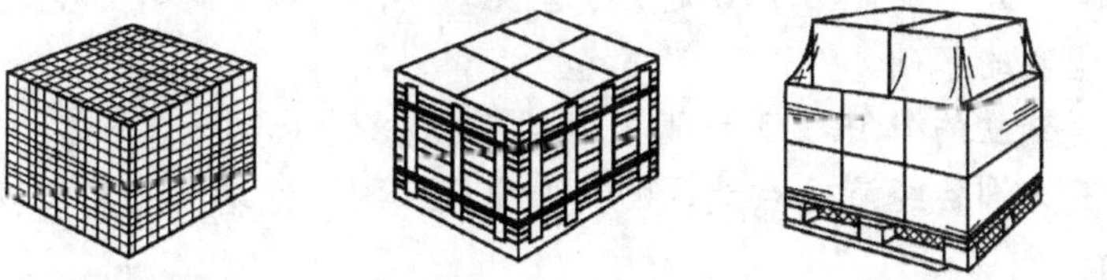

(b) 挂网　(c) 打框架　(d) 薄膜加固

图 8-36　捆扎方式

思考与练习

1. 集装单元化的基本概念、基本类型和主要特点分别是什么？
2. 简述集装系统的概念及基本构成要素。
3. 说明集装箱的种类及特点。
4. 简述托盘的种类、标准和特点。

案例分析

中远集装箱运输系统

中远集装箱运输有限公司，简称中远集运，是中国远洋运输集团（中远集团）所属专门从事海上集装箱运输的核心企业。经营范围主要包括：国际、国内海上集装箱运输、接受订舱、船舶租赁、船舶买卖、船舶物料、备件、燃油的供应，与海运有关的其他业务以及陆上产业，国内沿海货物运输及船舶代理，通讯服务，船员劳务外派业务，仓储、货物多式联运和物流服务。

中远集运目前拥有 120 艘标准箱位集装箱船，总箱位逾 23 万标准箱，年箱运量达到 400 万标准箱。运力排名世界前列，箱运份额约占全球总额的 4.2%；国内排名第一，箱运份额占全国总额的 8%。开辟 20 多条全球运输主干航线，船舶挂靠世界上 100 多个重要港口。集装箱运输业务遍及全球，其影响力辐射至五大洲各交通枢纽和经济热点地区，在全球拥有1000 多个代理分支机构，网点遍及欧、美、亚、非、澳五大洲，随着业务的不断拓展，客户迫切需要中远集运提供更高效的集装箱管理信息化服务，以便随时获得有关货物运输的信息。

1. 项目背景

为了适应国际货物运输的发展，为全球用户提供高效、优质的信息增值服务，2001 年，中远集运在集装箱运输业务流程的基础上，开始在全球的各分支机构推广 IRIS-2（综合地区性信息系统）应用系统，将原来全球分散的、仅属于本单位所用的数据在中远集运系统内实现全球数据共享。系统包括了国际集装箱运输的一个完整的运输途径，全面优化集装箱运输管理，为客户提供更为便捷、优质的集装箱全球运输服务。

2. 系统功能

IRIS-2 系统是一个将集装箱运输业务的日常经营操作实践和有关业务规则进行标准化、模块化，以实现操作、管理中远集团系统内部，覆盖全球各个分支机构的信息系统。该系统采用全球统一的数据结构，全球统一的集中式管理模式，覆盖了国际集装箱运输“端到端”经营业务活动的标准服务路径，实现了全球范围内各分支机构之间的信息共享，为中运集团提高客户服务水平、进一步开拓市场提供了坚实的软件基础，同时为中远集团开拓电子商务信息服务打下了坚实的基础。

此次中远集运建立的 IRIS-2 系统遍及全球 1000 多个代理分支机构，影响力辐射至欧、美、亚、非、澳五大洲各经济热点地区的交通枢纽、国际空港和主要口岸。

3. 运行效果

中远集运在建立 IRIS-2 系统并投入运行后，大大提高了公司的直接和间接经济效益，主要表现在以下方面。

（1）减少流动资金。IRIS-2 系统为运费结算提供了便利性和准确性，使运费到账速度大大加快、所需流动资金大大减少。

（2）提高生产效率。实现了货源组织、船舶调度工作的优化管理，提高船舶生产效率。

（3）节约集装箱管理成本。在全球范围内实现对集装箱进行有效跟踪，提高集装箱利用率，使集装箱数和集装箱船箱位数之比进一步下降。

（4）吸引高附加值产品的运输。更高质量的服务有利于承运费率水平相对较高的货物。

（5）提高运货质量，增加运费收入。提高中远集运集装箱运输单证的准确性，公司对客户、集装箱的跟踪，对运费的收取，更为准确、及时，并减少了各类索赔案件的发生。

（6）节约成本开支和手工操作出错率。减少重复的单证工作。

除此以外，IRIS-2 系统的建成和运用也将促进中远集运的管理水平、经营效益和服务质量进一步发展，参与国际船运业的竞争，为交通行业的全球信息系统建设积累经验，使得国内外贸易和运输公司的工作方式，甚至是物流工作模式逐步得到改善，并将推动电子商务在运输领域的广泛应用。

案例思考题

1. 集装箱业务在中远集团业务中的地位是什么？
2. IRIS-2 系统对提高中远集团的经济效益起到了哪些作用？

Chapter 9

第 9 章　物流设施布置

引导案例　某管材车间通过 S2P 达成了提高生产力的目的

某自行车制造公司管材车间是该企业自行车生产过程中的第一个管材加工车间。由于该车间的现有设施布置是建厂初期规划设计的，随着生产量的不断提高，加工设备逐步增加，原有布置已经不能满足新的产量要求，车间内物料倒流、无效装卸次数增加、在制品数量和停留时间增加等物流混乱现象日趋严重。虽然设备加工能力提高了，但生产能力并没有得到相应的提高，相反却增加了产品质量控制的难度。

为适应市场对产品需求量的增加，该企业在管材加工车间生产面积不变的情况下，应用 SLP（系统布置设计）对该车间设施布置进行重新设计，改善了生产物流，达到了通过提高生产效率来提高生产能力的目的。

第一节　设施规划设计概述

设施（Facilities）是指工厂、配送中心、服务中心及其相关装备。因此设施的规划设计是设计生产系统和服务系统的一项重要内容。我国习惯于用“工厂设计”这一名词，工厂就是工业设施，但只是设施规划的一部分。随着工业工程学科的发展，不仅工业各部门，而且各种服务业也都包含在研究开发对象的范围内，也就是将工厂规划、设计的各种原则和方法扩大到非工业设施，包括各种服务设施，如医院、机场、连锁超市等。

一、设施规划设计的内容

1．场址选择

任何一个生产或服务系统都不能脱离环境而单独存在。外界环境对生产或服务系统输入原材料、劳动力、能源、科技和社会因素；同时，生产或服务系统又对外界环境输出其产品、服务、废弃物等。因此，生产系统或服务系统不断受外界环境影响而改变其活动；同时，生产或服务系统的活动结果又不断改变其周围环境。因此，生产或服务系统所在的地区和具体的位置对系统的运营是非常重要的。

场址选择就是对可供选择的地区和具体位置的有关影响因素进行分析和评价，达到场址最优化。场址选择是一个通用的概念，适用于各种类型的设施规划与设计，对于工矿企业又常用厂址选择代替，有时对“场址”与“厂址”的细微差异不加区分。

2．设施布局设计

生产系统是由建筑物、机器设备、运输通道等组成的。服务系统也是由许多部门组成的，如饭店往往由餐厅、厨房、仓库等多个部门组成。各种系统内部组成部分相互之间的位置关系又直接决定了系统的运营效率，对系统的各组成部分进行位置布置是设施规划与设计的中心内容。设施布局设计就是通过对系统物流、人流、信息流进行分析，对建筑物、机器、设备、运输通道和场地做出有机的组合与合理配置，达到系统内部布置最优化。

3．物料搬运系统设计

根据资料统计分析，产品制造费用的 20%～50%是用于物料搬运的，因此，现代管理理论都非常注重物料搬运系统。物料搬运系统设计就是对物料搬运路线、运量、搬运方法和设备、储存场地等做出合理安排。在物料搬运系统设计中，物料搬运系统分析（SHA）是一种重要的设计分析方法，其分析方法、分析程序与系统布置设计（SLP）非常相似。

4．建筑设计

设施规划与设计中，需根据建筑物和构筑物的功能和空间的需要，满足安全、经济、适用、美观的要求，进行建筑和结构设计。建筑设计需要土木建筑各项专业知识。

5．公用工程设计

生产或服务系统中的附属系统包括热力、煤气、电力、照明、给排水、采暖通风及空调等系统，通过对这类公用设施进行系统、协调的设计，可为整个系统的高效运营提供可靠的保障。

6．信息网络设计

对于工矿企业来说，各生产环节生产状况的信息反馈直接影响生产调度、管理，反映出企业管理的现代化水平。随着计算机技术的应用，信息网络系统的复杂程度也大幅提高。信息网络系统设计也就成为了设施设计中的一个组成部分。

物流设施规划与设计的内容如图 9-1 所示。

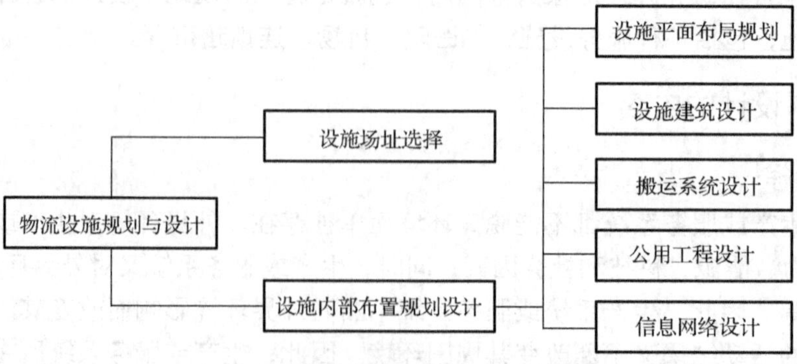

图 9-1　物流设施规划与设计内容

二、设施规划设计的原则

现代设施规划设计应遵循如下原则。

1. 减少或消除不必要的作业

这是提高企业劳动生产率和降低消耗的有效方法之一。只有在时间上缩短生产周期，空间上减少占地，物料上减少停留、搬运和库存，才能保证投入的资金最少，生产成本最低。

2. 以流动的观点作为设施规划的出发点

因为生产或服务系统的有效运行依赖于人流、物流、信息流的合理化，因此必须以流动的观点作为设施规划的出发点，并贯穿在规划设计的始终。

3. 追求系统的整体优化

运用系统的概念、系统分析的方法求得整个系统的整体优化，而不仅是物流系统的优化。

4. 重视人的因素

运用人机工程理论，进行综合设计，并要考虑环境的条件，包括空间大小、通道配置、色彩、照明、温度、湿度、噪声等因素对人的工作效率和身心健康的影响。

5. 反复迭代及并行设计

设施规划设计是从宏观到微观，又从微观到宏观的反复迭代、并行设计的过程。要先进行总体规划布置方案，再进行详细布置，而详细布置设计方案又要反馈到总体布置方案中，对总体方案进行修正。

总之，设施规划与设计就是要综合考虑各种相关因素，对生产系统或服务系统进行分析、规划、设计，使系统资源得到合理的配置。

三、设施规划设计的阶段划分

设施规划与设计工作贯穿工程项目发展周期中前期可行性研究与设计阶段，因此，设施规划与设计必然也存在与时间有关的阶段结构。正如 R. 缪瑟（R. Muther）所指出的设施规划与设计“有一个与时间有关的阶段结构”，并且各阶段是依次进行的；阶段与阶段之间应互相搭接；每个阶段应有详细进度；阶段中自然形成若干个审核点。图 9-2 体现了这个阶段结构。

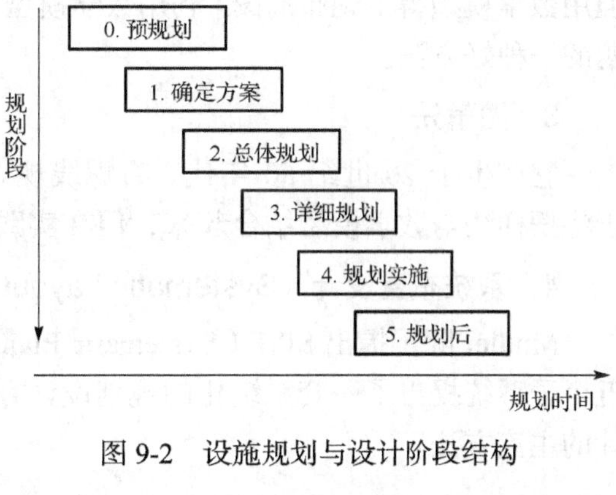

图 9-2　设施规划与设计阶段结构

这种结构形成了从全局到局部、从整体到细节、从设想到实际的设计次序。即前一阶段工作在较高层次上进行，而后一阶段工作以前一阶段的工作成果为依据，在较低层次上进行；各阶段之间相互影响，并行交叉进行。因此，设施规划与设计必须按照“顺序交叉”方式进行工作。表 9-1 列出了设施规划与设计阶段结构的成果和工作。

表 9-1　设施规划与设计阶段结构

阶段	0	1	2	3	4	5
名称	预规划	确定方案	总体规划	详细规划	规划实施	规划后
成果	确定目标	分析并确定位置及外部条件	总体规划	详细规划	设施实施计划	竣工试运转
主要工作内容	制定设施要求预测、估算生产能力及需求量	确定设施要求、生产能力及需求量	选址及总体平面布置图	按规划要求作详细规划及详细布置图	制定进度表或网络图	项目管理（施工、安装、试车及总结）
财务工作	财务平衡	财务再论证	财务总概算比较	财务详细概算	筹集投资	投资

四、设施布局设计方法

设施布局设计是设施规划与设计的核心，必须首先进行。布局设计也是物流系统设计分析的重要一环，它既受到生产物流系统其他设计环节的影响，也对生产物流系统的其他设计环节产生影响。布局设计方法有以下几种。

1．摆样法

这是最早的布局方法。它利用二维平面比例模拟方法，将按一定比例制成的样片在同一比例的平面图上表示设施系统的组成、设施、机器或活动，通过相关关系的分析，调整样片位置可得较好的布置方案。这种方法适用于较简单的布局设计，对复杂的系统该法就不十分准确，而且花费时间较多。

2．数学模型法

运用运筹学、系统工程中的模型优化技术（如线性规划、随机规划、多目标规划、运输问题、排队论等）研究最优布局方案，为工业工程师提供数学模型，以提高系统布置的精确性和效率。但是用数学模型解决布局问题存在两大困难。首先，当问题的条件过于复杂时，简化的数学模型很难得出符合实际要求的准确结果；其次，布局设计最终希望得到布局图，但用数学模型得不到布局图。利用数学模型和 CAD 相结合起来的系统布局软件是解决布局问题的一种好方法。

3．图解法

它产生于 20 世纪 50 年代，有螺线规划法、简化布置规划法及运输行程图等。其优点在于将摆样法与数学模型结合起来，但在实践中应用较少。

4．系统布置设计（Systematic Layout Planning，SLP）法

Muther 除了提出 SPIF（Systematic Planning of Industrial Facilities）外，还对于设施布局等五个子系统提出了一套系统化的规划设计方法，即系统布局的 SLP 法。这是当前设施布局设计的主流方法。

第二节　系统化布置设计模式

一、系统化布置设计概述

在机械工业迅速发展的今天，新技术不断涌现，市场瞬息万变，新的工艺、加工方法和新的设备不断出现，而且随着技术的发展，人的因素对生产的影响也正在引起重视，这就必

然要求原有企业尽可能快地适应新的变化和新的要求，以满足产品经常变化的趋势，降低生产成本，提高生产率，达到增加经济效益的目的。

传统的观点认为，降低生产成本主要着眼点在于产品的设计和加工工艺方面的改进。但是，如前所述，产品制造费用的 20%～50%是用作物料搬运的，而物料搬运直接与设施布局及设备布置情况有关，有效的设施布置大约能减少搬运费用的 30%。企业设施布置的优劣不仅直接影响着整个生产系统的运转通畅性，而且也成为了决定产品成本高低的关键因素之一。

最具代表性的设施布置方法是缪瑟提出的系统布置设计（SLP）法，该方法提出了作业单位相互关系密切程度等级表示法，使布置设计由定性阶段发展到定量阶段。

1. 设施布置设计的基本要素

系统布置设计的要素就是系统布置分析时所必须掌握的原始数据资料，由于不同的物流设施的功能存在差异，规划的目标与采用的分析方法不同，因此其系统布置设计的要素有所区别。

在 SLP 中，是把产品 P、产量 Q、生产路线 R、辅助服务部门 S 及生产时间安排 T 作为布置设计工作的基本出发点来看待的（P、Q、R、S、T 的意义同第 4 章介绍的内容）。因此，这里根据 SLP 理论，将产品 P、产量 Q、生产路线 R、辅助服务部门 S 及生产时间安排 T 称为系统布置的基本要素（原始资料）。

2. 系统化布置设计的程序

依照 SLP 思想，系统布置设计程序一般经过下列步骤，如图 9-3 所示。

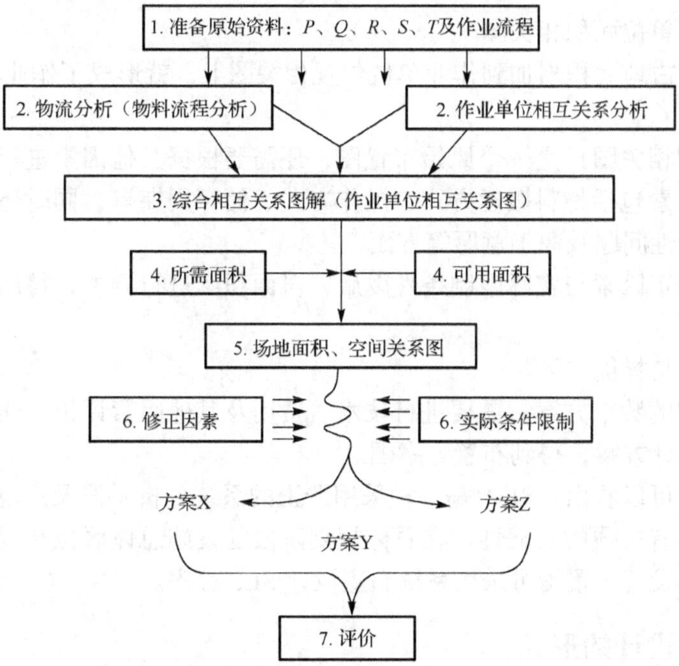

图 9-3 SLP 设计程序模式图

（1）准备原始资料

在系统布置设计开始时，首先必须明确给出原始资料——基本要素，同时也需要对作业单位的划分情况进行分析，通过分解与合并，得到最佳的作业单位划分状况。所有这些均作为系统布置设计的原始资料。

（2）物流分析与作业单位相互关系分析

对于物流中心、配送中心，物流分析是布置设计中最重要的方面。对于某些以生产流程为主的企业，当物料移动是工艺过程的主要内容时（如一般的机械制造厂），物流分析也是布置设计中最重要的方面；对某些辅助服务部门或某些物流量小的工厂来说，各作业单位之间的相互关系（非物流联系）对布置设计就显得更重要了。介于上述两者之间的情况，则需要综合考虑作业单位之间物流与非物流相互关系。

作业单位间的物流分析的结果，可以用物流强度等级及物流相关表来表示；作业单位非物流的相互关系可以用量化的关系等级及相互关系来表示。在需要综合考虑作业单位间物流与非物流的相互关系时，可以采用简单加权的方法将物流相关表及作业单位间相互关系表综合成综合相互关系表。

（3）绘制作业单位位置相关图

根据物流相关表与作业单位相互关系表，考虑每对作业单位间相互关系等级的高或低，决定两作业单位相对位置的远或近，得出各作业单位之间的相对位置关系，有些资料上也称之为拓扑关系。这时并未考虑各作业单位具体的占地面积，因而得到的仅是作业单位相对位置，称为位置相关图。

（4）作业单位占地面积计算

各作业单位所需占地面积与设备、人员、通道及辅助装置等有关，计算出的面积应与可用面积相适应。

（5）绘制作业单位面积相关图

把各作业单位占地面积附加到作业单位位置相关图上，就形成了作业单位面积相关图。

（6）修正

作业单位面积相关图只是一个原始布置图，还需要根据其他因素进行调整与修正。此时需要考虑的修正因素包括物料搬运方式、操作方式、储存周期等，同时还需要考虑实际限制条件如成本、安全性问题及职工意愿等方面。

考虑了各种修正因素与实际限制条件以后，对面积图进行调整，得出数个有价值的可行设施布置方案。

（7）方案评价与择优

针对前面得到的数个方案，需要进行技术、费用及其他因素评价，通过对各方案比较评价，选出或修正设计方案，得到布置方案图。

依照上述说明可以看出，SLP 是一种采用严密的系统分析手段及规范的系统设计步骤的布置设计方法，具有很强的实践性。在总体规划阶段的设施总体区位布置和详细规划设计阶段的各作业区域的设备布置均可采用系统布置设计 SLP 程序。

二、系统化布置设计的形式

1. 物料流程形式

设施布置目标是使总成本最小，当物流成本最小是主要目标时，流程分析在布置中就是很重要的问题。流程形式可以分为水平和垂直两种。如果所有的设备、设施都在同一个车间时，就按水平方式考虑，当生产作业是在多个楼层周转时，就按垂直方式考虑。常见的水平流程形式如图 9-4 所示。

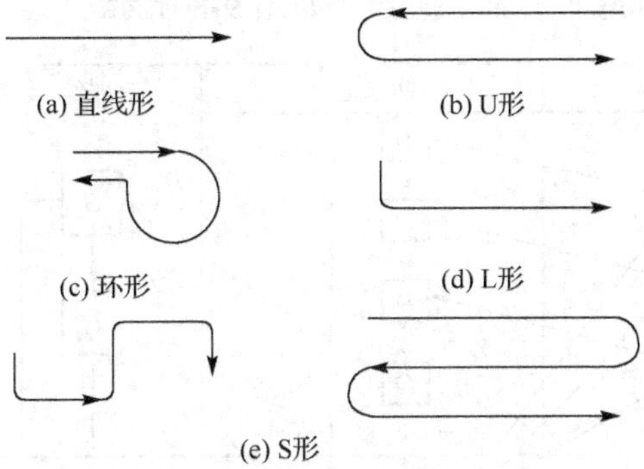

图 9-4　常见水平流程形式

2. 布置类型

一般说来，产品制造业设施布置的基本形式如图 9-5 所示。

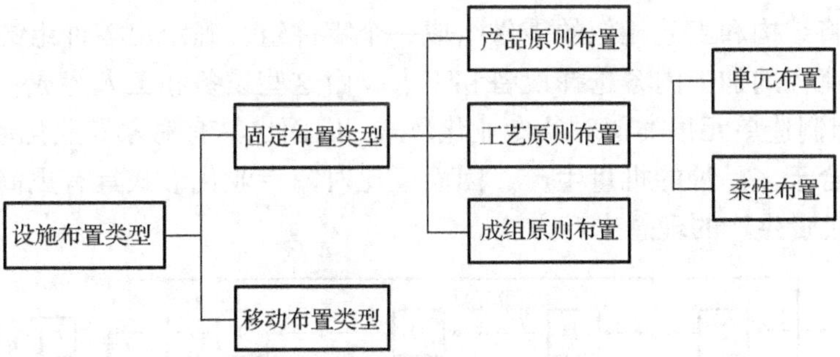

图 9-5　设施布置的基本形式

（1）固定式布置

固定式布置（Fixed Position Layout）是指加工对象位置固定，生产工人和设备都随加工产品所在的某一位置而转移，例如内燃机车的装配、造船装配等，这种布置形式适用于大型产品的装配过程。如图 9-6 所示。

（2）按产品布置

按产品布置（Product Layout）就是按对象专业化原则布置有关机器和设施。最常见的如流水生产线或产品装配线。如图 9-7 所示

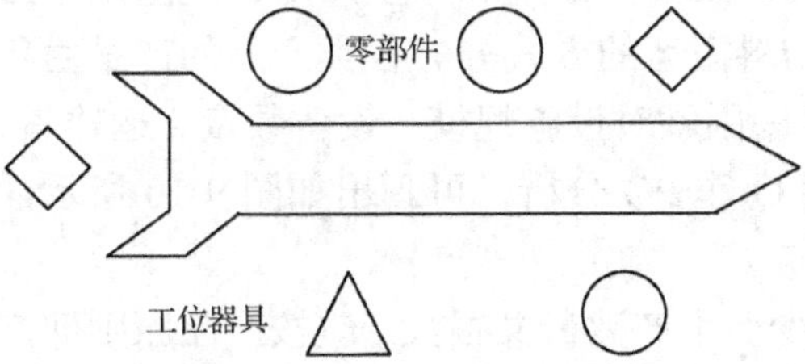

图 9-6　固定式布置示意图

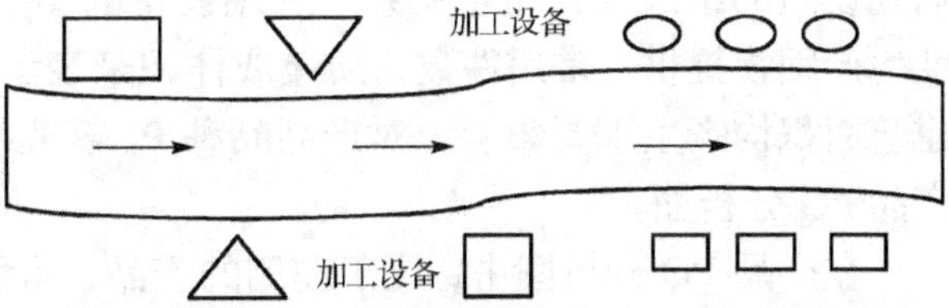

图 9-7　按产品（对象）布置示意图

（3）按工艺过程布置

按工艺过程布置（Process Layout）又称工艺专业化布置，就是按照工艺专业化原则将同类机器集中在一起，完成相同工艺加工任务。如图 9-8 所示。

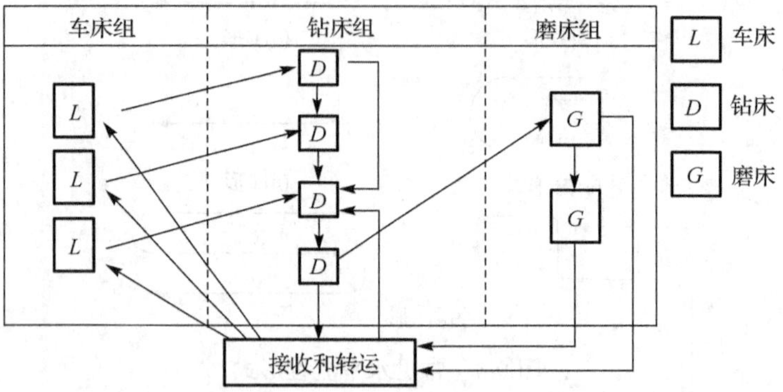

图 9-8　按工艺过程布置示意图

（4）按成组制造单元布置

按成组制造单元布置（Layouts Based on Group Technology）的形式的基本原理是，首先根据一定的标准将结构和工艺相似的零件组成一个零件组，确定出零件组的典型工艺流程，再根据典型工艺流程的加工内容选择设备和工人，由这些设备和工人组成一个生产单元。如图 9-9 所示。成组制造单元很类似对象专业化形式，因而也具有对象专业化形式的优点。但成组制造单元更适合于多品种的批量生产，因而又比对象专业化形式具有更高的柔性，是一种适合多品种中小批量生产的理想生产方式。

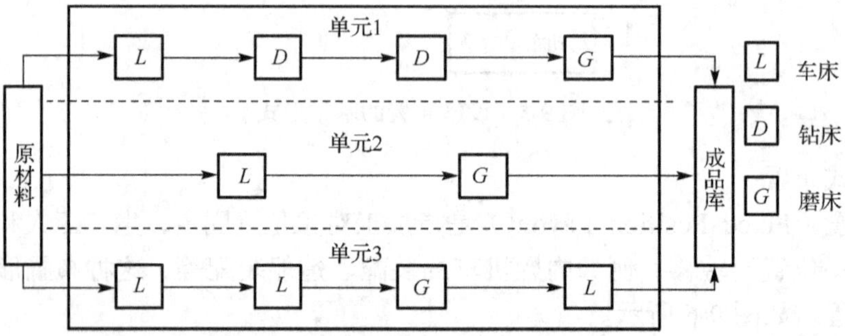

图 9-9　按成组生产单元布置示意图

3. PQ 分析与布局形式

产品及其产量是指工厂要生产的产品型号、系列、规格、产量和年生产量，这些因素影响到设施的组成及其相互关系、选用设备的类型、物料搬运的方式等。各类产品的产量由年度生产纲领提供，常用件数、质量或体积来表示。这一因素对设施规模、设备数量、运输量、建筑面积均产生重要影响。对产品品种 P、产品产量 Q 作 PQ 分析，可画出如图 9-10 所示的产品 PQ 分析图。

在产品 PQ 分析图中，位于左侧的产品，品种很少而生产数量又很大，应按产品原则即产品的加工工艺过程顺序布置设备；位于右侧的产品，品种多而数量少，应按工艺原则布置设备；位中部的产品，品种较多而每种产品的数量又是中等，应按成组原则布置设备。

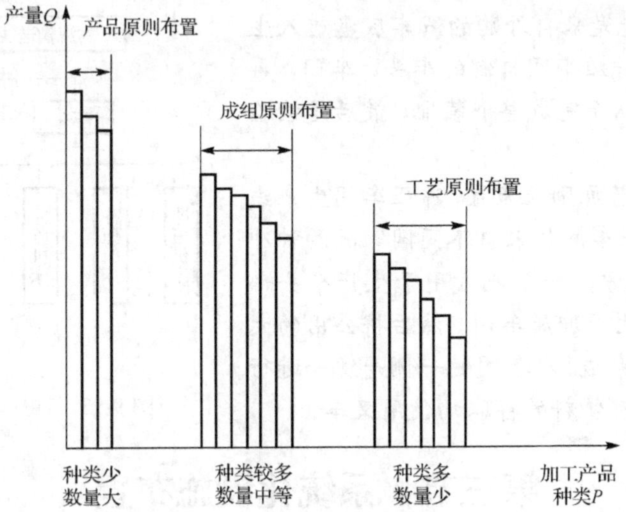

图 9-10 产品 PQ 分析图

举例说明，见例 9-1。

例 9-1

本例以某汽车厂设施布置的实例，对设施布置的原则、布置的基本形式以及流动模式做一个简单的分析。

该汽车厂产品单一，从整个工厂布置来看，它是采用产品原则来进行总体布置规划的。整个生产线分成了几个部分：冲压车间，主要生产汽车所需的车头、车门等部件；上漆车间，从冲压车间出来的半成品在这里进行喷涂、上漆；装配车间，装配底盘、发动机、车身、内饰等部件，完成成品汽车。其中车厢、汽车底盘以及发动机等汽车部件主要采用外购的方式。

整条生产线始终以汽车装配过程为核心，按照产品原则来布置，具有很明显的优点：物流通畅、上下工序连续、在制品少；生产周期短，作业专业化；生产计划简单。图 9-11 是该汽车厂流程示意图。

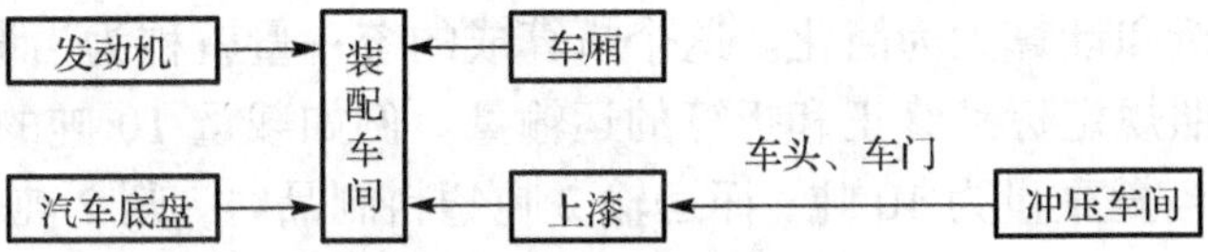

图 9-11 某汽车厂流程示意图

装配车间是最主要的车间，整个车间由一条传送带连接，传送带两侧配备装配设备。这种布置是流水线布置方式，比较适合于少品种大批量产品的生产，总装配线的组成如图 9-12 所示。

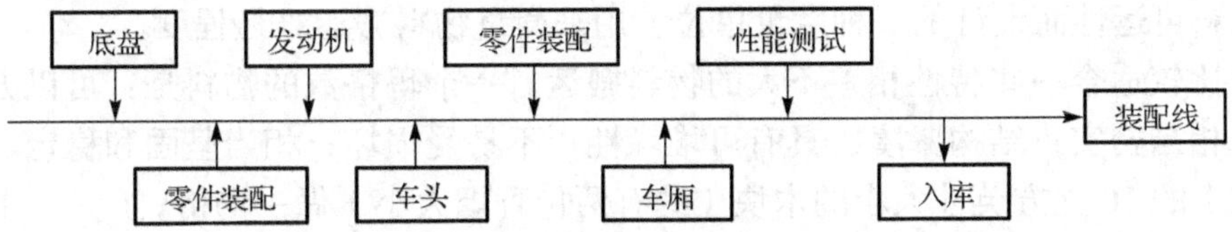

图 9-12 总装配线的组成示意图

在装配车间里，先是来自外购的汽车底盘进入生产线，加上来自本厂冲压车间自制的车头、车门，再加上发动机和车厢，从而完成整个装配，最后是检验工序。

冲压车间采用工艺原则来布置，冲压车间生产线如图 9-13 所示。冲压车间将来自不同国家的两种冲压机床布置在两个地方，一个地方用于生产车头部件，另一个地方用于生产冲压车门。然后将公用的大型水压机布置在机床旁边。在车间的一侧是统一进行物料堆放的区域，所有物料的存取均使用叉车。

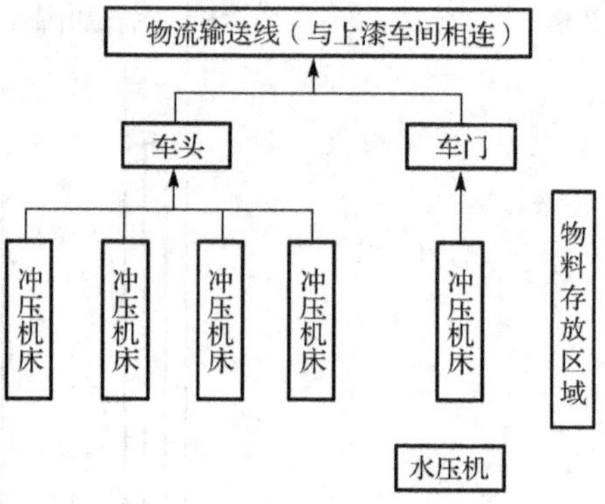

图 9-13　冲压车间生产线示意图

第三节　系统化设施布置

一、物流分析的基础

在物流分析之前，必须搜集完备所研究的系统范围内有关的原始数据，并明确物料的种类、性质和数量，因为物料数量与特征决定了物料装运的程序和方法。同时，只有将物料归类，才能使物流系统分析简化。

1．计算物流量

（1）当量物流量

物流系统中由于几何形状不同，物料搬运难易程度相差甚远，简单地用重量作为物流量单位不合理，同时社会和生产对物料品种数量的需求也是经常在变化，要得到精确的物流量也不大可能，所以苛求物流量的绝对准确性不可能也无必要，何况不同物料的数量通常也是不可比的，如一吨钢和一吨泡沫塑料，重量虽相等但体积相差太大。因此在物流系统的分析、规划、设计中，如能找到一个标准，将各种物料经过折算都变成标准的倍数或系数，即折算成统一量，将会使分析和计算大为简化。这个折算成的统一量就称为当量物流量。

当量物流量是按照规定标准修正和折算的运输量。例如载重 10 吨的卡车，当运输 10 吨钢材时，10 吨钢材的当量重量为 10 吨；而运输 2 吨塑料制品时，则 2 吨塑料制品的当量重量为 10 吨。

实际物流中都可用当量物流量来统一计算各种物料的物流量，但至今也没有制订出当量物流量的统一标准，如要按当量物流量进行计算，常常都是按实际情况和经验来决定。

（2）玛格数法

玛格数（Magnitude）来源于美国，是一种不太成熟的当量物流量的计算方法，是为度量各种不同物料可运性而设计的一种度量单位，用来衡量物料搬运难易程度。

玛格数比较适合一些特性相差不大的物料搬运。一个玛格数的物料是：可以方便地拿在一只手中；相当密实；结构紧凑，具有可堆垛性；不易受损坏；相当坚固和稳定。一般以一块经过粗加工的 10 立方英寸大小的木块（约有两包香烟大小）做一玛格。

物料的玛格数的计算步骤是：

计算物料体积 → 确定玛格数基本值 → 确定修正参数 → 确定玛格数

在计算物料体积时，采用外部轮廓尺寸，不要减去内部空穴或不规则的轮廓。然后查阅专用玛格曲线表，得出玛格数基本值 A，如低堆垛的托盘玛格数基本值为 38。玛格数基本值还要按松密程度或密度（B）、形状（C）、损伤危险性（D）、情况（E）和价值因素（F）五个参数来修正，这些参数取值一般在 0～4 之间。最后物料的玛格数的计算公式为：

$$M=A+A\cdot(B+C+D+E+F)/4 \tag{9-1}$$

上述公式有 1 个变量，5 个参数，影响因素太多太复杂，因而玛格数未能在实际中应用，但这种概念代表一种很好的思路，有待今后实践的突破。

2．对物料进行分类

在实际工作中物料通常按可运性的物理特征进行分类，其分类依据是外形尺寸、重量、形状、损坏可能性、状态、数量、时限等 7 种主要因素。分类方法主要使用 ABC 分类法，同第 4 章相关内容。

二、物流分析的工具与方法

物流分析是设施布置的关键也是前提，通过物流分析可以使设施布局合理化。物流分析的基本原则是做到两个“最小”和两个“避免”，即经过的距离和发生的物流成本最小，避免迂回和避免十字交叉。通过物流分析将帮助我们正确地排列和布置机器设备、工作站和各部门，同时也改进了物流过程。常用的物流分析的工具与方法有物流流程图、多产品工艺过程图和从至表等。以下介绍几种典型的物流分析的工具与方法。

1．工艺流程图

在大量生产中，产品品种很少，可用标准符号绘制必要的工艺过程图直观地反映出工厂生产的详细情况，此时，进行物流分析只需在工艺过程图上注明各道工序之间的物流量，就可以清楚地表现出工厂生产过程中的物料搬运情况。绘制工艺流程图采用第 4 章介绍的 ASME 制订的标准符号。

举例说明，见例 9-2。

例 9-2

下面以电瓶叉车总装厂为例，说明如何运用工艺过程图来进行物流分析的方法与步骤，该厂的作业单位情况如表 9-2 所示。叉车总的生产工艺过程可以分为零部件加工阶段—总装阶段—试车阶段—成品储存阶段。由总厂负责完成重点零部件的加工及总装工作，其他如转向桥、驱动桥、液压回路及平衡重由协作厂负责制造。为此，总厂设置了包括原材料库、机加工车间、总装车间等 14 个部门。依照工艺过程，各个部门分别负责不同阶段的工作。由于要完成的是电瓶叉车总装厂的总体布置设计，需要了解部门与部门之间的联系，因此，在这里我们不必深入研究详细的工艺过程的各道工序的工作细节，只需将工艺过程划分到部门级的工艺阶段即可。

表 9-2　作业单位情况

序号	作业单位名称	用途	序号	作业单位名称	用途
1	原材料库	存储原材料	8	总装车间	总装
2	油料库	存储油漆、油料	9	工具车间	随车工具箱制造
3	标准、外购件库	存储标准件、成品	10	油漆车间	车身喷漆
4	机加工车间	零件的切削加工	11	试车车间	试车
5	热处理车间	零件热处理	12	成品	存储叉车产品
6	焊接车间	车身焊接	13	办公、服务楼	办公室、生活服务
7	变速器车间	变速器组装	14	车库	车库、停车场

（1）变速器的加工与组装。变速器由箱体、轴类零件、齿轮类零件及其他杂件和标准件等组成。变速器的制作工艺过程分为零件制作和组装 2 个阶段。轴类及齿轮类零件经过备料、退火、粗加工、热处理、精加工等工序，箱体毛坯由协作厂制作，经机加工车间加工送至变速器组装车间；杂件的制作经备料、机加工 2 个阶段。整个变速器成品质量为 0.31 吨，其中标准件 0.01 吨，箱体、齿轮、轴及杂件总质量为 0.30 吨。加工过程中金属利用率为 60%，即毛坯总质量为 0.50 吨（0.30/0.60）；其中需经退火处理的毛坯质量为 0.20 吨，机加工中需返回热处理车间再进行热处理的为 0.10 吨，整个机加工过程中金属切除率为 40%，则产生的铁屑等废料的质量约为 0.20 吨（0.5×40%）。变速器加工工艺过程如图 9-14 所示。

（2）随车工具箱的加工。随车工具箱质量为 0.10 吨，其中一部分经备料、退火、粗加工、热处理、精加工等工艺流程完成加工，而另一部分只进行简单的冲压加工即可。随车工具箱加工工艺过程如图 9-15 所示。

（3）车体加工。车体为焊接件，经备料、焊接、喷漆完成加工。车体加工工艺过程如图 9-16 所示。

（4）液压缸加工。液压缸经备料、退火、粗加工、热处理、精加工等工序完成加工。液压缸加工工艺过程如图 9-17 所示。

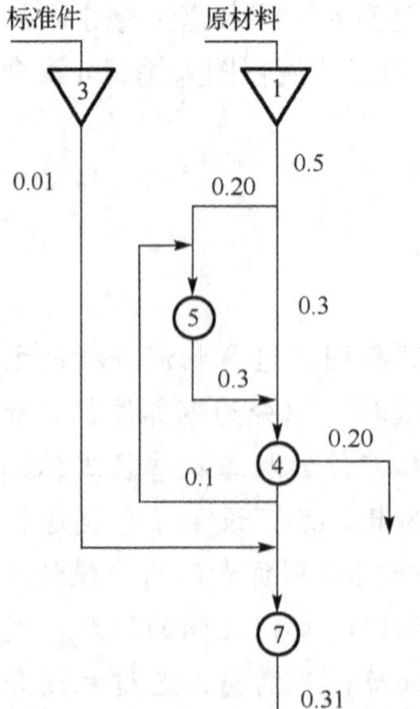

图 9-14　变速器加工工艺过程（单位：吨）

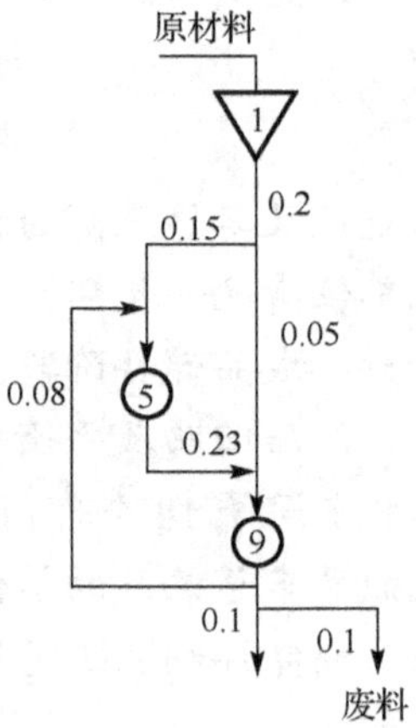

图 9-15　随车工具箱加工工艺过程（单位：吨）

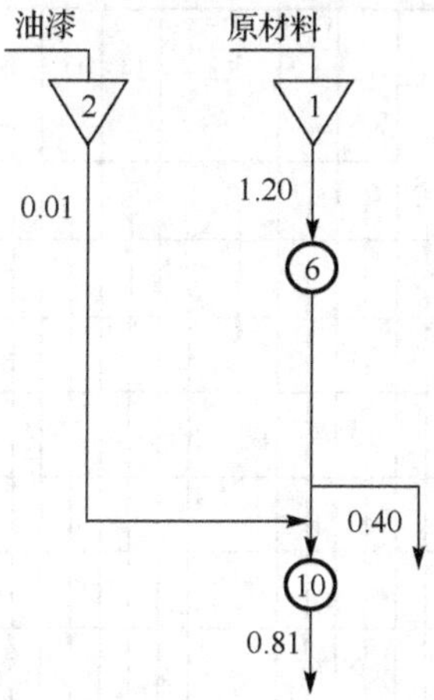

图 9-16　车体加工工艺过程（单位：吨）

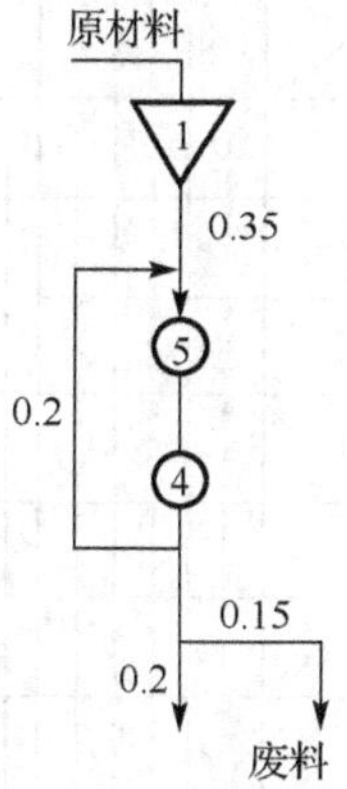

图 9-17　液压缸加工工艺过程（单位：吨）

将上述机加工、总装、试车、成品储存阶段工艺流程绘制在一起，就得到了叉车总装厂全厂工艺过程图，如图 9-18 所示。该图清楚地展示了叉车生产的全过程及各作业单位之间的物流情况，为进一步进行深入的物流分析奠定了基础。需要说明的是若要计算全年的物流量，图 9-18 中各数据还需乘上全年叉车总产量。

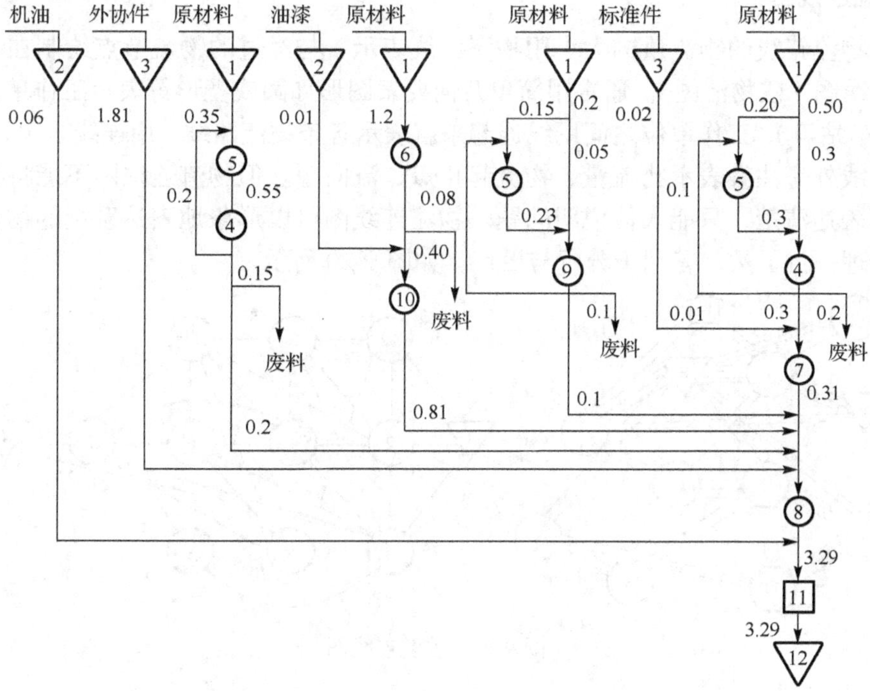

图 9-18　叉车生产工艺过程（单位：吨）

2．多产品工艺过程图

在品种多且批量较大的情况下，将各种产品的生产工艺流程汇总在一张表上，就形成多种产品工艺过程图，在这张图上各产品工艺路线并列绘出，可以反映出各个产品的物流路径。图 9-19 所示是一个小型机械加工厂 17 种零件的工艺过程图。

工序＼零件	1	2	3	4	5	6	7	8	9	10	11	12	13	14	15	16	17	合计
毛坯	①	①	①	①	①	①	①	①	①	①	①	①	①	①	①	①	①	17
铣床	②			④	⑥		③			②			③					6
车床	③	②	②	③	③⑤ ⑧	②		②	②	③	②		②	②				13
钻床	④	③	③	⑤	④	③					③							8
镗床					②													1
磨床					⑦ ⑨		⑤											3
压床	⑤										④	②			②	②	②	6
热处理		④																1
锯床				②			②④											3
检验	⑥	⑤	④	⑥	⑩	④	⑥	③	③	④	⑤	③	④	③	③	③	③	17

图 9-19　零件工艺过程图

3．物流连线图

将各条物流路线的物流量的大小用物流图线表示，与经过的物流节点绘制在平面图上，称为物流连线图（或物流图）。通常用简单几何要素图形如圆或菱形等表示工作单位（各种车间、仓库、车站等），工作单位之间用线连起来就表示各条物流路线，用连线多少、线的颜色、线的粗细，线外旁注等表示物流量、物流起止点、流向等。但物流连线图不能将物流的特性和参数全都表达清楚，只能大体说明问题。物流连线图可以形象地表达系统的物流情况，对物流是否合理一目了然，有利于分析与设计，如图 9-20 所示。

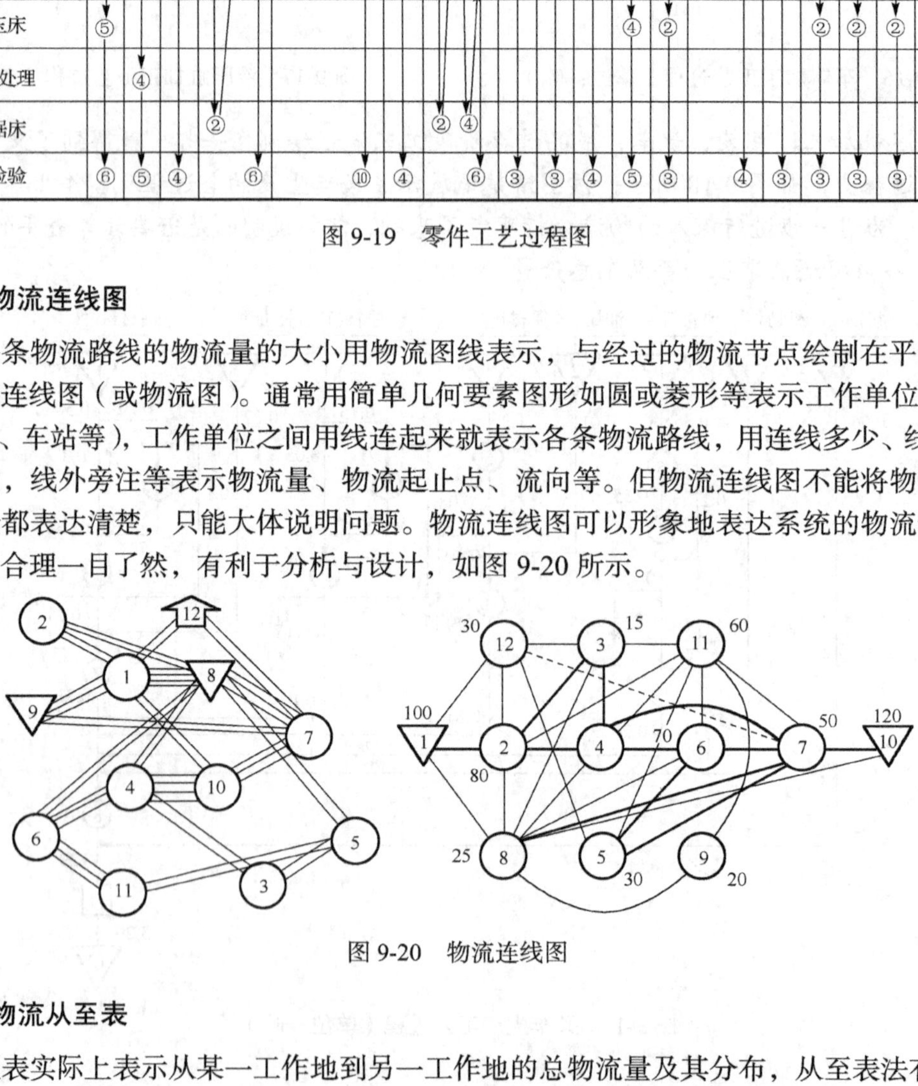

图 9-20　物流连线图

4．物流从至表

从至表实际上表示从某一工作地到另一工作地的总物流量及其分布，从至表法有 2 个基本假设条件：各相邻设施之间的距离相等；不考虑零件的重量和数量差异。事实上，如果各相邻设施之间距离不等，或需要考虑零件的重量和数量差异，通过增加权数也可以应用这种方法。从至表法特别适用于设施数量较少的情况。如表 9-3、表 9-5 所示。

举例说明，见例 9-3。

例 9–3

某小型机械加工厂加工 17 种零件，最多有 10 道工序，用从至表法进行设施布置优化。

解：

（1）绘制初始零件工艺过程图。如图 9-19 所示。

（2）编制初始零件从至表，如表9-3 所示，并计算初始状态下零件从一个设施到另一个设施的移动量，如表 9-4 所示。

表 9-3　初始零件从至表

从＼至	毛坯	铣床	车床	钻床	镗床	磨床	压床	热处理	锯床	检验	合计
毛坯		2	8		1		4		2		17
铣床			2	1		1			1	1	6
车床		3		6		1				3	14
钻床			1				2	1		4	7
镗床			1								1
磨床			1							2	3
压床										6	6
热处理										1	1
锯床		1	1			1					3
检验											0
合计	0	6	14	7	1	3	6	1	3	17	58 / 58

表 9-4　零件移动总距离计算表——初始

次别	前进	后退
	格数×对角线方向次数之和	格数×对角线方向次数之和
初始从至表	1×（2+2+6）=10	1×（3+1）=4
	2×（8+1+1）=20	2×1=2
	3×（1+2+6）=27	3×（1+1）=6
	4×（1+1+1+2）=20	4×0=0
	5×0=0	5×0=0
	6×（4+4）=96	6×1=6
	7×（1+3）=28	7×1=7
	8×（2+1）=24	8×0=0
	9×0=0	9×0=0
	小计：225	小计：25
	总移动距离：225+25=250（单位距离）	

（3）分析并改进初始零件从至表，靠近对角线的方格表示两个设施的距离近，改进时应把移动次数多的设施靠近对角线的方格，这样可使总的移动量减小，图 9-21 为改进后的零件工艺过程图。

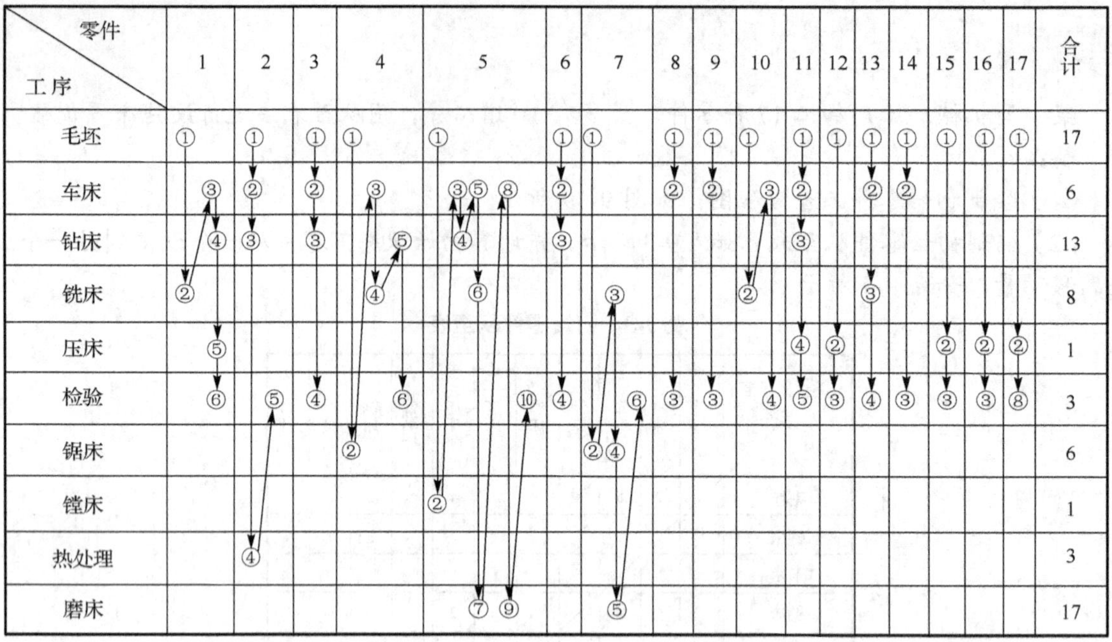

图 9-21　改进后的零件工艺过程图

（4）比较不同的布置方案，总移动量越小，方案越好。表 9-5 是改进后的从至表，表 9-6 是改进工艺路线后零件从一个设施到另一个设施的移动量。

（5）对比表 9-4 和表 9-6 可以看出，经过优化布置，总移动量减少了 203–163=40，减少的移动量超过 19.7%。

表 9-5　改进后的零件从至表

从 \ 至	毛坯	车床	钻床	铣床	压床	检验	锯床	镗床	热处理	磨床	合计
毛坯		8		2	4		2	1			17
车床			6	3		4				1	14
钻床		1			2	3			1		8
铣床		2	1			1	1			1	6
压床						6					6
检验											0
锯床		1		1						1	3
镗床		1									1
热处理						1					1
磨床		1				2					3
合计	0	14	7	6	6	17	3	1	1	3	58 / 58

表 9-6　零件移动总距离计算表——改进后

次别	前进	后退
	格数×对角线方向次数之和	格数×对角线方向次数之和
初始从至表	1×（8+6+6）=20	1×（1+1）=2
	2×（3+2+1）=12	2×2=4
	3×（2+3+1+1）=21	3×（1+1）=6
	4×（4+4）=32	4×2=8
	5×0=0	5×1=5
	6×（2+1+1）=24	6×1=6
	7×1=7	7×0=0
	8×1=8	8×1=8
	9×0=0	9×0=0
	小计：124	小计：39
	总移动距离：124+39=163（单位距离）	

5．物流相关表

在采用 SLP 法进行工厂布置时，不必关心各作业单位间的具体的物流强度，而是通过划分等级的方法，来研究物流状况，在此基础上，引入物流相关表，以简洁明了的形式表示企业总体物流状况。

由于直接分析大量物流数据比较困难且没有必要，SLP中将物流强度转化成 5 个等级，分别用符号 A、E、I、O、U 来表示，其物流强度逐渐减小，分别对应超高物流强度、特高物流强度、较大物流强度、一般物流强度和可忽略搬运 5 种物流强度。作业单位对或称为物流路线的物流强度等级应按物流路线比例或承担的物流量比例来确定，可参考表 9-7 来划分。物流相关表示例如表 9-8 所示。

表 9-7　物流强度等级比例划分表

物流强度等级	符号	物流路线比例（%）	承担的物流量比例（%）
超高物流强度	A	10	40
特高物流强度	E	20	30
较大物流强度	I	30	20
一般物流强度	O	40	10
可忽略搬运	U		

表 9-8　某厂作业单位物流相关表

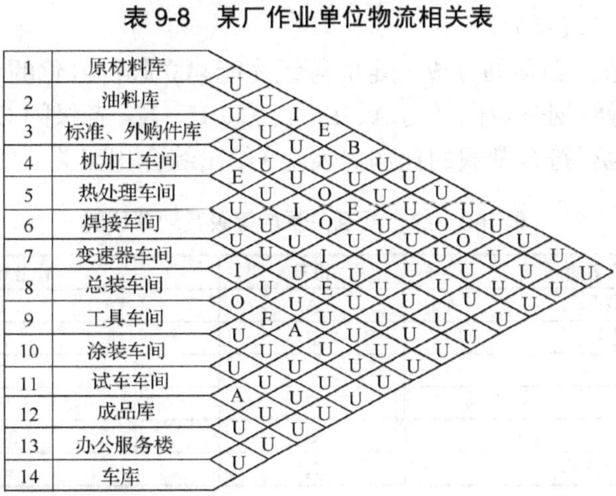

三、设施系统平面布置技术

当各单位之间存在大量物流时，就要以物流为主来考虑其相互关系，可以利用物流相关表进行平面布置。当不存在重大物流时，如电子工业需要运输的物料很少，化工厂主要用管道输送物料，就不必作物流分析而改用相互关系图作为布置的依据。制造业的很多企业中，各生产作业单位间存在大量物流关系，而各辅助部门都为非物流关系，则需要将物流关系和相互关系结合在一起统一考虑。

常用的设施布置方法有根据物流强度等级布置、利用物流相关表布置、利用作业单位关系图布置及利用综合相互关系布置等，下面讨论利用综合相互关系设计平面布置图的方法。

1. 综合相互关系法布置的步骤

在制造企业或物流企业中，各作业单位间不仅有物流关系，也有非物流关系。即使在服务业中例如餐饮业、医疗卫生业也存在一定的物流关系。因此在系统化设施布置中，必须将作业单位间的物流关系和非物流关系进行综合，综合后的相互关系即称为综合相互关系。此时就应该从作业单位间综合相互关系出发，设计出作业单位的合理布置，其步骤如下。

① 通过物流分析，在物流合理化的基础上求得各作业单位间的物流量及其相互关系表。

② 确定各作业单位间非物流关系相互影响因素及等级，做出作业单位相互关系表。

③ 确定物流和非物流相互关系的相对重要性。

通常这一相对重要性比值 $m:n$ 不应超过 1:3～3:1。如比值大于 3:1，说明物流关系占主要地位，设施布置只要考虑物流就可以；当比值小于 1:3 时，说明物流的影响很小，设施布置只要考虑非物流相互关系即可。现实情况下按照物流和非物流相互关系的相对重要性，将比值 $m:n$ 取为 3:1，2:1，1:1，1:2，1:3。此比值称为加权值。

④ 量化物流强度等级和非物流的密切程度等级。

通常这些量化的数值取为：$A=4$，$E=3$，$I=2$，$O=1$，$U=0$，$X=-1$

⑤ 计算量化后的作业单位相互关系。

设任意两个作业单位分别为 A_i 和 A_j，其物流强度相互关系等级为 MR_{ij}，非物流的相互关系密切程度等级为 NR_{ij}，则作业单位 A_i 和 A_j 之间的综合相互关系密切程度 CR_{ij} 为：

$$\mathrm{CR}_{ij}=m\cdot\mathrm{MR}_{ij}+n\cdot\mathrm{NR}_{ij} \tag{9-2}$$

⑥ 综合相互关系等级划分。

CR_{ij} 是一个量化值，必须划分成一定的等级才能建立起符号化的作业单位综合相互关系表。综合相互关系的等级划分也同样为 A、E、I、O、U、X，各级间 CR_{ij} 值逐步递减，同时，各作业单位的配对数也要符合常规的比例。表 9-9 给出综合相互关系的等级划分及常规比例。

表 9-9　综合相互关系的等级及划分比例

关系密切程度等级	符号	作业单位配对比例
绝对必要靠近	A	1%～3%
特别重要靠近	E	2%～5%
重要	I	3%～8%
一般	O	5%～15%
不重要	U	20%～85%
不希望靠近	X	0%～10%

需要说明的是将物流和非物流关系进行综合时，应该注意 X 级关系的处理，任何一级物流强度与 X 级非物流关系密切级综合时，不应超过 O 级。对于某些绝不能靠在一起的作业单位间的相互关系，可定为 XX 级，如为了防火和安全等原因。

⑦ 根据经验和实际约束情况，调整综合相互关系表。

⑧ 绘制作业单位位置相关图。

2. 综合相互关系法布置示例

例 9-4

现以工程机械中的叉车总装厂设计布局为例，说明如何建立作业单位综合相互关系表与绘制作业单位相关图。

表 9-10 与表 9-11 为叉车总装厂作业单位之间物流相互关系和非物流相互关系表，由两图表可见两者并不一致。为了确定各作业单位之间相互关系的密切程度，需要将两图表合并和统一，其过程和步骤如下。

表 9-10　作业单位物流相互关系表

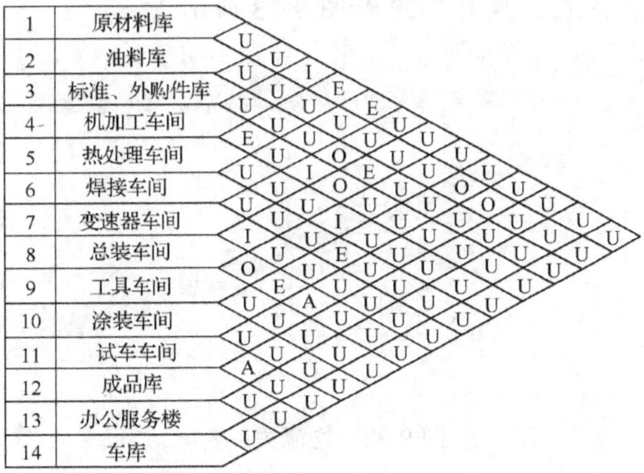

表 9-11　各作业单位之间非物流相互关系表

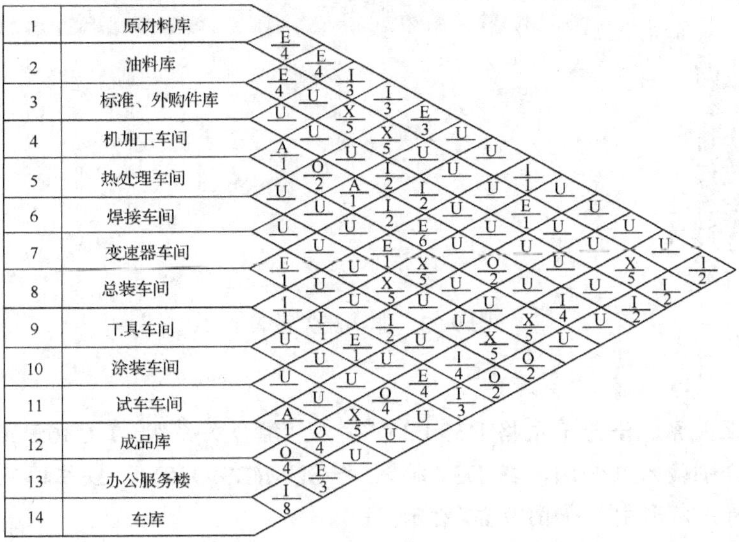

在表 9-11 中，字母表示相互关系密切程度，数字表示理由编号，编号意义如表 9-12 所示。

表 9-12　作业单位等级划分理由

编号	理由	序号	理由
1	使用公共记录（信息流）	5	回收工艺流程的顺序（物流）
2	共用同一地点（物流）	6	进行类似的工作
3	人员联系频繁（人员关系）	7	使用同一设备
4	文件报表联系频繁（信息流）	8	有噪声、异味、振动等

解：

步骤 1:

选用加权值。此加权值的大小说明了设施布置时考虑问题的重点，经过具体和周密的调查研究，对叉车总装厂布置来说，物流和非物流因素的影响大体相当，因此取加权值为：

$$m:n=1:1$$

步骤 2:

建立物流关系和非物流关系表。量化表 9-10、表 9-11 的物流关系和非物流关系，建立量化的物流关系和非物流关系表。如图 9-22 和图 9-23 所示。

操作视频

	B	C	D	E	F	G	H	I	J	K	L	M	N	O	P
1	物流关系														
2		1	2	3	4	5	6	7	8	9	10	11	12	13	14
3	1		0	0	2	3	3	0	0	0	0	0	0	0	0
4	2			0	0	0	0	0	0	0	1	1	0	0	0
5	3				0	0	0	1	3	0	0	0	0	0	0
6	4					3	0	2	1	0	0	0	0	0	0
7	5						0	0	0	2	0	0	0	0	0
8	6							0	0	0	3	0	0	0	0
9	7								2	0	0	0	0	0	0
10	8									1	3	4	0	0	0
11	9										0	0	0	0	0
12	10											0	0	0	0
13	11												4	0	0
14	12													0	0
15	13														0
16	14														

图 9-22　物流关系表

	B	C	D	E	F	G	H	I	J	K	L	M	N	O	P
18	非物流关系														
19		1	2	3	4	5	6	7	8	9	10	11	12	13	14
20	1		3	3	2	2	3	0	0	2	0	0	0	0	2
21	2			3	0	-1	-1	0	0	0	3	0	0	-1	2
22	3				0	0	0	2	2	0	0	0	0	0	2
23	4					4	1	4	2	3	0	1	0	2	0
24	5						0	0	0	3	-1	0	0	-1	0
25	6							0	0	0	-1	0	0	-1	1
26	7								3	0	0	2	0	2	1
27	8									2	2	3	0	3	2
28	9										0	0	0	1	0
29	10											0	0	-1	0
30	11												4	1	0
31	12													1	3
32	13														2
33	14														

图 9-23　非物流关系表

步骤 3:

计算综合相互关系。合并单元格 B35:P35、输入“综合关系”，在 C36:P36 中分别输入 1～14，B37:B50 中分别输入 1～14，在 D37 输入“=SUM(D3,D20)”、按住填充柄填充至 C37:P50 右上半部分的三角形中。如图 9-24 所示。

	B	C	D	E	F	G	H	I	J	K	L	M	N	O	P
35								综合关系							
36		1	2	3	4	5	6	7	8	9	10	11	12	13	14
37	1		3	3	4	5	6	0	0	2	0	0	0	0	2
38	2			3	0	-1	-1	0	0	0	4	1	0	-1	2
39	3				0	0	0	3	5	0	0	0	0	0	2
40	4					7	1	6	3	3	0	1	0	2	0
41	5						0	0	0	5	-1	0	0	-1	0
42	6							0	0	0	2	0	0	-1	1
43	7								5	0	0	2	0	2	1
44	8									3	5	7	0	3	2
45	9										0	0	0	1	0
46	10											0	0	-1	0
47	11												8	1	0
48	12													1	3
49	13														2
50	14														

图 9-24　综合相互关系表

步骤 4:

修正综合关系。由于在非物流关系中有“X”关系，对比图 9-23 与图 9-24，发现物流与非物流关系综合后，图 9-23 中 8 个“X”关系（图中“–1”）在图 9-24 中变为 7 个，图 9-24 中单元格 L42 的值为 2，即作业单位 6 与 10 之间综合关系为 I 级（作业单位 6 与 10 之间物流关系为 E 级，但是非物流关系则为 X 级，经过计算后其结果则为 I 级），意思为重要的密切关系，显然这是不合理的，经过人工调整后改为 U 级（数值“0”）。复制 B36:P50 到 B53:P67，将单元格 L59 的数值改为“0”。如图 9-25 所示。

	B	C	D	E	F	G	H	I	J	K	L	M	N	O	P
52								综合关系修正							
53		1	2	3	4	5	6	7	8	9	10	11	12	13	14
54	1		3	3	4	5	6	0	0	2	0	0	0	0	2
55	2			3	0	-1	-1	0	0	0	4	1	0	-1	2
56	3				0	0	0	3	5	0	0	0	0	0	2
57	4					7	1	6	3	3	0	1	0	2	0
58	5						0	0	0	5	-1	0	0	-1	0
59	6							0	0	0	0	0	0	-1	1
60	7								5	0	0	2	0	2	1
61	8									3	5	7	0	3	2
62	9										0	0	0	1	0
63	10											0	0	-1	0
64	11												8	1	0
65	12													1	3
66	13														2
67	14														

图 9-25　综合关系修正表

步骤 5:

计算作业单位配对数。当作业单位总量为 N 时，总的作业单位配对数 P 可用下式计算，即:

$$P=N\cdot(N-1)/2 \tag{9-3}$$

对本例题，N=14，则 P=91，即 91 个相互关系。

步骤 6:

划分综合相互关系密切程度百分比。在单元格 C71 输入“最大关系值”，D71 输入“=MAX(D54:P66)”，F71 输入“最小关系值”，G71 输入“=MIN(D54:P66)”。C73 输入“关系值”，D73:M73 分别输入 8～–1，C74 输入“个数”，D74 输入“=COUNTIF($D$54:$P$66,D73)”、按住填充柄向右拖至 M74。C75 输入“百分比”，D75 输入“=D74/91*100”、按住填充柄向右拖至 M75。C76 输入“累积百分比”，D76 输入“=D75”，E76 输入“=D76+E75”、按住填充柄向右拖至 M76。

观察累积百分比，进行百分比划分。C77 输入“百分比划分”，E77 输入“=D75+E75”，G77 输入“=F75+G75”，I77 输入“=H75+I75”，K77 输入“=J75+K75”，L77 输入“=L75”，M77 输入“=M75”。如图 9-26 所示。

	C	D	E	F	G	H	I	J	K	L	M
71	最大关系值	8		最小关系值	-1						
72											
73	关系值	8	7	6	5	4	3	2	1	0	-1
74	个数	1	2	2	5	2	9	9	8	46	7
75	百分比	1.10	2.20	2.20	5.49	2.20	9.89	9.89	8.79	50.55	7.69
76	累积百分比	1.10	3.30	5.49	10.99	13.19	23.08	32.97	41.76	92.31	100.00
77	百分比划分		3.30		7.69		12.09		18.68	50.55	7.69

图 9-26 综合百分比划分

步骤 7:

确定综合相互关系密切程度等级。建立综合相互关系密切程度等级表，如图 9-27 所示（表中各单元格内容均为手工输入）。

	C	D	E	F	G	H
79	总分	关系等级	等级值	线条数	配对数	百分比
80	7～8	A	4.00	////	3	3.30
81	5～6	E	3.00	///	7	7.69
82	4～3	I	2.00	//	11	12.09
83	1～2	O	1.00	/	17	19.78
84	0	U	0.00		46	49.45
85	-1	X	-1.00	…	7	7.69

图 9-27 综合相互关系密切程度等级表

步骤 8:

综合关系求和、排序。复制区域 B53:P67 到 B88:P102，参照右上半部分三角形内容填写左下部分三角形数据。B103 输入“综合关系求和”，C103 输入“=SUM(C89:C102)”、按住填充柄向右拖至 P103，B104 输入“综合关系排序”，C104 输入“=RANK(C103,$C103:$P103,0)”、按住填充柄向右拖至 P104。如图 9-28 所示。

P104 =RANK(P103,$C103:$P103,0)

	B	C	D	E	F	G	H	I	J	K	L	M	N	O	P
87	综合关系排序表														
88		1	2	3	4	5	6	7	8	9	10	11	12	13	14
89	1		3	3	4	5	6	0	0	2	0	0	0	0	2
90	2	3		3	0	-1	-1	0	0	0	4	1	0	-1	2
91	3	3	3		0	0	0	3	5	0	0	0	0	0	2
92	4	4	0	0		7	1	6	3	3	0	1	0	2	0
93	5	5	-1	0	7		0	0	0	5	-1	0	0	-1	0
94	6	6	-1	0	1	0		0	0	0	0	0	0	-1	1
95	7	0	0	3	6	0	0		5	0	0	2	0	2	1
96	8	0	0	5	3	0	0	5		3	5	7	0	3	2
97	9	2	0	0	3	5	0	0	3		0	0	0	1	0
98	10	0	4	0	0	-1	0	0	5	0		0	0	-1	0
99	11	0	1	0	1	0	0	2	7	0	0		8	1	0
100	12	0	0	0	0	0	0	0	0	0	0	8		1	3
101	13	0	-1	0	2	-1	-1	2	3	1	-1	1	1		2
102	14	2	2	2	0	0	1	1	2	0	0	0	3	2	
103	综合关系求和	25	10	16	27	14	6	19	33	14	7	20	12	8	15
104	综合关系排序	3	11	6	2	8	14	5	1	8	13	4	10	12	7

图 9-28 综合关系排序表

步骤 9:

建立作业单位综合相互关系表。复制区域 C88:P88 到 C107:P107、B89:B014 到 B108:B123，复制 C103:P104、在“菜单/编辑/选择性粘贴”中选择“数值”、粘贴到 C122:P123。在单元格 D108 输入

“=IF(OR(D89=7,D89=8),"A/4",(IF(OR(D89=5,D89=6),"E/3",IF(OR(D89=3,D89=4),"I/2",IF(OR(D89=1,D89=2),"O/1",IF(D89=0,"U/0","X/-1"))))))”、按住填充柄向右拖至 P108，各列再分别向下填充直到填满 C108:P121 右上半部分三角形。如图 9-29 所示。

步骤 10:

绘制作业单位位置相关图。

首先处理关系密切等级为 A 的作业单位对。

① 由图 9-29 可以看出，A 关系有 8-11、4-5、11-12，将综合接近程度分值最高的作业单位 8（排序第 1）布置在位置相关图的中心位置。与其成 A 级关系的 11 与之相邻。关系用 1 单位距离 4 条线画出，如图 9-30(a)所示。

D108　　fx =IF(OR(D89=7,D89=8),"A/4",(IF(OR(D89=5,D89=6),"E/3",IF(OR(D89=3,D89=4),"I/2",IF(OR(D89=1,D89=2),"O/1",IF(D89=0,"U/0","X/-1"))))))

	B	C	D	E	F	G	H	I	J	K	L	M	N	O	P	Q	R
106								综合关系表									
107		1	2	3	4	5	6	7	8	9	10	11	12	13	14		
108	1		I/2	I/2	I/2	E/3	E/3	U/0	U/0	O/1	U/0	U/0	U/0	U/0	O/1		
109	2			I/2	U/0	X/-1	X/-1	U/0	U/0	U/0	I/2	O/1	U/0	X/-1	O/1		
110	3				U/0	U/0	U/0	I/2	E/3	U/0	U/0	U/0	U/0	U/0	O/1		
111	4					A/4	O/1	E/3	I/2	I/2	U/0	O/1	U/0	O/1	U/0		
112	5						U/0	U/0	U/0	E/3	X/-1	U/0	U/0	X/-1	U/0		
113	6							U/0	U/0	U/0	U/0	U/0	U/0	X/-1	O/1		
114	7								E/3	U/0	U/0	O/1	U/0	O/1	O/1		
115	8									I/2	E/3	A/4	U/0	I/2	O/1		
116	9										U/0	U/0	U/0	O/1	U/0		
117	10											U/0	U/0	X/-1	U/0		
118	11												A/4	O/1	U/0		
119	12													O/1	I/2		
120	13														O/1		
121	14																
122	综合关系	25	10	16	27	14	6	19	33	14	7	20	12	8	15		
123	综合关系	3	11	6	2	8	14	5	1	8	13	4	10	12	7		

图 9-29　作业单位综合相互关系表

② 布置综合接近程度分值次高的作业单位 4 的位置。它与 8 和 11 分别有 I 级和 O 级关系，故 4 用 3 单位长双线与 8 连接，用 4 单位长的 1 条单线与 11 相连。如图 9-30(b)所示。

③ 处理与 4 有关的 A 级关系的 5，而 5 与 8 和 11 均为 U 级关系不予考虑，则 4 旁布置 5，如图 9-30(c)所示。

④ 再看已布置在图上的 11，与 11 有 A 级关系的是 12，也用 1 单位距离的 4 条线布入。12 与 8、4、5 的关系密级均为 U 级，也不予考虑。见图 9-30(d)所示。

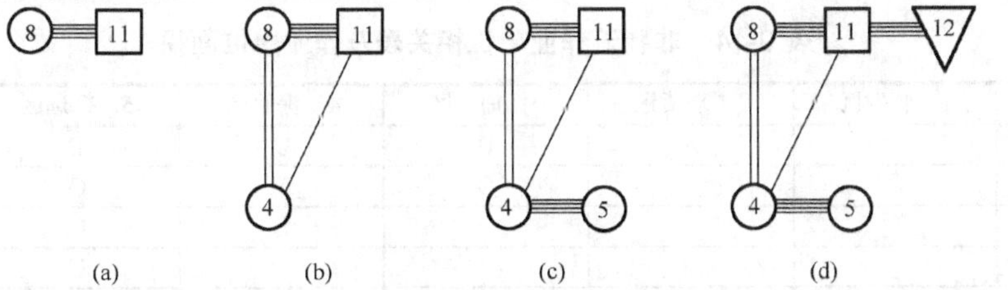

图 9-30　作业单位位置相关图绘制步骤

至此，作业单位综合相互关系表中，具有 A 级关系的作业单位对之间的相对位置均已确定。

然后处理相互关系为 E 的作业单位对。从 8 开始，布置方法类似 A 级的布置。

再后来依次是 I 级、O 级、U 级作业单位对。最后重点调整 X 级作业单位对之间的相对位置（注意尽量远离），得出最终作业单位位置相关图，如图 9-31 所示。

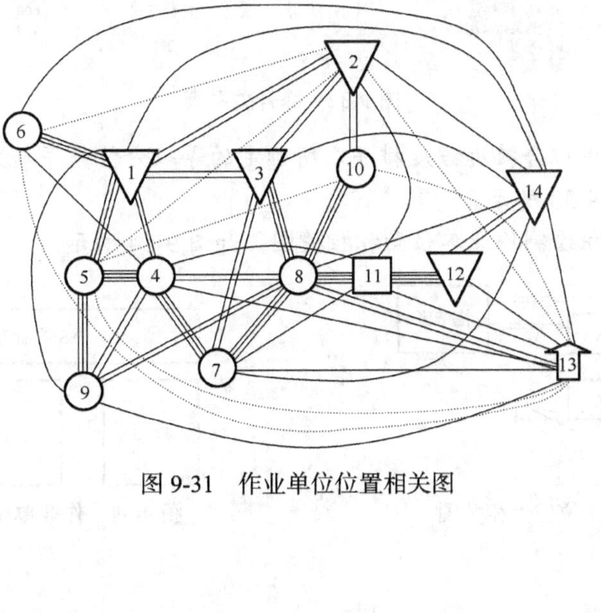

图 9-31　作业单位位置相关图

上例仅是说明如何绘制作业单位位置相关图，并未提及面积因素。下面再举一例涉及需求面积及可用面积的例子。见例 9-5。

例 9–5

现以某物流中心布局为例说明综合相互关系等级划分及面积相关图绘制过程。

已知某物流中心各作业部门的物流相关表如表 9-13 所示、非物流作业单位相关表如表 9-14 所示，物流与非物流相互关系相对重要性的比值 $m : n=2 : 1$，物流与非物流相关密切程度等级值：$A=4$，$E=3$，$I=2$，$O=1$，$U=0$，$X=-1$，试建立作业单位综合相关表，并绘制各功能作业区域位置与面积相关图。

表 9-13　物流中心各功能区物流相关表

	1. 收发区	2. 理货区	3. 加工区	4. 保管区	5. 拣选区
1. 收发区		A	I	U	U
2. 理货区			I	A	U
3. 加工区				E	E
4. 保管区					A
5. 拣选区					

表 9-14　非物流作业单位相关表及作业单位面积

	1. 收发区	2. 理货区	3. 加工区	4. 保管区	5. 拣选区	面积（m^2）
1. 收发区		A	U	U	E	200
2. 理货区			O	I	O	200
3. 加工区				E	U	400
4. 保管区					U	600
5. 拣选区						400

解：

（1）按照例 9-4 步骤 1～9 得到综合关系表（过程略），如图 9-32 所示。

操作视频

	A	B	C	D	E	F	G
50				综合关系表			
51		1.收发区	2.理货区	3.加工区	4.保管区	5.拣货区	面积(m^2)
52	1.收发区		A/4	O/1	U/0	O/1	200
53	2.理货区			O/1	E/3	U/0	200
54	3.加工区				E/3	I/2	400
55	4.保管区					I/2	600
56	5.拣货区						400
57	求和	19	28	24	27	18	
58	排序	4	1	3	2	5	

图 9-32　综合关系表

（2）根据作业单位综合接近程度排序表所确定的等级分值顺序与关系等级，绘制作业单位位置相关图。如图 9-33 所示。

（3）根据已知面积绘制作业单位面积相关图，如图 9-34 所示。

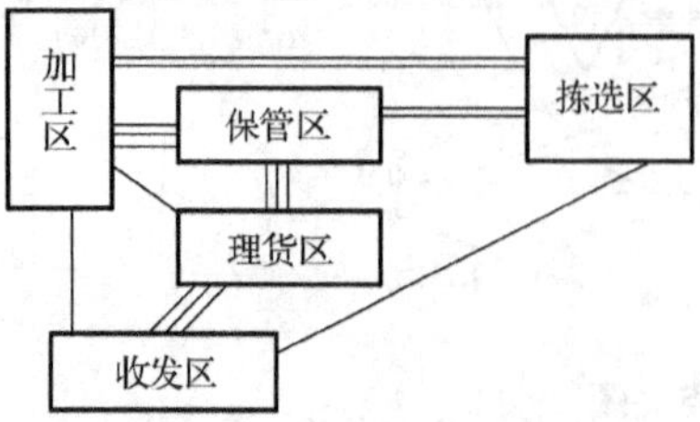

图 9-33　作业单位位置相关图

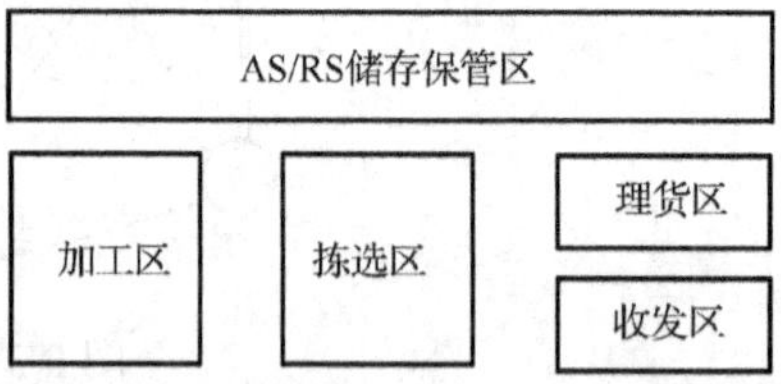

图 9-34　作业单位位置面积相关图

思考与练习

1．为什么要引入综合接近程度的概念？
2．作业单位数为 N，有多少对相互关系？它是否等于总的物流路线数？
3．产品原则布置、工艺原则布置和固定式布置适合于何种工况？
4．成组原则布置适合于何种工况，有什么特点？

案例分析

平面布置跨越定性阶段——某石墨电极厂总平面布置

1．案例背景

某企业拟建一个超高功率（UHP）石墨电极厂，生产规模为 3 万吨直径 300～600 毫米的石墨电极。由于影响工厂总平面设计的因素很多，实际设计中，结合工程设计的实际，应用 SLP 法进行了设施布置，取得了令人满意的成果。

（1）石墨电极厂生产工艺分析

依照我国技术、装备水平、原料供应、原料特性等现状，考虑生产工艺的先进性，超高功率（UHP）石墨厂拟采用的工艺流程如图 9-35 所示。

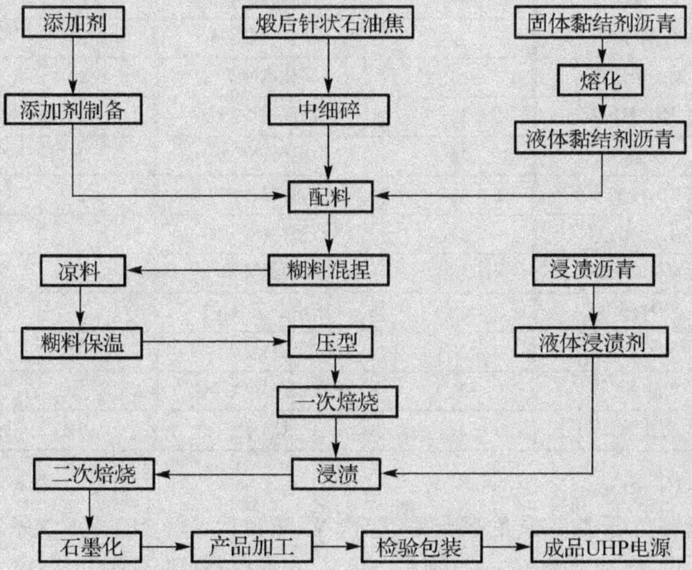

图 9-35　UHP 石墨电极厂生产流程

（2）石墨电极厂总平面布置特点

对 UHP 石墨电极厂来说，生产设备及生产线具有单一性，虽可生产几种规格的电极，但不可生产其他产品。各车间生产能力不均衡，原料、半成品、成品均为固态，只有少量沥青在使用中为液态，物料输送多用搬运和车辆运输，因而 UHP 石墨电极厂的总平面布置具有如下特殊性。

① 产品单一，工艺流程固定。

② 原料、半成品、中间在制品为固态，采用搬运、车辆道路运输，厂内运输设备投资大，运输费用高。

③ 二次焙烧与浸渍工段之间有三次倒运，且运量大。

④ 工段之间的运输时间集中，运输设备利用率低。

⑤ 石墨化工段用电量大，必须靠近整流所。

⑥ 各工段工序生产能力不均衡，中间在制品和填充料需较大面积的堆场。

⑦ 原料、填充料的装卸、成品的加工均产生粉尘，应注意环境保护。

UHP 石墨电极厂各车间的跨度、结构、设备均有所不同，且建筑面积大，一旦建成，不可改变。总平面布置中应充分考虑物流、物料搬运系统的影响，也应充分注意工艺流程等因素的影响。

2. 系统规划

（1）石墨电极厂作业单位划分

根据生产工艺流程，UHP 石墨电极厂划分为 9 个主要生产工段，同时，还设有变电所、循环水、锅炉房、电修、办公、化验、汽车库等辅助和服务部门，具体如表 9-15 所示。

表 9-15 UHP 石墨电极厂作业单位

序号	作业单位	序号	作业单位	序号	作业单位
1	原料库	12	天然气调压站	23	锅炉房
2	中碎配料压型	13	整流所	24	整流循环水
3	一次焙烧	14	热媒锅炉房	25	检修
4	浸渍	15	生电极循环水	26	电修
5	二次焙烧	16	压型循环水	27	综合仓库
6	石墨化	17	石墨化循环水	28	汽车库
7	机加及成品库	18	浸渍循环水	29	耐火材料库
8	沥青库	19	给水加压泵房	30	浴池
9	沥青熔化	20	废水处理	31	食堂
10	变电所	21	一次焙烧烟气净化	32	化验室
11	空压站	22	汽车衡	33	办公楼

（2）作业单位相互关系分析

SLP 法中作业单位相互关系的密切程度用 A、E、I、O、U、X、XX 表示。密切程度等级为绝对必要（A）、特别重要（E）、重要（I）、一般（O）、不重要（U）、不希望（X）、非常不希望（XX），在评价择优进行量化过程中 A、E、I、O、U、X、XX 的系数值依次为 4、3、2、1、0、−1、−2。

由于 UHP 石墨电极厂厂内主要采用汽车运输，物流关系与非物流关系的相对重要性没有明显差异，则取加权值 1∶1，对物流相互关系与非物流相互关系进行量化，加权求和，并重新划分等级，形成作业单位综合相互关系，如表 9-16 所示（图中略去了非生产单位）。

表 9-16　作业单位物流相互关系表

序号	作业单位	1	2	3	4	5	6	7	8	9
1	原材料库		E	O	U	U	U	U	O	U
2	中碎、配料、压型			A	U	U	U	U	U	E
3	一次焙烧				E	I	U	U	U	U
4	浸渍					A	I	U	U	U
5	二次焙烧						E	I	U	U
6	石墨化							E	U	U
7	机加工及成品库								U	U
8	沥青库									A
9	沥青熔化									

（3）作业单位位置关系图

通过计算作业单位综合接近程度并排序，求得作业单位布置顺序为 5，3，2，4，6，9，1，7，8。按布置顺序，对各作业单位进行布置，求得作业单位位置相关图。在位置相关图上考虑作业单位占地面积，形成了作业单位面积相关图，如图 9-36 所示。

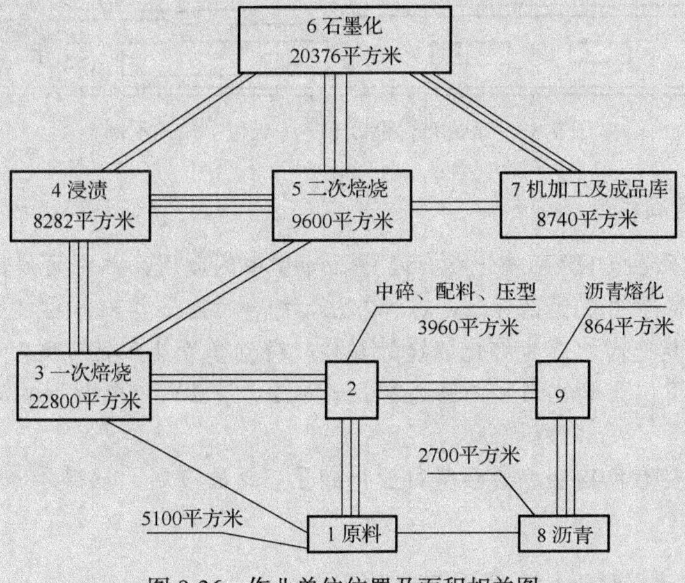

图 9-36　作业单位位置及面积相关图

（4）石墨电极厂总体布置

根据场地地形条件及外部运输、供电、供水、供气、排水等条件，进行了工厂的总体布置。

为节约用地，使厂区外形美观，建筑物朝向合理，按工艺流程、防火、卫生及厂内运输等要求，确定建筑物的间距、厂区道路、管线布置及绿化，进行主要生产工段的布置，并将可能产生粉尘及极少量有害气体的工段布置在厂区的边缘。辅助设施如电修、检修、管理人员办公、循环水设施等，虽然与物流无关，但必须在布置设计中根据与所服务设施的密切程度进行布置。为减少人流与货流的交叉，厂区分别设立货运出入口二个及人员出入口一个。厂区西侧的货运出口是为向钢厂运输电极而设，原料库布置在厂区南侧，给原料采用铁路运输留有发展空间。根据上述原则，可对 UHP 石墨电极厂布置多个总平面方案。然后采用加权因素法对各个方案进行评价，评价因素有工艺流程的合理性、物流效率、布置的灵活性、维修方便程度、基建投资、扩建的可能性、公共设施条件、环境保护条件及厂内外运输条件等。经过对比评价得出最佳方案，如图 9-37 所示。

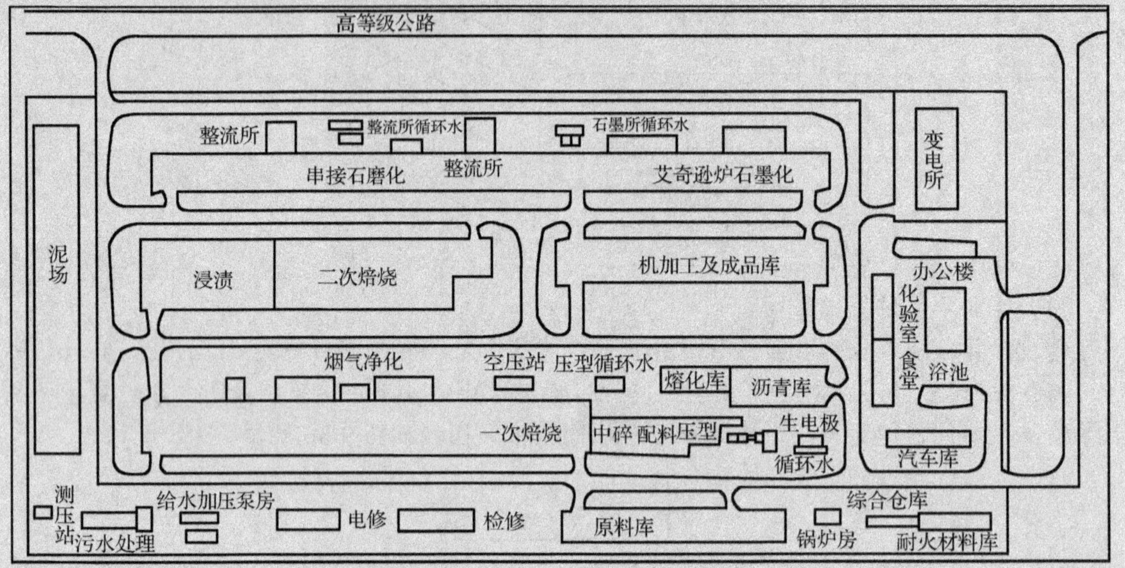

图 9-37 系统布置设计 SLP（流程）模式示例

3. 案例总结与启示

本案例是 SLP 法在 UHP 石墨电极厂总平面布置中的应用，从中可看出：

（1）SLP 法是科学的布置设计法，这种方法，综合考虑了作业单位之间物流与非物流的相互联系，经过反复迭代、逐步细化的设计过程，得到了最佳布置方案；

（2）SLP 法采用作业单位相互关系的密级表示法，使工厂布置设计由定性阶段发展到定量阶段。

因此，该方法在有色冶金、炭素等行业得到了广泛的应用，取得了令人满意的成果。

案例思考题

1．案例中企业建厂时为什么使用 SLP 法？

2．查找一个使用 SLP 方法进行设施布置规划的实例进行讨论。

Chapter 10

第 10 章 导航定位技术与地理信息系统

引导案例 TITAN GPS 车辆监控系统

TITAN GPS 车辆监控系统（TITAN GPS Auto Monitoring System）是 APOLLO 公司采用软件工程的方法进行设计开发的。它是将 GPS、GSM、GIS 等技术紧密结合，实现对车辆实时监控的一体化系统。

TITAN GPS 系统同时实现所有与 GPS 相关的 GIS 功能，通过 GSM 网，把信息传递给车辆控制中心，实时显示监控车辆位置、状态、运动轨迹，实现对监控车辆的远程控制，包括强制发回位置信息、车辆控制器控制（如开关门、防盗等）、询问、通知信息发送等。

第一节 卫星导航定位系统

卫星导航定位系统，指能在地球表面或近地空间的任何地点为用户提供全天候的 3 维坐标和 3 维速度以及 1 维时间信息的基于空间卫星的无线电导航定位系统。迄今为止，人类已建立了多个全球导航定位系统。

一、全球定位系统（Global Position System，GPS）

1. GPS 系统简介

GPS 系统的前身是美军研制的一种子午仪卫星定位系统（Transit），该系统于 1958 年开始研制，1964 年正式投入使用。卫星网使用轨道面均分的 4～5 颗卫星，均为近圆极轨道。卫星轨道约 1000 千米，运行周期约 107 分钟，无法给出高度信息，在定位精度方面也不尽如人意。然而，子午仪系统使得研发部门对卫星定位取得了初步的经验，并验证了由卫星系统进行定位的可行性，为 GPS 系统的研制打下了基础。

1973 年，美国国防部批准其海陆空三军联合研制新一代卫星导航系统，即授时和测距导航卫星，或称全球定位系统（Navigation Satellite Timing and Ranging/Global Positioning System, NAVSTAR/GPS），简称 GPS 系统。GPS 系统采用延时测距的被动式导航体制，能够为地球表面和近地空间的广大用户提供全天候、全天时、高精度的三维位置、三维速度和一维时间的 7

维定位、导航和授时服务，用户的数量没有任何限制。1978 年 2 月发射第一颗 GPS 卫星，1994 年 3 月 24 颗卫星构成的星座部署完毕，GPS 系统正式建成，系统总共耗资 200 亿美元。GPS 开始时只用于军事目的，现在也广泛应用于商业和科学研究上。

2. GPS 系统构成

GPS 系统包括三大部分。

（1）空间部分——GPS 卫星星座

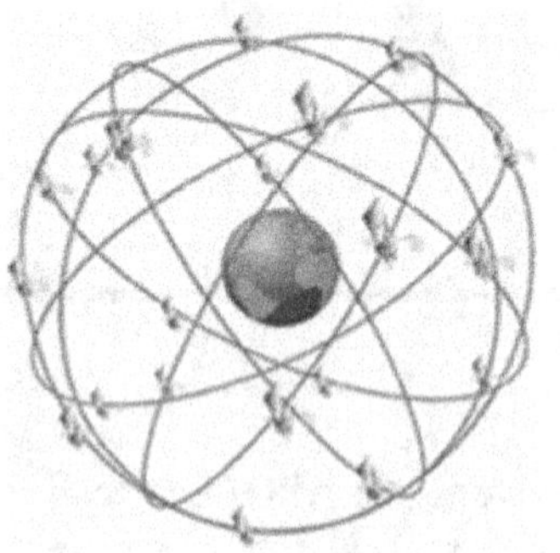

图 10-1　GPS 卫星轨道示意图

GPS 卫星星座由 21 颗工作卫星和 3 颗在轨备用卫星组成，轨道高度为 20200 千米，每颗卫星都配备有精度极高的原子钟（30 万年的误差仅为 1 秒），12 恒星时（11 小时 58 分 2.05 秒）绕地球一周；24 颗卫星均匀分布在 6 个轨道平面，每 4 颗卫星工作在同一轨道平面内，彼此夹角为 60 度，各轨道平面相对于赤道平面的倾角度为 55 度，在每一轨道平面内，各卫星的间隔为 90 度，如图 10-1 所示。GPS 空间卫星的这种分布方式，可以保证在地球上的任何地点都能连续同步地观测到至少 4 颗卫星，从而提供全球范围从地面到 2 万千米高空之间任一载体高精度的三维位置，三维速度和系统时间信息的服务。

（2）地面控制部分——地面监控系统

地面监控系统由均匀分布在美国本土和三大洋的美国军事基地上的 1 个主控站、3 个数据注入站和 5 个监测站构成。这些子系统的功能是对空间的卫星系统进行监测、控制，并向每颗卫星注入更新的导航电文。

主控站位于美国科罗拉多的联合空间执行中心，它是整个 GPS 系统的核心，它的功能是为全系统提供时间基准；监视、控制卫星的轨道；处理监测站送来的各种数据；编制各卫星星历；计算和修正时钟误差及电离层对电波传播造成的偏差；当卫星失效时及时调用备用卫星等。

3 个注入站分别设在大西洋、印度洋和太平洋的 3 个美国军事基地上。注入站的任务是将主控站计算出的卫星参数发送给卫星，同时向主控站发射信号，每分钟报告一次自己的工作状态。

5 个监测站分别设在主控站、3 个注入站及夏威夷岛。监测站负责对诸卫星进行连续跟踪和监视，测量每颗卫星的位置和距离差，采集气象数据，并将观测数据传送给主控站进行处理，5 个监控站均为无人值守的数据采集中心。

（3）用户设备部分——GPS 信号接收机

用户设备部分主要是 GPS 接收机、接收机硬件、机内软件以及 GPS 数据的后处理软件包。GPS 接收机能捕获、跟踪卫星、接收放大 GPS 信号并对信号进行解调和滤波处理，还原出 GPS 卫星发送的导航电文，计算信号在站星间的传播时间和载波相位差，实时地获得导航定位数据或采用后处理的方式，获得定位、测速、定时等数据。用户接收机按使用环境可分为低动态接收机和高动态接收机。按所要求的精度可分为 C/A 接收机和双频精码（P 码）接收机。

3. GPS 信号精度

美国政府在 GPS 的最初设计中，为了测量卫星至接收机的伪距，卫星发射三种伪随机码（简称伪码）信号，即 C/A 码、P 码与 Y 码，它们分别调制在二个载频上发射。C/A 码——粗测/捕获码，为民间用户提供标准定位服务（Standard Positioning System，SPS）；P 码——精密码，为美国军方用户和特许的用户提供精密定位服务（Precision Positioning System，PPS）。最初预计 C/A 码的定位精度约为 400 米，但由外场试验结果表明，定位精度可达到 15～40 米，而速度精度达到每秒零点几米。美国政府出于自身安全的考虑，于 1991 年在 Block Ⅱ 卫星上实施了可用性选择（Selective Availability，SA）政策，其目的就是降低 GPS 的定位精度。SA 通过控制卫星钟和报告不精确的卫星轨道信息来实现。它包括两项技术：第一项技术是将卫星星历中轨道参数的精度降低到 100 米左右；第二项技术是在 GPS 卫星的基准频率施加高抖动噪声信号，而且这种信号是随机的，从而导致测量出来的伪距误差增大。通过这两项技术，美国国防部把精度降低到 100 米（水平位置）和 156 米（高度），测速精度为 0.3 米/秒，定时精度 340 纳秒。

P 码是保密码，但 P 码的编码方式已公开。为了严格限制非特许的用户使用 P 码，美国在 1994 年 1 月 31 日在卫星上实施了反电子欺骗（Anti Spoofing，AS）的技术措施，将 P 码进一步加密编译成 Y 码。Y 码是 P 码与一个被称为 W 码的密码模二相加而成的。这样，倘若敌方发射虚假的 P 码信号进行电子欺骗，使美方产生错误定位，美方只要采用装有选择 Y 码附加芯片的 P 码接收机，不接收这种假信号，就可达到防止电子欺骗的目的。

2000 年 5 月 2 日，美国政府基于两种考虑放弃了 SA 政策。一是其国内和国外的应用需求以及国际竞争的需要，希望保持 GPS 的国际领先地位，同时成为国际标准的战略性策略；二是美国已经具备新的阻断敌对方利用民用信号对其发动攻击的能力，尤其是在局部区域内的控制使用能力。

4．GPS 定位原理及方法

（1）卫星定位的基本原理

GPS 系统的定位原理是：每个在太空运行的卫星，任一时刻都有一个坐标值来代表其位置所在（已知值），接收机所在的位置坐标为未知值，而太空卫星的信息在传送过程中，所需耗费的时间，可经由比对卫星时钟与接收机内的时钟计算出来，将此时间差值乘以电波传送速度（一般定为光速），就可计算出太空卫星与使用者接收机间的距离，如此就可依三角向量关系来列出一个相关的方程式。每接收到一颗卫星就可列出一个相关的方程式，因此在至少收到三颗卫星信息后，即可计算出平面坐标（经纬度）值，如图 10-2 所示。

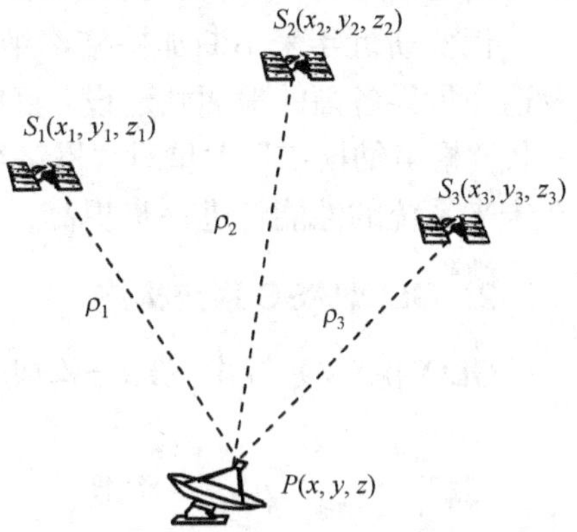

图 10-2　GPS 定位基本原理

用距离交会的方法求解 P 点的三维坐标（x,y,z）的观测方程为：

$$\rho_i = [(x_i - x)^2 + (y_i - y)^2 + (z_i - z)^2]^{1/2} \quad (i=1,2,3) \tag{10-1}$$

式中，ρ_i 是由卫星发射的测距码信号到达 GPS 接收机的传播时间乘以光速所得出的量测距离，但这是伪距，而不是卫星与 GPS 接收机的几何距离，用 ρ' 表示。对每颗卫星，伪距可表示为：

$$\rho_i' = c \cdot \Delta t_i \quad （含有各种误差） \tag{10-2}$$

（2）伪距法定位

伪距法定位是指由 GPS 接收机在某一时刻测出四颗以上的 GPS 卫星的伪距以及已知的卫星位置，采用空间距离后方交会的方法求得接收机所在点的三维坐标。

因为测距中存在一些误差的影响，如电离层误差、对流层误差、卫星钟差、接收机钟差，所测伪距与真正的几何距离之间的关系为：

$$\rho=\rho'+\delta\rho_1+\delta\rho_2+c\delta t^i-c\delta t_k \qquad (10\text{-}3)$$

式中，ρ ——卫星与 GPS 接收机的几何距离；

ρ' ——伪距；

$\delta\rho_1$——电离层误差，可根据大气物理参数及一定的数学模型计算求得；

$\delta\rho_2$——对流层误差，可根据大气物理参数及一定的数学模型计算求得；

δt^i ——第 i 颗卫星的钟差（卫星时间与理想 GPS 时间的差），可根据卫星星历求得；

δt_k——接收机钟差（接收机时间与理想 GPS 时间的差，未知）。

由于 δt_k 也需通过方程求出，所以，要增加一个方程，式（10-1）可修改为：

$$[(x_i-x)^2+(y_i-y)^2+(z_i-z)]^{1/2}+c\cdot(\delta t_k-\delta t^i)=\rho_i'+\delta\rho_1+\delta\rho_2 \quad (i=1,2,3,4) \qquad (10\text{-}4)$$

列出 4 个方程可求解 4 个未知数：$x, y, z, \delta t_k$，从而可进行定位。

二、格洛纳斯系统（Global Navigation Satellite System，GLONASS）

1. GLONASS 系统简介

GLONASS 系统由苏联在 1976 年组建，1991 年组建成具备覆盖全球的卫星导航系统，苏联解体后由俄罗斯政府负责运营。但随着俄罗斯经济不断走低，系统的导航卫星得不到补充，同时，因失修等原因使系统陷入崩溃的边缘，最严重时，仅 6 颗卫星正常工作。随着俄罗斯的经济逐渐好转，系统卫星在数目上基本上得到完善。

俄罗斯近年来不断加快格洛纳斯卫星导航系统的部署，加快新一代通信卫星的研发制造及遍布世界各国的地面站建设。目前格洛纳斯卫星导航系统的导航精度约为 2.8 米，但随着新一代“格洛纳斯-K”卫星对“格洛纳斯-M”卫星的逐步更新及更多的地面站建成并投入使用，在未来系统的性能将进一步提高，预计系统定位精度将达到 1 米。

2. GLONASS 系统构成

GLONASS 系统由三部分构成。

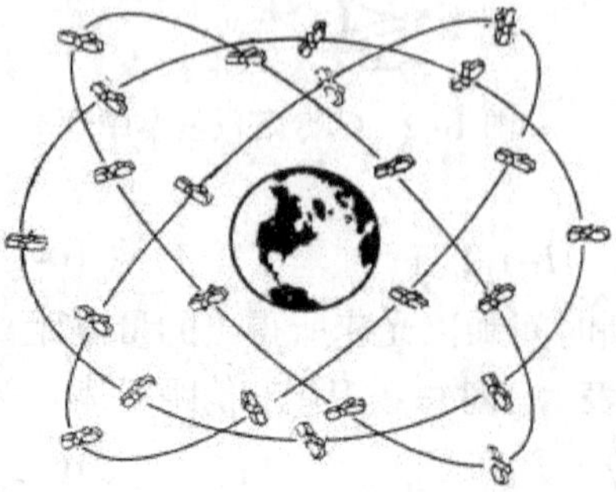

图 10-3　GLONASS 卫星轨道示意图

（1）格洛纳斯星座

格洛纳斯星座卫星由中轨道的 24 颗卫星组成，包括 21 颗工作星和 3 颗备份星，这 24 颗卫星均匀分布在升交点赤经相隔 120 度的 3 个近圆形轨道面上，每个轨道面有 8 颗卫星，同平面内的卫星之间相隔 45 度，如图 10-3 所示。卫星轨道高度为 19130 千米，轨道倾角为 64.8 度，周期为 11 小时 15 分。满配置的 GLONASS 系统卫星星座能够使地球表面 99%的地区连续观测到 5 颗以上卫星。

（2）地面支持系统

地面支持系统由系统控制中心、中央同步器、遥测遥控站（含激光跟踪站）和外场导航控制设备组成。地面支持系统的功能由苏联境内的许多场地来完成。随着苏联的解体，GLONASS 系统由俄罗斯航天局管理，地面支持部分已经减少到只有俄罗斯境内的场地了，系统控制中心和中央同步器位于莫斯科，遥测遥控站位于圣彼得堡、捷尔诺波尔、埃尼谢斯克和共青城。

（3）用户设备

GLONASS 用户设备（即接收机）能接收卫星发射的导航信号，并测量其伪距和伪距变化率，同时从卫星信号中提取并处理导航电文。接收机处理器对上述数据进行处理并计算出用户所在的位置、速度和时间信息。目前，GLONASS 系统的主要用途是导航定位，当然与 GPS 系统一样，也可以广泛应用于各种等级和种类的定位、导航和时频等领域。

3. 与 GPS 的对比

与美国的 GPS 相似，该系统也开设民用窗口。GLONASS 技术，可为全球海陆空以及近地空间的各种军、民用户全天候、连续地提供高精度的三维位置、三维速度和一维时间信息。GLONASS 在定位、测速及定时精度上则优于施加选择可用性（SA）之后的 GPS。由于俄罗斯向国际民航和海事组织承诺将向全球用户提供民用导航服务，并于 1990 年 5 月和 1991 年 4 月两次公布 GLONASS 的接口控制文件（Interface Control Document，ICD），为 GLONASS 的广泛应用提供了方便。GLONASS 的公开化，打破了美国对卫星导航独家经营的局面，既可为民间用户提供独立的导航服务，又可与 GPS 结合，提供更好的精度几何因子（Geometric Dilution Precision，GDOP）；同时也降低了美国政府利用 GPS 施以主权威慑给用户带来的后顾之忧，因此，引起了国际社会的广泛关注。

在技术方面，GLONASS 与 GPS 有以下几点不同之处。

① 卫星发射频率不同。GPS 的卫星信号采用码分多址（CDMA）体制，每颗卫星的信号频率和调制方式相同，不同卫星的信号靠不同的伪码区分。而 GLONASS 采用频分多址（FDMA）体制，卫星靠频率不同来区分，每组频率的伪随机码相同。基于这个原因，GLONASS 可以防止整个卫星导航系统同时被敌方干扰，因而，具有更强的抗干扰能力。

② 坐标系不同。GPS 使用世界大地坐标系（WGS-84），而 GLONASS 使用前苏联地心坐标系（PZ-90）。

③ 时间标准不同。GPS 系统时与世界协调时相关联，而 GLONASS 则与莫斯科标准时相关联。

三、伽利略卫星导航系统（Galileo Satellite Navigation System）

1. 伽利略卫星导航系统简介

欧盟于 1999 年首次公布伽利略卫星导航系统计划，系统计划分为 3 个阶段。第一阶段为系统确定阶段。第二阶段为系统发展阶段，该阶段又分为两个子阶段：发展与鉴定阶段和星座部署阶段。发展与鉴定阶段在 2002 年至 2005 年之间进行，将进行包括卫星、地面设备和用户接收机等系统部件的详细定义与制造。星座部署阶段在 2006 年至 2007 年之间进行，将从 2006 年开始部署应用卫星，并部署地面设施。第三阶段为商业运营阶段，系统从 2008 年开始投入完全商业运营。

1999 年欧洲委员会的报告对伽利略系统提出了两种星座选择方案：一是“21+6”方案，

采用21颗中高轨道卫星加6颗地球同步轨道卫星。这种方案能基本满足欧洲的需求，但还要与美国的GPS系统和本地的差分增强系统相结合。二是“36+9”方案，采用36颗中高轨道卫星和9颗地球同步轨道卫星或只采用36颗中高轨道卫星。这一方案可在不依赖GPS系统的条件下满足欧洲的全部需求。该系统的地面部分将由正在实施的欧洲监控系统、轨道测控系统、时间同步系统和系统管理中心组成。为了降低全系统的投资，上述两个方案都没有被采用，其最终方案是：系统由轨道高度为23616千米的30颗卫星组成，其中27颗工作星，3颗备份星。每次发射将会把5或6颗卫星同时送入轨道。

2. 伽利略卫星导航系统的构成

（1）空间部分

空间段的30颗卫星均匀地分布在3个中高度圆形地球轨道上，轨道高度为23616千米，轨道倾角56度，轨道升交点在赤道上相隔120度，如图10-4所示。卫星运行周期为14小时4分，每个轨道面上有1颗备用卫星。某颗工作星失效后，备份星将迅速进入工作位置，替代其工作，而失效星将被转移到高于正常轨道300千米的轨道上。这样的星座可为全球提供足够的覆盖范围。

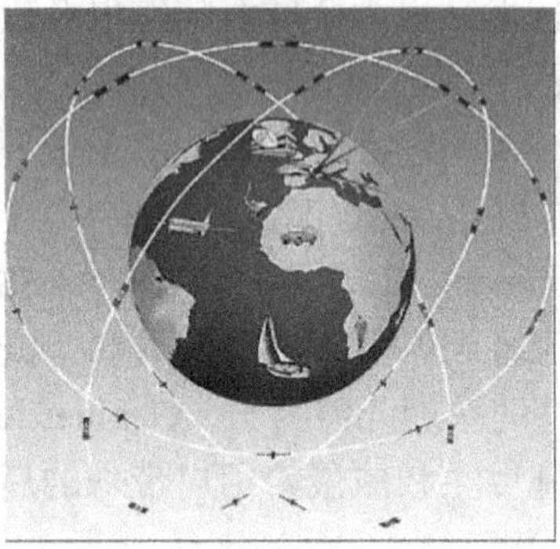

图10-4 伽利略卫星轨道示意图

（2）地面部分

地面段包括全球地面控制段、全球地面任务段、全球域网、导航管理中心、地面支持设施、地面管理机构。

地面段由完好性监控系统、轨道测控系统、时间同步系统和系统管理中心组成。伽利略系统的地面段主要由2个位于欧洲的伽利略控制中心（GCC）和29个分布于全球的伽利略传感器站（GSS）组成，另外还有分布于全球的5个S波段上行站和10个C波段上行站，用于控制中心与卫星之间的数据交换。控制中心与传感器站之间通过冗余通信网络相连。全球地面部分还提供与服务中心的接口、增值商业服务以及与“科斯帕斯-萨尔萨特”（COSPAS-SARSAT）的地面部分一起提供搜救服务。

（3）用户部分

用户端主要就是用户接收机及其等同产品，伽利略系统考虑将与GPS、GLONASS的导航信号一起组成复合型卫星导航系统，因此用户接收机将是多用途、兼容性接收机。

3. 发展现状

欧盟于1999年首次公布伽利略卫星导航系统计划，其目的是摆脱欧洲对美国全球定位系统的依赖，打破其垄断。在这样的背景下，欧盟决定把中国纳入欧盟已启动的“伽利略”计划中，中国成为第一个非欧盟的参与国。该项目计划总共将发射32颗卫星，总投入达34亿欧元，中方承诺投入2.3亿欧元的巨额资金，第一笔7000万欧元的款项很快就打到欧方账户。其后，欧洲多国的亲美政治人物纷纷上台，改变了建立“多极世界”的初衷，欧洲迅速向美国靠拢。欧洲航天局与美国“修好”，同意修正之前拟定的与美国GPS相近的发射频率，以便将投入使用后产生信号冲突的可能性降至最低程度。美国同意在技术上支持“伽利略”的开发以补偿欧盟重新设计的损失。此时，计划尚未开始实施，欧盟就为“伽利略”计划的财政和利益分配吵成一团。也就是从这个时候开始，欧盟开始排挤中国，在技术合作开发上故意设置障碍。为此，中国抽身离去，2006 年底中国痛下决心，决定独立研发，准备在原来区域性导航系统“北斗一号”基础上，推出全球导航系统“北斗二号”（中国按照“谁先使用谁先得”的国际惯例，占用了伽利略系统拟使用的“公共管理服务”的频率。此后经长达八年之久的谈判，直到 2015 年 1 月中欧双方才就卫星导航系统频率协调达成一致意见）。此时，欧盟还在内耗中没有脱开身，因各成员国存在分歧，计划几经推迟。

2005 年 12 月发射了试验卫星 Glove-A，2008 年 4 月发射了两颗试验卫星 Glove-B。

2011 年 10 月 21 日首批两颗卫星从位于法属圭亚那的库鲁航天中心成功发射升空。2012 年 10 月发射了第三颗和第四颗“伽利略”在轨验证（IOV）卫星。这 4 颗卫星将组成一个微型网络以对系统进行初步测试，并确保今后发射的该系统其他卫星能准确进入预定轨道，正常运转，2013 年春季，已组网的这 4 颗卫星将可以首次提供导航服务。

直至 2015 年 3 月，伽利略系统仅发射了 8 颗卫星，远落后于计划进度。

四、北斗卫星导航定位系统

1. 北斗导航试验系统（原名“北斗一号”）

（1）北斗导航试验系统简介

“北斗一号”方案于 1983 年提出，由于采用 2 颗卫星定位，又称“双星定位导航系统”。第一颗卫星于 2000 年 10 月 31 日发射升空，第二颗卫星于当年 12 月 21 日成功发射。2003 年 5 月 25 日，西昌卫星发射中心成功地用“长征三号甲”运载火箭将第三颗“北斗一号”卫星送入太空。这次发射的是导航定位系统的备份星，它与前两颗工作星组成了完整的卫星导航定位系统，确保全天候、全天时提供卫星导航信息。2007 年 2 月 3 日，“北斗一号”第四颗卫星发射成功，不仅作为早期三颗卫星的备份，同时还将进行卫星导航定位系统的相关试验。

“北斗一号”是利用地球同步卫星为用户提供快速定位、简短数字报文通信和授时服务的一种全天候、区域性的卫星定位系统。系统由两颗地球静止卫星（80° E 和 140° E）、一颗在轨备份卫星(110.50° E)、中心控制系统、标校系统和各类用户机等部分组成。其工作频率为 2491.75 兆赫，系统能容纳的用户数为每小时 540000 户。具有卫星数量少、投资小、用户设备简单价廉、能实现一定区域的导航定位、通讯等多用途，可满足当前我国陆、海、空运输导航定位的需求。

“北斗一号”就性能来说，和美国 GPS 相比差距甚大。①覆盖范围仅限于我国周边地区，与 GPS 的全球定位相差甚远；②定位精度低，定位精度最高 20 米，而 GPS 可以到 10 米以内；③由于采用卫星无线电测定体制，用户终端机工作时要发送无线电信号，不能保持无线电静默，会被敌方无线电侦测设备发现，不适合军用；④无法在高速移动平台上使用，这限制了它在航空和陆地运输上的应用。但最重要的是，“北斗一号”是我国独立自主建立的卫星导航系统，它的研制成功标志着我国打破了美、俄在此领域的垄断地位，解决了中国自主卫星导航系统的有无问题。它是一个成功的、实用的、投资很少的初步起步系统。此外，该系统并不排斥国内民用市场对 GPS 的广泛使用。以“北斗”导航试验系统为基础，我国开始逐步实施“北斗”卫星导航系统的建设，首先满足中国及其周边地区的导航定位需求，并进行系统的组网和测试，逐步扩展为全球卫星导航定位系统。

（2）北斗导航试验系统定位原理

系统的工作过程是：首先由地面站向卫星Ⅰ和卫星Ⅱ同时发送询问信号，经卫星转发器向服务区内的用户机广播，如图 10-5(a)所示；需定位的用户机响应其中一颗卫星的询问信号，并同时向两颗卫星发送响应信号，经卫星转发回地面站；地面站接收并解调用户发来的信号，然后根据用户的申请服务内容进行相应的数据处理。

对定位申请，地面站测出两个时间延迟：即从地面站发出询问信号，经某一颗卫星转发到达用户，用户发出定位响应信号，经同一颗卫星转发回地面站的延迟（$p_1+r_1+r_1+p_1$）；从地面站发出询问信号，经上述同一卫星到达用户，用户发出响应信号，经另一颗卫星转发回地面站的延迟（$p_1+r_1+r_2+p_2$）。由于地面站和两颗卫星的位置均是已知的（可算出 p_1 和 p_2，）因此由上面两个延迟量可以算出用户到第一颗卫星的伪距离（r_1），以及用户到两颗卫星距离之和（r_1+r_2）。如图 10-5(b)所示。

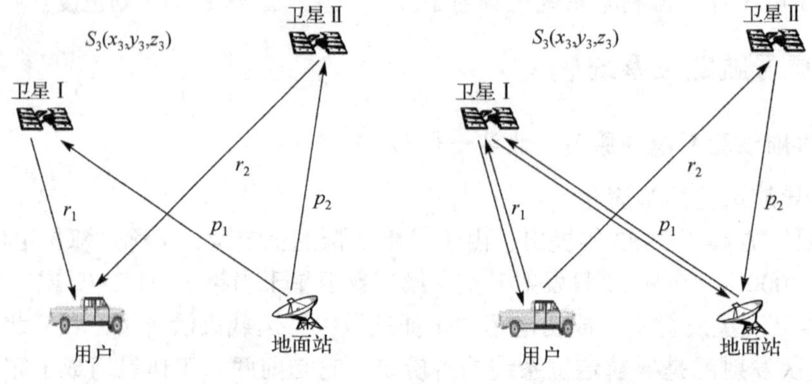

(a) 卫星发送广播信号　　(b) 用户响应广播信号

图 10-5　北斗一号定位基本原理

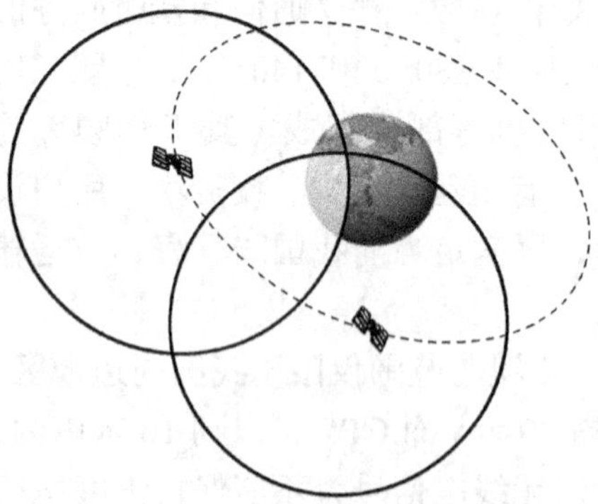

图 10-6　三球交会定位原理

从而得知用户处于一个分别以两颗同步卫星为球心，以卫星到用户接收天线距离为半径，构成的两个球面的交线上，这个交线是一个圆。另外地面站从存储在计算机内的数字化地形图查寻到用户高程值，又可知道用户处于某一与地球基准椭球面平行的椭球面上。圆与不规则球面相交，得两个点，分别位于南北半球，取北半球的点即为用户机的位置，地面站可根据三球交会定位原理计算出用户所在点的三维坐标，如图 10-6 所示。这个坐标经中心站加密后加入出站广播电文中，通过卫星发送给用户。

2．北斗卫星导航系统（原名“北斗二号”）

（1）北斗卫星导航系统简介

北斗卫星导航系统是我国自主研发、独立运行的全球卫星导航系统（BeiDou Navigation Satellite System，BDS），与美国的 GPS、俄罗斯的格洛纳斯、欧盟的伽利略系统兼容共用的全球卫星导航系统，并称全球四大卫星导航系统。

（2）北斗卫星导航系统的发展目标

北斗卫星导航系统的发展目标是在继续保留北斗卫星导航试验系统有源定位、双向授时和短报文通信服务基础上，对全球提供无源定位服务。其定位原理与 GPS 相同，为无线电伪距定位，定位精度 10 米，测速精度 0.2 米/秒，授时精度 10 纳秒。

在计划中，整个系统将由 35 颗卫星组成，其中 5 颗是静止轨道卫星，以与使用静止轨道卫星的北斗卫星导航试验系统兼容。将在北斗导航试验卫星系统组网和试验基础上，逐步扩展为全球卫星导航系统。该系统可在全球范围内全天候、全天时为各类用户提供高精度、高可靠的定位、导航、授时服务并兼具短报文通信能力。中国以后生产定位服务设备的生产商，都将会提供对 GPS 和北斗系统的支持，这将会提高定位的精确度。而北斗系统特有的短报文服务功能将收费，这个功能的实用性还有待观察。

北斗卫星导航系统由空间端、地面端和用户端三部分组成。空间端包括 5 颗静止轨道卫星和 30 颗非静止轨道卫星。地面端包括主控站、注入站和监测站等若干个地面站。用户端由北斗用户终端以及与美国 GPS、俄罗斯 GLONASS、欧盟 GALILEO 卫星导航系统兼容的终端组成。

3. 建设现状

中国作为发展中国家，拥有广阔的领土和海域，高度重视卫星导航系统的建设，努力探索和发展拥有自主知识产权的卫星导航定位系统。中国卫星导航系统建设实施了“三步走”的发展战略。第一步，2000 年建成北斗卫星导航试验系统，解决我国自主卫星导航系统的有无问题；第二步，建设北斗卫星导航系统，2012 年形成区域覆盖能力；第三步，2020 年左右，形成全球覆盖能力。2000 年以来，中国已成功发射了 4 颗“北斗导航试验卫星”，建成北斗导航试验系统（第一代系统）。这个系统具备在中国及其周边地区范围内的定位、授时、报文和 GPS 广域差分功能，并已在测绘、电信、水利、交通运输、渔业、勘探、森林防火和国家安全等诸多领域逐步发挥着重要作用。2012 年 12 月 27 日，北斗系统对外宣布向亚太大部分地区正式提供连续无源定位、导航、授时等服务，标志着北斗系统“三步走”战略第二步圆满完成。截至 2016 年 6 月，已发射 23 颗卫星。

五、导航定位系统在物流管理中的应用

1. 用于车辆定位、跟踪调度、线路规划

车辆导航将成为未来全球卫星定位系统应用的主要领域之一，利用 GPS 和电子地图可实时显示出车辆的实际位置，对配送车辆和货物进行有效的跟踪，指挥中心可监测区域内车辆的运行状况，对被测车辆进行合理调度，还可随时与被跟踪目标通话，实行远程管理。路线的规划分自动和手动两种，自动路线规划是由驾驶员确定起点和终点，由计算机软件按照要求自动设计最佳行驶路线，包括最快的路线、最短的路线、通过高速公路路段次数最少的路线等；手工路线规划是驾驶员根据自己的目的地设计起点、终点和途经点等，自己建立路线库。路线规划完毕后，系统能够在电子地图上设计路线，同时显示车辆运行途径和方向。

2. 用于铁路运输管理

我国铁路系统开发的基于 GPS 的计算机管理信息系统，可以通过 GPS 和计算机网络实时

停车场等位置咨询服务信息；车辆资料管理内容除应涵盖车辆的基本信息（如车牌号、车辆类型、吨位、颜色、安全记录、维修维护记录等）外，运用 CRM（客户关系管理）思想模式对货运车辆的客户服务行为（如客户的投诉管理、运输服务水平等）作出相应的系统管理，并可以此为各货运司机的绩效考评提供依据。

第三节 地理信息系统

地理信息系统（Geographic Information System，GIS）是处理地理信息的系统。地理信息是指直接或间接与地球上的空间位置有关的信息，又常称为空间信息。一般来说，GIS 可定义为："用于采集、存储、管理、处理、检索、分析和表达地理空间数据的计算机系统，是分析和处理海量地理数据的通用技术"。

地理信息系统萌芽于 20 世纪的 60 年代。70 年代是地理信息系统走向实用的发展期，美国、加拿大、英国、西德、瑞典和日本等国对 GIS 的研究均投入了大量人力、物力和财力。80 年代是 GIS 的推广应用阶段，由于计算机技术的飞速发展，在性能大幅度提高的同时，价格迅速下降，特别是工作站和个人计算机的出现与完善，使 GIS 的应用领域与范围不断扩大。90 年代为 GIS 的用户时代，随着地理信息产业的建立和数字化信息产品在全世界的普及，GIS 成为了一个产业，投入使用的 GIS 系统，每 2～3 年就翻一番，GIS 市场的增长也很快。目前，GIS 的应用在走向区域化和全球化的同时，已渗透到各行各业，涉及千家万户，成为人们生产、生活、学习和工作中不可缺少的工具和助手。与此同时，GIS 也从单机、二维、封闭向网络（包括 Web GIS）、多维、开放的方向发展。

一、GIS 的构成

GIS 主要由五部分构成：计算机硬件系统、软件系统、地理空间数据系统、使用与管理人员（用户）和应用模型，如图 10-12 所示。其中，计算机硬件系统和软件系统提供了工作环境；地理空间数据是 GIS 应用优劣的核心；系统使用与管理人员决定了系统的工作方式；应用模型提供了解决专门问题的理论和方法。

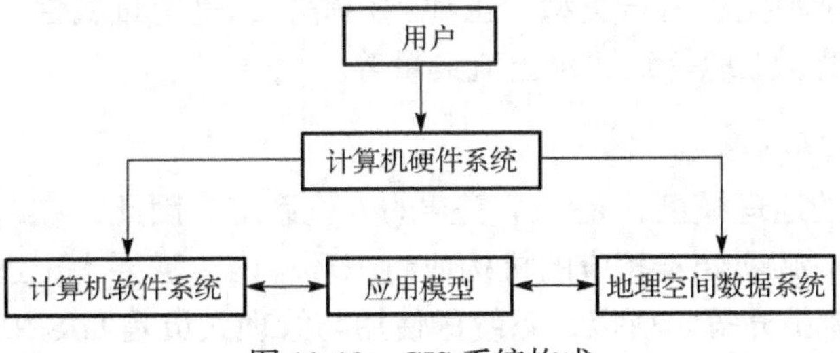

图 10-12 GIS 系统构成

1. 计算机硬件系统

GIS 的硬件系统一般由计算机与一些外围设备组成，其中特殊的是数据输入设备。因为地理信息系统中的数据都是数字式的，而系统外部的信息大部分是模拟式的（例如，地图、表格、影像等），因此必须通过模拟形式向数字形式的转换输入到系统内部。根据各种模拟形式的不同，其输入设备也多种多样，现在使用较多的有矢量数字化仪、图形扫描仪、遥感全收集全路列车、机车、车辆、集装箱及所运货物的动态信息，可实现列车、货物跟踪管理。只要知道货车的车种、车型、车号，就可以立即从近 10 万千米的铁路网上流动着的几十万辆货车中找到该货车，还能得知这辆货车在何处运行或停在何处以及所有的车载货物发货信息。铁路部门运用这项技术极大地提高了路网及运营的透明度，为货主提供了更高质量的服务。

3. 用于船队最佳航程和安全航线的测定、航向的实时调度、监测

远洋运输的船舶利用 GPS 导航，可以提高运输的能力和效率；在内河的运输中可利用 GPS 来改善航运条件，如三峡工程就利用 GPS 来对船队进行导航。

4. 用于空中交通管理、精密进场着陆、航路导航和监视

GPS 的精度远优于现有任何航路用导航系统，这种精度的提高和连续性服务的改善有助于有效利用空域，实现最佳的空域划分和管理、空中交通流量管理以及飞行路径管理，为空中运输服务开辟了广阔的应用前景，同时也降低了营运成本，保证了空中交通管理制的灵活性。GPS 的全球、全天候、无误差积累的特点，更是中、远航线上最好的导航系统。

5. 用于信息查询和紧急救援

在电子地图上根据需要进行查询，将被查询目标的位置在电子地图上显示出来，指挥中心可利用监测控制台对区域内任何目标的所在位置进行查询，车辆信息以数字形式在控制中心的电子地图上显示。通过 GPS 定位和监控管理系统对遇有险情或发生事故的配送车辆进行紧急援助，监控台的电子地图可显示求助信息和报警目标，规划出最优援助方案，通过声、光警示值班员实施紧急处理。

6. 用于军事物流

全球卫星定位系统首先是为军事目的而建立的，在军事物流中，如后勤装备的保障等方面，应用相当普遍，尤其是在美国，其在世界各地驻扎的大量军队无论是在战时还是在平时都对后勤补给提出很高的需求，在战争中，如果不依赖 GPS，美军的后勤补给就会变得一团糟。在 2003 年的伊拉克战争中美军依靠 GPS 和其他顶尖技术，以强有力的、可见的后勤保障，为取得战争的快速胜利提供了坚实的基础。

第二节 全球移动通信系统定位技术

移动通信定位技术（无线定位技术）是通过对接收到的无线电波的某些参数进行测量，根据特定的算法来判断被测物体的位置，测量参数一般包括信号的传输时间、幅度、相位和到达角度等。定位精度主要取决于测量的方法。

移动通信定位服务是通过全球移动通信系统（Global System for Mobile Communication，GSM）获取移动用户的位置信息（经纬度），然后提供相应服务的一种增值业务。由于其在紧急救援、亲友定位、汽车导航、智能交通、团队管理等方面的出色表现，近几年发展非常迅速。

一、GSM 定位原理

根据移动定位的基本原理，目前技术上实现移动定位的方案可以划分为 3 大类：基于移动网络的技术方案、基于移动终端的技术方案以及两者的结合方案。

1．基于网络的定位技术

（1）起源蜂窝（Cell Of Origin，COO）定位技术

COO 定位技术即基于 Cell-ID 的定位技术，就是根据移动台所处的小区标识号 ID 来确定用户的位置。移动台在当前小区注册后，在系统的数据库中就会有相对应的小区 ID 号。只要系统能够把该小区基站设置的中心位置（在当地地图中的位置）和小区的覆盖半径广播给小区范围内的所有移动台，这些移动台就能知道自己处在什么地方，查询数据库即可获取位置信息，如图 10-7 所示。该定位方案的优点是无须对网络和手机进行修改，响应时间短。但它的定位精度取决于小区的半径，定位精度低。

（2）抵达时间（Time Of Arrival，TOA）定位技术

TOA 定位技术是基于测量信号从移动台发送出去并到达消息测量单元（3 个或更多基站）的时间来定位。移动台位于以基站为圆心、移动台到基站的电波传播距离为半径的圆上。通过多个基站进行计算，移动台的二维位置坐标可由 3 个圆的交点确定，如图 10-8 所示。

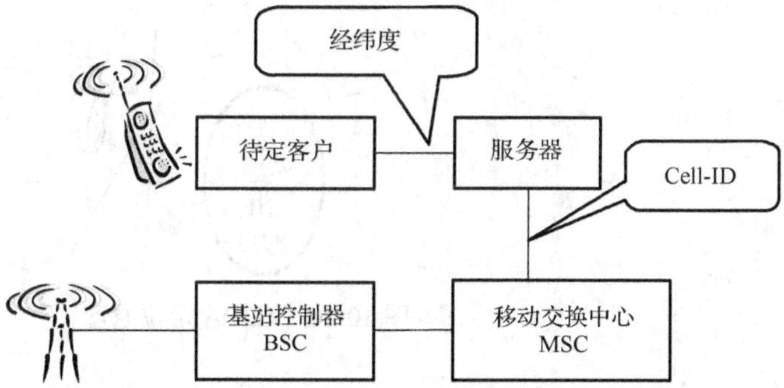

图 10-7　COO 定位原理

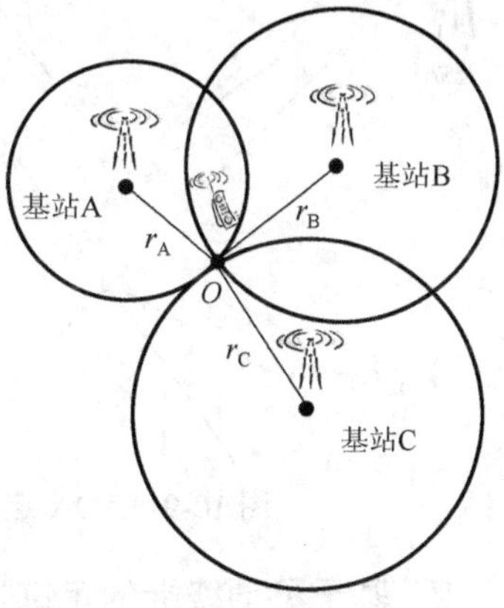

图 10-8　TOA 定位原理

TOA 定位方式要求目标移动终端发射机在发射信号中加有发射时间戳，以便根据该信号到达基站的接收时间来确定信号的传播时间。TOA 定位方式的精度取决于各基站和目标移动终端的时间精度，以及各基站接收机和目标移动发射机时钟间的同步来实现精确的定位。若有 1 微秒的时钟精度差或同步误差将导致 300 米的定位误差。

TOA 定位方式基于网络定位方案，其优点是使用现有蜂窝移动通信网络与移动终端，在市区定位精度较高；其缺点是要求精确的时间同步，要用时间戳区分信号的发射时间（增加上行链路数据量），其响应时间较长。但是，与下面要介绍的增强型观测时间差定位技术 E-OTD 不同的是，它没有使用位置测量单元，因此，必须通过与在基站上安装了全球卫星定位系统（GPS）或原子钟的无线网络之间的同步来实现。

（3）抵达角度（Arrival Of Angle，AOA）定位技术

AOA 定位技术根据信号到达的角度，确定移动台相对于基站的角度关系，只要测量一个移动台距两个基站的信号抵达角度，就可以确定出移动台的位置，如图 10-9 所示。基站接收机利用基站天线阵列，通过对不同阵列所接受到的信号相位，测算出目标移动终端电波入射角，从而构成一条从基站接收机到目标移动终端发射机间的径向连线（测位线），目标移动终端的二维坐标为二条测位线的交点。AOA 定位方式基于网络定位方案，优点是改善了天线增

益模式和话音质量；其缺点是需要基站天线阵列的支持，每个基站需要 4～12 组的天线阵列，实现比较复杂，投资较大。

（4）抵达时间差异（Time Difference Of Arrival，TDOA）定位技术

TDOA 定位技术是通过检测信号到达两个基站的时间差，而不是抵达的绝对时间来确定移动台位置的，降低了对时间的同步要求。移动台定位于以两个基站为焦点的双曲线方程上。确定移动台的二维位置坐标需要建立两个以上双曲线方程，两条双曲线的交点即为移动台的二维位置坐标。如图 10-10 所示。由于这种定位技术不要求移动台和基站之间的同步。因此在误差环境下性能相对优越，在蜂窝通信系统的定位技术中备受关注。它也是基于网络的定位方案，优点是精度较高，实现容易；缺点是为了保证定时精度，需要改造基站设备。

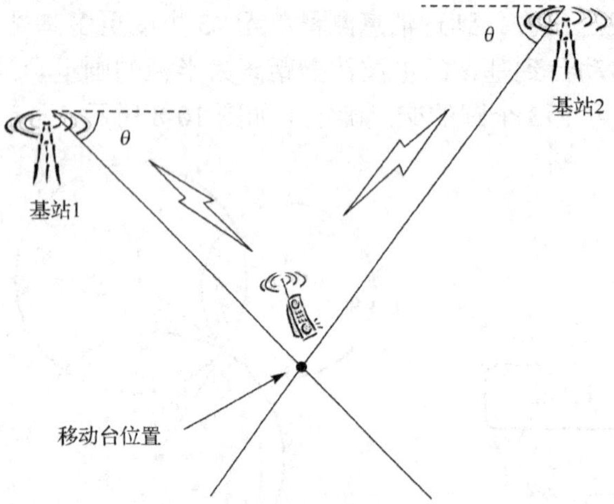

图 10-9　AOA 定位原理

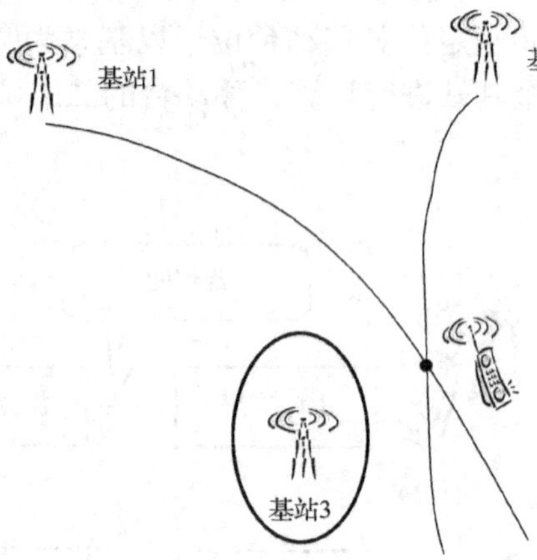

图 10-10　TDOA 定位原理

2．基于移动终端的定位技术

基于终端的定位技术主要指移动终端计算出自己所处的位置。这种技术主要有 E-OTD、A-GPS 和 GPS 等几种。

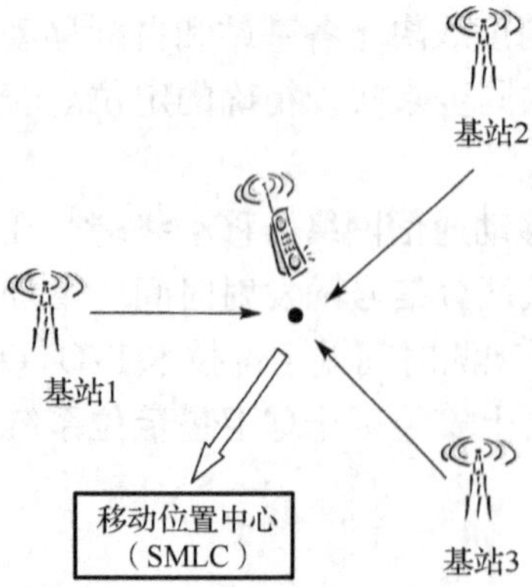

图 10-11　E-OTD 定位原理

（1）增强型观察时间差（Enhanced-Observed Time Difference，E-OTD）

E-OTD 是通过放置位置接收器或参考点实现的，这些参考点分布在较广的区域内的许多站点上，作为 LMU（Location Measurement Unit）以覆盖无线网络。每个参考点都有一个精确的定时源，当具有 E-OTD 功能的手机和 LMU 接收来自至少 3 个基站信号时，从每个基站到达手机和 LMU 的时间差将被计算出来，这些差值可以被用来产生几组交叉双曲线，并由此估计出手机的位置，如图 10-11 所示。

E-OTD 采用和 TOA 类似的无线信号传播时间测量技术和三角定位算法来确定手机终端的位置。所不同的是，终端由网络侧获得无线测量信号和辅助定位数据，由终端进行计算后再返回给网络侧。

（2）A-GPS（Assistant GPS）

A-GPS 有二种定位方式。

① 手机辅助 GPS 定位方式。

这种解决方案是将传统 GPS 接收器的大部分功能转移到网络处理器上实现。该方式需要天线、RF 单元（Radio Frequency Unit）和数据处理器等设备。

GSM 网向手机发送一串极短的辅助信息，包括时间、可视卫星清单、卫星信号多普勒参数和码相位搜索窗口。这些参数有助于内置 GPS 模块减少 GPS 信号获得时间。

辅助数据来自经手机 GPS 模块处理后产生的伪距数据，且可持续数分钟。收到这些伪距数据后，相应的网络处理器或定位服务器能大致估算出手机的位置。GSM 网增加必要的修正后，可提高定位精度。

② 手机自主 GPS 定位方式。

这种手机包含一个全功能的 GPS 接收器，具有第一种方式中手机的所有功能，再加上卫星位置和手机位置计算功能。运算开始时，需要的数据比手机辅助方式要多，这些数据能够持续 4 小时以上或根据需要进行更新，通常包括时间、参考位置、卫星星历和时间校验参数等。如果某些应用需要更高的精度，则必须持续（间隔约 30 秒）向手机发差分 GPS（DGPS）信号。DGPS 信号在非常宽的地域范围有效，以一个参考接收器为中心可服务于较宽的地域范围。最终位置信息由手机本身计算得到，若需要，此定位信息可发送到其他任何应用中。

3. 混合定位技术

混合定位技术是定位技术发展的一个方向，混合定位结合两种或者多种定位技术的优点，使定位更加的精确和可靠。它结合了基于网络的 GPS 定位技术和基于 GPS 的网络辅助定位技术的优点。在野外，可以利用 GPS 定位提供高精度的位置信息，同时网络侧可以提供辅助信息来缩短定位时间和提高定位精度；在城市，可以利用基站密集的优势，提供基于基站信号，或者 GPS 和基站信号混合的方式定位，实现在复杂环境下（如室内、城市高楼之间）的精确定位。

最直接的混合定位技术是 A-GPS 和 Cell-ID 的混合，在建筑物密集地区，Cell-ID 可以弥补 A-GPS 的定位精度的不足，而且，因为 Cell-ID 可以用在拥有大量旧式终端的网络中，和 A-GPS 的混合，正好弥补了 A-GPS 在这一方面的不足。

4. 定位方式的选择

以上介绍的几种移动通信定位技术，所能达到的定位精度不同，使用的环境不同，对终端和网络的要求也不同。在选择定位技术时，应根据各种定位技术的特点、不同的定位业务需求及终端和网络的实际情况，选取不同的定位技术方案。如表 10-1 所示。

表 10-1 不同定位方式对比

定位技术	优点	缺点
COO	终端和网络不需要修改、实现简单	定位精度低
TOA	终端不需要修改	网络侧需要增加智能天线；定位精度不高
AOA	终端不需要修改	需要增加网络实体和修改软件；在非同步网络中定位误差大，定位精度受环境影响大
TDOA	终端不需要修改，精度高于 TOA	需要增加网络实体和修改软件；定位精度受环境影响大
E-OTD	城市定位精度较高	需要增加网络实体，成本昂贵，限制漫游用户服务
A-GPS	定位精度高	需要对终端和网络实体进行修改；不能在室内或障碍严重的地方工作
混合定位	适合范围广，在各种环境下均有很高的定位精度	需要对终端和网络实体进行修改，实现较为复杂

二、GSM 定位技术在物流管理中的应用

1. 车辆实时监控调度

通过构建基于 GSM 的物流车辆实时调度管理系统可以实现车辆监控与调度，其工作过程为系统向网内所有 GSM 车载定位终端发出移动目标定位请求后，车载终端自动计算出自身所处的地理位置坐标，后经 GSM 通信机回传到 GSM 公用数字移动通信网，调度中心系统透过移动通信网络，将车辆坐标数据及其他数据还原后，与 GIS 系统的电子地图相匹配，即可在电子地图上直观地显示车辆实时坐标的准确位置。调度指挥中心自动间隔式地做移动目标定位，即可实时地监控到车辆运行轨迹。在任意时间，调度中心都能查看到准确真实的区域内运力分布，以及车辆的运行状态。为物流企业做出高效能运力调度决策提供坚实的保障。

2. 实时货运派单

客户要求的运输时限越来越短，每家物流企业也都希望缩短货物的处理周期。通过 GSM 定位系统可实现强大的车辆查询调度功能，车辆调度指挥中心通过终端位置定位，准确查询到车辆当前所在地区位置，然后把当前位置区域内的货运需求信息，实时地发到正处在该位置区域，或离该位置最近的货运车辆 GSM 车载终端上。让司机无论跑到哪里，哪里就有货运需求。最大限度地提升整个车队的客户响应能力，降低车辆营运成本，从而提升客户满意度。

3. 货运定单跟踪

“我的货到哪里了？”这是物流公司的客户服务人员经常要回答客户的问题。通过 GSM 车载终端，利用车辆调度指挥中心强大的移动目标位置定位查询功能，可为企业客服或直接客户提供该单货物真实客观的地理位置信息，以及跟此单货物相关联的其他更为详细的货物资料信息。高效快捷的响应客户多样化查询及货物管理请求，从而提升客户的满意度与忠诚度。

4. 运输线路优化

在向司机下达货运调度信息的同时，系统通过 GIS 地理分析功能，在电子地图上测量出任意两点或多点的间距，即可帮助调度指挥中心在地图上找寻到车辆运输的最短路线，并实时向此货运司机反馈这一路径优化信息。不但让司机知道上哪能最快拉到货，而且能够让他们知道走哪条路可最快到达目的地，最大程度缩小车队的客户响应时间，提高生产率，营造出高效、快捷、准确周到的专业物流企业形象。

5. 车辆反劫防盗，远程遥控

车载定位终端也可具有 GSM 网络汽车防盗报警功能。GSM 汽车防盗反劫系统是利用 GSM 通信网络的手机远程遥控的汽车智能高科技防盗报警系统。具有防盗反劫、远程报警、实时监控、防盗设定、防盗解除、碰撞报警、非法开门报警、非法启动报警、手机短信遥控、车辆区域定位等多种功能。

6. 物流信息服务及货运车辆（人员）管理

信息管理分为信息服务和车辆（人员）管理两部分：在信息服务中，调度指挥中心可以实时向车辆司机提供城市或地区交通信息、线路咨询信息以及位置区域内的如银行、酒店、

球定位系统等。同样，输出设备也主要是一些能够显示或输出图形的设备，如图形终端显示器、绘图机、打印机、磁介质硬拷贝机、可擦写光盘以及多媒体输出装置等。它们以图形、图像、文件、报表等不同形式显示数据的分析处理结果。

2．计算机软件系统

GIS 软件系统是 GIS 的核心组成，直接关系到 GIS 的功能。它主要有 3 部分，即 GIS 软件平台、应用系统和空间数据库。这里的软件平台主要处理数据的输入与转换、图形及文本编辑、数据存储与管理、空间查询与分析及数据输出与表达等；而应用系统是用于完成特定应用任务的，它与 GIS 软件平台紧密相连，应用系统作用于各类空间数据上，构成 GIS 的各种应用；空间数据库是 GIS 的重要组成部分，它是系统分析加工的对象，是 GIS 表达现实世界的内容。

事实上，GIS 软件的主要功能是实现空间数据输入/输出管理、空间数据库管理、空间数据处理和分析以及专业应用模型。

3．地理空间数据

地理空间数据是地理信息系统的操作对象与管理内容。GIS 必须建立在准确使用地理空间数据的基础上，因此地理空间数据也是 GIS 的重要组成部分。数据来自地图数字化、专业采集、遥感图像解析或从其他数据转换得到。数据的类型主要有两大类：空间数据和非空间的属性数据。

（1）空间数据

空间数据指用来表示空间实体的位置、形状、大小及其分布特征诸多方面信息的数据。它反映了两方面信息：一是几何坐标，即在某个已知坐标系中的位置，如经纬度、平面直角坐标、极坐标下的位置；二是拓扑关系，即实体间的空间相关性，表示点、线、网、面等实体之间的空间关系，如网络节点与网络之间的枢纽关系、边界线与面实体间的构成关系、面实体与岛或内部点的包含关系等。

（2）非空间的属性数据

非空间的属性数据用来反映非几何属性，即与几何位置无关的属性。主要是与地理实体相联系的地理变量或地理意义。非几何属性可以分为两方面信息：一是定性属性，包括名称、类型、特性等，如土壤种类、岩石类型、土地利用等；二是定量属性，包括数量和等级等，如土地面积、人口数量、土地等级、水土流失量等。

4．系统使用与管理人员

GIS 是一个动态的地理模型，是一个复杂的人机系统。因此，在包含了系统硬件、软件和数据结构之外，GIS 必须处于相应的机构或组织环境内，需要人工进行系统组织、管理、维护和数据更新、系统扩充等。所以，系统的使用与管理人员是 GIS 中的重要因素。

5．应用模型

GIS 应用模型的构建和选择是 GIS 应用系统成败的至关重要因素。它是在对专业领域的具体对象与过程大量研究基础上总结出的规律，GIS 应用就是利用这些模型对大量空间数据进行分析综合来解决实际问题的，如基于 GIS 的物流系统分析模型、车辆追踪模型等。应用模型是 GIS 技术产生社会经济效益的关键所在，也是 GIS 生命力的重要保证，因此，它在 GIS 技术中占有十分重要的地位。

二、GIS 的功能

GIS 技术的强大生命力来源于其强大的地理空间信息的处理能力。GIS 就是通过对空间信息及其相关属性信息的处理，将各种详细的地理资料（与地理空间有关的图形资料和属性资料）整合成综合性的地理信息资料库，通过应用软件，将各种相关信息以文字、数字、图表、声音、图形或配以地图的形式，提供给规划者及决策者使用。GIS 作为一个空间信息系统具有五项基本功能，即数据采集与输入、数据编辑与更新、数据存储与管理、空间数据查询与分析、数据输出与表达，如图 10-13 所示。

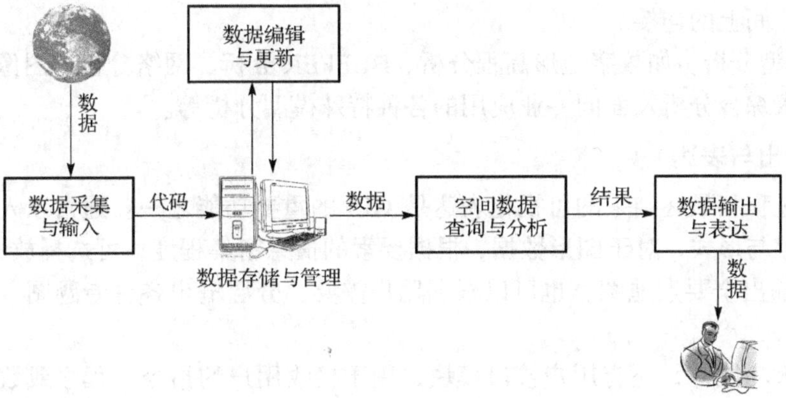

图 10-13　GIS 的功能结构图

1. 数据采集与输入

数据的获取包括数据的采集与输入，即将系统外部的原始数据传输到系统内部，并将它们从外部格式转换为系统能够识别和处理的内部格式存储于系统的地理数据库中。

将地理数据有效地输入到 GIS 中是一项琐碎、费时、代价昂贵的任务，大多数的地理数据是从纸质地图输入 GIS 的。常采用的输入方法有键盘输入、利用数字化仪和扫描仪进行数字化和扫描等。

目前 GIS 的输入正在越来越多地借助非地图形式，如将遥感技术（RS）、全球定位技术（GPS），和地理信息系统相结合，这将为 GIS 的数据获取提供更先进、更丰富的手段，遥感数据和图像现已成为了 GIS 重要的数据来源，而 GPS 可同时测定空间实体的三维坐标，可以准确、快速地定位在地球表面的任何地点，可为 GIS 提供准确的地理数据。

2. 数据编辑与更新

数据编辑主要包括图形编辑和属性编辑。图形编辑主要包括拓扑关系建立、图形编辑、图形整饰、图幅拼接、图形变换、投影变换、误差校正等功能；属性编辑主要与数据库管理结合在一起完成。

3. 数据的存储与管理

数据的有效组织与管理，是 GIS 系统应用成功与否的关键。GIS 系统主要提供空间与非空间数据的存储、查询检索、修改和更新的能力。矢量数据结构、栅格数据结构是存储 GIS 的主要数据结构。数据结构的选择在相当程度上决定了系统所能执行的功能。数据结构确定后，在空间数据的存储与管理中，关键是确定应用系统空间与属性数据库的结构以及空间与属性数据的连接。目前广泛使用的GIS软件大多数采用空间分区、专题分层的数据组织方法，用GIS管理空间数据，用关系数据库管理属性数据。

4．空间数据查询与分析

空间数据查询与分析是GIS的核心，是GIS最重要和最有魅力的功能，也是GIS有别于其他信息系统的本质特征。GIS的空间分析可分为3个层次的内容。

① 空间检索。包括从空间位置检索空间物体及其属性、从属性条件检索空间物体。

② 空间拓扑叠加分析。实现空间特征（点、线、面或图像）的相交、相减、合并等，以及特征属性在空间上的连接。

③ 空间模型分析。如数字地形高程分析、BUFFER分析、网络分析、图像分析、三维模型分析、多要素综合分析及面向专业应用的各种特殊模型分析等。

5．数据输出与表达

中间处理过程和最终结果的可视化表达是GIS的重要功能之一。通常以人机交互方式来选择显示的对象与形式，对于图形数据，根据要素的信息密集程度，可选择放大或缩小显示。GIS不仅可以输出全要素地图，也可以根据用户需要，分层输出各种专题图、各类统计图、图表及数据等。

除上述五大功能外，还有用户接口模块，用于接收用户的指令、程序或数据，是用户和系统交互的工具，主要包括用户界面、程序接口与数据接口。由于地理信息系统功能复杂，且用户又往往为非计算机专业人员，用户界面是地理信息系统应用的重要组成部分，使地理信息系统成为人机交互的开放式系统。

三、空间数据的获取

1．GIS数据的来源

地理信息系统的数据源是指建立地理信息系统数据库所需要的各种类型数据的来源，主要包括以下几种。

（1）地图

各种类型的地图是GIS最主要的数据源，因为地图是地理数据的传统描述形式，包含着丰富的内容，不仅含有实体的类别或属性，而且实体的类别或属性可以用各种不同的符号加以识别和表示。我国大多数的GIS系统的图形数据主要来自地图，包括普通地图、地形图和专题图。

但由于地图具有以下特点，使用时需加以注意。①地图存储介质的缺陷。地图多为纸质，由于存放条件的不同，都存在不同程度的变形，在具体应用时，需对其进行纠正。②地图现实性较差。由于传统地图更新需要的周期较长，造成现存地图的现实性不能完全满足实际的需要。③地图投影的转换。由于地图投影的存在，使得不同地图投影的地图数据在进行交流前，需先进行地图投影的转换。

（2）遥感影像数据

遥感数据是一种大面积的、动态的、近实时的数据源，是GIS的重要数据源。遥感数据含有丰富的资源与环境信息，在GIS的支持下，可以与地质、地球物理、地球化学、地球生物、军事应用等方面的信息进行信息复合和综合分析。

（3）社会经济数据

社会经济数据是 GIS 的数据源，尤其是 GIS 属性数据的重要来源。

（4）实测数据

各种实测数据特别是一些 GPS、大比例尺地形图测量数据、试验观测数据等常常是 GIS 的一个很准确和很现实的资料。

（5）数字数据

随着各种 GIS 系统的建立，直接获取数字图形数据和属性数据的可能性越来越大，数字数据成为 GIS 信息源不可缺少的一部分。

（6）文本、报告和立法文件

文本资料是指各行业、各部门的有关法律文档、行业规范、技术标准、条文条例等，如边界条约等，这些都属于 GIS 的数据。在一些管理类的 GIS 系统中使用了很多的各种文字报告和立法文件。如在城市规划管理信息系统中，各种城市管理法规及规划报告在规划管理工作中起着很大的作用。

2. GIS 数据的采集

（1）属性数据的采集

属性数据又称为语义数据、非几何数据，是描述实体数据的属性特征的数据，包括定性数据和定量数据。定性数据用来描述要素的分类或对要素进行标名。定量数据是说明要素的性质、特征或强度的，如距离、面积、人口、产量、收入、流速以及温度和高度等。

当属性数据的数据量较小时，可以在输入几何数据的同时，用键盘输入；但当数据量较大时，一般与几何数据分开输入，检查无误后转入到数据库中。属性数据的录入有时也可以借助字符识别软件。

（2）几何数据的采集

在 GIS 的几何数据采集中，如果几何数据已存在于其他的 GIS 或专题数据库中，那么只要经过转换装载即可。对于由测量仪器获取的几何数据，只要把测量仪器的数据输入到数据库中即可，测量仪器获取数据的方法和过程通常是与 GIS 无关的。但也有许多 GIS 软件如 MapGIS、SuperMap 等带有测量制图模块，其图形数据可直接为 GIS 建库所用。对于矢量数据的获取，GIS 中的采集方法主要包括地图跟踪数字化与地图扫描数字化。

四、空间数据的管理

1. 空间数据的分类

在地理信息系统中，按照空间数据的特征可将其分为 3 种类型：空间特征数据（定位数据）、专题特征数据（非定位数据）和时间属性数据（尺度数据）。

（1）空间特征数据

空间特征指空间物体的位置、形状和大小等几何特征以及与相邻物体的拓扑关系，空间特征又称为几何特征或定位特征。空间特征数据记录的是空间实体的位置、拓扑关系和几何特征，这是地理信息系统区别于其他数据库管理系统的标志。

空间位置可以由不同的坐标系统来描述，如经纬度坐标、一些标准的地图投影坐标或任意的直角坐标等。人类对空间目标的定位一般不是通过实体的坐标，而是确定某一目标与其他目标间的空间位置关系，而这种关系往往也是拓扑关系。

（2）专题特征数据

专题特征数据是指地理实体所具有的各种性质，如变量、级别、数量特征和名称等。如一条道路的属性包括路宽、路名、路面材料、路面等级、修建时间等。属性数据本身属于非空间数据，但它是空间数据中的重要数据成分，它与空间数据相结合，才能表达空间实体的全貌。属性特征的测量是按属性等级的差异以及量度单位的不同进行的。

（3）时间属性数据

时间属性（时间尺度）指地理实体的时间变化或数据采集的时间等，其变化的周期有超短期的、短期的、中期的、长期的等。严格地讲，空间数据总是在某一特定时间或时段内采集得到或计算产生的。由于有些空间数据随时间变化相对较慢，因而有时被忽略；有时，时间可以被看成一个专题特征。

对于绝大部分地理信息系统的应用来说，时间属性和专题特征数据结合在一起共同作为属性特征数据，而空间特征数据和属性特征数据统称为空间数据（或地理数据）。那么，地理信息系统是如何建立空间特征数据和属性特征数据之间的联系呢？我们已经知道了空间特征如何通过坐标值和拓扑关系来表达，属性特征又是怎样组织成表格中一系列的记录。如果对于每一个具有拓扑关系的空间特征以及这个空间特征的一个描述记录赋予共同并且是唯一的标识符（Identifier），那么，由于这个标识符保证了在空间特征和属性记录之间一一对应的关系，这样，就可以通过空间记录查找并显示属性信息，或者依据存储在属性表格中的属性生成具有地学分析意义的空间图形，如地图。

2．空间数据结构及编码

空间数据结构是指适合于计算机系统存储、管理和处理的地理图形的逻辑结构，是地理实体的空间排列方式和相互关系的抽象描述。它是对数据的一种理解和解释，对同样的一组数据，按不同的数据结构去处理，得到的可能是截然不同的内容。空间数据结构是地理信息系统沟通信息的桥梁，只有充分理解地理信息系统所采用的特定数据结构，才能正确地使用系统。

数据结构的概念至今尚未有一个公认的定义，一般认为，数据结构是相互之间存在一种或几种特定关系的数据元素的集合，它是指并非孤立存在的数据元素之间相互关系的描述。

空间数据的结构基本上可分为两大类：栅格结构和矢量结构（栅格模型和矢量模型），两类结构都可用来描述地理实体的点、线、面三种基本类型。栅格和矢量模型最根本的区别在于它们表达空间概念的不同。栅格模型采用面域或空域枚举来直接描述空间目标对象；矢量模型用边界或表面来表达空间目标对象的面或体要素，通过记录目标的边界，同时采用标识符表达它的属性来描述对象实体。

（1）栅格数据结构

栅格数据结构是最简单、最直接的空间数据结构，是指将地球表面划分为大小均匀、紧密相邻的网格阵列，每个网格作为一个像元或像素，由行、列定义，并包含一个代码表示该像素的属性类型或量值，或仅仅包括指向其属性记录的指针。因此，栅格数据结构是以规则的阵列来表示空间地物或现象分布的数据组织，组织中的每个数据表示地物或现象的非几何属性特征。栅格数据结构实际就是像元阵列，每个像元的大小代表了定义的空间分辨率，每个像元由行列确定其位置，如图 10-14 所示。在栅格结构中，点用一个栅格单元表示；线状地物用沿线走向的一组相邻栅格单元表示，每个栅格单元最多只有两个相邻单元在线上；面或区域用记有区域属性的相邻栅格单元的集合表示，每个栅格单元可有多于两个的相邻单元同属一个区域。遥感影像属于典型的栅格结构，每个像元的数字表示影像的灰度等级。

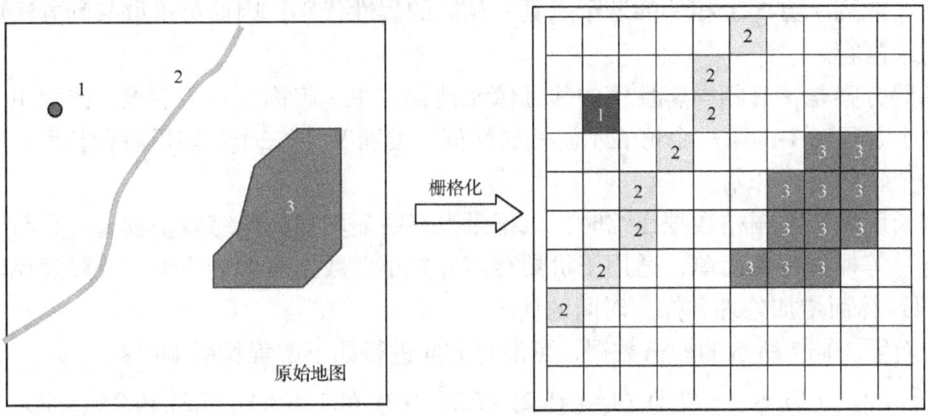

图 10-14 栅格数据结构的图形表示

（2）栅格数据压缩编码

随着像元尺寸的减小，完全栅格结构影像的存储空间呈几何级数增长，由此使得一些高分辨率数据变得太大而无法管理，尤其是对于三维数据。存储空间的压力能通过压缩方法得到减轻。

① 直接栅格编码。

这是最简单直观而又非常重要的一种栅格结构编码方法，通常称这种编码的图像文件为网格文件或栅格文件。栅格结构不论采用何种压缩编码方法，其逻辑原型都是直接编码网格文件。直接编码就是将栅格数据看作一个数据矩阵，逐行（或逐列）逐个记录代码，可以每行都从左到右逐个像元记录，也可以奇数行从左到右而偶数行从右到左记录，为了特定目的还可采用其他特殊的顺序。完全栅格结构的扫描顺序对游程编码的效率有较大影响。

大多数的数字图像处理系统采用完全栅格结构。最简单、最常用的是限制一个栅格数据层只存储栅格的一种属性并且把属性值限定在 0～255 的整数范围内（一个字节对应一个像元）。在完全栅格结构里，像元顺序一般以行为序，以左上角为起点，按从左到右、从上到下的顺序扫描。

② 链式编码。

链式编码又称为弗里曼链码（Freeman）或边界链码，它将多边形的边界表示为：由某一原点开始，并按某些基本方向确定的单位矢量链。基本方向可定义为：东=0，东南=1，南=2，西南=3，西=4，西北=5，北=6，东北=7 等 8 个基本方向，如图 10-15 所示。

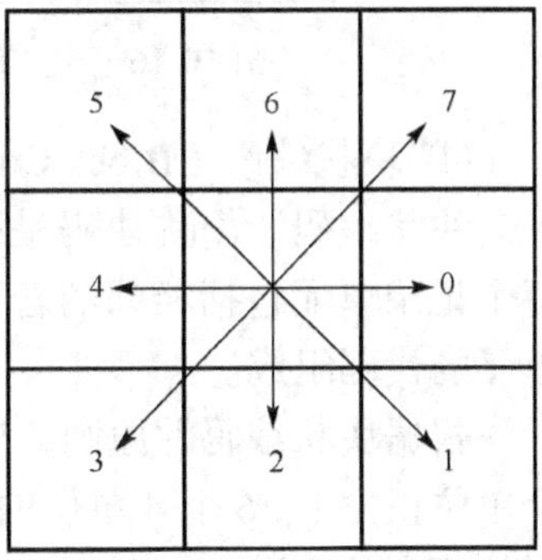

图 10-15 8 方向图

链式编码的前两个数字表示起点的行、列数，从第三个数字开始的每个数字表示单位矢量的方向，8 个方向以 0～7 的整数代表。

如果对于图 10-16 所示的线状地物确定其起始点为像元（1，5），则其链式编码为：1，5，3，2，2，3，3，2，3。

对于图 10-16 所示的面状地物，假设其原起始点定为像元（5，8），则该多边形边界按顺时针方向的链式编码为：5，8，3，2，4，4，6，6，7，6，0，2，1。

③ 游程长度编码（Run-Length Codes）。

游程长度编码是栅格数据压缩的重要编码方法，它的基本思路是：对于一幅栅格图像，常常有行（或列）方向上相邻的若干点具有相同的属性代码，因而可采取某种方法压缩那些重复的记录内容。

其编码方案是，有相同属性值的邻近像元被合并在一起称为一个游程，游程用一对数字表达；每个游程对中的第一个值表示游程属性值（类别），第二个值表示游程长度；每一个新行都以一个新的游程开始。

游程长度编码在栅格数据压缩时，数据量没有明显增加，压缩效率较高，且易于检索、叠加、合并等操作运算简单，适用于机器存储容量小、数据需大量压缩，又要避免因复杂的编码/解码运算而增加处理和操作时间的情况。

例如对图 10-17 所示的栅格数据，可沿行方向进行如下游程长度编码：

(0,1), (4,2), (7,5), (4,5), (7,3), (4,4), (8,2), (7,2), (0,2), (4,1), (8,3), (7,2), (0,2), (8,4), (7,1), (8,1), (0,3), (8,5), (0,4), (8,4), (0,5), (8,3)。

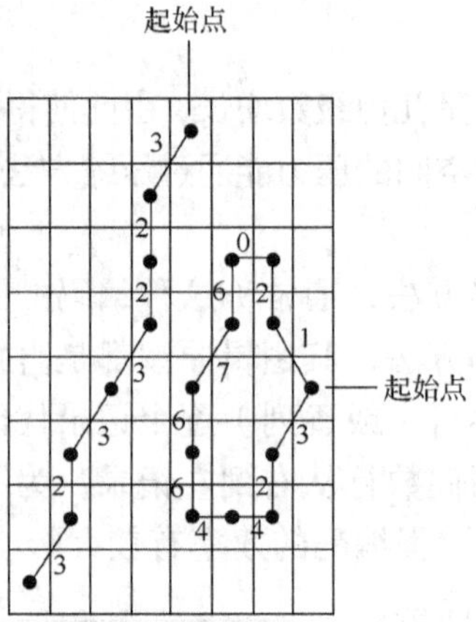

图 10-16 链式编码

0	4	4	7	7	7	7	7
4	4	4	4	4	7	7	7
4	4	4	4	8	8	7	7
0	0	4	8	8	8	7	7
0	0	8	8	8	8	7	8
0	0	0	8	8	8	8	8
0	0	0	0	8	8	8	8
0	0	0	0	0	8	8	8

图 10-17 原始栅格数据

④ 块状编码（Block Codes）。

块状编码，简称块码是游程长度编码扩展到二维的情况，采用方形区域作为记录单元，每个记录单元包括相邻的若干栅格，数据结构由初始位置（行、列号）和半径，再加上记录单元的代码组成。

根据块状编码的原则，对图 10-17 所示图像可以用 22 个单位正方形，6 个 4 单位的正方形和 2 个 9 单位的正方形就能完整表示，如图 10-18 所示。具体编码如下：

(1,1,1,0), (1,2,2,4), (1,4,1,7), (1,5,1,7), (1,6,2,7), (1,8,1,7), (2,1,1,4), (2,4,1,4), (2,5,1,4), (2,8,1,7), (3,1,1,4), (3,2,1,4), (3,3,1,4), (3,4,1,4), (3,5,2,8), (3,7,2,7), (4,1,2,0), (4,3,1,4), (4,4,1,8), (5,3,1,8), (5,4,2,8), (5,6,1,8), (5,7,1,7), (5,8,1,8), (6,1,3,0), (6,6,3,8), (7,4,1,0), (7,5,1,8), (8,4,1,0), (8,5,1,0)。

0	4	4	7	7	7	7	7
4	4	4	4	4	7	7	7
4	4	4	4	8	8	7	7
0	0	4	8	8	8	7	7
0	0	8	8	8	8	7	8
0	0	0	8	8	8	8	8
0	0	0	0	8	8	8	8
0	0	0	0	0	8	8	8

图 10-18 块码分割的栅格数据

⑤ 四叉树编码（Quad-tree Codes）。

四叉树将整个图像区逐步分解为一系列被单一类型区域内含的方形区域，最小的方形区域为一个栅格像元。分割原则是：将图像区域划分为 4 个大小相同的象限，而每个象限又可根据一定规则判断是否继续等分为次一层的 4 个象限。其终止判据是：不管是哪一层上的象限，只要划分到仅代表一种地物或符合既定要求的少数几种地物时，不再继续划分；否则，一直划分到单个栅格像元为止。四叉树通过树状结构记录这种划分，并通过这种四叉树状结构实现查询、修改、量算等操作。

图 10-19(a)为图 10-17 原始数据的四叉树分解，其四叉树如图 10-19(b)所示。图 10-19(b)中最上面的那个结点叫做根结点，它对应整个图形。总共有 4 层结点，每个结点对应一个象限，如第 2 层 4 个结点分别对应于整个图形的 4 个象限，象限次序依次为南西（SW）、南东（SE）、北西（NW）和北东（NE），不能再分的结点称为终止结点（又称叶子结点），可能落在不同的层上，该结点代表的子象限具有单一的代码。所有终止结点所代表的方形区域覆盖了整个图形。从上到下、从左到右为叶子结点编号。如图 10-19(b)所示，共有 40 个叶子结点，也就是原图被划分为 40 个大小不等的方形子区。图 10-19(b)中最下面的一排数字表示各子区的代码。

0	4	4	7	7	7	7	7
4	4	4	4	4	7	7	7
4	4	4	4	8	8	7	7
0	0	4	8	8	8	7	7
0	0	8	8	8	8	7	8
0	0	0	8	8	8	8	8
0	0	0	0	8	8	8	8
0	0	0	0	0	8	8	8

(a) 四叉树分解

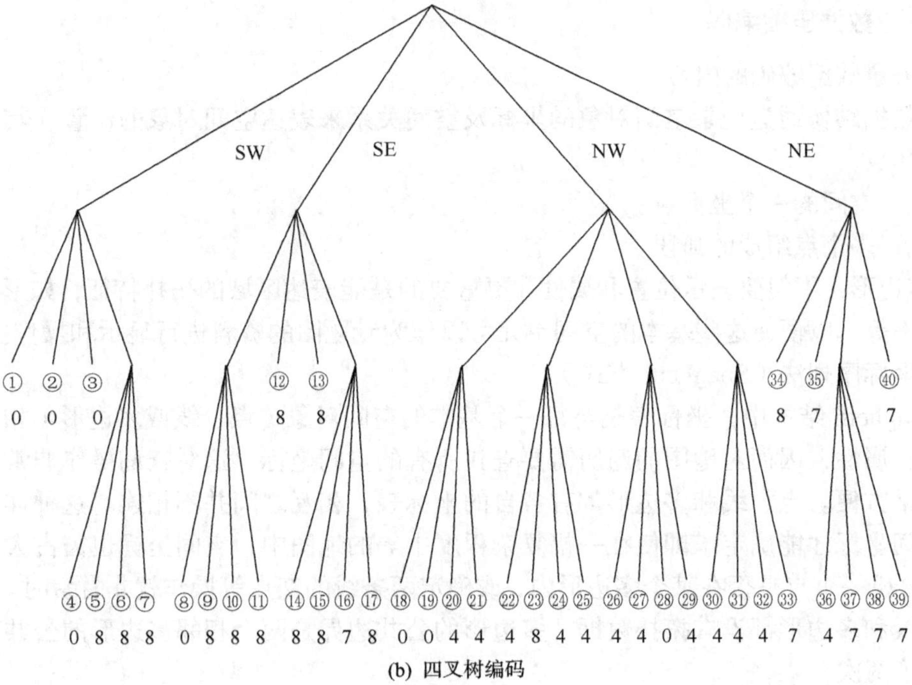

(b) 四叉树编码

图 10-19

采用四叉树编码时，为了保证四叉树分解能不断地进行下去，要求图像必须为 $2^n \times 2^n$ 的栅格阵列，n 为极限分割数，n+1 为四叉树的最大高度或最大层数。图 10-19(b)为 $2^3 \times 2^3$ 的栅格，因此最多划分 3 次，最大层数为 4。对于非标准尺寸的图像，首先需通过增加背景的方法将图像扩充为 $2^n \times 2^n$ 的图像。

3. 矢量数据结构

矢量结构是地理信息系统中最常见的图形数据结构，即通过记录坐标的方式尽可能精确地表示点、线、多边形等地理实体、坐标空间设为连续、允许任意位置、长度和面积的精确定义，如图 10-20 所示。事实上，其精度仅受数字化设备的精度和数值记录字长的限制，在一般情况下，比栅格结构的精度要高得多。其坐标空间假定为连续空间，不必像栅格数据结构那样进行量化处理，因此，矢量数据能更精确地定义位置、长度和大小。实际上，受下列因素的影响，矢量数据也不可能绝对精确：表示坐标的计算机字长有限；所有矢量输出设备包括绘图仪在内，尽管分辨率比栅格设备高，但也有一定的步长；矢量法输入时，曲线上选取的点不可能太多；数字化仪分辨率有限；人工输图中不可避免的定位误差。

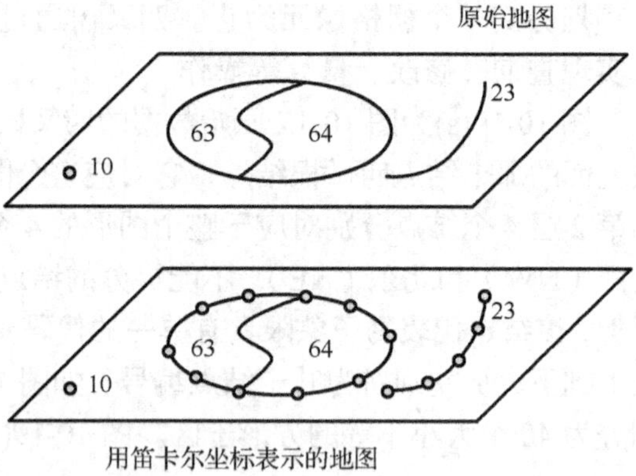

特性	数据	位置
点	10	X，Y 单点
线	23	X_1, Y_1、X_2, Y_2、…、X_n, Y_n 串
面	63	X_1, Y_1、X_2, Y_2、…、X_n, Y_n 闭合环
	64	X_1, Y_1、X_2, Y_2、…、X_n, Y_n 闭合环

图 10-20　矢量数据的图形表示

4. 矢量数据压缩编码

（1）矢量数据编码的内容

矢量数据结构通过记录空间对象的坐标及空间关系来表达空间对象的位置。其编码内容包括以下几点。

① 点：空间的一个坐标点。

② 线：多个点组成的弧段。

③ 多边形：不但要表示位置和属性，更重要的是能表达区域的拓扑特征，如形状、邻域和层次结构等，以便使这些基本的空间单元可以作为专题图的资料进行显示和操作。

（2）坐标序列法（Spaghetti 方式）

在 Spaghetti 结构中，坐标表是与每一个基本的空间对象（点、线或多边形）相联系的。它不用拓扑属性，因而对地图的遍历需要查找所有的空间坐标。这对查询操作非常不便，但对显示非常方便。点、线和多边形都有各自的坐标表，相互之间并不相连。这种连接只有通过计算空间坐标才能确定。即使在一幅复杂程度中等的地图中，空间坐标也需占大量的存储空间，如分析一个点是否在某个多边形内，或确定两条线的交点等操作就非常费时。Spaghetti 结构中，线和多边形都没有拓扑数据，多边形的公共边界是两个相邻多边形的公共部分，所以被定义了两次。

对如图 10-21 所示的多边形 A、B、C、D、E，可记为以下坐标文件：

A: $x_1,y_1;x_2,y_2;x_3,y_3;x_4,y_4;x_5,y_5;x_6,y_6;x_7,y_7;x_8,y_8;x_9,y_9;$

B: $x_1,y_1;x_{10},y_{10};x_{11},y_{11};x_{12},y_{12};x_{13},y_{13};x_{14},y_{14};x_{15},y_{15};x_{16},y_{16};x_{17},y_{17};x_8,y_8;x_9,y_9;$

C: $x_{24},y_{24};x_{25},y_{25};x_{26},y_{26};x_{27},y_{27};x_{28},y_{28};x_{29},y_{29};x_{30},y_{30};x_{31},y_{31};$

D: $x_{15},y_{15};x_{16},y_{16};x_{19},y_{19};x_{20},y_{20};x_{21},y_{21};x_{22},y_{22};x_{23},y_{23};$

E: $x_5,y_5;x_6,y_6;x_7,y_7;x_8,y_8;x_{17},y_{17};x_{16},y_{16};x_{19},y_{19};x_{18},y_{18}$。

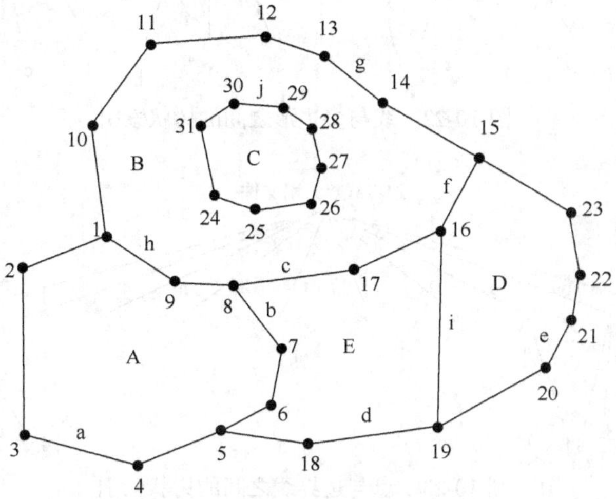

图 10-21　坐标序列法表示的多边形

坐标序列法文件结构简单，易于实现以多边形为单位的运算和显示，能够顺次进行数字化绘置工作。这种方法的缺点是：

① 多边形之间的公共边界被数字化和存储两次，由此产生冗余和碎屑多边形；

② 每个多边形自成体系而缺少邻域信息，难以进行邻域处理，如消除某两个多边形之间的共同边界；

③ 岛只作为一个单个的图形建造，没有与外包多边形的联系；

④ 不易检查拓扑错误，如有无不完整的多边形等。

这种方法可用于简单的粗精度制图系统中。

（3）树状索引编码法

该方法采用树状索引以减少数据冗余并间接增加邻域信息，具体方法是对所有边界点进行数字化，将坐标对以顺序方式存储，由点索引与边界线号相联系，以线索引与各多边形相联系，形成树状索引结构。

树状索引结构消除了相邻多边形边界的数据冗余和不一致的问题，在简化过于复杂的边界线或合并多边形时可不必改造索引表，邻域信息和岛状信息可以通过对多边形文件的线索引处理得到，但是比较烦琐，因而给邻域函数运算、消除无用边、处理岛状信息以及检查拓扑关系等带来一定的困难，而且两个编码表都要以人工方式建立，工作量大且容易出错。

图 10-22 为图 10-21 的多边形文件树状索引示意图；图 10-23 为图 10-21 的线文件树状索引示意图。

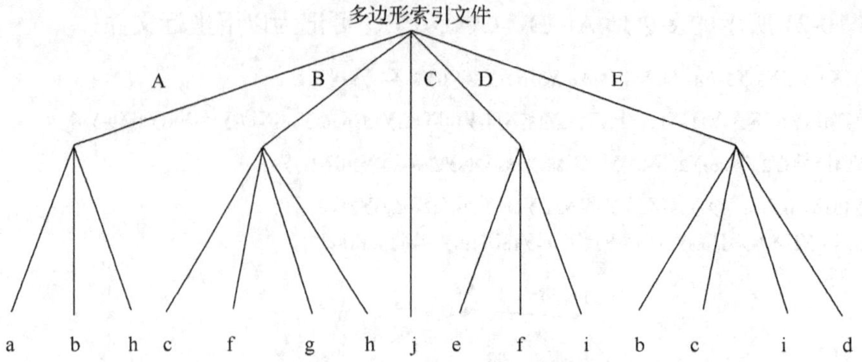

图 10-22　线与多边形之间的树状索引

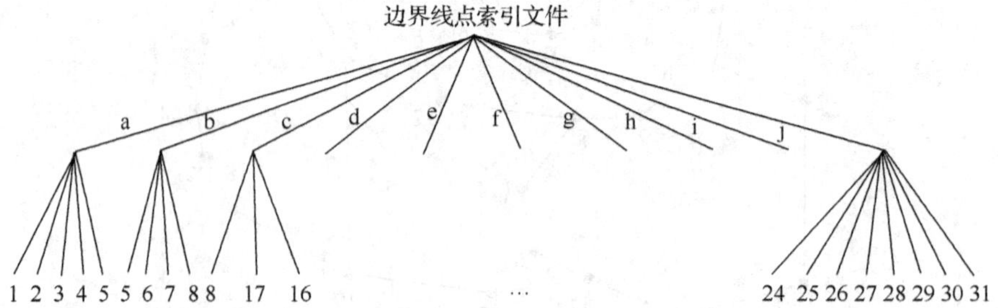

图 10-23　点与边界线之间的树状索引

采用上述的树状结构，图 10-21 的多边形数据记录如下：

① 点文件：

点号	坐标
1	x_1,y_1
2	x_2,y_2
…	
31	x_{31},y_{31}

② 线文件：

线号	起点	终点	点号
a	1	5	1,2,3,4,5
b	5	8	5,6,7,8
…	…	…	…
j	24	31	24,25,26,27,28,29,30,31

③ 多边形文件：

多边形编号	多边形边界
A	a,b,h
B	c,f,g,h
C	j
D	e,f,i
E	b,c,i,d

（4）双重独立式编码（DIME）

这种数据结构最早由美国人口统计局研制，用于人口普查分析和制图，简称为 DIME（Dual Independent Map Encoding）系统或双重独立式的地图编码法。它以城市街道为编码的主体。其特点是采用了拓扑编码结构。

DIME 文件的基本元素是连接两个端点（结点）的一条线段（街段）、线段始结点和终结点标识符、伴有这两个结点的坐标及线段两侧的区域代码（左区号和右区号）。根据结点标识符和结点坐标建立结点坐标文件。根据结点、线段、多边形间的拓扑关系建立拓扑结构文件。如图 10-24 所示。在这种结构中，线段通常被认为是直线型的，复杂的曲线由一系列逼近曲线的直线段来表示。结点与结点或者面域与面域之间为邻接关系，而结点与线段或面域与线段之间为关联关系。

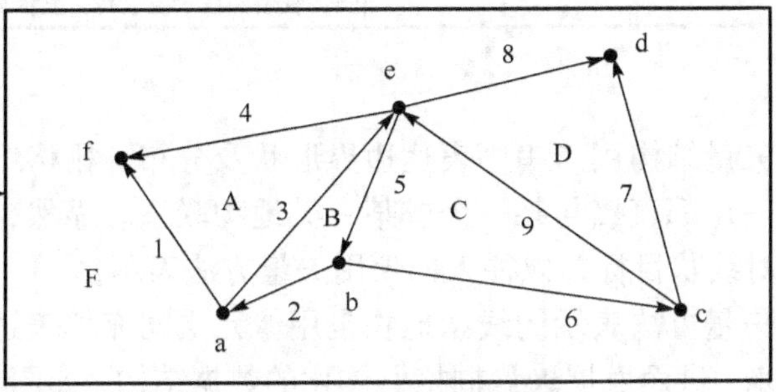

线段号	始结号	终结号	左多边形	右多边形
1	a	f	F	A
2	b	a	F	B
3	a	e	A	B
4	e	f	A	F
5	e	b	C	B
6	b	c	C	F
7	c	d	D	F
8	e	d	F	D
9	c	e	C	D

结点号	a	b	c	d	e	f
x坐标	x_1	x_2	x_3	x_4	x_5	x_6
y坐标	y_1	y_2	y_3	y_4	y_5	y_6

图 10-24　DIME 文件的数据结构

5．栅格结构与矢量结构的比较

栅格结构与矢量结构似乎是两种截然不同的空间数据结构，栅格结构属性明显、位置隐含，而矢量结构位置明显、属性隐含，栅格结构和矢量结构都有各自的优点和局限性。两种数据结构的优缺点对比如表 10-2 所示。

表 10-2 矢量、栅格数据对照表

	优 点	缺 点
栅格	1. 结构简单，易于数据交换； 2. 叠置分析和地理现象模拟较容易（能有效表达空间可变性）； 3. 利于与遥感数据的匹配应用和分析，便于图像处理； 4. 输出快速，成本低廉	1. 现象识别效果不如矢量方法，难以表达拓扑关系； 2. 图形数据量大数据结构不严密、不紧凑，需用压缩技术解决该问题； 3. 投影转换困难； 4. 图形质量较低，图形输出不美观，线条有锯齿，需增加栅格数量来克服，但会增加数据文件
矢量	1. 便于面向现象（土壤类、土地利用单元等）； 2. 结构紧凑、冗余度低，便于描述线或边界； 3. 利于网络、检索分析，提供有效的拓扑信息的操作； 4. 图形显示质量好、精度高	1. 数据结构复杂，各自定义，不便于数据标准化和规范化，数据交换困难； 2. 多边形叠置分析困难，没有栅格有效，表达空间变化性的能力差； 3. 不能像数字图像那样做增强处理； 4. 软硬件技术要求高，显示与绘图成本高

6. 矢栅一体化

对于面状地物，矢量结构用点串序表达边界形状及分布。栅格结构用像元充填表达空间的方法将多边形内任一点都直接与某一个或某一类地物联系。显然，后者是一种数据直接表达目标的理想方式。对线状目标，以往人们仅用矢量方法表示。

事实上，如果将矢量方法表示的线状地物也用像元空间充填表达的话，就能将矢量和栅格的概念辩证统一起来，进而发展矢量栅格一体化的数据结构，如图 10-25 所示。假设在对一个线状目标数字化采集时，恰好在路径所经过的栅格内部获得了取样点，这样的取样数据就具有矢量和栅格双重性质。一方面，它保留了矢量的全部性质，以目标为单元直接聚集所有的位置信息，并能建立拓扑关系；另一方面，它建立了栅格与地物的关系，即路径上的任一点都直接与目标建立了联系。因此，可采用填满线状目标路径和充填面状目标空间的表达方法作为一体化数据结构的基础。

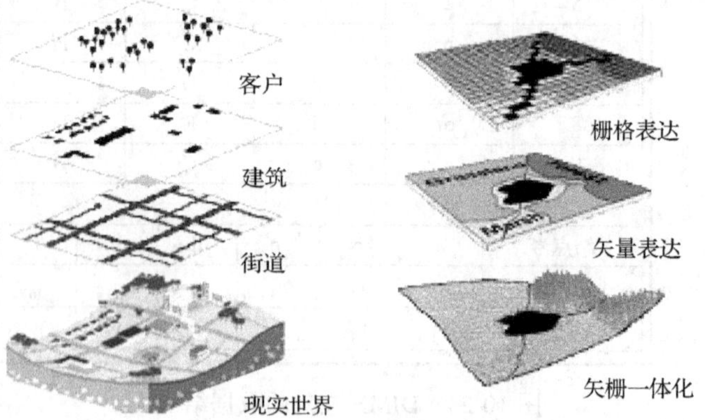

图 10-25 矢栅一体化的图形表示

每个线状目标除记录原始取样点外，还记录路径所通过的栅格；每个面状地物除记录它的多边形周边以外，还包括中间的面域栅格。

无论是点状地物、线状地物，还是面状地物均采用面向目标的描述方法，因而它可以完全保持矢量的特性，而像元空间充填表达建立了位置与地物的联系，使之具有栅格的性质。

这就是一体化数据结构的基本概念。从原理上说，这是一种以矢量的方式来组织栅格数据的数据结构。

五、GIS 技术在物流领域的应用

1. GIS 在仓库规划中的应用

由于 GIS 本身是把计算机技术、地理信息和数据库技术紧密相结合起来的新型技术，其特征非常适合仓库建设规划，从而使仓库建设规划走向规范化和科学化，使仓库建设的经费得到最合理的运用。仓库 GIS 作为仓库 MIS（Management Information System）系统中的一个子系统，它用地理坐标、图标的方式更直观地反映仓库的基本情况，如仓库建筑情况、仓库附近公路和铁路情况、仓库物资储备情况等，它是仓库 MIS 系统的一个重要分支和补充。作为仓库规划的 GIS 应用系统，它主要解决两个方面的问题：一是解决仓库建设的规划审批；二是必须能为规划师和上级有关部门提供辅助决策功能。从仓库整个的宏观规划来说，它还可以解决仓库的宏观布局问题。可将 GIS 应用系统与企业内部管理系统结合，增强信息系统的整体功能。

2. GIS 在铁路运输中的应用

铁路运输具有鲜明的地理特点，在地理信息系统中可分别以点、线、面表示：如客运站、货运站、货运代办点、客票代售点等为点特征；铁路干线、运输专用线为线特征；货物分布区、货物吸引区、乘客分布区、乘客吸引区等为面特征。再加上行政区划分公路、水系等基础专题图，建立各种统计数据库，如国民收入、货物流向及流量、旅客流向及流量、货运销售额、客运销售额等数据，还包括资源信息（人口、面积、工业产值、农业产值、矿产资源、旅游资源等），以及资源和环境开发的近期和远景规划，然后制定出各种数据的项目及编码工作，形成铁路运输地理信息系统数据字典。铁路运输地理信息系统便于销售、市场、服务和管理人员查看客运站、货运站、货运代办点、客运代办点之间的相对地理位置，运输专用线和铁路干线之间的相对地理位置，并用不同颜色和填充模式来区分各种表达信息，使用户看到销售区域、影响范围、最大客户、主要竞争对象、人口状况及分布、工农业统计值等，由此综合信息可看到增加运输收入的潜在地区，从而扩大延伸服务。通过这种可视方式，更好地制定市场营销和服务策略，有效地分配市场资源。

思考与练习

1. GPS 系统由哪几部分组成？
2. GPS 系统的定位原理是什么？
3. 北斗卫星导航系统“三步走”的规划是什么？
4. 基于 GSM 网络的定位技术有哪些？
5. 基于移动终端的定位技术有哪些？
6. GIS 由哪几部分构成？
7. 空间数据分为哪几类？
8. 空间数据的结构分为哪几类？

案例分析

农夫山泉借助 GPS 定位实现精细化管理

"农夫山泉有点甜"，这一广告语在中国几乎家喻户晓。作为一家后来居上的快速消费品企业，农夫山泉的产品线并不像可口可乐、康师傅、娃哈哈那么全，那么它如何与这些国内外大腕企业同台竞技？农夫山泉 CIO 胡健认为"快速消费品企业最激烈的竞争在终端，谁掌握了销售终端，谁就是市场赢家"。

对于与农夫山泉同等业态的快速消费品行业来说，终端是确保销售量的关键因素。胡健带领他的 IT 团队自行组织开发，历时短短 3 个月，一种具有农夫山泉特色的、适合业务需要的管理方式——短信平台应运而生。这个平台只需用手机发一条短信，业务代表在"扫街"时就可以完成信息的及时输送，再不用手拿小本子每天在超市的货架旁记录，公司也能第一时间获得销售数据。

胡健主持开发的这套系统，把握住了农夫山泉的核心部门——销售部门，它很好地帮助销售部门将业务流程进行梳理，有效地利用了管理信息，使相关部门及时做出反应、快速做出决策。方便快捷的数据传输，积极迅速的信息反馈，明确及时的决策，使得农夫山泉通过这套营销管理系统有效地实现了了解终端，进而控制终端的最终目标。

1．定位系统做深做透

从胡健带领他的 IT 团队自行组织开发了营销管理短信平台开始，农夫山泉便走上了销售供应链的精细管理之路。事实上，目前农夫山泉的这套自行开发的短信平台，已是企业用户当中人数最多的移动商务平台，它的应用开创了企业利用短信平台开展信息化的先河，成为移动商务领域的领头羊。可是他并不满足，随着企业应用的不断变化，信息化建设的脚步从未止步。

农夫山泉销售行为管理系统上线 3 年有余，取得了巨大的销售管理效益，也深入每一个基层业务人员和管理人员的日常销售行为中，对终端的管理不断加强，使得农夫山泉公司销售业绩大幅提升。

胡健坦言："现在使用的版本，主要是通过手机短信方式对终端进行数据采集和上报，通过数据进行各种绩效分析，并强化对客户的渠道分类和线路的跟踪。但始终有一个问题无法回避，就是如何知道在线路中业务代表实际到访和数据发送的同步性，即如何跟踪业务代表的确切位置。在现在的系统中，可以采取主管协同拜访的方式，对业务代表进行监督，但这样的手段不能完全覆盖所有的业务代表，也不能对业务代表的线路、时间和顺序进行固定"。

"几年前，当 GPS 卫星定位系统在导航上开始应用，我曾经试图应用到目前的短信平台中，但在当时由于终端设备配置 GPS 模块的价格昂贵，定位地图的缺失，一直无法实现。目前，随着 GPS 模块的逐步国产和价格的降低，配备这种终端的手机以及数据采集终端价格越来越低廉，几大运营商都争相将其作为手机的基本功能，应用的门槛也逐步降低，更何况国家在地图的民用限制也逐步开放，对漂移的纠偏工作成为手机厂商的可以跨越的政策。目前我们决定开始引入手机终端定位系统，该系统由我们独立开发，手机厂商协同解决漂移问题，并在开放的 google 平台上进行地图展示。如果采用 GPS 卫星定位系统对地区经理以上级别的业务人员进行精确管理。这个“撒手锏”非常有效，因为业务人员是否拜访客户、去了什么地方、停留了多长时间，在系统里一看便清楚了。”胡健介绍说。

2．组织力量快速研发

为什么要进行GPS定位系统的研发?胡健透露:

第一，在农夫山泉，由于短信数据采集系统，已经上线多年，大家习惯于在手持终端上工作，对手机的依赖程度较高，对定位的抵触不大，加入定位只是多了一项功能，并不会妨碍推广，没有那些一开始上销售行为管理的企业遇到的各种操作和推广层面的问题。

第二，在目前的手机系统中只有客户数据信息，没有对客户的具体位置的定位系统，在公司的销售管理体系中很强调线路的规划和拜访顺序的控制。某家门店的位置信息对销售管理部门规划线路，确定业务代表拜访时间，促使业务代表按照规定频次、规定时间、规定顺序进行拜访有着非常重要的意义。

第三，在GPS系统上线后，可以主动获知业代的线路拜访轨迹，并实时进行纠偏，可以在业务代表第一次犯错时就告知他，偏离线路，从而做到业务代表主动进行行为的控制、限制和监督销售行为。

为此，胡健带领他的团队开始研发，在NOKIA平台的塞班系统中首先取得突破，并延伸到WM和兼容所有java平台，采用J2ME开发，具有非常强大的扩展性。经过一个月的研发，已经对主流的操作系统实现了兼容，对主流的触摸屏大小实现了自适应。

在开发工作完成之后，下一步就是选择供应商的环节，胡健谈到:“在项目取得突破的同时，运营商的介入为我们降低成本提供了很好的可能，在移动、联通和电信的相互竞争中，获得利益的无疑是公司，在无线介入业务中，联通的WCDMA网络是最国际化的平台，但企业应用是最落后的，他们的3G技术是与国际接轨，但运作能力很差，在高额的通信费用，和没有任何终端厂家的支持下，很快出局，非常遗憾。因为我个人认为从技术的先进性上国家已经给了联通很好的平台，只是在体制上和团队协作上，联通要在短期内超过移动和电信的可能性几乎没有。在剩下的运营商中，我们还在进行甄选，电信的优势是广大的3G数据卡用户群，以及相对移动更加可靠和广范覆盖的3G网络，在2.5G上移动是一家独大，在国家开放3G牌照时也许是为了平衡，将移动排在了频段的最高处，使得其在3G领域成为技术最差，应用最不广泛的厂家。没办法，中国的事情往往是这样，H频点穿越性较差的问题连运营商本身都无法回避，所以更快地开展4G的研发和试点才是解决之道。电信在有线业务和无线网卡的个人业务上是强大的，如果单凭3G的优势和电信的合作是最稳妥的，其实我们做GPS定位，2.5G也是可行的，何况流量要求并不大。在终端厂家的配合上，某家运营商的终端厂家正在为我们研发地图漂移的修正算法，我们自己也已经研发出该算法，受到政策的限制，无法进入民用，但通过运营商的工作，可以得到政策允许，我们非常欣慰。”

3．强强联合重拳出击

GPS的管理看上去似乎过于严酷，但为了向管理要效益，实现精细化管理，这个举动势在必行。GPS定位是使用美国的21颗军用卫星进行定位，并获取经纬度位置信息，并由运营商的通道实时发送回总部，并在Google地图上显示拜访终端的数据和业务代表的拜访轨迹，从而实时掌握、真实反映业务代表的销售行为，做到主动监控，实时纠偏的作用。

胡健总结："短信销售行为管理系统和GPS定位系统的结合，将销售数据和GPS位置信息由短信和3G通道发送，再逐步过渡到统一由3G通道统一发送，双方珠联璧合，共同建立起农夫山泉的终端控制系统，为农夫山泉的市场控制打下坚实的基础。"

"目前测试工作已经完成。绘制地图的工作，只要将经纬度采集回来就可以进行，当然这中间还有一些难题，比如电脑如何对街道进行绕行等，不过，先从对销售人员的定位控制和销售点的位置采集开始，对销售的控制工作就会取得巨大的推进，再想办法去自动规划线路，我相信随着时间的推移，我们的团队会克服所有的技术难关，将完整的GPS定位系统呈现在公司面前。在项目组历时1个月的开发和1个月的测试后，我们即将开始对8000多业代的工作实施上线，全国的推广依靠农夫山泉的广大员工的参与，执行力一直都是农夫山泉的法宝，我们团队有信心在1个月的时间内将这套系统在全国上线使用。"

企业要生存，生存就要向管理要效益，只有时间精细化管理，才能真正实现企业效益。胡健认为推广这个应用并不是强制的，而只是在手持终端短信平台多增加一个功能而已，然而这个如虎添翼的功能却能使得农夫山泉营销管理水平实现再次飞跃！

案例思考题

1．农夫山泉靠什么与可口可乐、康师傅等国内外大腕企业同台竞技？

2．农夫山泉如何通过GPS定位技术实现精细化管理？

Chapter 11

第 11 章 条形码与 RFID 技术

引导案例 海尔专卖店二维条形码技术的应用

在海尔的销售体系中，专卖店的管理是重中之重，这是因为专卖店直接和客户交流，它的所作所为直接关系到海尔的声誉、形象，它所产生的影响也是其他销售方式不能替代的。通过专卖店的销售可以产生直接的经济效益，加强对其管理可以增大效益，减少投入。一系列的要求促使海尔应用了二维条形码技术。北京某科技有限公司根据海尔的要求，把握其固有的特点，为海尔量身定做了一套二维条形码管理系统，使得海尔专卖店的作用得到了充分的发挥。

第一节 条形码技术

一、条形码概述

1．条形码的产生

条形码技术最早产生在风声鹤唳的 20 世纪 20 年代，诞生于威斯汀豪斯（Westinghouse）的实验室里。一位名叫约翰·科芒德（John Kermode），性格古怪的发明家“异想天开”地想对邮政单据实现自动分检，那时候对电子技术应用方面的每一个设想都使人感到非常新奇。

他的想法是在信封上做条形码标记，条形码中的信息是收信人的地址，就象今天的邮政编码。为此科芒德发明了最早的条形码标识，设计方案非常简单，即一个“条”表示数字“1”，二个“条”表示数字“2”，以此类推。然后，他又发明了由基本的元件组成的条形码识读设备：能够发射光并接收反射光的扫描器；一个测定反射信号条和空的方法，即边缘定位线圈；和使用测定结果的方法，即译码器。

科芒德的扫描器利用当时新发明的光电池来收集反射光。“空”反射回来的是强信号，“条”反射回来的是弱信号。

此后不久，科芒德的合作者道格拉斯·杨（Douglas Young），在科芒德码的基础上作了些改进。科芒德码所包含的信息量相当的低，并且很难编出十个以上的不同代码。而杨码使用更少的条，但是利用条之间空的尺寸变化（就象今天的 UPC 条形码符号），使用四个不同的条空尺寸。新的条形码符号可在同样大小的空间对一百个不同的地区进行编码，而科芒德码只能对十个不同的地区进行编码。

直到 1949 年的专利文献中才第一次有了诺姆·伍德兰（Norm Woodland）和伯纳德·西尔沃（Bernard Silver）发明的全方位条形码符号的记载，在这之前的专利文献中始终没有条形码技术的记录，也没有投入实际应用的先例。诺姆·伍德兰和伯纳德·西尔沃的想法是利用科芒德和杨的垂直的“条”和“空”，并使之弯曲成环状，非常象射箭的靶子。这样扫描器通过扫描图形的中心，能够对条形码符号解码，不管条形码符号方向的朝向。该图案很像微型射箭靶，被叫做“公牛眼”代码，如图 11-1 所示。靶式的同心圆是由圆条和空绘成圆环形。在原理上，“公牛眼”条形码与后来的条形码很相近，遗憾的是当时的工艺和商品经济还没有能力印制出这种码。

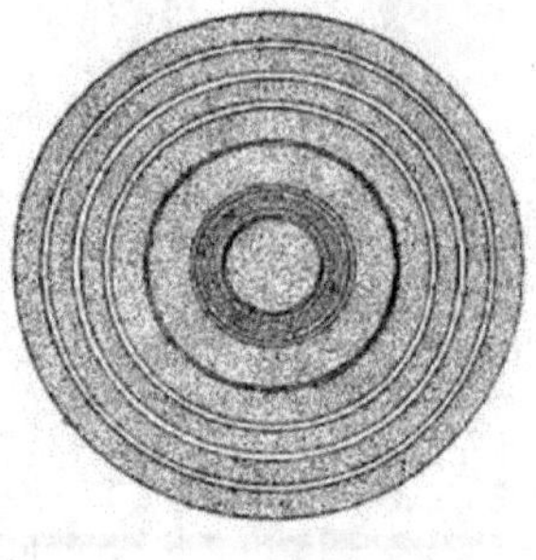
图 11-1 “公牛眼”条形码

然而，10 年后乔·伍德兰德作为 IBM 公司的工程师成为 UPC 码（北美统一代码）的奠基人。以吉拉德·费伊塞尔（Girard Fessel）为代表的几名发明家，于 1959 年提请了一项专利，描述了数字 0~9 中每个数字可由七段平行条组成。但是这种码使机器难以识读，人读起来也不方便。不过这一构想促进了后来条形码的产生与发展。不久，E. F. 布宁克（E. F. Brinker）申请了另一项专利，该专利是将条形码标识在有轨电车上。20 世纪 60 年代，西尔沃尼亚（Sylvania）发明的一个系统，被北美铁路系统采纳。这两项可以说是条形码技术最早期的应用。

1970 年美国超级市场 Ad Hoc 委员会制定出通用商品代码 UPC 码，许多团体也提出了各种条形码符号方案。UPC 码首先在杂货零售业中试用，这为以后条形码的统一和广泛采用奠定了基础。次年布莱西公司研制出布莱西码及相应的自动识别系统，用来检查库存。这是条形码技术第一次在仓库管理系统中的实际应用。1972 年蒙那奇·马金（Monarch Marking）等人研制出库德巴（Code Bar）码，到此美国的条形码技术进入新的发展阶段。

1973 年美国统一编码协会（UCC，Uniform Code Council）建立了 UPC 条形码系统（Universal Product Code System），实现了该码制标准化。同年，食品杂货业把 UPC 码作为该行业的通用标准码制，为条形码技术在商业流通销售领域里的广泛应用，起到了积极的推动作用。1974 年 Intermec 公司的戴维·阿利尔（Davide. Allair）博士研制出 39 码，很快被美国国防部所采纳，作为军用条形码码制。39 码是第一个由字母、数字式相结合的条形码，后来广泛应用于工业领域。

1976 年在美国和加拿大超级市场上，UPC 码的成功应用给人们以很大的鼓舞，尤其是欧洲人对此产生了极大兴趣。次年，欧洲共同体在 UPC-A 码基础上制定出欧洲物品编码 EAN-13 和 EAN-8 码，签署了“欧洲物品编码”协议备忘录，并正式成立了欧洲物品编码协会（European Article Numbering Association，EAN）。到了 1981 年由于 EAN 已经发展成为一个国际性组织，故改名为“国际物品编码协会”，简称 EAN。2003 年的 EAN 全会上通过 EAN 更名战略，将“EAN”更名为“GS1”（Global Standard One）。

日本从 1974 年开始着手建立 POS 系统，研究标准化以及信息输入方式、印制技术等，并在 EAN 基础上，于 1978 年制定出日本物品编码 JAN（Japanese Article Number）。同年加入了国际物品编码协会，开始进行厂家登记注册，并全面转入条形码技术及其系列产品的开发工作，10 年之后成为 EAN 最大的用户。

从 20 世纪 80 年代初，人们围绕提高条形码符号的信息密度，开展了多项研究。128 码和 93 码就是其中的研究成果。128 码于 1981 年被推荐使用，而 93 码于 1982 年使用。这两种码的优点是条形码符号密度比 39 码高出近 30%。随着条形码技术的发展，条形码码制种类不断增加，因而标准化问题显得很突出。为此先后制定了军用标准 1189、交插 25 码、39 码和库德巴码 ANSI 标准 MH10.8M 等等。同时一些行业也开始建立行业标准，以适应发展需要。此后，戴维·阿利尔又研制出 49 码，这是一种非传统的条形码符号，它比以往的条形码符号具有更高的密度（即二维条形码的雏形）。接着特德·威廉斯（Ted Williams）推出 16K 码，这是一种适用于激光扫描的码制。到 1990 年底为止，共有 40 多种条形码码制，相应的自动识别设备和印刷技术也得到了长足的发展。

从 20 世纪 80 年代中期开始，我国一些高等院校、科研部门及一些出口企业把条形码技术的研究和推广应用逐步提到议事日程。一些行业如图书、邮电、物资管理部门和外贸部门已开始使用条形码技术。1988 年 12 月 28 日，经国务院批准，国家技术监督局成立了“中国物品编码中心”。该中心的任务是研究、推广条形码技术，同时组织、开发、协调、管理我国的条形码工作。

起源于 20 世纪 40 年代、研究于 60 年代、应用于 70 年代、普及于 80 年代的条形码与条形码技术，及各种应用系统，引起世界流通领域里的大变革正风靡世界。90 年代的国际流通领域将条形码誉为商品进入国际市场的“身份证”，印刷在商品外包装上的条形码，像一条条经济信息纽带将世界各地的生产制造商、出口商、批发商、零售商和顾客有机地联系在一起。

2．条形码的分类

（1）UPC 码

1973 年，美国率先在国内的商业系统中应用了 UPC 码，之后加拿大也在商业系统中采用了 UPC 码。UPC 码是一种长度固定的连续型数字式码制，其字符集为数字 0～9。它采用四种元素宽度，每个条或空是 1、2、3 或 4 倍单位元素宽度。UPC 码有两种类型，即 UPC-A 码和 UPC-E 码。

（2）EAN 码

1977 年，欧洲经济共同体各国按照 UPC 码的标准制定了欧洲物品编码——EAN 码，其与 UPC 码兼容，而且两者具有相同的符号体系。EAN 码的字符编号结构与 UPC 码相同，也是长度固定的、连续型的数字式码制，其字符集是数字 0～9。EAN 码有两种类型，即 EAN-13 码和 EAN-8 码。

（3）交叉 25 码

交叉 25 码是一种长度可变的连续型自校验数字式码制，其字符集为数字 0～9。采用两种元素宽度，每个条和空是宽或窄元素。编码字符个数为偶数，所有奇数位置上的数据以条编码，偶数位置上的数据以空编码。如果为奇数个数据编码，则在数据前补一位 0，以使数据为偶数个数位。

（4）39 码

39 码是第一个字母数字式码制。它是长度可变的离散型自校验字母数字式码制。其字符集为数字 0～9，26 个大写字母，7 个特殊字符（“-”、“.”、“Space”、“/”、“%”、“+”、“$”），共 43 个字符。每个字符由 9 个元素组成，其中有 5 个条（2 个宽条，3 个窄条）和 4 个空（1 个宽空，3 个窄空），是一种离散码。

（5）库德巴码

库德巴码（Code Bar）出现于 1972 年，是一种长度可变的连续型自校验数字式码制。其字符集为数字 0～9 和 6 个特殊字符（“–”、“.”、“/”、“%”、“+”、“$”），共 16 个字符。常用于仓库、血库和航空快递包裹中。

（6）128 码

128 码出现于 1981 年，是一种长度可变的连续型自校验数字式码制。它采用四种元素宽度，每个字符有 3 个条和 3 个空，共 11 个单元元素宽度，又称（11,3）码。它有 106 个不同条形码字符，每个条形码字符有三种含义不同的字符集，分别为 A、B、C。它使用这 3 个交替的字符集可将 128 个 ASCII 码编码。

（7）93 码

93 码是一种长度可变的连续型字母数字式码制。其字符集成为数字 0～9，26 个大写字母，7 个特殊字符（“–”、“.”、“Space”、“/”、“%”、“+”、“$”）以及 4 个控制字符。每个字符有 3 个条和 3 个空，共 9 个元素宽度。

（8）49 码

49 码是一种多行的连续型、长度可变的字母数字式码制。出现于 1987 年，主要用于小物品标签上的符号。采用多种元素宽度，其字符集为数字 0～9，26 个大写字母，7 个特殊字符（“–”、“.”、“Space”、“/”、“%”、“+”、“$”），3 个功能键（F1、 F2、F3）和 3 个变换字符，共 49 个字符。

（9）其他码制

除上述码外，还有其他的码制，例如 25 码出现于 1977 年，主要用于电子元器件标签；Plessey 码出现于 1971 年 5 月，主要用于图书馆等。

各种常见条形码的对比如表 11-1 所示。

表 11-1　常见条形码的各项指标比较

	UPC 码	EAN 码	交叉 25 码	39 码	库德巴码	128 码	93 码	49 码
长度	固定	固定	可变	可变	可变	可变	可变	可变
连续	连续	连续	离散	离散	连续	连续	连续	连续
支持符号	数字式	数字式	自校验数字式	字母数字式	自校验数字式	自校验数字式	字母数字式	字母数字式
字符集	0～9	0～9	0～9、A～Z、–、/、+、%、$、space.	0～9、–、/、+、%、$、space	0～9、–、/、+、%、$	ASCII 码	0～9、A～Z。–、/、+、%、$、space	0～9、A～Z、–、/、+、%、$、space、.、F1、F2、F3
元素宽度	四种	四种	两种	多种可变	多种可变	四种	多种可变	多种可变

二、一维条形码

1．一维条形码的结构

一维条形码由宽度不同、反射率不同的“条”和“空”，按照一定的编码规则（码制）编制而成。条形码信息靠“条”和“空”的不同宽度和位置来传递，信息量的大小是由条形码的宽度和印刷的精度来决定的，条形码越宽，包容的“条”和“空”越多，信息量越大；条形码印刷的精度越高，单位长度内可以容纳的“条”和“空”越多，传递的信息量也就越大。这种条形码技术只能在一维方向上通过“条”与“空”的排列组合来存储信息，所以叫一维条形码。每种类型的条形码都有固定的编码容量和条形码字符集。其中，“条”指对光线反射率较低的部分，“空”指对光线反射率较高的部分。因为计算机只能识读二进制数据，所以条形码符号作为一种为计算机信息处理而提供的光电扫描信息图形符号，也应满足计算机二进制的要求。通常对于每一种物品，它的编码是唯一的。对于普通的一维条形码来说，还要建立与商品信息对应的数据库，条形码作为标识代码信息，其具体含义要在相应数据库中查找。

一个完整的条形码的组成次序依次为：两侧静区、起始符、数据符、中间分隔符（主要用于 EAN 码）、校验符、终止符，如图 11-2 所示。

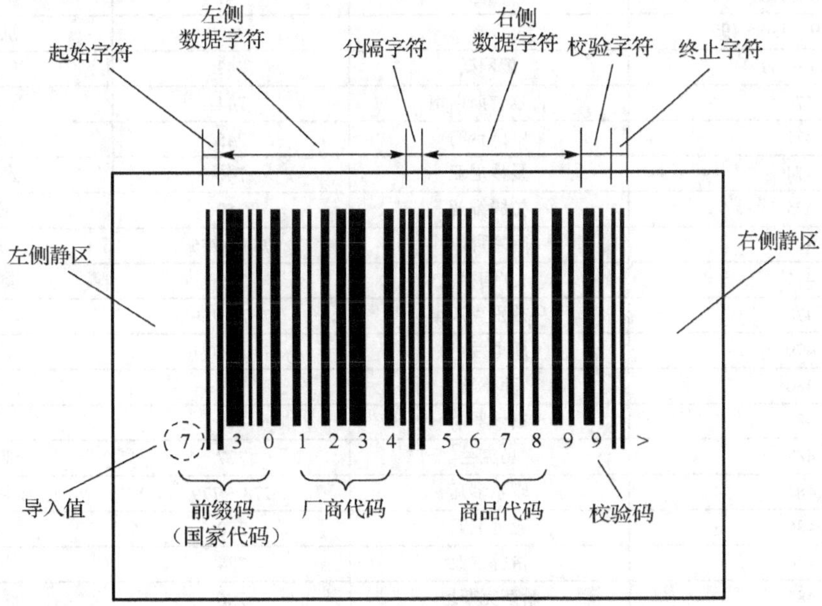

图 11-2 EAN 码符号结构

① 静区：条形码左右两端外侧与“空”的反射率相同的限定区域，它能使阅读器进入准备阅读的状态，当两个条形码之间距离较近时，静区则有助于对它们的区分，静区的宽度通常应不小于 6 毫米（或 10 倍模块宽度）。

② 起始符/终止符：位于条形码开始和结束的若干条与空，标志条形码的开始和结束。为辅助码，不代表任何信息，逻辑型态为 101，其中 1 代表细黑，0 代表细白。

③ 数据符：位于条形码中间的条、空结构，它包含条形码所表达的特定信息。

④ 分隔字符：为辅助码，用来区分左侧数据码与右侧数据码，其逻辑型态为 01010。

⑤ 校验符：数据符之后是校验符。它通过对数据字符的一种算术运算，对所译出的条形码进行校验，以确认所阅读信息的正确性。

⑥ 导入值：为 EAN-13 的最左边第一个数字，即国家代码的第一码，是不用条形码符号表示的，其功能仅作为左侧数据码的编码设定之用。

⑦ 前缀码（国家代码）：国际编码组织已分配给各国的国家号码，如表 11-2 所示。

表 11-2　国际编码组织分配给各国的国家号码

前缀码	国家（地区）/应用领域	前缀码	国家（地区）/应用领域
000～019、030～039、060～139	美国	627	科威特
020～029、040～049、200～299	店内码	628	沙特阿拉伯
050～059	优惠券	629	阿拉伯联合酋长国
300～379	法国	640～649	芬兰
380	保加利亚	690～695	中国大陆
383	斯洛文尼亚	700～709	挪威
385	克罗地亚	729	以色列
387	波斯尼亚和黑塞哥维那	730～739	瑞典
389	黑山	740	危地马拉
400～440	德国	741	萨尔瓦多
450～459、490～499	日本	742	洪都拉斯
460～469	俄罗斯	743	尼加拉瓜
470	吉尔吉斯斯坦	744	哥斯达黎加
471	中国台湾	745	巴拿马
474	爱沙尼亚	746	多米尼加
475	拉脱维亚	750	墨西哥
476	阿塞拜疆	754～755	加拿大
477	立陶宛	759	委内瑞拉
478	乌兹别克斯坦	760～769	瑞士
479	斯里兰卡	770～771	哥伦比亚
480	菲律宾	773	乌拉圭
481	白俄罗斯	775	秘鲁
482	乌克兰	777	玻利维亚
484	摩尔多瓦	778～779	阿根廷
485	亚美尼亚	780	智利
486	格鲁吉亚	784	巴拉圭
487	哈萨克斯坦	786	厄瓜多尔
488	塔吉克斯坦	789～790	巴西
489	中国香港	800～839	意大利
500～509	英国	840～849	西班牙
520～521	希腊	850	古巴
528	黎巴嫩	858	斯洛伐克
529	塞浦路斯	859	捷克
530	阿尔巴尼亚	860	塞尔维亚
531	马其顿	865	蒙古
535	马耳他	867	朝鲜
539	爱尔兰	868～869	土耳其
540～549	比利时、卢森堡	870～879	荷兰
560	葡萄牙	880	韩国
569	冰岛	884	柬埔寨
570～579	丹麦	885	泰国
590	波兰	888	新加坡
594	罗马尼亚	890	印度
599	匈牙利	893	越南

续表

前缀码	国家（地区）/应用领域	前缀码	国家（地区）/应用领域
600～601	南非	896	巴基斯坦
603	加纳	899	印度尼西亚
604	塞内加尔	900～919	奥地利
608	巴林	930～939	澳大利亚
609	毛里求斯	940～949	新西兰
611	摩洛哥	950	GS1 总部
613	阿尔及利亚	951	GS1 总部（产品电子代码）
615	尼日利亚	955	马来西亚
616	肯尼亚	958	澳门
618	科特迪瓦	960～969	GS1 总部（缩短码）
619	突尼斯	977	连续出版物（ISSN）
621	叙利亚	978～979	图书（ISBN）
622	埃及	980	应收票据
624	利比亚	981～983	普通流通券
625	约旦	990～999	优惠券
626	伊朗		

2．一维条形码的编码方案

一般来说，条形码的编码方法有 2 种：模块组合法和宽度调节法。

（1）模块组合法

模块组合法是指条形码符号中，条与空由标准宽度的模块组合而成，模块的标准宽度是 0.33 毫米。一个标准宽度的条表示二进制的“1”，而一个标准宽度的空表示二进制的“0”。每个条形码字符的总模块数为 7，如图 11-3 所示。

（2）宽度调节法

宽度调节法是指条形码中，条与空的宽窄设置不同，用宽单元表示二进制的“1”，而用窄单元表示二进制的“0”，宽窄单元之比一般控制在 2～3 倍，如图 11-4 所示。

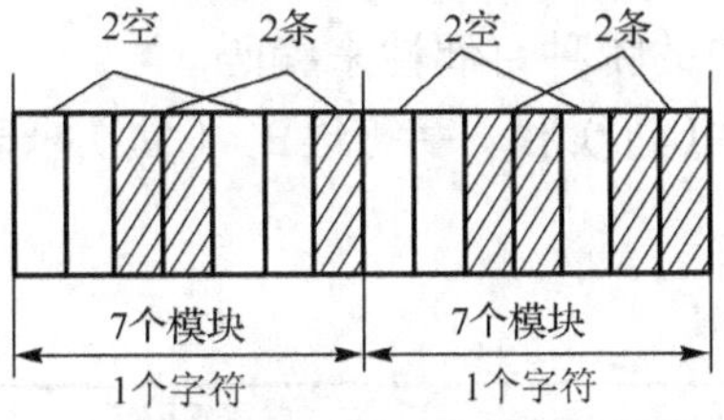

图 11-3　模块组合法示意图

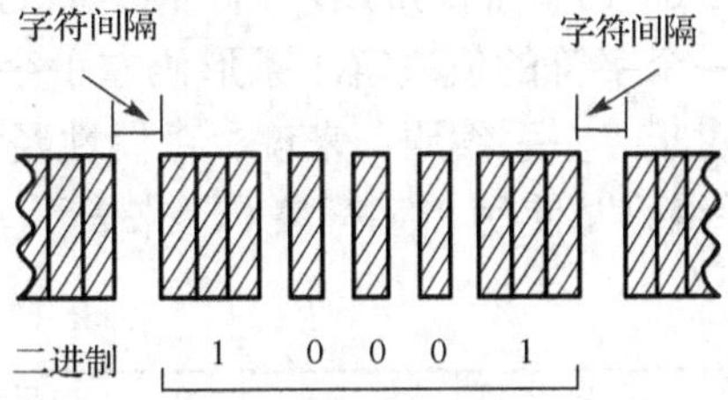

图 11-4　宽度调节法示意图

3．EAN 编码

（1）EAN 码的类型

EAN（European Article Numbering）是主要应用于全球超市的标准条形码。EAN 条形码有两种类型：标准版（EAN-13）和缩短版（EAN-8）。

① 标准版 EAN 条形码（EAN-13 码）是按照“模块组合法”进行编码的，所表示的代码由 13 位数字组成，由左侧静区、起始符、左侧数据符、中间分隔符、右侧数据符、校验符、终止符、右侧静区及供人识别字符组成，如图 11-5 所示。

② 缩短版 EAN 条形码（EAN-8 码）是 EAN-13 码的压缩版，由 8 位数字组成。与标准版 EAN 条形码相比，缩短版 EAN 条形码没有制造厂商代码，仅有前缀码、商品项目代码和校验码，如图 11-6 所示。

图 11-5　EAN-13 码示意图

图 11-6　EAN-8 码示意图

（2）EAN 编码符号

条形码中，所有信息必须被编码为“条”和“空”， EAN 码中用数字“1”来表示条形码的一个“暗”或“条”部分，而用“0”来表示条形码的一个“亮”或“空”部分。这样，数值 1101 就表示为：“两个宽度的条（11）”+“一个宽度的空（0）”+“一个宽度的条（1）”，这部分条形码编码后的图形如图 11-7 所示。一个 EAN-13 条形码拥有如下物理结构。

① 起始字符，编码为 101。

② 条形码的第二、三数制位，按照下面介绍的左手边字符方式进行编码。

③ 厂商码的 4 个字符，按照下面介绍的左手边字符方式进行编码。

④ 分隔字符，编码为 01010。

⑤ 产品码的 5 个字符，按照下面描述的右手边字符方式进行编码。

⑥ 校验位，按照下面介绍的校验位计算方式进行编码。

⑦ 终止字符，编码为 101。

图 11-7　1101 编码

（3）EAN 编码的逻辑值

① EAN 字符集编码。

EAN-13 数制码的第一个字符将被用来确定左手字符的奇偶性上。这就是说，EAN-13 值的第一个字符的值决定了条形码左手字符将按照表 11-3 中的哪种奇偶性来编码。

对于“左手编码”来说，奇偶性经常使用“字符集A”（奇）和“字符集B”（偶）来表示。“右手编码”使用“字符集 C”来表示。

表 11-3　EAN 编码的逻辑值

数字	左手编码		右手编码
	奇数（A 类）	偶数（B 类）	C 类
0	0001101	0100111	1110010
1	0011001	0110011	1100110
2	0010011	0011011	1101100
3	0111101	0100001	1000010
4	0100011	0011101	1011100
5	0110001	0111001	1001110
6	0101111	0000101	1010000
7	0111011	0010001	1000100
8	0110111	0001001	1001000
9	0001011	0010111	1110100

观察表 11-3 有以下发现。

A. 条形码左手边的所有字符总是以 0（空）开始，而条形码右手边的所有字符都是以 1（条）开始。

B. 如果把 1 变成 0，把 0 变成 1，那么“右手边”编码模式和“左手边奇数”编码模式是完全相同的。

C. “左手边偶数”编码模式是基于“左手边奇数”编码模式的。为了得到偶数编码，可以按照如下步骤对左手边编码模式进行操作：A. 把所有的 1 变成 0，0 变成 1；B. 将得到的结果编码反着读（从右到左）就得到了“左手边偶数”编码模式。

② EAN 奇偶性编码。

表 11-4 说明了条形码左手边每个字符按照哪种奇偶性进行编码。奇偶性取决于 EAN-13 值的第一个数位。例如，我们的 CD 的 EAN-13 值是 0075678164125。在这个条形码中，数制码的第一个数位就是第一个“0”，所以，奇偶性就应该遵循表 11-4 中的数字 0 一行。

表 11-4 EAN 奇偶性编码表

前缀码（1）	编码奇偶性					
	前缀码（2）	前缀码（3）	厂商编码			
			1	2	3	4
0(UPC-A)	奇	奇	奇	奇	奇	奇
1	奇	奇	偶	奇	偶	偶
2	奇	奇	偶	偶	奇	偶
3	奇	奇	偶	偶	偶	奇
4	奇	偶	奇	奇	偶	偶
5	奇	偶	偶	奇	奇	偶
6	奇	偶	偶	偶	奇	奇
7	奇	偶	奇	偶	奇	偶
8	奇	偶	奇	偶	偶	奇
9	奇	偶	偶	奇	偶	奇

（4）编码举例

这个例子将对值“6903685000317”进行 EAN-13 编码。“690”是前缀码，“3685”是厂商码，“00031”是产品码，“7”是校验码。这是国产中药“六味地黄丸”包装盒上的条形码。如图 11-8 所示。

6 903685 000317

图 11-8 “六味地黄丸”的条形码

① 计算校验位。

EAN-13 码的校验位计算如表 11-5 所示。

表 11-5 条形码的校验位计算

	国家代码			数据字符									校验字符
数据字符位编号	13	12	11	10	9	8	7	6	5	4	3	2	1
数据字符值	6	9	0	3	6	8	5	0	0	0	3	1	7
偶数号位置字符		9		3		8		0		0		1	
奇数号位置字符	6		0		6		5		0		3		

第 1 步：将此 13 位数从右到左顺序编号，校验字符为第 1 号，如表 11-5 所示；

第 2 步：将偶数号位置字符的数值相加，其和再乘以 3，结果=(9+3+8+0+0+1)×3=63；

第 3 步：将奇数号位置字符的数值相加，结果=(6+0+6+5+0+3)=20；

第 4 步：将第 2、3 步得到的和再相加，结果=63+20=83，83 模 10 取余为 3，再求 10 与 3 的差为 7，得到校验值 7。

② 编码步骤。

接下来，我们观察数制码的第一个数位（条形码中最左边的那个数位）是数字“6”。参照奇偶性编码表 11-4 中的数字“6”，可以知道第二个数制位、第三个数制码和厂商码应该按照“奇/偶/偶/偶/奇/奇”的模式进行编码。如第二个数制位将按照“左手边奇数”性表进行编码；厂商码的第一个数位应该按照“左手边偶数”性编码，等等。现在，可以按照如下步骤来编制条形码，之后将所有字符串连接起来就构成了最终的条形码。

A．起始字符 (总是相同的)：101。

B．第二数制位[9]：按照左手边奇数性进行编码（如表 11-3 所示，下同），0001011。

C．第三数制位[0]：按照左手边偶数性进行编码，0100111。

D．厂商码第 1 个数位[3]：按照左手边偶数性进行编码，0100001。

E．厂商码第 2 个数位[6]：按照左手边偶数性进行编码，0000101。

F．厂商码第 3 个数位[8]：按照左手边奇数性进行编码，0110111。

G．厂商码第 4 个数位[5]：按照左手边奇数性进行编码，0110001。

H．分隔字符(总是相同的)：01010。

I．产品码第 1 个数位[0]：按照右手边字符进行编码，1110010。

J．产品码第 2 个数位[0]：按照右手边字符进行编码，1110010。

K．产品码第 3 个数位[0]：按照右手边字符进行编码，1110010。

L．产品码第 4 个数位[3]：按照右手边字符进行编码，1000010。

M．产品码第 5 个数位[1]：按照右手边字符进行编码，1100110。

N．校验位[7]：按照右手边字符进行编码，1000100。

O．终止字符(总是相同的)：101。

记住，一个“1”代表一个条，一个“0”代表一个空。因此，可以将这个数字字符串转换成他们的图形表示形式，最终可以得到如图 11-8 所示的条形码。

图 11-9 “六味地黄丸”条形码编码

为了能够更清晰地看出条形码的构造，观察图 11-9，这就是图 11-8 的那个条形码，只是在这张图上，每个字符或者说每个段，都使用了虚线加以区分。在这个条形码上，每对虚线区间的段都对应着以上 A～O 步的一种，它覆盖了上面所描述的所有“步骤”。可以用每一步的 1-0 序列和图 11-9 进行对比。

（5）EAN 系统的图书代码

国际物品编码协会（EAN）与国际标准书号（International Standard Book Number，ISBN）中心达成了一致协议，把图书作为特殊的商品，将 EAN 前缀码 978，作为国际标准书号（ISBN）系统的前缀码，并将 ISBN 书号条形码化。

按照国际物品编码协会（EAN）的规范规定，EAN 图书代码可以用两种不同的代码结构来表示，一种是利用图书本身的 ISBN 编号，按 EAN 和 ISBN 协议规定，将 978 作为图书商品的前缀进行编码。另一种是把图书视为一般商品，然后按 EAN 商品编码方法进行编码。根据 EAN 的规定，各国编码组织有权根据自己的国情在图书编码的两种方案中做出自己的选择。由于我国已加入了 ISBN 组织，并且全国的图书已采用 ISBN 书号，因此我国选择图书本身的 ISBN 编号，按 EAN 和 ISBN 协议规定，将 978 作为图书商品的前缀进行编码。

ISBN 978-7-113-12192-1

9 787113 121921 >

图 11-10 图书条形码

① 直接采用图书的 ISBN 号。

图书条形码如图 11-10 所示，其 ISBN 编码的代码结构如表 11-6 所示。

表 11-6 图书按 ISBN 进行编码的代码结构

	前缀码			数据字符									校验字符
数据字符位编号	13	12	11	10	9	8	7	6	5	4	3	2	1
数据字符值	9	7	8	7	1	1	3	1	2	1	9	2	1
意义	图书商品前缀			中国	外语教学与研究出版社				牛津英汉双解小词典				校验码

② 将图书按一般商品进行编码。

图书按一般商品进行编码的代码结构如表 11-7 所示。

表 11-7 图书按一般商品进行编码的代码结构

	国别代码			数据字符									校验字符
数据字符位编号	13	12	11	10	9	8	7	6	5	4	3	2	1
数据字符值	N13	N12	N11	N10	N9	N8	N7	N6	N5	N4	N3	N2	C
意义	国别			图书代码（遵照 EAN 编码规则）									校验码

（6）EAN 系统的期刊代码

按照 EAN 的规定，期刊可以有两种不同的编码方式。一种方式是将期刊作为普通商品进行编码，编码方法按照标准的 EAN-13 码的编码方式进行。这种方法可以起到商品标识的作用，但体现不出期刊的特点。另一种方法是按照国际标准期刊号 ISSN（International Standard Serials Number）体系进行编码。ISSN 是由国际标准期刊号中心统一控制，在世界范围内广泛采用的期刊代码体系。按照这个体系编码完全可以达到标识系列出版物的目的。因此，国际物品编码协会（EAN）与国际标准期刊号中心签署了协议，并将 EAN 前缀码 977 分配给国际标准期刊系统，供期刊标识专用。

每个国家的 EAN 编码组织可以根据自己的实际情况选择两种不同的编码方式。

ISSN 号在国际上已经得到了广泛的应用，我国也加入了国际 ISSN 组织，并成立了我国的 ISSN 中心。目前，ISSN 代码尚未普及，因此，我国究竟采用哪种编码方式来标识期刊出版物有待进一步探讨，但期刊标识的条形码化是大势所趋。

期刊代码结构如表 11-8 所示。

表 11-8 直接采用 ISSN 对期刊进行编码

	前缀码			ISSN 号数据字符							备用码		校验	系列号补充码	
数据字符位编号	13	12	11	10	9	8	7	6	5	4	3	2	1		
数据字符值	N13	N12	N11	N10	N9	N8	N7	N6	N5	N4	N3	N2	C	S1	S2
意义	期刊商品前缀码			国标准期刊号（ISSN）											

① 前缀码 977：国际物品编码协会（EAN）分配给国际标准期刊号 ISSN 系统的专用前缀码。

② N4～N10：国际标准期刊号（ISSN）。

③ N2～N3：备用码，当 N4～N10 不能清楚地标识期刊时，可以利用备用码分配不同的代码。

④ S1S2：仅用于表示一周以上出版一次的期刊的系列号（即周或月份的序数），表 11-9 是期刊系列号的代码构成。

表 11-9　期刊系列号 S1S2 的代码构成

期刊种类	S1S2
周刊	用出版周的序数表示（01～53）
旬刊	用出版旬的序数表示（01～36）
双周刊	用出版周的序数表示（02、04、…、52 或 01、03、…、53）
半月刊	用出版半月的序数表示（01～24）
月刊	用出版月份的序数表示（01～12）
双月刊	用出版月份的序数表示（01～12）
季刊	用出版月份的序数表示（01～12）
半年刊	用出版月份的序数表示（01～12）
年刊	用出版月份的序数表示（01～12）
特刊	01～99

三、二维条形码

1. 二维条形码的产生

一维条形码自出现以来，发展速度很快，极大地提高了数据录入和采集的效率。但是一维条形码的信息容量很小，如商品上的条形码仅能容纳几位或者几十位阿拉伯数字或字母，在应用中，更多的是对“物品”进行标识，而不是对“物品”进行描述。对商品的详细描述只能依赖数据库提供，在没有数据库和不便联网的地方，一维条形码的使用受到了较大的限制，有时甚至变得毫无意义。另外，在用一维条形码表示汉字时，十分不方便，且效率很低。基于上述原因，人们迫切希望发明一种新的码制，除具备一维条形码的优点外，同时还有信息容量大、可靠性高、保密防伪性强等优点。为了满足人们的这种需求，美国 Symbol 公司经过几年的努力，于 1991 年正式推出名为 PDF417 的二维条形码，简称为 PDF417 条形码 (Portable Data File 417)，即“便携式数据文件”。如图 11-11 所示。二维条形码主要用于以下几个方面：电子商务中的单证；证件（如护照、身份证、驾驶执照等）；物流中心、仓储中心等的物品盘点；商业机密、政治情报、军事机密、私人信函等。

图 11-11　PDF417 码示意图

2. 二维条形码的特点

与一维条形码相比，二维条形码具有以下特点。

（1）信息容量大

根据不同的条空比例每平方英寸可以容纳250到1100个字符。在国际标准的证卡有效面积上（相当于信用卡面积的2/3，约为76毫米×25毫米），如PDF417条形码可以容纳1848个字母字符或2729个数字字符，约500个汉字信息，比普通条形码信息容量高几十倍。

（2）编码范围广

二维条形码可以将照片、指纹、掌纹、签字、声音、文字等凡可数字化的信息进行编码。

（3）保密、防伪性能好

二维条形码具有多重防伪特性，它可以采用密码防伪、软件加密及利用所包含的信息如指纹、照片等进行防伪，因此具有极强的保密防伪性能。

（4）译码可靠性高

普通条形码的译码错误率约为百万分之二左右，而二维条形码的误码率不超过千万分之一，译码可靠性极高。

（5）修正错误能力强

二维条形码大多采用了数学纠错技术，如PDF417条形码采用了世界上最先进的数学纠错理论，如果条形码由于玷污、破损等造成信息丢失，只要破损面积不超过50%，照常可以被破译出来。

（6）条形码符号的形状可变

同样的信息量，二维条形码的形状可以根据载体面积及美工设计等进行自我调整。

二维条形码同其他几种自动识别技术相比，也具有较大的优势，如表11-10所示。

表11-10　二维条形码与磁卡、IC卡对比表

	二维条形码	磁卡	IC卡
抗磁力	强	弱	中等
抗静电	强	中等	中等
抗损性	强 可折叠 可局部穿孔 可局部切割	弱 不可折叠 不可穿孔 不可切割	弱 不可折叠 不可穿孔 不可切割

3．二维条形码的分类

二维条形码可以分为堆叠式（行排式）和矩阵式（棋盘式）2种。堆叠式的二维条形码形态上由多行短截的一维条形码堆叠而成；矩阵式二维条形码以矩阵的形式组成，在矩阵相应元素位置上用“点”表示二进制数“1”，用“空”表示二进制数“0”，由“点”和“空”的排列组成代码。

（1）堆叠式

堆叠式的编码原理是建立在一维条形码基础之上，按需要堆积成二行或多行。它在编码设计、校验原理、识读方式等方面继承了一维条形码的一些特点，识读设备与条形码印刷和一维条形码技术兼容。但由于行数的增加，需要对行进行判定，其译码算法与一维条形码不完全相同。有代表性的堆叠式二维条形码有：PDF417、Code 49、Code 16K等。如图11-12所示。

（2）矩阵式

矩阵式二维条形码是在一个矩形空间通过黑、白像素在矩阵中的不同分布进行编码。在

矩阵相应元素位置上，用点（方点、圆点或其他形状）的出现表示二进制数“1”，点的不出现表示二进制数“0”，点的排列组合确定了矩阵式二维条形码所代表的意义。矩阵式二维条形码是建立在计算机图像处理技术、组合编码原理等基础上的一种新型图形符号自动识读处理码制。具有代表性的矩阵式二维条形码有：QR 码、Data Matrix、Code One 等，如图 11-13 所示。

(a) PDF417　　(b) Code49

图 11-12　堆叠式二维条形码

(a) QR码　　(b) Data Matrix

图 11-13　矩阵式二维条形码

四、QR 码的数据编码

QR 码（Quick Response）是日本 Denso Wave 公司于 1994 年发明的，QR 码的标准 JIS X 0510 在 1999 年 1 月发布，ISO 国际标准 ISO/IEC18004，在 2000 年 6 月获得批准。根据 Denso Wave 公司的网站资料，QR 码是属于开放式的标准，QR 码的规格公开，而由 Denso Wave 公司持有的专利权益，则不会被执行。QR 码的数据容量如表 11-11 所示。

表 11-11　QR 码的数据容量

QR 码数据容量	
数字	最多 7089 个字符
字母	最多 4296 个字符
二进制数(8 bit)	最多 2953 个字节
日文汉字/片假名	最多 1817 个字符（采用 Shif JIS）
中文汉字	最多 984 个字符（采用 UTF-8）
中文汉字	最多 1800 个字符（采用 BIG5）

QR 码如今被越来越广泛地应用于电子票务领域，如电影票、电子优惠券、电子会员卡等，给人们的日常生活带来很大的便利。在我国，2009 年 12 月，广州机场已经开始使用电子机票了，无须登机牌，一条二维码短信就可以轻松登机。铁道部于 2009 年 12 月 10 日开始改版铁路车票，新版车票采用 QR 码作为防伪措施，取代以前的一维条形码。

1. QR 码的结构

QR 码符号共有 40 种规格，分别为版本 1、版本 2、…、版本 40。版本 1 的规格为 21 模块×21 模块、版本 2 为 25 模块×25 模块，以此类推，每一版本符号比前一版本每边增加 4 个模块，直到版本 40，规格为 177 模块×177 模块。

QR 码的结构如图 11-14 所示。

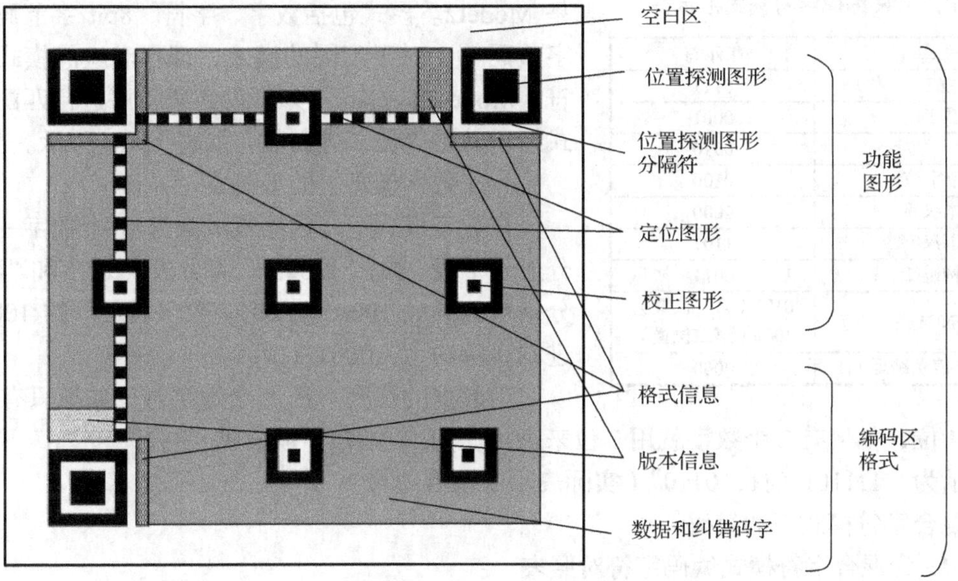

图 11-14　QR 码的结构

寻像图形包括 3 个相同的位置探测图形，分别位于符号的左上角、右上角和左下角。每个位置探测图形可以看作是由 3 个重叠的同心的正方形组成，它们分别为 7×7 个深色模块，5×5 个浅色模块和 3×3 个深色模块。

在每个位置探测图形和编码区域之间有宽度为一个模块的分隔符，全部由浅色模块组成。

水平和垂直定位图形分别为一个模块宽的一行和一列，由深色和浅色模块交替组成，其开始和结尾都是深色模块。水平定位图形位于上部的两个位置探测图形之间，符号的第 6 行；垂直定位图形位于左侧的两个位置探测图形之间，符号的第 6 列。它们的作用是确定符号的密度和版本，提供决定模块坐标的基准位置。

每个校正图形可看作 3 个重叠的同心正方形，由 5×5 个深色模块，3×3 个浅色模块以及位于中心的一个深色模块组成。校正图形的数量视符号的版本号而定，版本 1 没有校正图形，版本 2～6 有 1 个校正图形，版本 7～13 有 6 个校正图形，版本 14～20 有 13 个校正图形，版本 21～27 有 22 个校正图形，版本 28～34 有 33 个校正图形，版本 35～40 有 46 个校正图形。

① 位置探测图形、位置探测图形分隔符、定位图形：用于对二维码的定位，对每个 QR 码来说，位置都是固定存在的，只是大小规格会有所差异；

② 校正图形：规格确定，校正图形的数量和位置也就确定了；

③ 格式信息：表示二维码的纠错级别，分为 L、M、Q、H；

④ 版本信息：即二维码的规格，QR 码符号共有 40 种规格的矩阵（一般为黑白色）；

⑤ 数据和纠错码字：实际保存的二维码信息，和纠错码字（用于修正二维码损坏带来的错误）。

2. 数据编码

QR 码的模式（Mode）分为 Model1 和 Model2 两种模式，Model1 是对 QR 的初始定义，Model2 是对 Model1 的扩展，目前使用较为普遍的是 Model2。模式包括数字、字符、8bit 字节码、多字节码等。对于不同的模式，都有对应的模式标识符（Mode Indicator）来帮助解码程序进行匹配，模式指示符是 4 位二进制数，如表 11-12 所示。

表 11-12 QR 编码字符模式指示符

模式	指示符
ECI	0111
数字	0001
字母、数字	0010
8 位字节	0100
日本汉字	1000
中国汉字	1101
结构链接	0011
FNC1	0101（第一位置） 1001（第二位置）
终止符（信息结尾）	0000

（1）数字模式下的编码

在数字模式下，数据被限制为 3 个数字一段，分成若干段。如："123456" 将分成 "123" 和 "456"，分别被编码成 10bit 的二进制数。"123" 的 10bit 二进制表示法为：0001111011。

当数据的长度不足 3 个数字时，如果只有 1 个数字则用 4 位，如果有 2 个数字就用 7 位来表示。如："9876" 被分成 "987" 和 "6" 两段，因此被表示为 "1111011011，0110"（实际表示中没有逗号）。

（2）混合字符模式下的编码

表 11-13 为混合字符模式编码字符对照表。

表 11-13 混合字符模式编码字符对照表

0	0	A	10	K	20	U	30	+	40
1	1	B	11	L	21	V	31	-	41
2	2	C	12	M	22	W	32	.	42
3	3	D	13	N	23	X	33	/	43
4	4	E	14	O	24	Y	34	:	44
5	5	F	15	P	25	Z	35		
6	6	G	16	Q	26	[sp]	36		
7	7	H	17	R	27	$	37		
8	8	I	18	S	28	%	38		
9	9	J	19	T	29	*	3		

编码方式为：

源码被分成两个字符一段，每段的第一个字符乘上 45，再与第二个数字相加。因此每段变成了 11 位的 2 进制码，如果字符个数只有 1 个，则用 6 位表示。

示例：

对 ABCDE123 编码，如表 11-14 所示。

表 11-14 混合编码示例

源码	"AB"	"CD"	"E1"	"23"
编码方式	45*10+11	45*12+13	45*14+1	45*2+3
十进制	461	553	631	93
编码串	00111001101	01000101001	01001110111	00001011101

文本串计数标识符用来存储源内容字符串的长度，在版本 1～9 的 QR 码中，文本串长度标识符自身的长度被定义为：

数字：10 位；

混合字符：9 位；

8bit 字节码：8 位；

多字节码：8 位。

在本例中，源文本串的长度为 8 个字符，混合字符的长度为 9 位，因此将字符个数 8 编码为 9 位二进制表示：000001000。

如果编码后的字符长度不足当前版本和纠错级别所存储的容量，则在后续补“0000”，如果容量已满则无须添加终止符。

此时得到的编码串为：

0010 000001000 00111001101 01000101001 01001110111 00001011101 **0000**

（3）8 位字节数据不经编码转换直接保存

其他模式的编码略。

五、矽感码和汉信码

长期以来，我国自动识别技术产业一直处于来自美国、日本的技术标准垄断之下，对信息安全、政府管理和产业发展都构成了障碍。2005 年中国几个 IT 厂商因为使用美国的 Data Matrix 标准受到专利侵权指控，应用国外条形码带来的隐患已经由潜在风险上升为现实的威胁。专利问题是潜在的，QR 码目前并没有收取相关的费用，但是不代表以后不收取，Data Matrix 就曾让 NOKIA 交了 2 亿美元。

近年来，我国在二维条形码的研究与应用方面也取得了很大的发展。尤其是在“十五”期间，我国相继开发出了“矽感码”、“汉信码”、“紫光码”、“龙贝码”等一批二维条形码系统，并已应用在了国防、检疫、电子商务等领域。

1．矽感码

武汉科技有限公司开发的矽感码包括：紧密矩阵码（Compact Matrix Code，CM）和网格码（Grid Matrix Code，GM），如图 11-15 所示。

(a) CM　　(b) GM

图 11-15　矽感码

（1）CM 码的技术特征

大容量、高密度、高可靠性、可扩展性强、低成本。

① 图形的方向性要求。

CM 二维条形码的设计原理决定了使用者不会被条形码识读方向所困扰。

② 错误纠正能力。

CM 码共有 8 个纠错等级，纠错信息和纠错能力如表 11-15 所示。

表 11-15　CM 码纠错等级

纠错等级	纠错信息百分比
1	8%
2	16%
3	24%
4	32%
5	40%
6	48%
7	56%
8	64%

③ 数据编码容量。

矽感 CM 二维条形码采用了先进的结构设计和数据压缩模式，其编码数据容量有了质的飞跃。CM 二维条形码共有 32 个版本，每个版本可以拥有 1 至 32 个可选数据段，每种版本和段数的组合有 8 个可选纠错等级，因此矽感 CM 二维条形码最多有 32×32×8=8192 个容量规格。最大图形的存储容量（字节数）1 至 8 级纠错信息下分别为：57691，52674，47657，42640，37624，32606，27590，22572。推荐应用的容量为 ID 卡 2～3KB，文档应用小于 12KB。

④ 数据密度。

在典型应用条件下，300DPI 输出分辨率数据密度可达 1KB/平方英寸，600DPI 输出分辨率数据密度可达 2KB/平方英寸。

⑤ 图形尺寸与比例。

CM 码外观为矩形设计，通过调整码图版本和数据段数控制整体外形比例，通过调整单元模块的宽、高比例实现尺寸的微调，能很好地满足各种应用的尺寸需求。

⑥ 扫描同步解码与扫描后解码。

CM 二维条形码支持边扫描边解码的同步解码模式，也支持扫描后解码的工作模式。前者可以提高处理器的执行效率从而达到降低处理器性能的需求，后者可以提高抗污损的能力。

⑦ 图像获取方式。

不同的图像获取方式所采集到的图像特征不同，图像识别算法所做的工作相应的有很大的不同，CM 二维条形码支持刷卡扫描、馈纸扫描以及平板扫描等多种扫描方式。

⑧ 可编码数据类型与编码效率。

CM 二维条形码可编码任意数字信息，对数字采用每 3 个字符 10 位编码，对 ASCII 字符采用每字符 7 位编码，对中文采用每字符 13 位编码，因而对这三类信息有一定的压缩功能。

⑨ 较强的适应性。

CM 二维条形码有极强的容忍能力，能够较大程度经受图像拉伸、压缩、扭曲、污损，这也是 CM 二维条形码的显著特点。

（2）CM 码与 PDF417 码和 QR 码的对比

对比 PDF417 码 1KB 和 QR 码 3KB 的容量，CM 码 32KB 的容量优势明显，各项指标均优于前二者，其对比如表 11-16 所示。

表 11-16　CM 码与 PDF417 码和 QR 码的对比

二维条形码	QR	PDF417	CM
最大容量	3 KB	1 KB	32 KB
纠错能力	1～4 级	0～8 级	1～8 级
条形码形状	只能正方形	任意矩形	任意矩形
汉字编码效率	一般	较差	高效
可存储信息	文字、符号、小幅图片	文字、符号、简单图形	文字、符号、彩色图片，甚至声音等
光电影像传感器（识读设备核心器件）	日本制造	日本制造	中国制造
知识产权	日本	美国	中国

（3）GM 码与 PDF417 和 QR 码的对比

GM 码与 PDF417 和 QR 码的对比见表 11-17。

表 11-17　GM 码与 PDF417 和 QR 码的对比

二维条形码	QR	PDF417	GM
排列方式	矩阵式	层排式（一维的罗列）	矩阵式
最大容量	3 KB	1 KB	2 KB
可识读方向	全向	上下双向	360 度 全向
图形“死穴”	有（定位图形不能污损）	有（定位图形不能污损）	无
汉字编码效率	较差（16 位）	较差（16 位）	高效（13 位）
光电影像传感器（识读设备的核心器件）	日本	日本或美国制造	中国制造
知识产权	日本	美国	中国

2006 年 5 月 23 日信息产业部批准颁布紧密矩阵码（简称 CM 码）、网格矩阵码（简称 GM 码）两项二维条形码码制电子行业标准，填补了中国自主知识产权二维条形码标准的空白。

2．汉信码

汉信码是一种全新的二维矩阵码，如图 11-16 所示，由中国物品编码中心牵头组织相关单位合作开发，2005 年 12 月完成，具有完全自主知识产权，和国际上其他二维条形码相比，更适合汉字信息的表示，而且可以容纳更多的信息。2007 年 8 月 23 日，国家质检总局和国家标准化管理委员会发布《汉信码》国家标准（GB/21049—2007）。

（1）汉信码的主要技术特点

① 具有高度的汉字表示能力和汉字压缩效率。

汉信码支持 GB18030 中规定的 160 万个汉字信息字符，并且采用 12 位的压缩比率，每个汉信码符号可表示 12～2174 个汉字字符。

图 11-16　汉信码

② 信息容量大。

在打印精度支持的情况下，每平方英寸最多可表示 7829 个数字字符，2174 个汉字字符，4350 个英文字母。

③ 编码范围广。

汉信码可以将照片、指纹、掌纹、签字、声音、文字等凡可数字化的信息进行编码。

④ 支持加密技术。

汉信码是第一种在码制中预留加密接口的条形码，它可以与各种加密算法和密码协议进行集成，因此具有极强的保密防伪性能。

⑤ 抗污损和畸变能力强。

汉信码具有很强的抗污损和畸变能力，可以被附着在常用的平面或桶装物品上，并且可以在缺失两个定位标的情况下进行识读。

⑥ 修正错误能力强。

汉信码采用世界先进的数学纠错理论，采用太空信息传输中常采用的 Reed-Solomon 纠错算法，使得汉信码的纠错能力可以达到 30%。

⑦ 可供用户选择的纠错能力。

汉信码提供四种纠错等级，使得用户可以根据自己的需要在8%、15%、23%和30%各种纠错等级上进行选择，从而具有高度的适应能力。

⑧ 条形码符号的形状可变。

汉信码支持84个版本，可以由用户自主进行选择，最小码仅有指甲大小。

⑨ 外形美观。

汉信码在设计之初就考虑到人的视觉接受能力，所以较之现有国际上的二维条形码技术，汉信码在视觉感官上具有突出的特点。

（2）汉信码的结构

汉信码符号是由 $n \times n$ 个正方形模块构成的正方形阵列，该正方形阵列由信息编码区、功能信息区与功能图形区组成，其中功能图形区主要包括寻像图形、寻像图形分隔区、校正图形与辅助校正图形。码图符号的四周为不少于3模块宽的空白区。图11-17是24版本的汉信码符号结构示意图。

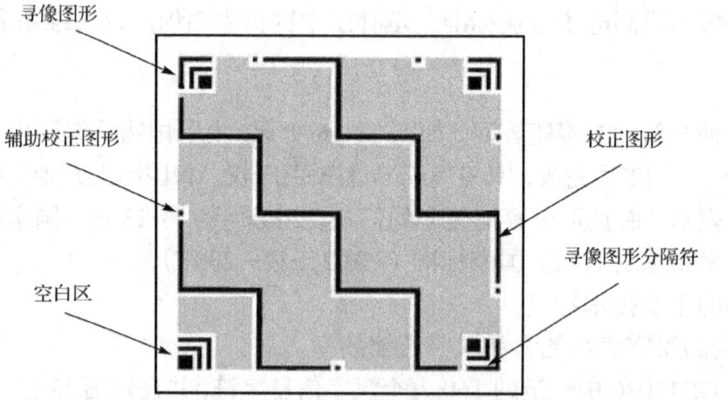

图11-17　24版本汉信码符号结构示意图

六、条形码识读

1. 识别原理

要将按照一定规则编译出来的条形码转换成有意义的信息，需要经历扫描和译码两个过程。物体的颜色是由其反射光的类型决定的，白色物体能反射各种波长的可见光，黑色物体则吸收各种波长的可见光，所以当条形码扫描器光源发出的光在条形码上反射后，反射光照射到条形码扫描器内部的光电转换器上，光电转换器根据强弱不同的反射光信号，转换成相应的电信号。根据原理的差异，扫描器可以分为光笔、红光CCD、激光、影像四种。电信号输出到条形码扫描器的放大电路增强信号之后，再送到整形电路将模拟信号转换成数字信号。白条、黑条的宽度不同，相应的电信号持续时间长短也不同。然后译码器通过测量脉冲数字电信号0、1的数目来判别条和空的数目。通过测量0、1信号持续的时间来判别条和空的宽度。此时所得到的数据仍然是杂乱无章的，要知道条形码所包含的信息，则需根据对应的编码规则，将条形符号转换成相应的数字、字符信息。最后，由计算机系统进行数据处理与管理，物品的详细信息便被识别了。

2. 识读设备

目前，条形码识读设备虽然种类繁多，但大体上可分为两大类，即在线式阅读器和便携式阅读器。在线式阅读器按其功能和用途，又可分为多功能阅读器和专用阅读器。在线式阅读器一般直接由交流电源供电，除具有识别等多种常用码制条形码的功能外，根据不同需要还可增加可编程功能、可显示功能以及多机联网通信功能等。而便携式阅读器则配有数据存储器，通常由电池供电，当数据收集后，先把数据存储起来，然后将上万个条形码信息转储到服务器。便携式阅读器广泛应用于仓库管理、商品盘点以及各种野外作业中。

（1）手持式扫描器

手持式扫描器具有小型、便于使用的特点，如图 11-18 所示。阅读时只须将读取头（光源）接近或轻触条形码即可进行自动读取。手持式扫描器所使用的光源有激光（氦-氖激光、半导体激光）和可见光 LED（发光二极管），又称 CCD 扫描器。由于这 2 类扫描器均具有性能稳定、价格适中、识读率高、使用简便等优点，目前在条形码扫描系统中应用最为普遍。

（2）台式扫描器

台式扫描器的用途很广，大都固定安装在某一位置上，用来识读在某一范围内出现或通过的条形码符号。图 11-19 是用于超级市场 POS 系统的台式激光扫描器，这种扫描器对条形码的方向没有要求，又称全方位扫描器，读取距离为几厘米到几十厘米。

由于台式激光扫描器具有性能稳定、扫描速度快等优点，目前在超级市场 POS 系统中应用最为普遍。为方便在不同场合的使用，现在台式激光扫描器的形状也多式多样。

（3）便携式数据采集器

便携式数据采集器是为适应一些现场数据采集（如扫描笨重物体的条形码符号）而设计的，适合于脱机使用的场合，如图 11-20 所示。它是将扫描器带到物体的条形码符号前扫描，因此又称手持终端机或盘点机。它由电池供电，扫描与数据传输不同步，它有自己的内部存储器，可以存储一定量的数据，并在适当的时候将这些数据传输给计算机。几乎所有的便携式数据采集器都有一定的编程能力，可以满足不同场合的应用需要。

图 11-18　手持式扫描器

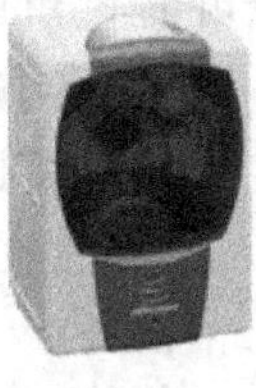

图 11-19　台式扫描器

图 11-20　便携式数据采集器

七、条形码在供应链物流管理中的应用

在供应链物流管理方面，条形码技术像一条纽带，把产品生命周期中各阶段发生的信息联结在一起，可跟踪产品从生产到销售的全过程，使企业获得高效率，在激烈的市场竞争中处于有利地位。其应用主要包括以下领域：

1. 产品仓储和配送管理

条形码技术应用于库存管理系统，代替手工书写的票据，能大大提高工作效率。物料出入库、物品存放地点等信息受人工采集过程烦琐等因素的影响，经常发生传递滞后的情况，导致库存量上升、发货日期无法保证或难以估计以及决策依据不准确等弊端。条形码技术可以解决这些问题，如在交货时间上可以大大提高准确性。条形码技术还可解决票据信息不准确的问题（主要是抄写错误，输入错误），提高对客户的服务质量，消除事务处理中的人工操作，减少无效劳动。

2. 流水线的生产管理

未使用条形码技术时，每个产品在上生产线前，必须手工记录生成这个产品所需的工序和零件。领料员按记录分配好物料后，才能开始生产。手工记录过程，工作量既大又复杂，而且不能及时反映产品在生产线上的流动状况。采用条形码技术后，订单号、零件种类、产品数量编号都可条形码化，在产品零件和装配的生产线上及时打印并粘贴条形码。这样就可以很方便地获取产品在某条生产线上的生产工艺及所需的物料和零件等信息。产品在下线时，由生产线质检员检验合格后扫描产品条形码、生产线条形码，并按工序顺序扫描工人的条形码，对于不合格的产品送维修，并确定故障的原因（工序位置），整个过程无须手工记录。

3. 进货管理

采购产品入库时，材料管理员可以利用条形码数据采集器扫描物料包装上的条形码标签，并快速准确地录入产品品种和数量信息。如果卖主没有以条形码的形式提供这些信息，材料管理员就要通过采集器的键盘将这些信息录入系统中，系统立即生成这些材料的条形码标签。接着，材料管理员扫描物料规格信息（体积、重量和成分等）和标识号的条形码。每类购入的物料只有一个唯一的标识号，它是所有的库存管理环节中一个最基本的信息。如果有不符合订货要求的物料，系统将给出相应的信息。

4. 售后服务的管理

售后服务直接影响到一个企业的形象和销售。要做到服务好，投资省，必须有正确及时的数据作为保证。当用户保修或发生质量投诉时，可以通过产品的条形码立即查到这一产品是何时在何地由何人售出的、价格是多少、销售合同内容、保修记录、发生问题的零部件是哪一个供应商提供的、什么人安装的等相关信息。可以据此追究责任人，提高服务质量，降低服务成本。

5. 供应链管理

条形码在各种供应链管理中都起到至关重要的作用，供应链的整合管理其实也是信息的整合管理，而条形码在信息采集和传递方面占据着无可替代的地位。条形码可作为从产品下线、包装、运输、仓储、分拣、配送，直到零售商店的整个供应链中的各个环节的唯一标识，从而服务于整个供应链，在上下游企业之间传递产品信息。

条形码在现代化物流管理中起着直接、高效的信息媒体作用，它使现代化的管理和现代化技术的应用成为可能。以条形码技术的应用为基础的信息流将是 21 世纪信息技术的重要特征，控制了信息流就控制了物流，信息技术的现代化将促进物流管理的现代化。

第二节　无线射频识别（RFID）技术

一、RFID 的发展历程

射频识别（Radio Frequency Identification，RFID）是一种无线通信技术，可以通过无线电信号识别特定目标并读写相关数据，而无须识别系统与特定目标之间建立机械或者光学接触。RFID 技术的发展最早可以追溯至第二次世界大战时期，那时它被用来在空中作战行动中进行敌我识别。从历史上看，RFID 技术的发展基本可按 10 年期划分为几个阶段（如表 11-18 所示）。RFID 并不是一个崭新的技术，经过多年的发展，频段在 13.56MHz 以下的 RFID 技术已相对成熟，目前业界最关注的是位于中高频段的 RFID 技术，特别是 860MHz～960MHz（UHF 频段）的远距离 RFID 技术发展最快；而 2.45GHz 和 5.8GHz 频段由于产品拥挤，易受干扰，技术相对复杂，其相关的研究和应用仍处于探索的阶段。

表 11-18　RFID 技术发展的历程表

发展年限	发展内容
1941—1950	雷达的改进和应用催生了 RFID 技术，1948 年奠定了 RFID 技术的理论基础
1951—1960	早期 RFID 技术的探索阶段，主要处于实验室实验研究阶段
1961—1970	RFID 技术的理论得到了发展，开始了一些应用尝试
1971—1980	RFID 技术与产品研发处于一个大发展时期，各种 RFID 技术测试得到加速。出现了一些最早的 RFID 应用
1981—1990	RFID 技术及产品进入商业应用阶段，各种封闭系统应用开始出现
1991—2000	RFID 技术标准化问题日趋得到重视，RFID 产品得到广泛采用
2001—今	标准化问题日趋为人们所重视，RFID 产品种类更加丰富，有源电子标签、无源电子标签及半无源电子标签均得到发展，电子标签成本不断降低

二、RFID 系统构成

最基本的 RFID 系统由标签、阅读器和天线 3 部分组成。

1. 标签（Tag）

标签由耦合元件及芯片组成，每个标签具有唯一的电子编码，一般保存有约定格式的电子数据，在实际应用中电子标签附着在待识别物体的表面。标签相当于条形码技术中的条形码符号，用来存储需要识别传输的信息。另外，与条形码不同的是，标签必须能够主动或被动地把存储的信息发射出去。标签一般是带有线圈、天线、存储器与控制系统的低电集成电路。典型的标签结构如图 11-21 所示。

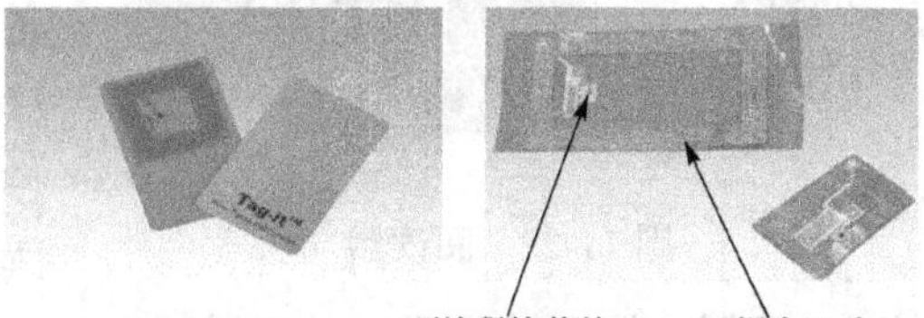

图 11-21　电子标签及内部结构

按照不同的分类标准，标签有多种分类。

（1）主动式标签与被动式标签

在实际应用中，必须给标签供电它才能工作，虽然它的电能消耗是非常低的（一般是百万分之一毫瓦级）。按照标签获取电能的方式不同，可以把标签分成主动式标签与被动式标签。

主动式标签内部自带电池进行供电，它的电能充足，工作可靠性高，信号传送的距离远。主动式标签可以通过设计电池的不同寿命对标签的使用时间或使用次数进行限制，它可以用在需要限制数据传输量或者使用数据有限制的地方。如一年内，标签只允许读写有限次。主动式标签的缺点主要是标签的使用寿命受到限制，而且随着标签内电池电力的消耗，数据传输的距离会越来越小，影响系统的正常工作。

被动式标签内部不带电池，要靠外界提供能量才能正常工作。被动式标签典型的产生电能的装置是天线与线圈，当标签进入系统的工作区域，天线接收到特定的电磁波，线圈就会产生感应电流，再经过整流电路给标签供电。被动式标签具有永久的使用期，常常用在标签信息需要每天读写多次或频繁读写的地方，而且被动式标签支持长时间的数据传输和永久性的数据存储。被动式标签的缺点主要是数据传输的距离要比主动式标签短。因为被动式标签依靠外部的电磁感应来供电，电能就比较弱，数据传输的距离和信号强度就受到限制，需要敏感性比较高的信号阅读器才能可靠识读。

（2）只读标签与可读可写标签

根据内部使用存储器类型的不同，标签可以分成只读标签与可读可写标签。

只读标签内部只有只读存储器 ROM（Read Only Memory）和随机存储器 RAM（Random Access Memory）。ROM 用于存储发射器操作系统说明和安全性要求较高的数据，它与内部的处理器或逻辑处理单元完成内部的操作控制功能，如响应延迟时间控制、数据流控制、电源开关控制等。另外，只读标签的 ROM 中还存储有标签的标识信息，这些信息可以在标签制造过程中由制造商写入 ROM 中，也可以在标签开始使用时由使用者根据特定的应用目的写入特殊的编码信息。这种信息可以只简单地代表二进制中的“0”或者“1”，也可以像二维条形码那样，包含丰富的复杂信息。但这种信息只能一次写入，多次读出。只读标签中的 RAM 用于存储标签反应和数据传输过程中临时产生的数据。另外，只读标签中除了 ROM 和 RAM 外，一般还有缓冲存储器，用于暂时存储调制后等待天线发送的信息。

可读可写标签内部的存储器除了 ROM、RAM 和缓冲存储器之外，还有非活动可编程记忆存储器。这种存储器除了存储数据功能外，还具有在适当的条件下允许多次写入数据的功能。非活动可编程记忆存储器有许多种，EEPROM（电可擦除可编程只读存储器）是比较常见的一种，这种存储器在加电的情况下，可以实现对原有数据的擦除以及数据的重新写入。

2. 阅读器（Reader）

图 11-22　阅读器

阅读器是读取（有时还可以写入）标签信息的设备，可设计为手持式或固定式，如图 11-22 所示。阅读器通常包含一个射频模块（发射器和接收器），一个控制单元和一个与收发器的耦合单元。另外，某些阅读器还包含其他数据接口（RS-232，RS-485，TCP/IP 等），以便将数据转发到其他系统（PC，机器人控制系统等）。

3. 天线（Antenna）

天线是标签与阅读器之间传输数据的发射、接收装置。在实际应用中，除了系统功率，天线的形状和相对位置也会影响数据的发射和接收，需要专业人员对系统的天线进行设计、安装。

三、RFID 系统的工作原理及特点

1. RFID 的工作原理

读写器通过天线发送出一定频率的射频信号，当 RFID 标签进入读写器工作场时，凭借感应电流所获得的能量发送出存储在芯片中的产品信息（Passive Tag，无源标签或被动标签），或者由标签主动发送某一频率的信号（Active Tag，有源标签或主动标签）；阅读器接收到来自标签的载波信号，对接收的信号进行解调和解码后送至计算机主机，如图 11-23 所示。

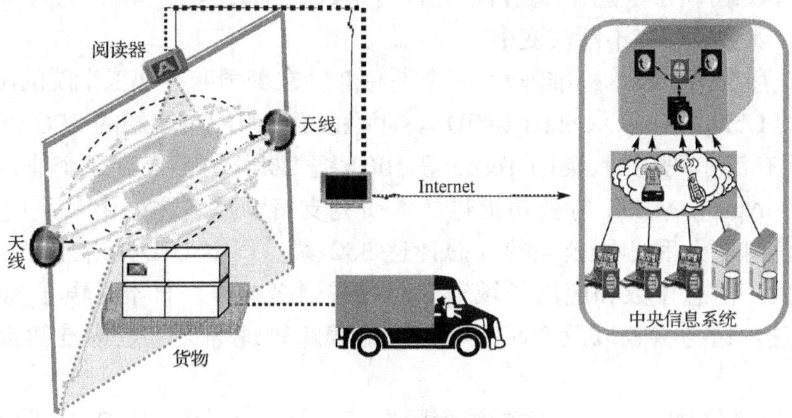

图 11-23　RFID 工作原理

2. RFID 技术的特点

RFID 射频识别是一种非接触式的自动识别技术，它通过射频信号自动识别目标对象并获取相关数据，识别工作无须人工干预，可工作于各种恶劣环境。RFID 技术可识别高速运动物体并可同时识别多个标签，操作快捷方便。RFID 的优点突出体现在如下几个方面：

（1）无接触识别，有效识别距离远（采用自带电池的主动标签时，有效识别距离可达到 30 米以上）；

（2）识别速度快（识别 12 位数据速度只有 0.3～0.5 秒）；

（3）可识别高速移动中的物体；

（4）可穿过布、皮、木等材料阅读；

（5）可以同时对多个物体进行识读；

（6）抗恶劣环境工作能力强，可全天候工作。

RFID 与条形码的对比如表 11-19 所示。

表 11-19　射频识别技术与条形码技术的对比

		条形码技术	射频识别技术
相同点		目的都是快速准确地确认追踪目标物体	
不同点	写入或更新信息能力	内容不能更改	可动态更改
	作用范围	必须在视野内，是“可视技术”，扫描仪在人的操作下工作	不局限于视野内，只要在接受器的作用范围内就能被读取
	市场占有率	有完善的标准体系，已在全球散播，所以已经被普遍接受	只被局限在有限的市场份额之内
	成本	条形码纸张和墨粉成本低	内存芯片的主动射频标签或被动射频标签成本高

四、RFID 的标准

目前，RFID 还未形成统一的全球化标准，市场为多种标准并存的局面，但随着全球物流行业 RFID 大规模应用的开始，RFID 标准的统一已经得到业界的广泛认同。RFID 系统主要由数据采集和后台数据库网络应用系统两大部分组成。当前已经发布或者正在制定中的标准主要是与数据采集相关的，其中包括电子标签与读写器之间的空气接中、读写器与计算机之间的数据交换协议、RFID 标签与读写器的性能和一致性测试规范以及 RFID 标签的数据内容编码标准等。后台数据库网络应用系统目前并没有形成正式的国际标准，只有少数产业联盟制定了一些规范，现阶段还在不断演变中。

目前,RFID 存在两个技术标准阵营:一个是总部设在美国麻省理工学院的Auto-ID Center，另一个是日本的 Ubiquitous ID Center（UID）。前者的领导组织是美国的 EPC（电子产品代码）环球协会,旗下有沃尔玛集团、英国 Tesco 等 100 多家欧美的零售流通企业,同时,有 IBM、微软、飞利浦、Auto-ID Lab 等公司提供技术研究支持。后者主要由日系厂商组成，有日本电子厂商、信息企业和印刷公司等，总计达 352 家。日本 UID 标准和欧美的 EPC 标准在使用无线频段、信息位数和应用领域等方面存在诸多差异。日本的电子标签标准可用于库存管理、信息发送与接收以及产品和零部件的跟踪管理等，EPC 标准侧重于物流管理、库存管理等。

中国作为世界制造业中心、最大的消费国之一，无疑会成为 RFID 技术应用的大国。在 RFID 中国国家标准迟迟未能出台的情况下，2005 年，五大 RFID 标准组织巨头不约而同的访华，纷纷来中国兜售自己的标准。

表面上看，制定、发布和实施标准的目的是解决编码、通信、空中接口和数据共享等问题，最大限度地促进技术及相关系统在我国的应用。实际上，标准之争是物品信息控制权和产业控制权之争，关系着国家安全、技术战略实施和产业的发展，其本质是利益之争。

中国也曾试图建立起自己的编码标准——全国产品与服务统一代码（NPC），但因政府部门间的利益纷争而夭折。

据报道，2015 年 12 月 17 日，在第二届世界互联网大会上，中国自主研发的一项物联网安全关键技术 TRAIS 被纳入国际标准，这是中国在物联网核心技术 RFID 领域的首个国际标准。

五、RFID 在物流管理中的应用

在整条供应链上，从采购、存储、包装、装卸/搬运、运输、流通加工、配送、销售到服务，都是环环相扣的业务环节和流程，它们之间是相辅相成又相互制约的。在物流运作时，企业必须实时地、精确地了解和掌握整个物流环节上的商流、物流、信息流和资金流的流向和变化，使这四种流以及各个环节、各个流程都协调一致、相互配合，才能达到其最大经济效益和社会效益。然而，由于实际物体在移动过程中，各个环节都是处于运动和松散的状态，信息及其方向常常随实际活动在空间和时间上移动和变化，结果影响了信息的可得性和共享性。而 RFID 正是有效解决物流管理上各项业务运作数据的输入/输出、业务过程的控制与跟踪，以及减少出错率等难题的一种新技术。RFID 在供应链物流诸多环节上发挥了重大的作用，其主要的一些应用如下。

1．RFID 在零售管理中的应用

RFID 可以改进零售商的库存管理，实现适时补货，有效跟踪运输与库存，提高效率，减少出错。同时，智能标签能够对某些具有时效性的商品的有效期限进行监控；商店还能利用 RFID 系统在付款台实现自动扫描和计费，取代人工收款方式。在未来的数年中，RFID 标签将大量用于供应链终端的销售环节，特别是在超市中，RFID 标签免除了跟踪过程中的人工干预，并能够生成 100%准确的业务数据。

2．RFID 在仓储管理中的应用

在仓库里，RFID 使用最广泛的环节是存取货物与库存盘点，它能用来实现自动化的存货和取货等操作。在整个仓库管理中，通过将供应链计划系统制定的收货计划、取货计划、装运计划等与 RFID 相结合，能够高效地完成各种业务操作，如指定堆放区域、上架/取货与补货等，如图 11-24 所示。这样，可增强作业的准确性和快捷性，提高服务质量，降低成本，节省了劳动（8%～35%）和库存空间，同时减少整个物流过程中由于商品误置、错送、偷窃、损坏和出货错误等造成的损耗。RFID 技术的另一项好处就是在库存盘点时节省人力，RFID 的设计就是要让商品的登记自动化，盘点时不需要人工检查或扫描条形码，更加快速准确，并且减少损耗。RFID 解决方案可提供有关库存情况的准确信息，管理人员可据此快速识别并纠正低效率运作情况，从而实现快速供货并最大限度地减少储存成本。

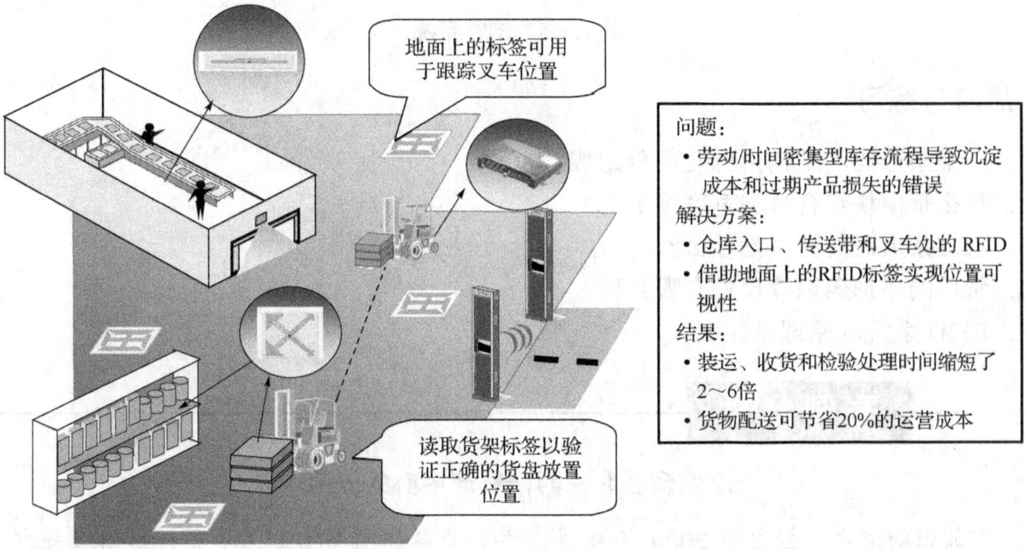

图 11-24 RFID 跟踪仓库库存

3．RFID 在运输管理中的应用

在运输管理中，在途运输的货物和车辆是通过在其上贴上 RFID 标签（例如将标签贴在集装箱和设备上）来完成管理与跟踪控制。RFID 接收转发装置通常安装在运输线的一些检查点上（如门柱上、桥墩旁等），以及仓库、车站、码头、机场等关键地点。接收装置收到 RFID 标签信息后，连同接收地的位置信息上传至通信卫星，再由卫星传送给运输调度中心，送入数据库中。

4. 电子不停车收费系统

电子不停车收费系统（Electronic Toll Collection，ETC），是指车辆在通过收费站时，通过车载设备实现车辆识别、信息写入（入口）并自动从预先绑定的IC卡或银行账户中扣除相应资金（出口），是国际上正在努力开发并推广普及的一种用于道路、大桥、隧道和车场管理的电子收费系统。其处理流程为：车辆进入通信范围内，读写天线与电子标签和CPU卡进行通信，判别车辆是否有效，如有效则进行交易；如无效则报警并封闭车道，直到车辆离开检测线圈工作范围。如交易完成，系统控制栏杆抬升，通行信号灯变绿，费额显示器上显示交易金额，车辆通过自动栏杆下的落杆线圈后，栏杆自动回落，通行信号灯变红，系统等待下一辆车进入。如图11-25所示。

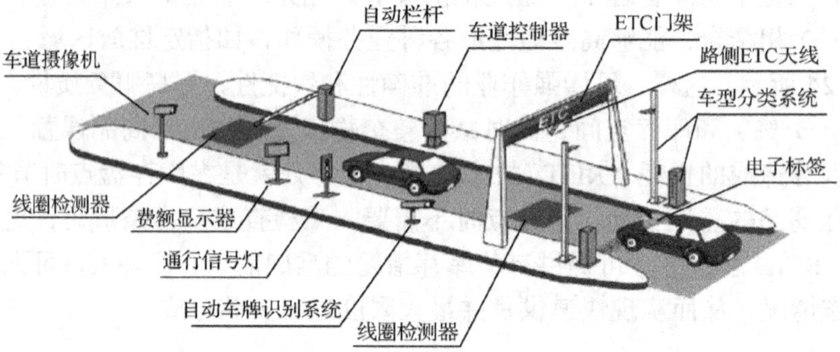

图11-25 ETC系统

思考与练习

1. 一维条形码的结构由哪几部分组成？
2. 什么是模块组合法和宽度调节法？
3. 二维条形码的特点是什么？
4. 常用的条形码识读设备有哪几种？
5. RFID系统的原理是什么？

案例分析

汉信码在北京西南物流中心的应用

北京西南物流中心成立于2000年9月，主营业务是图书物流，主要针对出版社进行储存、包装、发运、配送业务，形成了一整套完备的业务流程和严格的管理制度。目前物流中心已建成9大库区，合计23万平方米库房。物流中心拥有专业化的物流队伍、作业所需的各种机械化设备，信息化管理保证了货物库存统计的准确性。

1. 图书物流在单证管理中面临的问题

一般来说，图书品种多，流动量大，流通范围广，流经的环节也较多，同时，新书出版后要求上市的速度要快，这些要求从物流的速度、准确性等不同角度都给图书物流管理提出了很高的要求。也正是基于这些特点，图书的仓储及物流管理存在一定难度，使得传统的手工管理方式在面对大量单证时显得力不从心，需要快速、准确、有效的信息采集及管理手段。

目前，在单证管理中应用一维条形码技术存在如下难点。

（1）单据的多联打印问题。作为货物交接的凭证，单据是具有法律效力的。通常，货主、货运司机、理货员、仓库管理员、仓库财务部都需要单据作为依据，因此同一张单据需要一式多联。但是多联打印需要使用针式打印机，一般针式打印机的打印精度较低，打印出的一维条形码识读率很低，识读的错误率很高。针对这种情况，物流企业通常采取的方法是提前在单据上印刷好一维条形码，作为单据的编号。进行业务操作时，工作人员根据业务编号制备对应的单据，然后在单据上打印内容，这样纸张成本过高（通常为普通纸张的 3～5 倍），而且一维条形码与单据内容对应困难。

（2）单据信息跨平台应用困难。上游企业录入单据信息后，由于与下游企业没有实现信息系统对接，下游企业需要重新录入，不仅造成人力、物力的浪费，也经常会出现人为差错。信息录入的差错会造成巨大的经济损失还可能会引起法律纠纷。

（3）单据包含的货物信息对系统的依赖过强。一张货运单包含的货物通常很多，但是单据上仅显示发货人、收货人等基本信息。如果要查询详细信息，则需要通过电话、传真、网络等才可以查询，造成物流与信息流的脱节。

（4）单据与货物的对应存在困难。通常，单据仅包含运输的基本信息，没有货物的明细信息，如要了解某张单据对应的货物，需要查询单据的明细。在实际操作中，理货员通常需要手持货运单及货运单明细来清点货物，效率和准确率都受到影响。

二维条形码的出现，使上述问题迎刃而解。二维条形码具有较高的容错能力，并且信息容量极大，不仅能够容纳单据的信息，而且能够容纳单据的货物明细，使得单据真正成为物流信息的载体，无论是理货员清点货物还是下游企业录入信息都可以通过扫描二维条形码，快速、准确地完成操作。目前，欧美、日本等国家在物流信息管理中普遍采用二维条形码技术来提高物流管理效率。汉信码作为我国第一个具有自主知识产权的二维条形码，在物流管理中的应用潜力巨大。作为汉信码应用试点之一的北京西南物流中心，就是在单证管理中引入了汉信码技术。

2．北京西南物流中心原业务流程

图书物流业务主要存在租仓和托管两种形式，托管属于第三方物流范畴。北京西南物流中心的图书物流业务主要是托管形式，是典型的第三方物流，因此对于信息采集、传输的准确性、快速性的要求也更为迫切。

托管部是北京西南物流中心主要的业务部门之一，负责与出版社的衔接。

一般情况下，图书的发货业务需要经过以下流程。

（1）托管部接收出版社批销单

出版社在下午五点前把发货指令——批销单发给托管部数据中心制票室，托管部接收并打印批销单，一式三联，其中一联交给入账员进行单据录入，一联交给库房进行配书，一联作为存根。

数据中心录入批销单，根据批销单制作贴头并打印，托管部制作并打印货运单，把贴头和货运单一起交给库房。

（2）配书打包

库房收到批销单进行配书后，双人进行验书，之后进行打包、粘贴贴头。打包配书完成后，打电话通知分拣中心来拉货。

（3）分拣中心拉货

分拣中心接到通知安排车辆去各库区拉货，托管库房发货人员与分拣中心拉货的人员进行货票核实。核实无误确认出库，并在打出的总清单上签字。业务人员通过制票室与物流系统平台确认出库，记录出库时间。分拣中心拉货确认实际上就是对托管部出库确认。

（4）分拣中心入库

分拣中心把各库区打包图书拉到分拣中心后，卸货的司机与分拣人员核实货运单与实物是否相符，核实无误后输入系统，确认入库，并记录入库时间。分拣中心按照不同的发货地进行分区，由卸货人员按照发往地的不同将图书分别码放在相应的库区。

（5）分拣中心货运部派车

分拣中心对每一张货运单据进行派车。操作时，业务人员进入信息系统的派车模块，输入货运单上的单号，调出货运单，进行派车。派车由系统自动匹配完成。货运部打印出派车单（各票货的汇总单）签字交给承运商，承运商持此单去分拣中心取货。

（6）分拣中心出库

承运商持派车单取货时，分拣台上人员与承运商签字交接货物，进行出库业务，核实无误后输入系统确认出库。

（7）客户返单

图书配送到目的地后客户签收，货运公司将单据返回物流中心。

3. 应用汉信码的业务流程

在以上流程中，单据流转、信息交互的环节很多，如果没有一定的技术手段，工作效率、准确性会大打折扣。因此，北京西南物流中心在单据管理中引入了汉信码技术。

应用汉信码的业务流程如下。

（1）汉信码生成

库房管理人员接到出版社的发货通知后，在打印发货单时，信息系统将货运单号转变为汉信码符号，通过针式打印机与货运单同时输出。工作人员无须匹配单据的编号与汉信码码图的信息。

（2）出库

工作人员完成拣货作业，将图书与分拣中心人员交接时，通过无线手持终端扫描印有汉信码码图的货运单，完成出库作业。

（3）分拣、派车

图书进入分拣中心后根据不同的目的地进行分拣作业，分拣中心工作人员扫描货运单上的汉信码，信息系统自动生成派车单。分拣作业完成后，车队的工作人员清点需要运输的图书，确认无误后，分拣中心的工作人员通过无线手持终端扫描货运单的汉信码，完成发货作业。

（4）返单

车队的司机将货物运送到目的地，交到客户手中后，客户在货运单上签字验收，司机将客户签字的货运单交回仓库，仓库的工作人员扫描货运单的汉信码码图，完成返单作业。

4. 应用效果

北京西南物流中心通过汉信码的应用，规范了工作流程，提高了工作效率，有效提升了企业的管理水平，降低了成本。例如，以前每天需要打印的货运单达 2000 多份，使用汉信码后货运单据统一使用空白的货运单，仅此一项每年能够为企业节约近 10 万元的单据费用；以前每个仓库需要一名专职人员来匹配货运单编号和条形码编号，应用汉信码后不再需要数据匹配工作，节约了人员成本；更主要的是，通过汉信码的应用，有效降低了单据的差错率，提高了客户的满意度。对于物流企业来说通过汉信码的应用，不仅促进了北京西南物流中心现阶段的发展，而且为下一阶段的发展打下了坚实的基础。

案例思考题

1. 通过汉信码的应用，北京西南物流中心在哪些环节的运作上提高了效率？
2. 北京西南物流中心应在哪些方面进一步扩大汉信码的应用范围，以取得更大的效益。

Reference

参 考 文 献

[1] Ronald H.Ballou. 企业物流——供应链的规划、组织和控制. 北京：机械工业出版社. 2006.

[2] 赵淑群，周航. Excel 在物流管理中的应用. 北京：中国财富出版社. 2015.

[3] 汤齐，谢芳. 现代物流技术基础. 北京：中国编织出版社. 2014.

[4] 侯玉梅，许良等. 物流工程. 北京：清华大学出版社. 2011.

[5] 刘联浑，彭邝湘. 物流系统规划及其分析设计. 北京：中国物资出版社. 2006.

[6] 李苏剑，游战清等. 物流管理信息系统理论与案例. 北京：电子工业出版社. 2005.

[7] 杨育. 设施规划. 北京：科学出版社. 2010.

[8] 陈荣秋，马士华. 生产运作管理. 北京：机械工业出版社. 2009.

[9] 马风才. 运营管理. 北京：机械工业出版社. 2011.